图书在版编目(CIP)数据

全球人工智能版权困境解析 / 孙宝林主编. -- 长沙 : 湖南大学出版社, 2025. 6. -- ISBN 978-7-5667-4285-8

Ⅰ. D913. 404

中国国家版本馆 CIP 数据核字第 25256SP794 号

全球人工智能版权困境解析

QUANQIU RENGONG ZHINENG BANQUAN KUNJING JIEXI

主　　编: 孙宝林
副 主 编: 范继红　李　劼
责任编辑: 吴海燕
印　　装: 湖南省众鑫印务有限公司
开　　本: 787 mm×1092 mm　1/16
印　　张: 19. 5
字　　数: 334 千字
版　　次: 2025 年 6 月第 1 版
印　　次: 2025 年 6 月第 1 次印刷
书　　号: ISBN 978-7-5667-4285-8
定　　价: 88. 00 元

出 版 人: 李文邦
出版发行: 湖南大学出版社
社　　址: 湖南 · 长沙 · 岳麓山　　**邮　　编**: 410082
电　　话: 0731-88822559(营销部), 88821343(编辑室), 88821006(出版部)
传　　真: 0731-88822264(总编室)
网　　址: http://press.hnu.edu.cn
电子邮箱: 934868581@qq.com

全球
人工智能版权
困境解析

主　编 · 孙宝林

副主编 · 范继红　李　劼

参　编 · 尹锋林　白雅坤　冯晓青　阮开欣　杜佳男
李　冉　李　扬　杨延超　吴汉东　何炼红
张若琳　孜里米拉·艾尼瓦尔　易　玲
易继明　罗明东　郑晓红　黄浩然　曹新明
崔　波　崔国斌　熊　琦　薛　虹

湖南大学出版社

· 长沙 ·

序言

人工智能，作为新一轮科技革命与产业变革的强劲驱动力，正以前所未有的深度与广度影响着全球经济社会的发展轨迹与人类文明的进步历程。这一全球性的科技创新力量，已然跃升为当下世界范围内的热点议题。值得一提的是，2024 年 9 月，联合国未来峰会通过了《全球数字契约》，标志着国际社会对于人工智能及数字领域治理的高度重视与共同承诺。

党的十八大以来，我国将创新置于国家发展全局的核心战略地位，对人工智能的发展给予了前所未有的关注与重视，并积极投身于全球人工智能的发展潮流与治理体系建设之中。2018 年 10 月 31 日，习近平总书记在十九届中共中央政治局第九次集体学习时明确指出，加快发展新一代人工智能是我们赢得全球科技竞争主动权的重要战略抓手。2022 年 6 月 23 日，习近平在金砖国家领导人第十四次会晤上再次强调："谁能把握大数据、人工智能等新经济发展机遇，谁就把准了时代脉搏。"在致 2024 世界智能产业博览会的贺信中，习近平提出："中国愿同世界各国一道，把握数字化、网络化、智能化发展机遇，深化人工智能发展和治理国际合作，为推动人工智能健康发展、促进世界经济增长、增进各国人民福祉而努力。"在诸多重要会议和重要场合，习近平多次谈及人工智能这项"战略性技术"，强调要"加快发展”。特别是2025年4月25日，二十届中央政治局就加强人工智能发展和监管进行第二十次集体学习，习近平总书记发表重要讲话。29日，习近平来到人工智能大模型专业孵化和加速平台上海“模速空间”调研。在主持学习和实地调研中，他对人工智能发展和治理作出重要指示，强调要坚持自立自强，突出应用导向，推动我国人工智能朝着有益、安全、公平方向健康有序发展，牢牢掌握人工智能发展和治理主动权。2023年10月，我国发布的《全球人工智能治理倡议》集中体现了习近平的重要论述和指示精神。2024年底举行的中央经济工作会议和2025年的《政府工作报告》，更是将开展“人工智能+”行动确立为重点工作任务，彰显了我国对于人工智能发展的坚定决心和战略部署。

版权，作为人工智能发展进程中的关键问题之一，其重要性不言而喻。版权是技术之子，其诞生、演变均与技术的发展息息相关。面对人工智能技术的迅猛崛起与广泛应用，版权产业既迎来巨大发展机遇，也面临着前所未有的严峻挑战。换言之，人工智能的兴起，为作品的创作与传播开辟了新路径，同时也对版权保护与治理提出了新的要求与挑战。尤其是2025年DeepSeek发布以来，生成式人工智能新时代已然开启，其中的版权问题迅速成为无可回避的全球焦点话题。这些版权问题主要集中在三大方面：其一，输入端层面——人工智能大模型对海量数据进行学习的法律性质如何界定，是否适用“合理使用”原则？其二，人工智能所生成的内容，是否构成版权法意义上的作品？若构成，其版权归属何方？其三，输出端层面——当使用者在人工智能大模型平台上生成的内容侵犯了他人的版权时，平台应承担何种法律责任？

作为一项具有普遍适用性的技术，人工智能不仅是提升国家竞争力、维护国家安全的重要抓手，更是国际竞争的新焦点。版权问题的妥善解决，直接关系到人工智能及相关产业的健康发展，一旦处理不当，极易成为制约全局的瓶颈因素。因此，当前世界各国在大力发展人工智能的同时，也在加紧出台人工智能+版权领域相关的法律法规与政策，并积极开展相关研究，以期解决版权制度与人工智能产业发展的适配性与包容性问题。日本、美国、欧盟等国家和地区，根据自身实际情况，作出了不同的反应，但均体现了为在新一轮国际科技竞争与全球发展格局中占据主动地位，而在版权治理领域进行积极探索的坚定决心。

我国高度重视版权在人工智能发展中的重要性，已颁布了《互联网信息服务深度合成管理规定》《生成式人工智能服务管理暂行办法》《人工智能生成合成内容标识办法》《网络安全技术 人工智能生成合成内容标识方法》等一系列规定和标准。同时，司法界也勇于尝试，审理并作出了“文生图案”“AIGC平台责任案”等多个具有开创性、探索性的判决，尽管其间仍不乏讨论。

然而，面对立法相对滞后的现实困境，我们亟须化解前沿技术应用与既有版权规则之间的冲突，完善人工智能生成内容的版权保护相关规则体系。特别是要明确界定人工智能生成内容的作品属性，厘清作者身份的认定标准与权利归属原则，有效识别并防范人工智能在数据训练及内容产出过程中可能存在的版权侵权风险。否则，不仅人工智能及相关产业的蓬勃发展可能受阻，著作权人的合法权益也可能受到严重损害。

在此背景下，开展兼具理论深度和实践价值的研究与探讨至关重要。近年来，我国高校、科研院所、学术期刊等学术机构，对人工智能版权问题的探讨如火如荼，极大地推动了相关问题的理论研究和实践探索。其中，中国版权保护中心主办的《中国版权》杂志备受瞩目。

创刊已三十四载的《中国版权》杂志始终密切关注技术对版权制度与版权产业所带来的深远影响，以前瞻性的视角引领行业前沿。早在1991年杂志创刊之初，便刊登了“人工智能的知识产权问题国际研讨会”的相关文章，这足以证明这本杂志天然带有关注前沿动态的基因。多年来，《中国版权》杂志对人工智能等新技术的关注从未停歇，特别是生成式人工智能诞生以来，杂志更是敏锐地捕捉到了其中的一系列关键问题，组织刊发了多篇高质量的文章，深入探讨了“全球人工智能版权困境的破局之道”，积极探索“生成式人工智能的中国版权治理方案”，赢得了社会各界的广泛赞誉与好评。为进一步推广相关研究成果，充分发挥学术期刊在版权产学研及立法、司法领域的重要推动作用，推进版权事业、版权产业和人工智能产业高质量发展，《中国版权》杂志社特将相关研究成果荟萃成集，正式出版发行，并邀我为之作序。

在认真审阅了编入本书的18篇文章后，我深感这些文章从多维度、多视角对以上我提及的“三大问题”进行了全面而深入的剖析。诸多文章站位高远，以全球视野审视问题，并提出了富有洞见的“中国方案”。读罢这些文章，颇有“醍醐灌顶”之悟，确有“破局”“破冰”之感。因此，我欣然作序，并坚信该书的出版，无疑具有重要的价值与深远的意义。该书是深入学习贯彻落实习近平总书记关于人工智能系列重要指示精神的具体举措，不仅是对当前人工智能版权问题研究的一次系统梳理与总结，更是对未来发展方向的一次深刻洞察与展望。愿此书能够成为推动人工智能版权领域理论研究与实践发展的重要力量，为构建更加公正、合理、高效的版权保护体系贡献智慧力量。同时，身为《中国版权》杂志学术委员会主任，我由衷地感谢这些学术文章的作者，以及一直以来给予杂志坚定支持与深情厚爱的所有读者。

学术研究，作为衡量国家竞争力的重要标尺，在服务强国建设中发挥着举足轻重的作用。作为国家级版权保护和服务机构，中国版权保护中心对推动重大课题研究、构建中国版权自主知识体系，始终保持着高度的重视。我们秉承“学术引领+技术支撑+服务赋能”的工作理念，汇聚各界研究力量，夯实版权理论之基，打造版权学术研究高地，力求在版权强国建设的征途中发挥学术引领的关键作用，为版权事业的发展提供坚实的学理支撑，以实际行动推动文化强国建设这一伟大目标实现。这亦是《全球人工智能版权困境解析》一书所承载的使命与担当。

是为序。

中国版权保护中心党委书记、主任　孙宝林

2025年5月

CONTENTS 目录

第三编 人工智能生成内容可版权性分析

第四编 细分领域人工智能版权问题治理

第一编

大模型数据训练版权合规路径解析

数据信息分析合理性认定的版权规则

吴汉东

数据输入是人工智能生成作品的前提和基础。人工智能的创作过程，包括数据输入、算法学习和结果输出三个阶段。数据输入是智能机器的阅读方式，海量数据的输入意味着计算机对各类文献资料自动化和批量的“阅读”，是出于自主学习和模仿创作的需要。形象地说，机器创作需要人类事先提供海量数据作为“母乳”，而从事阅读和学习的是作为“孩子”的智能机器。在“个人使用”范畴中，个人对他人作品的学习、研究或者欣赏，是著作权法规定的合理使用情形。但在“机器阅读”的场景下，数据输入不同于传统阅读方式，其对象是数据集合中的单个作品或汇编作品，往往需对作品进行数字化处理并通过智能系统开展挖掘分析。数字化作品是高被引、高下载的数据资源，具有不可或缺的算法训练价值。无论是复制存储，还是分析编辑，其数字化生成和处理都会涉及有版权的作品。在学术界，许多学者通常采用“技术性合理使用”“合理性学习”等概念来论证“机器阅读”的合理性。在合理使用的语境中，机器能否被视为个人？批量阅读是否合理？“机器阅读”是否涉及以复制权为核心的专有权利？其实质就是人工智能时代合理使用认定的版权规则问题。

一、制度选择：以采取合理使用为主旨

人工智能生成作品的著作权法之问,[①] 其首要难题是算法学习中训练数据的获取和使用的合法性问题。诸如扫描、抓取、存储等数据输入行为，是合法使用还是侵权使用，决定了智能创作(算法学习)和作品生成(结果输出)等后续行为是否正当。机器自由而无须授权阅读海量作品的合法性路径，即是著作权法规定的权利例外制度，即无须征得权利人同意而自由使用作品的情形。

合理使用、法定许可使用、强制许可使用、权利穷竭等，是为“版权的例外”，是对专有权利内容和权利独占效力的限制。权利限制是著作权法的专门制度，它以“利益平衡”作为自己的理论基础，对私权与公权、本权与他权等进行利益关系调整和权利制度配置。人工智能语境下的版权限制，主要涉及合理使用和法定许可使用。

将合理使用制度引入数据信息分析场景，是多数学者的学术主张，也是一些国家所作出的制度选择。合理使用，是指在特定的条件下，法律允许他人自由使用有版权的作品，而不必征得权利人许可，也不向其支付报酬的合法行为。在国际立法文件中，合理使用多表述为“fair use”或者“fair dealing”，在语义上具有“合理性”“正当性”“公平性”使用的内涵。英美法系国家的版权法，将基于个人学习、研究、评论、新闻报道的目的而使用他人作品的情形概称为“合理使用”；而大陆法系国家的著作权法，一般不采取“合理使用”的说法，多将该类情形归类于“权利的限制”的名目之中。世界知识产权组织、联合国教科文组织指导制定的《突尼斯样板版权法》，世界贸易组织主持制定的《与贸易有关的知识产权协定》，显然受到美国法的影响，采取了“合理使用”的称谓。在法律史上，合理使用制度经历了由判例法到成文法的演变过程。它肇始于英国判例法，英国法官认识到未经允许使用他人作品的合理性，即允许后来作者以创作新作品为目的，以诚实使用为原则而利用在先作者的作品。但是，私人复制构成版权例外的合理使用，必须以尊重原作者权益为要，使用有数量限制和

---

① 人工智能生成作品的过程，主要涉及数据输入的合理使用问题、算法学习的作者资格问题、智能结果输出的作品可版权性问题。吴汉东：《人工智能生成作品的著作权法之问》，《中外法学》2020 年第 3 期；吴汉东：《论人工智能生成内容的可版权性：实务、法理与制度》，《中国法律评论》2024 年第 3 期。

价值考量，不得损害原作品的市场利益。从1740年到1839年，英国法官在其审判活动中创制了一系列规则，草创了有关合理使用制度的法律原理以及裁判规则。[①] 尔后，这一制度成熟于美国判例法。1841年，美国法官 Joseph Story 在审理 Folsom v. Marsh 一案中，集以往相关判例法规则之大成，系统阐述了合理使用规则的基本框架，这就是著名的“合理性”判断三要素，后在法律文本中被概称为合理使用的“三步检验法”：(1)使用作品的性质和目的；(2)引用作品的数量和价值；(3)使用对作品市场销售和存在价值的影响。[②] “合理性”认定要素被奉为一项普遍的司法规则，时至1976年，美国版权法以成文法的形式对合理使用作了明确规定。20世纪90年代，美国法院从鼓励智力创作的裁判立场出发，又创制了“转换性使用”规则，即不再拘泥于作品使用性质和数量的要素限制，而是强调“使用作品的目的和特点”的核心要素，其“转换性使用”的构成是：(1)使用是否达到版权法“促进知识、鼓励创作的目标”，这是分析作品使用合理性的首要问题；(2)使用如果采取了与原作品不同的表达方式，或是为了与原作品不同的目的，即为“转换性使用”；(3)“转换性使用”使新作品不同于原作品而具有创造性价值，其使用行为属于合理使用。[③]

传统的“三步检验法”在“机器阅读”合理性判断方面已不敷适用。“机器阅读”在欧盟法中被称为“文本和数据挖掘”，即本文表述的“数据信息分析”，意指“为了获取新知识或信息，对任何数字材料(包括文本、数据、图片、声音等)的自动化分析”。[④] 该情形是否可以认定为版权的例外，目前还存有争议。有学者在总结国外学术界的论争时提出两点疑问：一是合理使用的前置问题，即数据信息分析可能是专有权利范围的外部行为，即为非作品使用的自由行为，不需要进行合理使用分析；二是合理使用的认定问题，即数据信息分析并不尽然符合“三步检验法”，诸如作品使用方式、引用作品的数量和价值、对作品市场的损害等核心概念，本身即为模糊之处，难以对应数据信息分析的各种场景。[⑤] 上述分析表明，数据信息分析未进入专有权利控制领域

① William F. Patry, *Fair Use Privilege in Copyright*(The Bureau of National Affairs, Inc. 1986), pp. 6-17.

② John S. Lawrence, *Fair Use and Free Inquiry*(Copyright Law and New Media, Ablex Pub. Corp. 1980), p. 10.

③ Pierre N. Level, “Toward a Fair Use Standard,” *Harvard Law Review* 103, No. 5, (1990): 1111-1112.

④ Jean-Paul Triaille et al., “Study on the Legal Framework of Text and Data Mining (TDM),” *European Union Research Paper*, (2014): 114.

⑤ 李安：《机器学习的版权规则：历史启示与当代方案》，《环球法律评论》2023年第6期。

的，即是以非思想表达为目的的作品使用，例如，从图像作品中提取人脸要素、场景要素等用于大数据训练，不涉及合理使用分析规则；数据信息分析进入专有权利控制领域的，其以思想表达为目的的作品使用，又有个性要素模仿(某一特定作品)和非个性要素模仿(某一类别作品)之别，在这里则有必要适用合理使用抗辩。从“三步检验法”中深化、提炼而成的“转换性使用”规则，摆脱了传统要素分析的教条主义和机械主义，突出了“使用目的”第一要素的重要地位，满足了鼓励创作和知识增值的立法目标。但这一理论并不周延、圆满，许多“转换性使用”并不一定是正当目的的使用，如未经允许地对作品的改编、翻译等，正如有学者所言，有些“转换性使用”可能不能满足合理使用的必要条件，从而落入专有权利的控制范围之内。① 在“数据驱动算法创作”的情境下，大数据是智能创作的素材，其中含有受版权保护的作品，其数据输入的合理性证成，不能单独考量“转换性使用”的知识创新目的，还须分析“转换性使用”目的与商业性使用目的的关系，“使用目的”要素与市场影响要素的关系，“机器读者”利益与“人类作者”利益的关系。② 综上所述，合理使用并不适用于数据信息分析的所有场景，同时在合理性要素分析中须对“三步检验法”进行必要改造，这一问题容当后叙。

以法定许可使用作为数据信息分析的版权路径，是一些学者提出的重要建议。他们认为，现行著作权法能够为数据输入提供包括合理使用和法定许可使用在内的两种制度产品：前者主旨偏向技术进步，确保机器学习以低成本代价获取作品；后者兼顾各方利益，简化机器学习获取作品的程序。有学者甚至认为，法定许可使用制度在简化作品获取和使用程序的同时，保证了著作权人的经济利益，实现了机器学习技术开发者与原作品权利人之间的利益平衡，因此较之合理使用制度更具优势。③

法定许可使用是版权效力限制的重要制度之一，更是作品利用的有效方式。法定许可使用，是指根据法律的直接规定，以特定的方式使用已发表的作品，可以不经著作权人的许可，但应向著作权人支付费用，并尊重著作权人其他权利的制度。世界知

① Lloyd L. Weinreb, “Fair’s Fair: A Comment on the Fair Use Doctrine,” *Harvard Law Review* 103, no. 5, (1990): 1137-1161.

② 吴汉东：《人工智能生成作品的著作权法之问》，《中外法学》2020 年第 3 期。

③ 刘友华、魏远山：《机器学习的著作权侵权问题及其解决》，《华东政法大学学报》2019 年第 2 期。

识产权组织编写的《著作权与邻接权法律术语汇编》将其称为“法定许可证”（statuary licence），以区别于一般“许可证”的许可使用。在立法中，法定许可使用是法律上规定的作品使用，与合理使用同为“权利例外”，规定在“权利的限制”的章节中；而许可使用是当事人约定的作品使用，与版权转让同为“权利行使”，归类在“许可使用和转让合同”的条款中。综观各国版权立法，使用者多为表演者、录音制作者、广播组织者，涉及的是著作权人（作品创作者）与邻接权人（作品传播者）之间的利益关系。该制度旨在简化版权手续，促进作品应用。将法定许可使用制度付于数据信息分析之情形，在法律适用上有诸多不易。一是数据信息分析场景多样，难以不加区分地“法定”。如前所述，人工智能对数据进行搜集、储存、统计分析和数学建模，包括了“公共领域”[①]的自由使用、专有领域的合理使用、侵权使用等各种情形，这些作品使用场景并不能进行单一“法定”的归类。二是对数据信息分析的付费涉及对作品权利人的补偿，难以在非个体权利的基础上进行精确“算计”。早在20多年前，笔者在《著作权合理使用制度研究》一书中谈及，在现代传播技术的作用下，法定许可使用范围有扩大趋势：针对个人、家庭以及图书馆复制和录制作品的情形，美国、德国、丹麦等国在传统的合理使用领域，尝试对作品使用统收“复印版税”和“录制版税”。[②]如何准确计算版税，如何公平分配报酬，当时没有哪个国家能制定出有效而合理的方案。[③] 在生成式人工智能技术应用中，投喂的是万亿级参数的数据，涉及数量庞大的作者群体，作品的数据信息分析多是无形复制、临时复制、非接触（人类读者）性复制，作品使用的对象和享有权利的主体都难以特定化，直言之，“人类作者中心主义”下的法定许可使用制度在人工智能时代具有明显的不适应性。就当下版权制度安排而言，各国立法者主要是采用合理使用之道，但表现了不同的法律政策取向和法律传统影响。

---

① 著作权法意义上的公共领域，又称为“文学艺术的公共领域”（Public Domain for Literature），作为一种法律制度，肇始于英国1709年的《安娜女王法令》，概指不受著作权法保护而处于公共领域的文学艺术的基本集合。黄汇：《中国知识产权的理论新建与制度创新》，中国法制出版社，2023，第103-108页。

② 吴汉东：《著作权合理使用制度研究》，中国政法大学出版社，1996，第192-198页。

③ 【荷】赫尔曼·柯恩·捷奥拉姆：《合法的与非法的复制》，《环球法律评论》1987年第5期。

二、立法体例："因素主义"抑或"类型主义"

合理使用是各国著作权法的通行制度和著作权限制的主要类型，在版权理论研究和审判实践中被美、日学者称为"世界性难题"，是一个易引起争议而又难以为人理解的法律规则。① 在立法例上，各国关于合理使用的认定规则在体例和风格方面有所不同。(1)"因素主义"认定规则。美国最具代表性，即以法律规定的合理使用构成要素作为司法裁判的依据。这是一种概括主义的立法方法，旨在通过构成要素的规定，为各类作品使用行为的合理性认定提供一般性规则，以避免各类合理使用认定的不确定性。美国版权法基于一个多世纪司法实践的经验总结，以成文法的形式将"合理使用三要素"改造为"因素主义"认定的"四要件说"。② 此外，该国版权法规定了诸如"批评与评论""新闻报道""教学活动""学术研究"等合理使用情形。但是，上述作品使用行为并不当然构成权利例外，该类行为是否合理，须考察上述要素构成进行认定。以合理使用构成要素作为司法裁判的一般标准，有助于在复杂多样的作品使用情形中建立开放式且具统一性的认定规则框架。(2)"类型主义"认定规则。大陆法系国家多采用此例，即具体例举可以免除版权侵权责任的作品使用方式，这一立法体例是为列举主义的"法定例外"。在大陆法系国家，凡法律对作品未作出具体说明的，合理使用可以适用于任何一类作品，但限于法律规定的情形。一般认为，合理使用不是对版权这种独占权利的排除，而是对版权一种最重要的限制。③ 因此立法者主张，合理使用之适用必须开列具体类型，不能由法官自由裁量而作扩大解释。有的国家甚至规定，不同类型的作品使用情形适用不同的构成要件。通过列举主义方式使得合理使用行为类型化，其优点在于裁判有据可循，可直接适用法律规定，且易于操作，能够对照法条所列各项条件处理案件。但问题在于过于死板，法官缺乏自由裁量空间，倘

---

① L. Ray Patterson & Stanley W. Lindberg, *The Nature of Copyright: A Law of Users' Right*(The University of Ceorgia Press, 1991), p. 6.

② 1886 年《伯尔尼公约》规定有合理使用要素条款，但美国长期游离于欧洲国家主导的伯尔尼联盟之外，直至 1988 年才加入《伯尔尼公约》。因此，1976 年美国版权法关于合理使用"四要件"规定，主要取材于其司法实践中的"合理使用三要素说"。

③ John S. Lawrence, *Fair Use and Free Inquiry, Copyright Law and New Media*(Ablex Pub. Corp. 1980), p. 271.

遇有环境变迁或技术迭变会导致法律规定不敷适用，在这种情况下只能由立法机关动用修法程序予以变更和完善。有鉴于此，许多学者包括立法专家主张，在列举类型化的使用作品情形之外，采取“因素主义”的一般认定规则，将一定程度的法律解释自由与明文规定的法定适用情形结合起来，即对合理使用认定采用概括主义加列举主义的立法体例。

西方诸国在合理使用制度选择方面，尽管有立法体例之差别，但其基本认定标准在司法实践中能够满足社会对作品自由使用的需求。在人工智能时代，无论是“因素主义”还是“类型主义”的立法动向和司法活动，都回应了数据信息分析的合理使用问题，不过在法律政策立场方面有着明显差异。

美国采取“转换性使用”为核心要素的裁判立场。美国通过判例法将数据信息分析纳入合理使用范围，其裁判基础即是“转换性使用”理论。1994 年坎贝尔案将戏仿性使用解释为“转换性使用”，其意义在于改变对合理使用“四要件”构成的等量齐观，强调“转换性要素越强，其他要素的重要性越低(如商业性质)”，不必拘泥于“被使用作品的数量”和“被使用作品性质”等因素的制约。转换性使用，包括“内容性转换使用”“目的性转换使用”以及“功能性转换使用”，均为版权例外的合理使用。① 上述裁判理论适用于数字化使用作品的情形，在 2016 年谷歌数字图书馆案中，法院认为：商业动机不能成为否定合理使用的理由，谷歌为了提供文本数据和分析服务而对作品的复制和展示，具有转换性意义，构成合理使用。② 从戏仿性使用到数字化使用，是传播技术发展的时代变迁，美国法院对此都作出了“转换性使用”的认定。上述判例表明，合理使用“四要件”的非均衡性以及“转换性使用”要素的凸显，为数据信息分析的合理性使用提供了相当的解释空间。生成式人工智能的数据训练需要体量庞大的作品投喂，模型的优劣很大程度取决于投喂作品的质量。③ 近年来，在美国法院尚待审结的系列案件中，被告均为商业性人工智能企业。④ 由于商业目的及其第二、三项

---

① Campbell v. Acuff-Rose Music, Inc., 510 U. S 569(1994).

② Authors Guild v. Google, Inc., 954 F. Supp. 2d. 282(2013), 804 F. 3d. 202(2015).

③ Mark A. Lemley & Bryan Casey, “Fair Learning,” *Texas Law Review* 99, no. 4(2021): 771.

④ Getty Images (US), Inc. v. Stability AI, Inc., No. 1: 23-cv-00135; The New York Times Company v. Microsoft Corporation, OpenAI, Inc., et al., No. 1: 23-cv-11195; Authors Guild, et al. v. OpenAI Inc., No. 1: 23-cv-08292.

要素不具有决定意义，双方争讼的关键点聚焦在算法学习使用原作品的转换性以及输出内容对原作品的市场替代性方面。值得注意的是，在2023年沃霍尔案中，美国联邦最高法院时隔近三十年再次对转换性使用作出阐释，可能对数据信息分析的法律定性产生影响。该案判决认为，作品使用行为是否有进一步目的或不同性质是一个程度问题，程度的判断需与合理使用的其他要素（如商业性质）相结合来权衡。如果原作品与二次利用有相同或高度相似的目的，且二次利用属于商业性质，在缺乏其他正当理由的情况下，第一项要素的评估不倾向于认定合理使用。① 此种严格解释立场意味着“转换性使用”要件地位的下降，或者说，商业目的及其对潜在市场影响因素比重上升，从而加剧了数据信息分析合理使用问题的复杂性。人工智能生成内容毕竟或多或少与原作品的目的或性质类似，以模仿特定作者表达为目的的机器学习尤其如此，其输出结果与原作者存在直接的市场竞争。循上述判决思路，人工智能企业不仅必须证明数据信息分析系出于与原作品不同的目的，还可能因原作者将其作品授权其他人工智能用于数据训练的事实而陷入不利的抗辩地位。目前，已有作者群体援引该案判决反对生成式人工智能使用其作品训练模型，② 数据信息分析能否通过美国版权法合理使用要件检验还有待进一步观察。

日本采取“信息分析例外”类型化的开放态度。2009年，日本著作权法第47条之7规定了利用计算机分析信息的合理使用，被视为人工智能时代相关规定的最早立法。该立法的特色在于适用主体开放，且不局限于非商业目的，但作品使用方式被限定为运用统计方法的信息分析。③ 2018年，为应对信息通信技术进展，重新审视需要获取著作权人许可的行为范围，④ 日本著作权法对原有关计算机合理使用条款作出全面整合，覆盖机器学习输入、传输与输出的全过程，包括“非享受性合理使用”“附随性合理使用”“轻微性合理使用”等。修正案保留了2009年“计算机信息分析”合理使用的政策立场，同时采取了更为灵活、开放的制度安排：其一，信息分析方法扩展至

① Andy Warhol Foundation for the Visual Arts, Inc. v. Goldsmith, 598 U. S. 508, 143 S. Ct. 1258, 215 L. Ed. 2d 473 (2023).

② “Thousands of Authors Demand Payment from AI Companies for Use of Copyrighted Works,” Brian Fung, accessed May 10, 2024, https://www.cnn.com/2023/07/19/tech/authors-demand-payment-ai/index.html.

③ 郑重：《日本著作权法柔性合理使用条款及其启示》，《知识产权》2022年第1期。

④ 日本文化厅：《著作権法の一部を改正する法律（平成30年改正）について（解説）》，第1页。

统计方法之外的其他方法，为作品的数字化使用留下了可适用的法律空间；其二，明确信息分析结果可向公众提供，但以“提供新的知识和信息”为必要；其三，采取“类型列举+兜底说明”的立法体例，可以容纳随科技发展而出现的新的作品使用类型。总之，日本立法为算法学习营造了相对宽松的制度环境。上述条款并不意味着未经授权的数据信息分析在任何场合都不承担法律责任，无论“非享受性合理使用”“附随性合理使用”还是“轻微性合理使用”，均须满足“在必要范围内”使用，“不得对著作权人的利益造成损害”；由于“轻微性合理使用”系将原作品向公众提供（如论文查重系统），[①] 立法为其施加了多于“非享受性合理使用”的限制条件，包括适用主体为“遵守内阁命令规定的标准的行为人”、使用范围为“已发表或具有传播可能性的作品”等。相较于美国版权法判断合理使用的一般条款，日本著作权法的专门规定在相当程度上减轻了数据信息分析合理使用的举证负担，也为人工智能的产业发展划定了可供预期的行为边界。日本学者据此将日本比喻为“机器学习的天堂”[②]。

欧盟选择了“数据分析目的”例外条款的谨慎方案。欧盟 2019 年通过的《单一数字市场版权指令》规定了文本数据挖掘合理使用条款，但不同使用情形有不同适用条件。其中第 3 条规定以“科学研究”为目的的文本数据挖掘，主体限定于科研及文化遗产机构；第 4 条规定以“数据分析”为目的的文本数据挖掘，不存在主体限制，也没有非商业性使用目的要求。该条款有以下问题值得注意。(1)合理使用豁免的要件是“对于被训练作品和其他内容的获取是合法的”。即人工智能训练所使用的作品需要具备以合法途径获取为前置要件，如果使用文献数据库训练人工智能，则需要获得许可并支付使用费。如果使用网络上爬取的数据训练人工智能，则需要受到 Robots 协议条款和技术措施的约束。(2)合理使用豁免的核心是“文本与数据挖掘”过程中的“作品复制、提取行为”，对于人工智能训练中存在的翻译、改编、汇编行为则没有豁免侵权，并且该过程中还存在侵犯修改权、署名权等人身权利的风险。(3)合理使用豁免的前提是“权利人未以适当方式保留文本与数据挖掘的权利”，人工智能企业因此必须提供有效渠道使得著作权人能够选择退出。2024 年欧洲议会通过《人工智能法案》，规定了文本数据挖掘的版权规则问题。(1)明确指出《单一数字市场版权指

① 日本内閣官房内閣広報室：《著作権法の一部を改正する法律案：概要説明資料》，平成 30 年，第7 页。
② 上野達弘：《情報解析と著作権——「機械学習パラダイス」としての日本》，《人工知能》2021 年第 6 期。

令》中关于文本与数据挖掘的例外适用于人工智能。(2)明确规定人工智能模型的版权合规义务，“除非适用相关版权例外情况，否则任何对受版权保护内容的使用都需要获得相关权利人的授权”，即在权利人以适当方式明确保留或选择退出的情况下，通用人工智能模型的提供者如果想要对其作品进行文本和数据挖掘，都需要获得权利人授权。(3)明确提出人工智能模型训练数据的信息披露义务，要求制定并公开有关通用人工智能模型训练内容的详细摘要。① 可以认为，《人工智能法案》提出了一整套解决人工智能训练使用作品问题的框架：训练使用的作品必须是可以合法访问的作品，确保著作权人可以排除他们的作品被用于训练人工智能，未经著作权人积极管理的作品可用于训练人工智能模型。② 综上所述，从《单一数字市场版权指令》到《人工智能法案》，关于适用主体范围的扩大与权利例外的保留声明，其规定表现了一种“有限开放”的立法取向。

中国著作权法规定的合理使用制度，目前尚不能为使用作品训练人工智能提供侵权豁免。2020 年的著作权法修正案第二十四条是为“合理使用条款”，列举了 12 种作品合理使用的情形(类型法定)，并预留了“法律、行政法规规定的其他情形”(兜底条款)；明确指出上述情形“可以不经著作权人许可，不向其支付报酬”(定义说明)，“但应指明作者姓名或者名称、作品名称，并且不得影响该作品的正常使用，也不得不合理地损害著作权人的合法权益”(要素构成)。严格而论，我国著作权法中的合理使用条款，实际上是一个穷尽式的权利例外列举，与大陆法系“权利限制与例外”的传统立法体例更为接近，即立法者作出合理使用的“类型主义”规定，司法机关基于法定类型进行规范解释和裁判适用。虽然，2020 年的著作权法引入了《伯尔尼公约》的“因素主义”条款(三步检验法)，但其适用范围仅限于该法列举的 12 种作品类型。换言之，一般判定标准并没有为新的合理使用类型提供法律适用空间。从法律文本来看，类型化条款未提及数据信息分析，兜底式条款至今也未对新的合理使用类型作出

① 值得注意的是，在 2023 年上半年公开的法案版本中，需要披露的数据信息限定于受版权保护信息；而 2024 年 3 月议会通过的版本，训练数据的披露范围并不限定为受版权保护的信息，还应包括公共领域的材料。

② “TDM: Poland Challenges the Rule of EU Copyright Law,” Kluwer Copyright Blog, accessed May 10, 2024, https://copyrightblog.kluweriplaw.com/2024/02/20/tdm-poland-challenges-the-rule-of-eu-copyright-law/.

补充规定。① 从法律适用需要出发，数据信息分析的合理性情形与著作权法规定的“个人使用”“科学研究使用”类型最为接近，但相关条款扩大解释的空间极为有限。(1)“个人使用”语境下作品使用主体，限于使用者本人(包括家庭)，而数据信息分析多为具有技术、资本力量的企业；同时，个人使用所涉及的作品复制是少量的，而机器学习则需要海量参数的文本数据。(2)“科学研究使用”强调“公益性机构使用”②“少量复制使用”“内部人员使用”等，都难以符合数据信息分析的使用主体、使用目的以及使用方式的具体情形。(3)沿用“三步检验法”对数据信息分析进行要素分析，在法律规定上也存在障碍。著作权法第二十四条规定的“因素主义”分析，限于该条所列举的“下列情况”，即12种合理使用类型。由此而论，现行著作权法尚未对大数据时代合理使用情形作出明确规定。需要进一步说明的是，合理使用制度在我国缺乏本土法律文化的滋养，同时也无司法裁判的支撑，因此法律实践在应对文本数据挖掘方面没有经验积累。2024年广州互联网法院审理的“上海新创华文化发展有限公司诉某AI公司侵权案”，被称为中国“AIGC平台侵权第一案”。该案原告主张被告停止生成侵权“奥特曼”照片，并将案涉“奥特曼”物料从其训练数据集中删除。法院判决认为，被告属于生成式人工智能服务提供者，侵犯了原告对“奥特曼”作品享有的权利，不因第三方提供数据库而免责。但是，被告未实际进行模型训练行为，因此对原告将“奥特曼”物料从其训练数据中删除的诉请不予支持。③ 可以认为，当事人接入第三方数据库的行为不属于数据信息分析的范畴。基于特殊案情所作出的上述判决，尚不足以成为文本数据合理使用的先例。

三、法律构造：类型增列与要素重构

在人工智能时代，数据信息分析的版权例外，已成为许多国家的制度安排。为鼓

① 2023年7月，国家互联网信息办公室等发布《生成式人工智能服务管理暂行办法》第七条规定：……训练数据处理活动……不得侵害他人依法享有的知识产权。这一原则性规定至今未在相关法律、法规中形成合理使用的具体行为规则。

② 该项合理使用主体，是国家设立的公益性教育研究机构。李明德等：《〈著作权法〉专家建议稿说明》，法律出版社，2012，第251-252页。

③ 广州互联网法院(2024)粤0192民初113号民事判决书。

励智力创作活动，促进人工智能产业发展，我国著作权法有必要对上述问题作出回应。为此，学者们提出了各种可资参考的思想方案。一是建立“弹性、开放式的合理使用制度”。即优化立法模式，解构类型化的“封闭规范体系”，开放合理使用的解释空间，在版权制度设计中，将“合理使用提升至与版权保护比肩的地位”①。具体而言，增加合理使用认定一般条款，同时在合理使用类型中规定兜底条款，使法院得以在案件审理中援引以上两个开放式条款来认定数据信息分析的合理性认定问题。二是设立“机器学习分类和梯度设置规则”。即区分“非表达型使用”“模仿大众表达型使用”与“模仿个人表达型使用”，由此设立不同的版权规则，合理使用制度与侵权责任制度都是解决机器学习版权纠纷的重要制度。② 三是专设“数据获取与利用的合理使用条款”。即在“人工智能创作”的名义下，规定“为人工智能创作复制、改编他人作品，以及将创作成果以广播、信息网络传播方式向公众传播”为合理使用的特别类型。其条文包括“适用主体”（所有为人工智能创作而使用数据的科研机构和企业）、“适用目的”（不以非获利目的为适用条件）、“适用行为”（复制、改编、以广播和信息网络方式向公众传播）。③

上述方案具有建设性意义，但在法律构造方面有必要进行规范补充、完善和整合，即增设数据信息分析合理使用条款，消解“因素主义”判断的不确定性；同时对“三步检验法”进行规范性解读，以摆脱类型列举所带来的“封闭性”。总之，我国著作权法关于合理使用的制度设计，应着力解决不同法源判定标准的杂糅状况，为一般判定标准与具体类型认定要件适用提供立法指引；④ 同时着眼于大数据时代的产业发展需要，将数据信息分析纳入合理使用范围，并对这一传统的“权利限制与例外”制度进行必要的改造。以法律规则完整性、适用性为目的，以数据信息分析合理性、适当性为要义，笔者拟对人工智能语境下合理使用制度构建提出以下建议。

（一）增设数据信息分析的合理使用类型

关于合理使用行为类型，各国立法或多或少并不相同，但主要包括表达自由的合

---

① 林秀芹：《人工智能时代著作权合理使用制度的重塑》，《法学研究》2021 年第 6 期。
② 李安：《机器学习的版权规则：历史启示与当代方案》，《环球法律评论》2023 年第 6 期。
③ 焦和平：《人工智能创作中数据获取与利用的著作权风险及化解路径》，《当代法学》2022 年第 4 期。
④ 熊琦：《著作权合理使用司法认定标准释疑》，《法学》2018 年第 1 期。

理使用、保护公共利益的合理使用、维持司法活动的合理使用、促进后续创作的合理使用、维护弱势群体文化发展的合理使用等。数据信息分析的合理使用，兼有保护表达自由权利、激励新的作品创作、促进新兴产业发展等多个政策取向，彰显了版权“创新之法”和“产业之法”的制度功能。

作品数据化的合理使用规定，可冠名为“数据信息分析的例外条款”，其立法条文可表述为：“为数据信息分析的目的，在必要的限度内使用合法接触的作品，但著作权人声明不许使用的除外。”该条款无“使用主体”限制，包括公益性研究机构和商业性组织，都得以合理使用主体的名义进行数据信息分析活动；但限定“使用性质”须是“非表达性作品使用”或“非模仿个人表达性作品使用”的数据信息分析；规定“使用对象”须是合法接触的作品，凡基于开放获取或合同安排而接触的作品都在合理使用客体之列；强调“使用方式”须在必要范围内，对作品的使用可适用任何方式，但以不损害著作权人合法利益为必要前提。同时，附有“使用但书”条款，即著作权人声明不许使用的，其相关作品不得适用合理使用。将数据信息分析的合理使用在法律上类型化，其优点在于为使用人提供行为准据，以该项合理使用的构成要素作为正当使用他人作品的行为要件；此外，法定例外有助于“找法用法”，便于法官直接适用法律规范，明确且易于操作。必须指出的是，上述类型化条款与兜底性条款可保持协调，以供未来传播技术发展之需。前者是行为类型清单，对数据信息分析行为进行专款规定；后者是行为类型开放，可以涵摄数据信息分析以外的人工智能使用作品的情形。但是，无论是专门条款还是兜底条款，都不足以穷尽所有法定例外类型，也不可能详细说明“合理性”判断标准。在这种情况下，“三步检验法”的因素主义分析就凸显其必要性。

（二）明确数据信息分析的合理性分析要素

合理使用制度的立法趋势，是“因素主义”概括式的规定加“类型主义”的列举式规定，这一立法体例契合了人工智能技术迭变的法律需求，其必要性、可行性我们可从立法指导思想和司法技术方法两个层面来认识：在大陆法系传统中，著作权人的财产权利通常采用开放式的立法表述，即在权利类型清单之外规定“应当由著作权人享有的其他权利”。与此相悖，其权利限制却是封闭性的，即合理使用限于列举规定的具体类型。为适应发展需要，立法者多是通过立法增列合理使用类型，但这一制度安排并非最好的选择，"类型主义"难以穷尽合理使用可能存在的各种情形。在这种情况下，"因素主义"条款有助于改变权利限制的封闭状态，从而达到保护私有权利与促进知识传播的双重立法目标。此外，就法律适用而言，合理使用的一般性规则不是离开具体类型条款单独或孤立地发挥作用，[①] 而应是在列举式规定的基础上发挥统一性判定和补充性解释的功能。具言之：一是明确考量标准，类型化条款的合理使用，重在列举各种合理使用类型，对作品使用方式、使用后果等要素未必严格限定，而"三步检验法"就可能提供判定的一般标准，避免司法裁判的认识分歧；二是补充适用解释，现代著作权法在开列权利限制类型清单时，多在法定类型之外增补规定"其他情形"，这种"开放式"的法律表述，必须限制在确定性的解释范围之中，即依照"三步检验法"对例外情形作出说明。

对于数据信息分析的合理使用，未来著作权法无论是新增专门类型条款，还是适用"法律法规规定的其他情形"，都要通过"三步检验法"的判定，其因素分析应把握以下要点。

一是"使用目的"要素分析。"使用目的和性质"是合理使用认定的第一要素，是整个合理使用规则的灵魂。在传统"因素主义"分析框架中，"使用目的"要素意在考察作品使用"是否具有商业性质或者用于非营利的教育目的"，凡商业性使用都是不合理的。而在"转换性使用"的现代司法判断规则中，"使用如果是以与原作品不同的方式或是为了与原作品不同的目的，可视为合理使用"[②]。就当代数据信息分析行为而论，"非商业性质的使用"不再是合理性证成的关键，其重要路径在于分析作品"转换性使用"的性质和程度。数据信息分析是对作品和其他资料数字化的利用，具有"转换性使用"的意义，其不同应用场景表现了不同使用目的，并不能一概以合理使用论之。其分析步骤可归为以下两步。第一步，区别非表达性目的使用与表达性目的使用。[③] 一般认为，前者的作品使用具有"目的转换性"，即"作品的复制没有将该作

① 梁志文：《著作权合理使用的类型化》，《华东政法大学学报》2012 年第 3 期。

② Pierre N. Leval, "Toward a Fair Use Standard," *Harvard Law Review* 103, (1990): 1105-1136.

③ 美国学者将机器学习分为"表达型机器学习"(expressive machine learning)和"非表达型机器学习"(non-expressive machine learning)。Benjamin L. W. Sobel, "Artificial Intelligence's Fair Use Crisis," *Columbia Journal of Law&the Arts* 41, (2017): 49.

品的独创性表达传播给社会大众。[1] 例如提取人脸图片的设计思想和功能特征，不涉及利用作品中受保护的表达性内容，不产生版权相关性，因此可以认定为自由使用。[2] 而后者的作品使用属于“内容转换性”，即使用作品的表达性内容来训练算法，并输出具有内容转化性的新的表达（其是否为合理使用，需作进一步分析）。第二步，界分一般性表达使用与个性化表达使用。从模仿作者表达能力的目的出发，前者是对某一类作品提取表达要素，其算法训练的作品来自众多作者，并形成该类作者通用的表达模型，例如微软机器人“小冰”从2000多首诗作中学习现代派诗人的表达风格；后者则是模仿某一个作者的个性化表达，其算法训练的作品多是来自特定作者，被学习作品的个性化表达会在生成内容中再现，例如“AI歌手”就是在算法程序上输入目标歌手歌曲，从而生成与其艺术风格一致的声学模型。[3] 同为模仿人类作者的表达模型，前者是“求同去异”，即提取重复度高的数据，排除重复度低的数据，从而形成某类作品表达风格和样式的构成要素，因不涉及个性化表达而具有合理使用基础；而后者是“以假乱真”，即对特定作品进行数据信息分析，以达到模仿特定作者表达能力的目的，其生成内容往往与某一在先作品构成实质性相似，有侵权使用之嫌。

二是“使用方式”要素分析。合理使用情形，“不得影响著作权人对其作品的正常使用”，表达了对使用作品行为合理性、适当性的法律要求，是“使用方式”要素的内核。《伯尔尼公约》规定的“三步检验法”，将这一内容要素列为合理使用判定的标准之一。在美国版权法合理使用“四要素”构成中，“使用方式”要素被分解为“被使用作品的性质”和“使用作品的程度”，前者将作品构成中的主题、题材、体裁、概念、原理和客观事实等列为“不受保护的要素”，而将结构、情节、典型人物、事件的塑造表达和表现等作为“受保护的要素”[4]，从而界定合理使用的对象；后者则从引用作品的数量和实质两方面进行分析，即“从整体衡量被使用作品的状况”，判断“同整个作

① 在美国司法判例中，表达性使用与否，是判断作品复制合理与否的重要尺度。Matthew Sag, “Copyright and Copy-Reliant Technology,” *Northwestern University Law Review* 103, (2009): 1639.

② Martin Senfileben, “Compliance of National TDM Rules with International copyright Law: An Overrated Nonissue?,” *International Review of Intellectual Property and Competition Law* 53, (2022): 1502.

③ 李安：《机器学习的版权规则：历史启示与当代方案》，《环球法律评论》2023年第6期。

④ 吴汉东：《知识产权法》，法律出版社，2022，第151页。

品相比所使用的部分的数量和内容的实质性”。[①] 在数据信息分析中，机器学习的对象是作品构成的所有要素，在作品的抽象表达和具体表达诸因素中阅读和模仿人类审美标准和思想表达方法，这就与过往要件中的“被使用作品的性质”相去甚远；同时，数据输入性使用是“海量的”，其数据收集、数据预处理以及构建数据集等环节，对作品使用超出了传统的“少量使用”范畴。因此，从“不得影响作品正常使用”的要义出发，我们有必要重构大数据时代的“使用方式”要素，具体包括以下四个方面。(1)非公众接触的使用。数据输入以供“机器阅读”为必要，对作品的数字化使用应在人工智能系统内部进行，不与“人类读者”发生接触。换言之，只有将作品向公众传播的行为，才属于版权控制的范围。[②] (2)非欣赏表达的使用。人工智能选择和阅读的材料，其使用方式及其属性是为归纳总结原作品的构造性特征并形成自己的表达规则和模型，而不是欣赏原作品所表达的思想和情感。概言之，生成人工智能产品，大量产生与特定作品相同或类似的表达，属于欣赏类或享受类的使用，不在合理使用范围之内。[③] (3)非对抗性的数据库使用。未经许可使用他人销售或正在预售的用于信息分析的数据库作品，必然与该数据库的许可使用市场相冲突，即“影响著作权人对作品的正常使用”。为适应大数据训练的需要，著作权人应对用于信息分析的数据库及时发布有偿使用的信息。(4)非侵权复制品的使用。使用人进行数据输入、数据训练时，不得使用盗版资源类侵权复制品。在合理使用的情形下，使用人知道或应该知道其数据化的作品有合法来源，并在获取和使用中采取必要防范措施。综上所述，合理性的“使用方式”是一个类型难以穷尽的构成要素，也是一个需要结合其他因素进行综合分析的认定条件。

三是“使用后果”要素分析。使用作品的后果，即“不得不合理地损害著作权人的合法权益”，是合理使用认定的重要标准。在美国1985年《福特回忆录》版权诉讼案中，美国法院曾宣称该要件是“合理使用中唯一最重要的因素”。[④] 毫无疑问，市场影响分析在合理使用要素分析中具有重要意义。前述“使用目的”是为主观要素分析，

---

① Pierre N. Leval, “Toward a Fair Use Standard,” *Harvard Law Review* 103, (1990): 1105-1136.

② 林秀芹：《人工智能时代著作权合理使用制度的重塑》，《法学研究》2021年第6期。

③ 日本《著作权法》第30条之4规定了“非享受性合理使用”的情形。

④ Pierre N. Leval, “Toward a Fair Use Standard,” *Harvard Law Review* 103, (1990): 1105-1136.

其使用目的正当性评价有必要借助客观使用结果的客观市场影响分析；“使用方式”无论是使用对象性质还是使用行为状态，其分析、判断应落脚于使用作品的后果。作为“使用后果”的市场因素，其要义在于市场损害的发生，美国学界将其描述为使用人得到“实质性利益”，或著作权人遭受“不利的影响”。在这里有两种结果评价标准。一是使用人的“实质性利益”。一般认为，使用人使用他人作品所得利益，主要是非物质利益，即不具有营利性，传统类型的合理使用即为如此，数据信息分析的正当性证成莫不如此。二是著作权人的“利益损害”，这是评价市场损害影响的最主要尺度。对著作权作品市场价值的影响，须达到损害认定的一定条件。(1)损害须达到一定程度。即使用作品的结果超过法律许可的界限。(2)损害必须真实存在。即在损害已经发生或对权利行使造成妨碍，并在客观上可予认定的情况下才能说明使用不再合理。在数据信息分析中，个性化模仿的生成结果，构成对特定作者的利益损害，可以侵权使用论处理；而大众化模仿的生成结果，则是对某类作者群体的利益损害，即使在合理使用的容忍范围之内，使用人也有必要给予适当补偿。总之，“使用后果”要素分析，有助于判定合理使用和侵权使用的界限，在其他要素不敷使用的情况下，对作品使用的市场影响分析往往是最后有用的尺度。

（三）进行数据信息分析的合理使用制度补充

合理使用是著作权法的重要制度构成，涉及权利的行使、限制和保护，关联作品的创作、使用和传播，是私益与公益、本权与他权相互关系的调整器。建构大数据时代的合理使用制度，重在行为类型法定和认定要素的构成，此外还应关注以下辅助性制度的补充和完善。

一是数据库许可交易制度。在许可交易制度的指引下，使用人即被许可人可通过数字图书馆或作品数据库获取相关数据资料，在不接触作品内容本身的情况下实现机器学习的目的。任何人只需要支付一定费用就可以使用该数据产品进行人工智能活动，同时该数据产品设置有严格的技术保护措施以防止作品内容的泄露。在英美国家的版权法律实践中，从电子时代、网络时代以至人工智能时代，版权许可中心即可提供批量使用作品的合法渠道。“要么提供许可使用，要么合理使用”，英美等国家通过立法和司法实践，鼓励著作权人作出许可。[①] 可以认为，数据库许可交易制度为数据信息分析提供了合法而有效的来源，支付一定报酬而使用，但不接触作品内容而免责，该项制度与合理使用制度具有不同功用，共同服务于人工智能技术创新及其产业发展。

二是权利保留制度。合理使用在立法文件中称为“权利例外”，是对专有权利内容和效力范围的限制。在我国著作权法中，依权利人声明排除的“但书”条款为标准，合理使用可以分为相对性权利限制和绝对性权利限制。[②] 前者即为著作权人可以通过声明排除法律规定的合理使用限制，后者是指著作权人不可以通过声明排除法律规定的合理使用限制。我国法律规定的合理使用情形，大部分是绝对性的权利限制，仅有“新闻报道使用”“转载转播使用”含有“权利保留”条款。借鉴欧盟相关立法例，我国未来立法似可允许著作权人以适当方式声明保留权利，选择退出。如前所述，在合理使用反限制声明的情况下，著作权人应提供作品数据许可使用的渠道。

三是数据信息披露制度。该项制度的核心内容是规定人工智能模型的训练数据信息披露义务，即使用人应记录并公开其训练数据内容摘要。数据信息披露是合理使用制度的重要配套规则，其制度功用表现在以下两个方面：其一，表明文本数据来源，尊重著作权人权益，使用人公开其训练数据内容的作品来源，类似于合理使用构成的一般要求，即“应当指明作者姓名或名称、作品名称”，以表示对作者及其作品的尊重；其二，公开数据信息分析内情，有助于人工智能服务领域的专门管理。数据输入和算法学习存在于人工智能系统之中，只有在足够的详情公开的情况下，主管部门才能够有效行使监督检查职能。[③] 总体来说，数据输入及其训练具有不为公众接触、不为外人知晓的非公开性，在此情况下，规定数据信息披露义务是必要的，这是保护版权政策立场和实现透明度监管原则的重要体现。

四是适当补偿制度。在数据信息分析的合理使用情形中，由生成式人工智能企业给付著作权人以一定的补偿，这一主张既来自一些学者的法律建议，也见之于国外著

---

① 王文敏：《人工智能对著作权限制与例外规则的挑战与应对》，《法律适用》2022 年第 11 期。

② 何怀文：《中国著作权法：判例综述与规范解释》，北京大学出版社，2016，第 684 页。

③ 我国《生成式人工智能服务管理暂行办法》第十九条规定，有关主管部门依据职责开展监督检查，生成式人工智能服务提供者应当按要求对训练数据来源等予以说明。

作权纠纷当事人的和解方案。[①]《伯尔尼公约》第 10 条之 2 对合理使用作出一个总的限定性要求，即“必须符合公平惯例”，可以认为，合理使用中的适当补偿制度，是符合《伯尔尼公约》精神的。以模仿人类表达能力、表达方式、表达内容为目的的数据信息分析，通常不会替代某一特定作品的市场份额，但可能损害某一领域作者群体的创作机会，从而“不合理地损害著作权人的合法利益”。因此，适当补偿是合理的、必要的。需要说明的是，此处的适当补偿是在合理使用框架内的制度设计，广义的合理使用主要是不支付报酬的使用，也含有适当补偿的使用。[②] 由于数据信息分析的使用作品场景复杂多样，有公共领域自由使用和专有领域合理使用之别，且都可作为侵权抗辩事由。在这种情况下，由法律直接规定而不加区别地支付报酬是不适宜的，除非在合理使用的特别情形下，才可以规定适当补偿。

（作者系中南财经政法大学知识产权研究中心文澜资深教授）

① 据澎湃新闻报道，美国 OpenAI 与“新闻集团”达成协议，将获得包括 16 余家媒体的信息出版物的当前和存档内容，供 ChatGPT 使用，交易为期 5 年，支付费用超过 2.5 亿美元。

② 早期学者将合理使用称为“一般也不需要支付报酬”，或是“甚至不必支付报酬”。这就说明，存在着支付报酬的“个别”情形，但不失为合理使用。郑成思：《知识产权法通论》，法律出版社，1986，第 124 页；段瑞林：《知识产权法概论》，光明日报出版社，1988，第 289 页。

大模型语料训练合理使用问题研究

易继明

一、问题的提出

生成式人工智能技术的迅猛发展及其日益扩大的应用场景，已然成为社会各界瞩目的焦点。在版权领域，这一技术革新不仅对法政策带来了前所未有的挑战，实践中还不断检验着传统法理的普适性和相关规则的合理性。例如，在人工智能大模型训练中，其使用语料进行训练的行为是否具有合法性、是否涉嫌侵犯版权，引发了业界广泛的关注与讨论。

按照基础模型来区分，人工智能主要包括决策式人工智能和生成式人工智能。决策式人工智能主要学习数据中的条件概率分布，即一套样本归属于特定类别的概率，机器可对新的场景进行判断、分析和预测。生成式人工智能主要学习数据中的联合概率分布，即数据中由多个变量组成的向量呈现一定的概率分布，机器可以对已有数据进行归纳总结，并在此基础上使用深度学习技术等来创作模仿式、缝合式的内容。[①] 目前，生成式人工智能被广泛应用于文字、图片、音频、视频等内容的生成领域，而海量的数据则是生成式人工智能训练所需要的基础养料。以生成图片的大模型 Stable Diffusion 为例，Stability AI 公司在发布之初就声称其使用了 1200 万个图像来训练其模型；其后的开发中使用了更多图像，并使用了三个不同的 LAION 数据集。但其使用

① 中共中央党校（国家行政学院）：《读懂全会〈决定〉名词：什么是生成式人工智能?》，https://mp.weixin.qq.com/s/bOYkrqeukE-3sUy2H5UtJA，访问日期：2024 年 11 月 1 日。

的绝大部分的图像，都是从互联网上公开发表的图像中抓取的。①

在利用图像对人工智能大模型进行训练的过程中，不可避免地会触及使用他人享有版权的作品作为训练素材的问题。② 在很多情形下，从事生成式人工智能研发的企业并未获取版权人的正式授权，潜藏着侵犯他人版权的法律风险。在此背景下，产业界迫切需要法律与公共政策能够明确提供关于使用语料的合法性指引。同时，创作者与公众也高度关注自身利益能否得到有效保障，以及公共利益如何在技术发展的浪潮中得到合理体现。因此，人工智能大模型训练，特别是生成式人工智能大模型训练过程中使用语料的合法性及合理性问题，成为人工智能时代亟待研究的重大课题。

司法实践中所面临的问题，更是迫在眉睫。2024 年 10 月 12 日，北京互联网法院就其受理的数起涉及人工智能文生图和图生图的案件，组织了部分法学专家和经济学专家进行了较为充分的讨论。相关案件中，绘画创作者主张被告即人工智能开发企业在未经许可的情况下，在语料训练过程中使用了他们的图片，侵犯了其版权。该案所牵涉的人工智能模型，是以 Stable Diffusion 模型为基础，加入被告从网络上自行搜集的部分图像进行训练的一个专门用于输出中国风图像的垂类模型。笔者有幸参加了北京互联网法院组织的讨论，但研讨会并未得出一个具有共识性的结论。这里，笔者根据讨论会上的几种观点，结合国内外产业实践和版权法上的相关规定，探讨人工智能大模型语料训练的合理使用问题，特别是透过法政策视角探讨版权合理使用制度适用的空间，试图建立起新技术背景下基于技术变革的转换性使用之分析框架。本文研究旨在构建一个既有利于技术创新，又能够保障创作者与公众权益的法律环境，为生成式人工智能技术的健康发展提供坚实的法律支撑。

二、几种主要的观点

根据前述北京互联网法院组织的研讨会上学者们发表的观点，结合相关学者的论述，笔者归纳出与会学者的五种不同的观点。

---

① “Stable Diffusion Goes Public—and the Internet Freaks Out,” Richi Jennings, accessed November 11, 2024, https://devops.com/stable-diffusion-public-richixbw/.

② 曹新明、范晔：《生成式人工智能数据训练的合理使用规则研究》，《中国版权》2024 年第 4 期。

（一）非表达性使用论

非表达性使用论观点认为，“思想—表达”二分法是作品获得版权保护的基础，人工智能训练属于“非表达性使用”，不属于版权法意义上的使用行为，故不构成版权法上的侵权行为。所谓“非表达性使用”，是指不以阅读、欣赏作品为目的，在结果上也没有再现作品表达的作品利用行为。[①] 持这种观点的学者认为，生成式人工智能数据训练中，对于作品的使用属于通过计算机进行信息处理的范畴，与典型的人类使用存在明显的差异。[②] 人工智能并非理解作品的思想和表达，而是分析其背后的逻辑规律，属于机械的分析，不产生对于作品表达的理解与欣赏，所以并非传统版权法意义上的使用行为，因此不属于版权法的调整范围。[③]

这一观点，近期在学术界受到了广泛的关注。然而，学界尚未能就此形成普遍的共识。相反，一些持反对意见的学者主张，版权法的核心在于保护表达，而非思想。作品的表达实质上是由诸如像素、文字、音调等不同的表达要素通过特定的排列组合所构成的。机器学习在解析人类作品时，所捕捉的正是这些要素间的逻辑规律，因此其本质上仍属于对作品表达的学习，并未逾越传统版权法的规制范畴。故此，不能就此断言机器学习不构成版权法意义上的使用行为。而且，从对于思想与表达的欣赏和学习角度，将机器学习行为归类于非表达性使用，并不能很好地覆盖全部的机器学习行为。例如，对于计算机代码的学习这类行为，就是典型的对表达的学习，并不涉及思想。

事实上，非表达性使用论的解释路径，对版权体系会造成不小的冲击。稍有不慎，可能会破坏版权法的内部逻辑。因为版权法上“思想—表达”二分法的基础分界，必然将非表达性使用归于对“思想”之使用，可能由此导致对作品之利用成为“脱缰野马”，游离于版权法之外。实践中，是否需要以及如何限缩版权法调整范围，应当在分析和总结更多场景的基础之上，再得出相应的结论。[④]

---

① 袁帅：《数字化背景下作品非表达性使用的著作权法应对》，《知识产权》2024 年第 9 期。

② 刘晓春：《生成式人工智能数据训练中的“非作品性使用”及其合法性证成》，《法学论坛》2024 年第3 期。

③ 陶乾：《基础模型训练的著作权问题：理论澄清与规则适用》，《政法论坛》2024 年第 5 期。

④ 张新宝、卞龙：《生成式人工智能训练语料的著作权保护》，《荆楚法学》2024 年第 5 期。

（二）机器学习合理使用论

机器学习合理使用论观点认为，技术中立暗含了技术发展优先的价值倾向，机器学习可以归于合理使用，因此不侵犯版权。持这种观点的人认为，人工智能模型在技术系统中属于底层技术资源，技术效果具有普惠性，所以模型训练过程中对海量作品的使用具有版权法上的目的正当性。此种使用，既不会影响原作品的正常使用，并且在其他版权保护机制的配合下也不会不合理地损害版权人的合法权益。[①] 而反对观点则认为，我国著作权法第二十四条对于合理使用的适用范围规定得相当严格，由 12 项具体行为模式和 1 条兜底款项组成，且兜底款项也仅限于法律和行政法规的特殊规定。从法治理论的基本观念出发，法律文本上对于权利的限制条款，本身属于立法价值上的衡量与选择，不宜随意地扩张解释。此外，也有观点认为，机器学习论过于忽视了版权人的利益，在商业收益较高的人工智能训练企业和投入大量精力创作作品的人类作者之间，没有达到利益平衡。[②]

（三）临时复制论

临时复制论观点认为，机器学习只是临时复制，或者认为机器学习的复制并非以传播为目的的复制，因此不侵犯版权。持这种观点的人认为，版权法中的复制是一种为了传播进行的准备行为，只有将复制的产物用于传播，才构成复制权侵权。[③] 在机器学习的语境下，数据的处理与分析是一个高度动态的过程。数据被临时性地存储在计算机的缓存之中，仅供模型在训练阶段即时调用与分析。一旦学习过程结束，这些数据便会被系统自动清除；既无长期留存之必要，亦非旨在通过复制达到广泛传播之目的。[④] 这种临时性、过渡性的数据处理方式，与版权法保护的复制权，在行为模式上存在本质上的区别。

进一步而言，机器学习并未使公众有机会接触到用于训练的作品中所蕴含的独创

---

① 徐小奔：《技术中立视角下人工智能模型训练的著作权合理使用》，《法学评论》2024 年第 4 期。

② 邹海阳、毕梦婷、浦继尧、赵露、鄢龙：《人工智能训练数据合规性探析》，《现代商贸工业》2024 年第 19 期。

③ 涂藤：《机器学习的著作权侵权判定：超越非表达性使用理论》，《政治与法律》2024 年第 10 期。

④ 王迁、褚楚：《人工智能与著作权边界初探：技术进步下的法律挑战与思考》，《中国编辑》2024 年第8 期。

性表达。这一过程被严格限制于特定的技术框架内，其目的纯粹是提升算法的精准度与效率，而非将作品内容公之于众或进行商业利用。因此，从实际影响来看，机器学习并未对权利人的合法权益造成实质性的损害，其复制行为不应被纳入版权法所规制的侵权行为范畴之内。

（四）版权侵权论

版权侵权论观点认为，人工智能大模型训练属于商业性使用，现行版权法并未将其归为合理使用的情形，因此属于版权侵权行为。持此种观点的人认为，认定不侵权可能导致法律上的悖论与严重的利益失衡。若仅凭海量图片授权难度大、交易成本高为理论依据，便轻率地判定不构成侵权，这无疑会引发一系列逻辑上的困境。试想，单独使用他人一张图片，无疑是对版权的侵犯；当数量增至一万张时，或许尚可争议是否构成侵权；但若使用一亿张图片，却反而可能逃脱侵权的指控：这样的逻辑显然站不住脚。

相对于传统的版权侵权行为而言，人工智能大模型训练企业未经授权便使用了海量的图片，其侵权行为情节严重、危害广泛，更应成为法律制裁的首要对象。不能仅仅因为企业规模庞大、利益纠葛复杂，就可以肆意践踏他人的版权，进行“强取豪夺”。而且，对于那些严格遵守版权授权规则，不惜花费大量成本去获取授权，重视数据合规的企业而言，这样的判定无疑是不公平的。它们本应是市场中的楷模，却因他人的侵权行为而产生竞争劣势。最终，可能会导致出现“劣币驱逐良币”的现象，这无疑是对市场公平秩序的严重破坏。

此外，人工智能产业领域展现出高度的专业细分特征，其中专注于数据集收集的企业也构成了一个颇为庞大的市场板块。这些企业需要历经烦琐的程序和大量的人财物投入以获得权利人授权，倘若大数据模型训练企业能够未经授权便合法地、轻易地获取数据，那么数据集收集市场将面临瓦解的风险。事实上，数据集收集企业的贡献远非简单的收集工作所能概括，它们还承担着筛选、过滤、处理数据的重任，致力于构建高质量的数据库。这一环节，对于人工智能训练来说至关重要。例如，LAION数据库便是Stable Diffusion类生成式人工智能得以发展的基石。因此版权侵权论观点认为，在处理相关案件时，即便判决的赔偿金额较少，哪怕只是象征性的，也必须要明确界定使用未授权的语料训练人工智能大模型的行为属于侵权行为。

（五）总体国家安全观论

总体国家安全观论认为，人工智能大模型训练客观上不属于版权法意义上的合理使用，也不宜用其他解释论或者方法论来规避其侵权性质，但可以从总体国家安全观的战略高度出发，主张不判定其为侵权行为。此种观点是基于我国在生成式人工智能技术领域可能面临的落后风险及其对国家安全构成的潜在影响，认为应该从公共政策的视角出发，认定在特定时期内允许人工智能大模型企业不经授权地利用公开数据进行训练。在此期间，为加速技术进步与产业发展，可以暂时牺牲对版权人利益的保护。待人工智能大模型企业完成初步训练，人工智能技术达到相对成熟的阶段之后，再重新审视并调整利益分配机制。

对此，反对观点则认为，技术发展的初衷应是更好地促进权利保护，而非以牺牲正当权利为代价来追求所谓的更高层次的“总体国家安全”，我们必须要坚持以人为本的人本主义价值判断。“在版权保护中融入人本主义理念，就需要识别出版权制度所作用的诸个体，分析其独特的诉求、具体的生存样态、利益陷入冲突的可能性，致力于克服技术对人的价值侵蚀，以最大化地满足不同个体的‘实现倾向’。”①况且，从输出美术作品、文学作品的人工智能技术训练，到国家安全之间，相差多层维度，需要细致的论证。否则，笼统地适用总体国家安全观，不仅会在司法裁判上造成困惑，而且会引发法律的不确定性和国际社会的不安。

三、侵权，还是不侵权？——法政策上的不同选择

前述五种不同的观点，分歧明显，甚至针锋相对，难以达成共识。实际上，这一问题不仅困扰着中国的司法界，美国的司法界也同样面临挑战。目前，积压在美国法院的类似案件有20余件，至今尚未作出任何实质意义的判决。其实，问题的核心在于，人工智能大模型语料训练行为，是构成侵权，还是不构成侵权？诸多针锋相对、

① 易继明、初萌：《论人本主义版权保护理念》，《国家检察官学院学报》2022年第1期。

难以统一的观点所表现出的是人们在法律上的认知、公共政策上的选择以及法治观念上的不同；甚或是，参与讨论的各学者均已预设立场，缺乏对人工智能产业链上各方利益诉求者的倾听和理解。若要破解这一难题，首要的是清晰界定并理解各方的利益诉求与实际需要，进而确立一个公正而平衡的裁判标准，最终选定一个最为适宜的方案。在制度和规则设计上，我们需要精心平衡人类作者的版权保护与生成式人工智能产业发展的需求。为此，必须全面衡量各方的利益诉求与实际需要，确保从法政策上设计出的制度或者规则既能有效保护创作者的权益，又能为人工智能产业的健康发展提供有力支撑。

（一）产业界的诉求

产业界的诉求，无非是降低交易成本，避免侵权风险。从产业角度来说，对于人工智能大模型训练企业而言，最重要的问题是如何以一个相对合理的价格，合法获取海量的用于训练的优质人类作品资源，法律和公共政策必须给产业界一个明确和可行的指引。降低交易成本，可以通过以下几种路径。

第一，从法律与公共政策的角度，直接认定人工智能语料训练不是版权法意义上的使用，直接拿掉人类作者的请求权基础，这可以让人工智能训练企业彻底解套。这是“非表达性使用论”或者纯粹的“机器学习论”①所主张的。此一主张，虽广受产业界欢迎，但对于创作者来说，则彻底失去对于作品的控制；即使权利人明示作品不允许被用于人工智能大模型训练，也不能排除产业界的使用，同时失去了主张获取收益分配的可能性，因为没有了请求权的基础。②

第二，将此类使用视为合理使用，允许企业未经授权即可使用作品，且无需支付费用。然而，合理使用规则通常对使用目的和性质有所限制，要求人工智能服务非营利性，如无偿或低于成本价提供。这对人工智能企业而言，无疑限制了其商业应用范围。若采用此路径，需探索新的合理使用机制，以扩大至商用范畴。

---

① 纯粹的“机器学习论”认为机器不是人，其创作行为不能成为作品，那么其使用行为也不构成人类意义上（包括版权法意义上）的使用。这种纯粹的“机器学习论”的观点，与前面提到的机器学习合理使用论，还不完全一样。

② 涂藤：《机器学习的著作权侵权判定：超越非表达性使用理论》，《政治与法律》2024年第10期。

第三，建立人工智能大模型训练的法定许可制度。从原理上来说，法定许可相比于合理使用而言适用范围更广泛，其使用目的可以是营利性的；相较于合理使用往往针对的使用篇幅而言，法定许可使用作品的篇幅、规模也可以更大。① 不过，法定许可需要向权利人付费，这是明显不同于合理使用的地方。

第四，建立默示许可+许可撤回/退出制度。公开发表的作品默认可以被使用，除非权利人有明示声明不得用于人工智能训练。原则上，这种默示许可的情形，是应该付费的，但付费渠道怎么安排则需要研究。

第五，获取权利人明确授权。在这个大前提下，鼓励版权集体管理组织、创作平台、专业的数据采集企业等，负责给人工智能训练企业提供训练所需的资源。② 这些数据采集企业去获得授权和支付费用，再将数据做成数据集，并进行初步的整理、筛选、评级等，然后卖给人工智能训练企业。这一路径理论上具有可行性，但实际推行中会遭遇不小的挑战。例如番茄小说遭抵制的事件：番茄小说平台在服务协议中加入授权人工智能训练的内容的时候，就受到了作者们的广泛抵制。③ 这一事件背后的原因，是没有考虑到创作者们的实际诉求与担忧。

（二）创作者的诉求

创作者的基本诉求是需要合理的分配机制，避免产生被人工智能所取代的风险。创作者主要关心的是两个问题：一是自己的作品被用于人工智能训练能否获得收益；另一个也许是更为关键的，即人工智能对于人类创作者交易机会的剥夺问题。

对于第一个问题，创作者期望建立平衡的利益分享机制。按照传统的利益对称理论，创作者认为一个基本原则是：如果允许人工智能训练企业无偿使用其作品，那么生成式人工智能服务就应该是无偿的、非营利性的；如果生成式人工智能服务是营利性的，就必须向创作者分享收益。然而，难点在于，对于使用海量作品训练的人工智能产品而言，单个作品的边际贡献是非常低的，恐怕难以准确定价，或者说定价的基

① 邹海阳、毕梦婷、浦继尧、赵露、鄢龙：《人工智能训练数据合规性探析》，《现代商贸工业》2024 年第 19 期。

② 孙阳：《生成式人工智能的侵权标准、价值辨析与规范应对》，《社会科学动态》2024 年第 10 期。

③ 澎湃新闻：《“我们不想投喂 AI”！拿网文训练 AI 遭联合声讨，番茄小说回应》，https://baijiahao.baidu.com/s?id=1806550489129144658&wfr=spider&for=pc，访问日期：2024 年 11 月 4 日。

准与创作者预期相差甚远，这无疑增加了交易失败的风险。①

而对于第二个问题，一个可行的解决方案是尝试建立人工智能生成内容(artificial intelligence generated content，以下简称 AIGC)强制标识制度，要求 AIGC 必须添加明显的标识来区分于人类作品，将 AIGC 和人类作品分为不同赛道，减少其对人类创作者交易机会的影响。近期，网络游戏《雀魂麻将》的运营团队在其官方 B 站账号发布了一位名为“南枫花”的雀士角色立绘，因该立绘的绘画质量欠佳、人体结构存在瑕疵等问题，引发了玩家对其是否为 AIGC 的广泛质疑，并招致了玩家群体的强烈抵制。随后，《雀魂麻将》运营方不得不在官方 B 站账号发布声明澄清，并展示了创作过程中的线稿，证实该立绘确为人类艺术家所作，同时承诺会对原画中的不足之处进行修改，这才逐渐平息了风波。② 可见，现阶段消费者还是更加愿意为人类作品付费。区分人类作品与 AIGC，在一定程度上可以降低人工智能对于创作者交易机会的影响。目前，关于 AIGC 强制标识制度的草案已经进入征求意见阶段，③ 预计很快就会落地施行。但该草案究竟是否能达到预期效果，消费者是否更加愿意给人类作品付费，这还有待市场的检验。

(三)其他利益相关者

除了创作者和产业界之外，还存在众多其他潜在的利益相关者，包括公众、终端用户、AIGC 的消费者，以及社会组织、政府部门和国家战略层面的相关方等。这些利益相关者，也都密切关注人工智能技术的发展以及相关公共政策所带来的影响。

使用生成式人工智能的终端用户，包括个人用户和企业用户。对于后者而言，尤其要注意使用 AIGC 侵权的问题。因此，企业用户更加迫切地需要出台相关的法律和公共政策，厘清原作品权利人和人工智能训练企业之间的权利义务关系，以避免在使用 AIGC 过程中“一不小心”就侵犯了原作者的权利。从这个角度来说，建立平衡的利益分享机制，完善授权机制，结合权利用尽原则，可以充分避免这一风险。同时，建

---

① 张吉豫、汪赛飞：《大模型数据训练中的著作权合理使用研究》，《华东政法大学学报》2024 年第 4 期。

② bilibili 官网：《雀魂麻将 majsoul 的公告》，https://www.bilibili.com/opus/964136758343106567?spm_id_from=333.999.0.0，访问日期：2024 年 11 月 1 日。

③ 中国网信网：《国家互联网信息办公室关于〈人工智能生成合成内容标识办法(征求意见稿)〉公开征求意见的通知》，https://www.cac.gov.cn/2024-09/14/c_1728000676244628.htm，访问日期：2024 年 11 月1 日。

立 AIGC 强制标识制度，可避免企业用户被 AIGC 鱼目混珠，也便于其核算成本，提高效率。

四、版权合理使用制度的价值取向

（一）权利限制：公共领域保留

在版权法领域，赋权的正当性理论往往以浪漫主义的作者身份为中心，即作者通过带有“人格意义的表达”[①]或“智力性的劳动”[②]，将全新的内容带入了世界。但是，这种作者范式的理论假设，有时无法解释所有作者所使用的原材料，[③] 也无法解释全部的创作行为过程。可以说，公共领域的存在及其所构成的对权利之限制，是版权制度的另一面。[④] 事实上，在作者的独创性贡献之外，公共领域的存在为创作行为的社会外部性及其背后所代表的公共利益之价值取向，提供了理论依据，并形成了权利限制规则的正当性基础。

具体而言，公共领域保留是指将维持创造者身份的基础性原材料予以保留，不进行私人赋权，而是留给未来潜在的创作者共同使用。一方面，公共领域的保留为版权保护边界的模糊性提供了对价，限制了版权的不合理扩张。当版权法因无法确定独创性的边界而将垄断权利延及作品的全部内容时，作者应当容忍基于公共利益的考虑明显可以识别出的、不应由个人垄断的部分被保留在公共领域内。[⑤] 另一方面，公共领域的保留是保证知识创造活动可持续性的必然要求。人类文化具有传承性、累积性，任何作品在创作事实上都不能被认为是纯粹的个人创作，因为任何新知识都是站在巨

① 【澳】彼得·德霍斯：《知识财产法哲学》，周林译，商务印书馆，2017，第 119-123 页；【美】罗伯特·P. 莫杰思：《知识产权正当性解释》，金海军、史兆欢、寇海侠译，商务印书馆，2019，第 141 页；Justin Hughes，“The Philosophy of Intellectual Property”，*Georgetown Law Journal* 77，no. 2(1988)：287-366.

② 易继明：《评财产权劳动学说》，《法学研究》2000 年第 3 期；Mala Chatterjee，“Lockean Copyright versus Lockean Property，”*Journal of Legal Analysis* 12，(2020)：136-182；Stewart E. Sterk，“Rhetoric and Reality in Copyright Law，”*Michigan Law Review* 94，no. 5(1990)：1197-1249；Alfred C. Yen，“Restoring the Natural Law：Copyright as Labor and Possession，”*Ohio State Law Journal* 94，no. 51(1990)：517-560.

③ Jessica Litman，“The Public Domain，”*Emory Law Journal* 39，no. 4(1990)：965-967.

④ Krasilovsky M. William，“Observations on Public Domain，”*Bulletin of the Copyright Society of the U. S. A.* 14，no. 3(1967)：205.

⑤ David Lange，“Recognizing the Public Domain，”*Law and Contemporary Problems* 44，no. 4(1981)：147.

人的肩膀上产生的。[①] 将基础性的创作元素留在公共领域，有利于保留文化发展潜在空间与可能性。“通过公共领域保留对作者享有的版权进行一定的限制，可以防止著作权人对其作品的完全垄断，这是利用公共领域保留实现维护公共利益的方式。”[②]狭义的公共领域保留理论往往关注基于公共利益属性被排斥在版权法保护范围之外的客体(如著作权法第五条规定的内容)；宽泛的公共领域理论还包括了基于公共利益而对权利限制的所有方式，包括强制许可、法定许可、合理使用制度等。事实上，合理使用规则是版权规则体系中为保留公共领域所作出的重要权利限制，避免了以潜在创造者的工作环境变得贫瘠为代价而进行的对个别权利人的激励，为创作者的共同身份以及创作过程的可持续性提供了保护。[③]

(二)适用版权合理使用的正当性

从价值取向的视角，比较容易分析人工智能技术及其产业发展的当代意义，也能够合理地讨论适用版权合理使用的正当性。

1. 人工智能技术及其产业发展存在着巨大的社会利益

新技术时代，人工智能技术具有基础性、普惠性，不能仅因其具有商业性质，就简单地否定其公共利益属性。[④] 一般而言，在探讨人工智能大模型语料训练适用版权合理使用的正当性时，仅仅强调其为产业带来的显著经济利益是不足以支撑论点的。这是因为产业的庞大经济利益与公共利益并非同一概念，而更多地体现为商业利益。鉴于商业巨头已具备显著的市场竞争优势，若再赋予其对创作者作品的合理使用权限，可能会引发利益严重失衡、产业垄断、技术偏见以及创作者交易机会丧失等一系列问题。[⑤] 因此，这一观点很可能面临广泛的质疑与挑战。

为此，我们必须明确阐述产业利益背后隐藏的公共利益实现的可能性，并努力寻

---

① Krasilovsky M. William, “Observations on Public Domain,” *Bulletin of the Copyright Society of the U. S. A.* 14, no. 3 (1967): 205.

② 易继明、韩萍：《著作权法公共领域的司法适用》，《陕西师范大学学报(哲学社会科学版)》2022 年第5 期。

③ Jessica Litman, “The Public Domain,” *Emory Law Journal* 39, no. 4(1990): 965-967.

④ Elizabeth Spica, “Public Interest, the True Soul: Copyright's Fair Use Doctrine and the Use of Copyrighted Works to Train Generative AI Tools,” *Texas Intellectual Property Law Journal* 33, no. 1(2024): 67.

⑤ 孔祥俊、魏奕荧：《产业和公共利益维度下的生成式人工智能版权问题研究》，《中国编辑》2024 年第9 期。

求两者的和谐统一。毕竟，公共利益的实现很大程度上依赖于产业发展所带来的技术创新与进步。至于上文提到的利益失衡、垄断、技术偏见等问题，尽管这些风险确实存在，但并非仅依靠版权法能解决，而应结合反垄断法、反不正当竞争法等一系列法律、法规进行综合治理，版权法仅发挥其自身的作用即可。①

有人认为，人工智能开发者能够获得的商业价值，远超用于训练语料的版权本身的价值。因此，生成式人工智能企业能够从训练中获取远超被训练语料本身价值的商业利益，那么向权利人支付相应费用便是理所当然的。事实上，在商业价值足够的情况下，生成式人工智能企业非常乐意向权利人支付费用以获取授权，从而避免纠纷与争议，并免于让自身陷入舆论风波。在笔者参与的对某医学人工智能研究基地的调研中发现，其商业模式是患者与医院签订授权协议，允许医院将基因信息数据用于科学研究等领域；医院将所收集的基因信息进行处理、加工并做成数据集，然后将这些经过处理的信息数据集出售给研发单位；研发单位用这些数据对人工智能进行训练，开发用于对试管胚胎进行基因筛选的人工智能，淘汰被认为是“存在风险”的胚胎，降低新生儿出生缺陷的概率。此外，人工智能研究基地还在积极探索利益共享机制，与腾讯公司合作，通过微信平台获取用户授权，并向数据提供者支付小额费用，以此规避数据使用不合规的风险。

的确，如果企业可以从海量语料中挖掘出巨大的商业价值，市场自然会形成愿意为其收集语料的产业链条，从而避免市场失灵。但现实却并非如此，甚至是恰好完全相反。正是因为生成式人工智能的直接商业价值往往不足以超过所使用的海量作品的价值，由此才会出现市场失灵。此时，公共政策和合理使用制度的介入显得尤为重要。那么，我们为什么要支持这种“亏本生意”呢？

首先，因为除了有限的直接商业价值以外，我们还从中看到了有利于公共利益的无限的可能性。生成式人工智能具有如下特点：规模性，需达到百亿参数级别；涌现性，能够产生预料之外的新能力；通用性，不限于专门问题或者领域。② 当一个大模型经过精心训练并达到成熟阶段之后，其潜力与价值便如同沃土一般，能够孕育出众多具体且多样化的应用。这种模型不仅具备基础性特征，能够为各类创新应用提供坚

① 孔祥俊、魏奕荧：《产业和公共利益维度下的生成式人工智能版权问题研究》，《中国编辑》2024 年第9 期。

② 黄铁军：《大模型的过去与未来》，《经济》2023 年第 9 期。

实的支撑，还展现出普惠性特征，使得更为广泛的领域都能从中受益，产生一系列难以直接用商业价值来衡量的间接社会效益。正如高铁这类基础设施，在考量其经济效益时，我们不能仅仅局限于其自身的运营收入。高铁作为现代化交通网络的基石，对国民经济的整体推动作用才是更为深远和重要的。同样，人工智能大模型就是新时代的数字基础设施，其对社会经济、科技创新乃至日常生活的全面赋能，才是衡量其价值的重要维度。因此，在评估大模型的价值时，我们需要具备更加全面和长远的视角。

其次，生成式人工智能大模型极大地降低了创作门槛，使得更多的主体能够参与艺术创作之中，激发蕴藏在广大受众中的创作潜力。实践中，一些创作者已经开始使用生成式人工智能来辅助创作。“对于从业者来说，人工智能绘画可以启发灵感，提供创意思路，辅助艺术创作，提升工作效率；对于普通人来说，人工智能绘画可以展现想象力和个性，让人享受艺术创作的乐趣。”[①]此外，从科研创新的角度来看，生成式人工智能在处理和分析海量数据时所展现出的强大能力，为科学研究开辟了新的道路。它们对于推动基础科学、医学、生物学等领域的发展具有不可估量的价值。从社会福祉的角度考虑，生成式人工智能在医疗、教育、环境保护等领域得到广泛的应用，显示出其提升社会整体福祉的巨大潜力。比如，在医疗领域，人工智能辅助诊断系统可以提高诊断的准确性和效率，减轻医生的工作负担，让更多患者受益于高质量的医疗服务。在教育领域，个性化学习平台可以根据学生的学习习惯和能力提供定制化的教学内容，从而提高教育效果。这些应用，虽然短期内无法直接转化为显著的商业价值，但它们对于提升社会整体福祉具有重要意义。

最后，从促进数据共享和开放的角度来看，支持生成式人工智能的合理使用，有助于推动数据的共享和开放，进而促进创新和经济发展。在数字经济时代，数据已成为新的生产要素，对于推动产业升级和经济发展具有重要作用。通过合理使用机制可以激励更多的数据提供者愿意分享自己的数据，从而形成一个更加开放、协同的数据生态系统，为创新和经济发展提供源源不断的动力。

综上所述，尽管在某些情况下，生成式人工智能的开发可能无法直接带来显著的

① 赖睿：《人工智能打开美术创作新空间（AI 创作新风潮）》，《人民日报》2023 年 8 月 23 日，第 7 版。

商业价值，但它蕴含着促进科研创新、提升社会福祉以及推动数据共享和开放等多重公共利益的可能性。这些可能性不仅关乎当前的利益平衡，更关乎未来的可持续发展和社会进步。因此，公共政策有必要介入，利用合理使用制度为其扫清障碍。也许正是基于这种意义，有学者提出通过“总体国家安全观”来为人工智能产业发展纾困解难。

2. 存在市场失灵、产业发展面临困境的情况

如前文所述，生成式人工智能的训练是一个复杂且耗时的过程，它高度依赖于庞大的数据量来确保其准确性和效率。在实际应用中，这种人工智能所使用的作品规模往往达到惊人的数亿级别，涵盖了文本、图像、音频等多种数据类型。面对如此庞大的数据需求，如果要求人工智能训练企业逐一获取作品授权，那么所产生的交易成本将会是一个天文数字，这对于任何一家企业来说都是难以承受的。此外，创作者们往往对自己的作品有着极高的价值预期，他们希望自己的创作能够得到应有的回报和认可。然而，在人工智能模型训练的过程中，单个作品所起到的实际贡献价值却相对较低，很难与创作者的期望相匹配。这种价值认知上的差异，使得双方在价格谈判上往往难以达成一致，由此导致交易失败的情况时有发生。

面对这样的问题，产业的进步无疑将遭遇重大阻碍。因此，需要采取积极有效的措施来应对这一困境。通常，针对市场失灵的情况，财政补贴和政策扶持等调整手段会被广泛采用。在此背景下，采用合理使用制度似乎变得尤为必要。这意味着，企业在无需获得版权人许可和支付报酬的情况下，即可对版权作品进行必要的使用。此举能够显著减轻企业在获取数据过程中所需承担的高额交易成本，进而为产业的蓬勃发展注入强劲动力。

3. 对作者利益影响有限：非特定性与非竞争性使用

在生成式人工智能语料训练的过程中，对人类作品的使用展现出了两个显著的特点：非特定性和非竞争性。这两个特点共同构成了该使用方式在版权法框架下具有合理性的重要基础。非特定性是指人工智能模型在训练过程中并不针对特定的单个作品进行使用。相反，它会从海量的作品中广泛提取特征和规律，以构建其内部的知识结构和算法模型。这种使用方式避免了对单个作品的过度依赖或者对特定作品的过度挖掘，从而降低了对版权人利益的潜在损害。在训练过程中，人工智能模型更像是一个

“学习者”，它不断地从各种作品中汲取营养，以提升自己的智能水平。非竞争性则体现在人工智能生成内容并不会直接替代或削弱原作品的市场价值。尽管生成式人工智能可以创造出与人类作品相似甚至在某些方面超越人类作品的内容，但其生成内容往往具有独特性和创新性，能够与原作品形成差异化竞争。此外，人工智能生成内容更多地是作为一种辅助工具或补充资源存在，而非直接替代原作品。因此，这种使用方式并不会对原作品的市场价值造成过分的损害。

基于上述两个特点，我们可以认为，在生成式人工智能的训练过程中对人类作品的使用方式符合合理使用的精神。它既没有过分损害版权人的利益，也没有破坏市场的公平竞争秩序。相反，这种使用方式有助于推动人工智能技术的创新和发展，为人类社会的进步和繁荣作出贡献。更何况，版权人“合理容忍的利益减损”本身就是法官衡量的一个方面。[①] 因此，在版权法的框架下，应该对这种使用方式给予充分的肯定和保护。

4. 转换性使用对于促进科技创新与技术进步的可能性

生成式人工智能对人类作品的使用可能构成转换性使用。转换性使用自从于1994年由美国联邦法院的坎贝尔案所确立下来，一直被认为是检验是否是合理使用作品的关键因素。[②] 转换性使用是指以新的目的或方式使用作品，并在原作品基础上增加了新表达、新意义或新功能。人工智能在训练过程中可能会将作品的内容转换为特定的数据格式或特征表示，这些转换后的数据并不直接体现原作品的表达内容，而是用于生成新的、与原作品不同的内容。这种转换性使用有助于推动技术的创新和发展，同时也不会过分地损害版权人的利益。大模型训练中对作品的使用显然不同于作品原本的使用方式，其目的在于创造一个训练大模型的环境，使得大模型可以从中“学习”到重要的规律，甚至涌现出推理等“智能”，以更好地完成多种任务。[③]

从推动技术进步与引发社会变革的宏观视角来审视，转换性使用这一概念可以被赋予更为深远和丰富的解释。在这种理解下，转换性使用不仅仅是一种单纯的技术手段或操作行为，更是一种以促进技术创新和进步为核心目标的策略。

---

① 李杨：《著作权侵权认定中的转换性使用理论适用阐释》，《北方法学》2023 年第 3 期。

② Campbell v. Acuff-Rose Music，510 U. S. 569（1994）.

③ 张吉豫、汪赛飞：《大模型数据训练中的著作权合理使用研究》，《华东政法大学学报》2024 年第 4 期。

具体而言，转换性使用强调的是对原作品进行再加工、再创造的过程；这种过程并非以侵犯原作者的版权为初衷或目的，而是旨在通过技术手段提取、整合、优化原作品中的信息或元素，进而生成具有全新价值、功能和意义的新作品或新产品。在这个过程中，转换性使用不仅促进了技术的不断迭代和升级，还推动了相关产业的快速发展和变革。它使得人们能够更加高效地获取、处理和利用信息，也激发了人们的创造力和创新精神，为社会的持续进步和发展注入了源源不断的动力。对转换性使用的深入探讨，需要对合理使用规则之价值目标进行进一步探讨。

（三）合理使用规则变迁的价值追寻

从要素分析法为基础的合理使用，到独立的转换性使用理论，再到笔者曾提出的“变革性使用”[①]，这一变迁过程，展现的是规则背后的价值追求：不仅是对版权法理论的深化与拓展，更是对技术进步与社会变革的积极响应。转换性使用作为合理使用制度的一种重要形态，其内涵与外延的演变，深刻反映了版权法在面对新技术挑战时的灵活性与适应性。事实上，从使用目的的转换性使用到技术变革的转换性使用（即变革性使用），这两个维度的转换都具有独立的价值追求，对技术进步或社会变革有着深远的影响。

首先，转换性使用规则的建立，在合理使用制度中具有独立的地位。在一定程度上，这一规则让人们摆脱了基于“四要素”和具体规则的分析，而是转入了具有宪法意义的价值追问和理论追寻。坎贝尔案中，法官引入“转换性使用”的判断标准，无疑为版权法中的合理使用制度带来了新的活力与深度变革。[②] 这一标准强调，当一项作品被以新的方式、目的或形式使用时，如果这种使用方式能够赋予原作以新的表达、意义或信息，从而创造出一种全新的审美、批判或教育价值，那么这种使用即被视为转换性使用，很可能构成合理使用。这一标准的提出，不仅丰富了合理使用的内涵，也在一定程度上挑战了传统“四要素”（包括使用目的与性质、版权作品的性质、使用作品的数量与实质性、对版权作品潜在市场或价值的影响）的权威地位。

在随后的司法实践中，转换性使用的地位逐渐凸显，成为判断合理使用的重要乃

① 易继明：《论短视频著作权侵权》，《版权理论与实务》2024 年第 9 期。

② Campbell v. Acuff-Rose Music, 510 U. S. 569 (1994).

至核心标准。从美国学者的相关研究的统计数据来看，自1994年坎贝尔案后，涉及转换性使用的判决数量急剧增长；至2017年初，在合理使用相关判决中的占比已高达90%，且其中94%的案件最终被认定为合理使用。① 这一趋势反映出转换性使用标准在司法实践中得到了广泛的认可与应用，它以其独特的灵活性，为众多创新性的使用行为提供了法律上的正当性依据。

转换性使用的独立性体现在其能够单独推翻传统“四要素”中的某些判断。例如，一旦作品的使用被认定为转换性使用，即使该使用具有商业目的（传统“四要素”中的第一要素通常对此持负面看法），也可能被视为合理使用。同时，原作是否未发表或是否具有高度的创造性（第二要素），以及复制的数量与实质性（第三要素），在转换性使用的框架下都变得相对次要。甚至，即使使用行为可能对原作的市场造成一定影响（第四要素），只要这种影响是基于转换性使用产生的全新价值，而非直接替代原作的市场地位，也可能不被视为侵权。②

诚然，或许是转换性使用过于开放，2023年5月美国联邦最高法院在安迪·沃霍尔案中，似乎有意限缩转换性使用的范围。③ 在该案中，法院将转换性使用重新定位为“四要素”中第一要素的一个考量因素，而非决定性的唯一标准。合理使用的第一个要素以及对应的转换性使用分析，都是一个程度问题。④ 这意味着，即使新作品通过添加新的表达、意义或信息实现了转换性，但如果其使用目的与原作高度相似，且出于商业目的，那么这种使用仍可能不被视为合理使用。这一判决，无疑对转换性使用的广泛应用进行了一定程度的限缩。该判决不仅立刻引发了艺术界、摄影界的高度关注，也在生成式人工智能领域引发广泛担忧。⑤

的确，对于生成式人工智能而言，这一判决的影响深远。生成式人工智能技术依

---

① Jiarui Liu, "An Empirical Study of Transformative Use in Copyright Law," *Stanford Technology Law Review* 22, no. 1 (2019): 163.

② Jiarui Liu, "An Empirical Study of Transformative Use in Copyright Law," *Stanford Technology Law Review* 22, no. 1 (2019): 163.

③ Andy Warhol Found. for the Visual Arts, Inc. v. Goldsmith, 598 U. S. 508, 516 (2023).

④ 金海军：《合理使用认定中“转换性使用”的重新界定——基于“戈德史密斯案”的思考》，《中国版权》2024年第2期。

⑤ "The Impact of the Supreme Court's Goldsmith Decision on Copyright Enforcement Against AI Tools," Edward D. Lanquist, Jr, Dominic A. Rota, accessed November 29, 2024, https://www.jdsupra.com/legalnews/the-impact-of-the-supreme-court-s-7317432/.

赖于对大量现有作品的学习与模仿，以创造出新的、具有独特性的内容。如果转换性使用的范围被限缩，那么这些人工智能技术在训练过程中可能更容易触及版权侵权的红线，从而限制技术的创新与发展。因此，该判决不仅是对版权法的一次重要调整，也是对技术进步与创作自由之间平衡的一次考验。

其次，在实践中，基于使用目的的转换性使用，也为众多创新性的使用行为提供了法律上的正当性依据。它鼓励对原作的二次创作和批评性评论，从而促进文化多样性和社会开放性。然而，随着技术的发展，特别是互联网和数字技术的普及，转换性使用的内涵开始发生变化，技术变革成为推动转换性使用发展的新动力。

基于此，笔者尝试建立起一套适用于知识社会发展的新理论，即笔者曾提出的基于技术变革的转换性使用——“变革性使用”（transformative-innovative use）。[①] 在技术进步与社会变革的宏观视角下，转换性使用这一概念可以被赋予更为深远和丰富的解释，“变革性使用”成为这一价值追寻中的全新的判断标准——其强调的是使用行为不仅改变了作品的使用目的，更通过技术的创新应用，实现了作品价值的全新转化和增值，推动了技术的飞跃和社会的进步。

第一，变革性使用符合合理使用制度的底层逻辑：从文本抽象到理论。从合理使用制度的底层逻辑和版权法的立法目的来看，版权法要保护版权人的私权的同时，“版权法也具有确保宪法所确定的增加知识传播、发展和繁荣科学文化的目的。后者实现的是版权法更高层次的境界和目的。为此，在版权法这种‘私法’中产生了针对专有权的公共利益，确立这种公共利益甚至被认为对于知识的增长具有实质性意义”[②]。变革性使用正是基于这一理念，通过对技术变革的积极回应，实现了公共领域的有效保留。此外，在面对技术变革时适用传统的版权法授权，往往存在市场失灵的风险和技术不能的障碍。市场失灵可能源于信息不对称、交易成本过高或创新激励不足等问题，导致优质的技术成果无法得到有效传播和利用。而技术不能则可能源于法律制度的滞后性，使得现有的法律框架无法适应新技术的发展需求。因此，法律不

---

① 笔者认为，“变革性使用”虽然带有“突破性”，英文可以翻译为“revolutionary use”，但其创新性的使用，依然在“转换性使用”（transformative use）的框架之下，英文翻译为“transformative-innovative use”（缩写造词为“trans-innovative use”），更贴合一些。

② 冯晓青：《知识产权法利益平衡理论》，中国政法大学出版社，2006，第614页。

能盲目地扩大甚至主动制造这些障碍，而应当积极寻求制度创新，以适应技术变革带来的挑战。

“变革性使用”这一概念，强调的是对技术变革和科技进步具有重大突破性意义的使用行为。这种使用并非简单地对原有作品进行复制或改编，而是通过对技术的创新应用，实现了作品价值的全新转化和增值。它超越了传统合理使用中对于行为人主观意图的考量，转而关注使用行为在客观上是否推动了技术的飞跃和社会的进步。在这种情况下，将这种特殊方式的使用权转移给使用者，有利于新技术的开发、推广与普遍化应用，将为作品创作与传播开辟新的平台与渠道，形成整体的社会福利增值。因此，为了追求新技术效果而进行的作品使用方式，在完成市场转换的情形下，应当构成合理使用行为。

第二，技术变革促使新技术环境与市场秩序的形成。随着技术的不断发展，特别是互联网、大数据和人工智能等技术的普及，新技术环境正在形成，市场秩序也在发生着深刻的变化。这些技术变革不仅改变了作品的创作、传播和使用方式，也对版权制度提出了新的挑战。技术变迁与版权制度变化之间存在着密切的联系。历史上，版权制度往往是在应对技术变革所带来的侵权问题中逐渐发展起来的。例如，在摄影技术出现之前，美术作品是主要的记录手段，而摄影技术的出现则颠覆了这一格局，推动了版权制度的变革。同样，在人工智能时代，生成式人工智能大模型等新技术也在深刻改变着我们的创作方式和文化生态，对版权制度带来了新的挑战和机遇。

在技术变革时代，创新原则成为引领版权制度发展的重要动力，本身也是市场秩序所追求的目标，因为它符合知识产权促进技术进步及人类共同福祉的要旨。① 这一原则强调，在保护版权人合法权益的同时，必须鼓励创新性的使用行为，为技术进步和社会发展提供有力的法律保障。变革性使用正是基于这一原则而提出的，它强调了对技术变革和科技进步的尊重与保护，鼓励了创新性的使用行为，并为其提供了法律上的正当性依据。

第三，人工智能时代的创新不仅体现在技术层面，更体现在整个创新生态的构建上。在这个时代，创新不再是一个孤立的行为，而是一个涉及多个主体、环节和领域

① 易继明：《禁止权利滥用原则在知识产权领域中的适用》，《中国法学》2013 年第 4 期。

的复杂过程。生成式人工智能大模型等新技术正在深刻改变着我们的创作方式和文化生态，为创新提供了更加广阔的空间和更加丰富的手段。在这一背景下，提出变革性使用显得尤为重要。它不仅能够为创新性的使用行为提供法律上的正当性依据，还能够促进新技术的传播和应用，推动创新生态的构建和发展。同时，变革性使用也要求我们在面对新技术挑战时，要保持开放的心态和创新的思维，积极寻求制度创新和技术创新之间的良性互动与平衡发展。

第四，“技术不能”导致责任形态的变化：技术与法律的重构。“技术不能”是版权法在面对技术变革时常常遇到的问题。由于技术的快速发展和法律的滞后性，往往会出现技术手段难以实现法律所预设的行为模式的情况。例如，如果权利人向法院提出停止侵害的诉讼请求，要求生成式人工智能训练企业将其作品从大模型语料中剔除，这在技术上是难以实现的，或者需要花费巨量成本重新训练。这种“技术不能”为我们提供了重构技术与法律关系的契机。在人工智能时代，我们需要重新审视和构建版权法的制度体系，以适应新技术的发展需求。变革性使用正是基于这一需求而提出的，它强调了对技术变革和科技进步的尊重与保护，鼓励了创新性的使用行为，并为其提供了法律上的正当性依据。

第五，变革性使用的判断标准，主要基于技术变革及其形成的市场转换，并导致普惠性从而有利于社会整体福利的增值。技术革新与进步是变革性使用追求的核心价值。这种革新不仅体现在对现有技术的改进和优化上，更体现在对新技术、新领域的探索和突破上。例如，在人工智能领域，通过深度学习对大量数据进行训练和优化，可以实现对作品内容的智能化生成和个性化推荐，这种使用方式就体现了技术的革新与进步。普惠性是变革性使用的另一个重要特征。它要求技术变革带来的成果必须能够惠及广大社会公众，而不能仅仅局限于少数人或特定利益集团。这种普惠性不仅体现为技术成果的可及性和便捷性，更体现在其对社会经济、文化、教育等多个领域的深远影响。只有当技术变革真正实现了全民共享，才能符合变革性使用的核心要求。变革性使用还强调使用行为在完成市场转换的情形下，应当构成合理使用行为。这种市场转换不仅是指使用行为对原有市场的替代或颠覆，更是指其通过技术创新和进步，开辟了新的市场空间和商业模式，从而实现了社会福利的增值。例如，在生物科技领域，通过对基因序列等生物信息的分析和利用，可以推动新药研发、疾病诊断和治疗等方面的重大突破，这种使用方式就体现了市场转换和社会福利增值。

综上所述，变革性使用在合理使用制度中具有独立的价值和意义。它不仅丰富了合理使用的内涵与外延，还推动了技术和社会的进步。在人工智能时代，我们需要更加深入地研究和探索变革性使用的理论和实践问题，为构建更加公平、公正、高效的创新生态系统提供有力的法律保障。

五、版权合理使用规则的司法适用

（一）合理使用路径的比较优势

合理使用的路径相比于其他解决方案的优势在哪？结合前述几种观点，分析如下。

第一，相对于采用非版权意义上的使用即所谓“非表达性使用论”或者纯粹的“机器学习论”这类较为新颖且可能引发争议的解决方案，采用合理使用路径的比较优势在于其对版权法体系的冲击相对较小。这一选择之所以更为稳妥和可行，主要归因于其能够巧妙地依托现有的、为人所熟知的理论框架。它无需引入全新的概念或理论，从而避免了因新概念而可能引发的困惑。相反，它能够在现有的法律框架内，通过灵活运用和解释既有规则，有效地解决一系列实际问题。这使得其在司法实践中更具可行性和可操作性。相比之下，非版权意义上的使用理论则可能面临更多的挑战和争议。这一理论，试图对标商标法上的“非商标性使用”，在版权法的框架之外寻求一种全新的使用作品的合法性依据。然而，这种做法不仅会引发法律体系上的混乱和不确定性，还会对现有的版权法体系造成冲击和破坏。① 因此，在权衡各种因素后，采用合理使用路径显然是一种更为明智和可行的选择。

诚然，也有学者认为，如果真要采用这种“非表达性使用论”或“机器学习论”的理论，其实也可以将其融入合理使用的分析框架之中，将“非表达性使用”作为合理使用的一种形式。② 实际上，按照这种观点，“非表达性使用”就成为了“转换性使用”

① 涂藤：《机器学习的著作权侵权判定：超越非表达性使用理论》，《政治与法律》2024 年第 10 期。

② Matthew Sag, “Fairness and Fair Use in Generative AI,” *Fordham Law Review* 92, no. 5(2024): 1887.

的一种形式，符合现有的合理使用规则，不违反版权法的基本原理。

第二，相对于法定许可路径而言，合理使用路径更具实操性。法定许可与合理使用，可以作为两项权利限制制度，均赋予使用人在未获得版权人授权的情况下使用作品的权利，但两者在性质上存在着显著的差异。尽管从表面上看，法定许可似乎更能适应商业化、大范围引用的现代产业趋势。[①] 然而，其在实际操作中却存在诸多局限性。从法律规则上看，法定许可的适用范围受到了严格的限制。版权法中关于法定许可的规定仅限于著作权法第二十五条。如果试图通过法定许可来解决新型使用方式的问题，就必然需要对法律本身进行大幅度的修改，而合理使用目前已经有可以适用的司法解释和判例。

事实上，法定许可具有很强的行政强制性特征。如果对此进行相关的立法，其法律条文必须以明确、封闭的形式列举出具体的适用范围。然而，生成式人工智能技术发展日新月异，我们很难在当前阶段准确预测未来的技术格局和应用范围。此时，如果我们贸然就在法律中明确法定许可的范围，很可能会因为立法的滞后性而导致适用范围过于狭窄，无法满足未来社会的实际需求。

此外，法定许可虽然允许使用人在未获得授权的情况下使用作品，但仍然要求使用人向权利人支付费用。在人工智能时代背景下，作品的传播和使用规模空前扩大，这将导致支付产生的资金成本急剧增加。对于许多使用者来说，这笔费用可能是一个沉重的负担，从而限制了作品的广泛传播和使用。[②]

第三，相对于权利人默示许可（推定许可）+许可撤回体系而言，适用合理使用规则的理论基础更加妥当。从民法的基本原理出发，默示许可的前提是权利人高概率的具备某种许可的意思，法律由此推定其具有这种意思。例如，依据著作权法第三十五条第二款规定，当文章在报刊上发表且作者未明确表示反对时，法律便默认允许其他报刊进行转载。这一规定是基于一般人的认知以及行业惯例，认为作者在报刊上发表文章即意味着愿意让更多人看到和了解，因此顺应自然规律或生活经验法则，设定了无需额外明示授权的默示许可原则。

---

① 邹海阳、毕梦婷、浦继尧、赵露、鄢龙：《人工智能训练数据合规性探析》，《现代商贸工业》2024 年第 19 期。

② 张新宝、卞龙：《生成式人工智能训练语料的著作权保护》，《荆楚法学》2024 年第 5 期。

然而，在人工智能大模型语料训练的情境中，这一推定却难以成立。与报刊发表文章不同，将作品用于生成式人工智能的训练是一个全新的、技术性的使用方式，其涉及的权益和影响也更为复杂。而从目前部分领域创作者的反对声音来看，难以推定作者普遍倾向于同意其作品被用于此类训练。而且，当前社会对于这一新型使用方式缺乏广泛共识。不同的作者、不同的行业、不同的社会群体可能对此持有不同的看法或态度。在这种缺乏共识的情况下，决然地法定为默示许可，显然并不妥当。同时，对于许可撤回这方面来说，合理使用路径并不排斥权利人通过事先声明的方式来限制他人对作品的使用。实际上，著作权法第二十四条第一款第（四）（五）项正是采用了这种方案，为权利人提供了保护其作品不被随意使用的途径。因此，采用合理使用也可以达到类似许可撤回的效果。此外，默示许可虽然在一定程度上简化了授权流程，但原则上依然要求使用人向权利人支付费用，同样会增加使用人难以承受的负担。

第四，相对于需要权利人明示授权而言，合理使用规则减少了科技进步的交易成本，避免交易失败和市场失灵现象。尽管由版权集体管理组织、创作平台、专业的数据集收集企业等单位来进行数据收集工作，并随后将这些数据提供给人工智能训练企业的方法，在理论上看是可行的，但实际操作中却面临诸多问题。如前文所述，生成式人工智能虽然潜力巨大，但对于训练企业而言，其直接商业价值往往难以覆盖使用海量数据所需的高额成本。这种成本与收益的不匹配，使得交易双方很容易陷入僵局，导致交易失败。我们完全可以建立以合理使用路径为原则，同时鼓励数据收集企业积极寻求差异化的竞争策略。例如，数据收集企业可以对自己的数据集合产品进行深度加工和挖掘，提炼出更具独特性和价值性的信息。他们可以通过数据清洗、标注、分类等方式，提高数据的质量和可用性，从而为自己的数据产品增加更多的附加值，提升其市场交易价值。此外，数据收集企业还可以考虑与其他行业进行合作，共同开发定制化的数据集产品。比如，他们可以与医疗、教育、金融等领域的专业机构联合，针对特定领域的需求，收集并整理相关的数据资源。这样的定制化产品不仅能够更好地满足人工智能训练企业的实际需求，还能够提升数据产品的市场竞争力，从而吸引更多的购买者。

总之，通过寻求差异化的赛道和增加数据产品的附加值，数据收集企业可以在激烈的市场竞争中脱颖而出，为人工智能训练企业提供更加优质的数据资源。这样，即使合理使用规则确立，也不至于摧毁数据产品的交易市场。

（二）适用合理使用的路径分析

第一，我国现行法律或司法解释并非没有相应的安排，人民法院可以灵活地使用自由裁量权作出合理使用的认定。客观上，著作权法第二十四条第一款明确列出了12项具体行为模式，并附带了一项严格法定主义倾向的兜底款项，导致合理使用仅仅适用于有法律或者行政法规规定的情形。不过，2011年《最高人民法院关于充分发挥知识产权审判职能作用推动社会主义文化大发展大繁荣和促进经济自主协调发展若干问题的意见》第8条指出，“在促进技术创新和商业发展确有必要的特殊情形下，考虑作品使用行为的性质和目的、被使用作品的性质、被使用部分的数量和质量、使用对作品潜在市场或价值的影响等因素，如果该使用行为既不与作品的正常使用相冲突，也不至于不合理地损害作者的正当利益，可以认定为合理使用”①。该指导意见目前仍然有效。这意味着我国法院在特定条件下，可以借鉴“四要素”标准和三步检验法，对合理使用的范围作出适当突破，以符合版权法的基本要义之一——“促进社会主义文化和科学事业的发展与繁荣”（著作权法第一条）。而生成式人工智能大模型的语料训练，恰好符合“促进技术创新与商业发展”的前提，具备适用合理使用规则的司法空间。

第二，著作权法第二十四条第一款第（十三）项“法律、行政法规规定的其他情形”，无疑为版权法的司法实践及制度安排预留了规则配套与创新空间。这一兜底款项的存在，意味着在应对新兴技术、新型使用方式等复杂多变的现实情境时，法律能够保持一定的灵活性和适应性。在构建合理使用制度的过程中，特别是在涉及生成式人工智能这一前沿科技领域时，我们可以充分利用这一兜底条款。通过工信部、网信办等多个部门联合出台相关政策，可以逐步明确和扩展合理使用的具体情形和适用范围。这些政策不仅可以细化合理使用在生成式人工智能方面的具体应用规则，还可以为司法实践提供明确的指导和依据。同时，这一兜底条款也鼓励了司法工作者在面对

① 株洲市中级人民法院官网：《最高人民法院关于充分发挥知识产权审判职能作用推动社会主义文化大发展大繁荣和促进经济自主协调发展若干问题的意见》，http://zzzy.hunancourt.gov.cn/article/detail/2013/01/id/1626944.shtml，访问日期：2024年11月4日。

新型案件时，能够积极运用法律解释和推理技巧，将合理使用制度的精神和原则与具体案件相结合，从而作出公正、合理的判决。这种司法实践的创新和探索，不仅有助于完善版权法的制度体系，还能够为技术的进步和产业的发展提供有力的法律保障。

第三，司法实践中的探索与突破。在司法实践中，虽然大多数情况下法院会严格依据著作权法第二十四条所列举的 12 种情形来认定合理使用，但也有一些案件尝试突破了这一限制。例如，上海知识产权法院在上海美术电影制片厂与浙江新影年代文化传播有限公司等版权侵权纠纷案中，就引入了“转换性使用”的概念，并结合“四要素”的判断方法，认定涉案作品在电影海报中的引用构成合理使用。该判决指出，虽然被上诉人在其电影《80 后的独立宣言》宣传海报中使用了“葫芦娃”“黑猫警长”的美术形象，但是这种使用并非单纯展现原作品的艺术美感和功能，而是反映了“80 后”一代的时代特征，属于转换性使用，且比例较小，占海报面积不突出，不影响涉案作品的正常使用，也未不合理地损害版权人的合法利益，因此认定是合理使用。① 此案还入选了“2016 年上海知识产权保护十大案件”，足以说明我国法院在合理使用制度上有足够的探索空间和自由裁量权限。

（三）不适用合理使用规则的情形

尽管我们原则上可以通过合理使用路径支持生成式人工智能大模型进行语料训练，但仍需注意的是，创作者的利益也不容忽视。杰出的人类创作者及其创作的优质作品，无疑是推动生成式人工智能蓬勃发展的不竭源泉。我们绝不能采取竭泽而渔的方式，忽视了对人类创作者应得收益的公正分配。否则，这些才华横溢的创作者可能会因缺乏激励而逐渐退出这一领域，最终将导致人工智能的发展成为无源之水、无本之木。因此，为了保障人类创作的繁荣与人工智能的可持续发展，我们必须对各方利益进行巧妙的平衡，绝不能放任人工智能训练企业无节制、无约束地使用创作者的作品。

在此背景下，明确界定哪些行为被排除在合理使用的范畴之外——即制定出“负面清单”，显得尤为重要。以下是几种典型的、应受到严格限制的使用行为，它们不

① 上海知识产权法院（2015）沪知民终字第 730 号民事判决书。

仅侵犯了创作者的权益，也阻碍了创作的健康发展，应被排除在合理使用范围之外。

第一，恶意地绕过技术手段采集数据的行为。对于他人享有版权的作品“合法获取”，可以用来辅助合理使用的判断。① 某些企业可能采用不正当手段，如破解、规避创作者为保护其作品而设置的技术保护措施，擅自采集和使用数据。例如，一个艺术家为了保护自己的画作不被非法复制，特意在作品中嵌入了数字水印。然而，某些人工智能训练企业却通过技术手段绕过这些保护，大量采集画作数据进行训练，这无疑是对创作者权益的严重侵犯。

第二，使用创作者声明不得用于人工智能训练的作品进行训练的行为。有些创作者在发布作品时，会明确标注“不得用于人工智能训练”等限制条件。然而，一些企业却无视这些声明，擅自使用这些作品进行人工智能训练。比如，一位作家在发布自己的小说时，特别声明其作品不得被用于任何形式的人工智能创作或训练。但某人工智能训练企业却无视这一声明，将其小说内容作为训练数据，这不仅侵犯了作家的版权，也违背了其意愿。

第三，故意进行过拟合训练，使得生成式人工智能取代创作者的交易市场的行为。一些企业可能通过过度训练人工智能模型，使其能够高度模仿甚至替代特定创作者的风格和作品。这种行为不仅剥夺了创作者在市场上的独特地位，还可能导致整个创作市场的失衡。前文中提到，构成合理使用的一个重要考量因素就是非特定性、非竞争性的使用，不会影响被使用作品权利人本身的市场利益。因此，采用此种方式训练生成式人工智能的目的就是替代，当然属于典型的非合理使用的情形。例如，此前曾引起广泛争议的针对歌手孙燕姿的音色模仿的 AI 孙燕姿案，就属于典型的对于人工智能技术的滥用，不仅涉及侵犯版权邻接权的问题，还涉及侵犯人格权和不正当竞争等多种违法行为。② 在比较极端的例子中，一位插画师向其客户交付了两组插画后，客户直接针对这两组插画进行深度学习训练，最终开发出一款能够高度模仿其画风的人工智能模型，此后就不再委托该插画师完成相关任务。这一做法不仅损害了插

① 初萌：《论“合法获取”在版权法中的地位》，《中国版权》2024 年第 1 期。

② 吴济航：《AI 歌手在音乐传播领域中的侵权问题研究——以“AI 孙燕姿”为例》，《乐器》2024 年第 4 期；李玲：《数据确权难？训练 AI 孙燕姿有版权风险？专访北大教授易继明》，https://www.sohu.com/a/682942942_161795，访问日期：2024 年 11 月 16 日。

画师的利益，也破坏了市场的公平竞争环境。因此，不能认定过拟合训练为合理使用。

为了保障人类创作者的权益和创作活动的健康发展，我们必须对上述使用行为进行严格限制和遏制。同时，也应积极探索和建立合理的收益分配机制，以激励更多的创作者投身于创作事业，为人工智能的发展提供源源不断的创新动力。

六、结语

事实上，我们应该保持对人工智能的积极态度，并乐观地看待其发展趋势。在摄影技术尚未诞生之前，人类有着强烈的记录影像的需求，因此，绝大多数美术作品都倾向于写实风格。人像画师和写实派风景画师构成了画家群体的主流，雕塑作品也多以人像为主。评价体系更是高度强调作品与现实的贴合度，越接近现实中的形象，越被视为上乘之作。然而，摄影技术的出现彻底颠覆了这一格局，使得任何人都能轻松实现留影的愿望，无需再历经数年甚至数十年的刻苦训练。这一变革催生了摄影师这一新职业。但与此同时，画家和雕塑家的行业并未因此走向衰落，而是转向了非现实性的创作，从对客观世界的写实描述逐渐过渡到灵感性的艺术创作，这似乎更能凸显创作的真谛。

同理，人工智能技术的发展也在催生着新的岗位，如 prompts 调整师等。美术创作的重心从以往的手动绘画转变为如何巧妙地设计 prompts 和参数；更为关键的是，创作中需要凭借个人的审美眼光挑选出更优的成品并进行进一步的加工和完善，这一过程更加贴近"创作"的本质。需要明确的是，人工智能缺乏意识，无法理解人类的审美情感，只能进行机械性的学习，无法对生成的内容进行美学上的判断。因此，必须由人类来进行挑选和把关。从这个角度来看，人工智能永远无法完全取代人类创作者的地位，所以我们无需为此感到焦虑，更不必对人工智能参与创造活动抱有敌意。以人工智能 AlphaGo 为例，在其相继击败围棋界的顶尖高手李世石与柯洁之后，一度有人悲观地预言围棋行业将步入没落。然而，实际情况却大相径庭。围棋领域在被人工智能攻克后，不仅没有萎缩，反而迎来了前所未有的发展机遇，其影响力显著扩大。越来越多的人对围棋产生了浓厚兴趣，并积极投身于围棋活动中。对于棋手而言，人工智能更成为一个提升自我水平的强大工具，众多棋手通过学习和借鉴人工智能的招法，实现了技艺的飞速进步，推动人类围棋的整体水平迈上了一个崭新的台阶。

（作者系北京大学法学院教授、博士生导师，国际知识产权研究中心研究员）

（本文得到北京一言之文化发展有限公司甘梦恒研究员的协助和支持，特别致谢）

生成式人工智能数据训练中的版权问题研究

阮开欣　黄歆瑜

一、问题的提出

近年来，方兴未艾的人工智能技术发挥出“头雁”效应，引领着新一轮的科技革命和产业变革。生成式人工智能并非对现有数据进行简单的分析或分类，而是能够独立生成并创建全新内容。从运作机制来看，生成式人工智能通过数据的投喂和训练建立算法模型，并在迭代训练的过程中不断完善输出结果，最终形成满足用户需求的架构设计。以 ChatGPT 为例，其使用的“大型语言模型”在 Common Crawl 等大型数据集的基础上，对语言规则、语义知识和上下文语境等因素进行学习。经过预训练、优化训练等数据处理后，ChatGPT 能够掌握数据蕴含的结构和规律，并完成各种文字和推理任务，如问答、写作、翻译等。因此，海量数据的输入是释放人工智能潜力的先决条件，其不仅有助于搭建基础模型本身，还能用于模型的优化微调，以贴合广泛的下游任务。自 2022 年底以来，包含 OpenAI 公司、谷歌公司在内的生成式人工智能运营商（AI 运营商）投身于 AI 研发，利用大规模和高质量的数据训练大型模型，并在此基础上构建 ChatGPT 和 Bard 等产品。现阶段的生成式人工智能不仅能生成文本、音频、图像和视频四种基本内容形式，还能在此基础上进行跨模态生成，带来创新应用蓝海。

随着生成式人工智能处理信息方式的多元化，模型训练过程涉及的数据数量和种类也日益增多。然而，训练数据中的大部分材料来自受版权保护的作品，AI 运营商在利用作品时存在版权侵权风险。在输入阶段，AI 运营商需要将他人享有版权的文字、音乐或图像等多种作品输入到数据库，以供人工智能复制并输送给模型学习。该过程受到版权人复制权的控制。在输出阶段，通过算法设计和程序运行，生成式人工智能模型能够对版权作品进行综合性的使用，实现“洗稿”“重混”“融梗”“拼凑”等创作内容生成活动。① 此时如果生成内容包含了他人作品或者作品片段的独创性表达，AI 运营商则涉嫌侵犯版权人的复制权和传播权。

至今，已有一些 AI 运营商被卷入版权争端的漩涡。2023 年 1 月，漫画家莎拉·安德森(Sarah Andersen)联合另外两位艺术家向美国加利福尼亚北区联邦地区法院提起诉讼，追究 Stability AI 等公司的版权侵权责任(以下简称安德森案)。② 原告在起诉状中指称，Stable Diffusion 等 AI 绘图软件先对其作品进行了复制，再均匀扩散到最终的生成图像的画素之上，从而生成了与原作具有竞争关系的演绎作品。因此，被告涉嫌侵犯原告作品的复制权、演绎权、发行权、表演权和展示权。该案发生后，其他知名 AI 运营商也相继深陷集体诉讼和作家的个人起诉之中，包括崔布雷等诉 OpenAI 案(以下简称崔布雷案)、盖帝图像公司诉 Stability AI 案(以下简称盖帝图像案)、J. L. 等诉谷歌案、环球音乐集团诉 Anthropic 案(以下简称环球音乐案)、纽约时报诉 OpenAI 案、哈姆扎等诉 Dudesy 公司等案。与安德森案类似，这些诉讼的指控内容和举证过程也主要集中在 AI 运营商对版权作品的非法使用。

可以预见的是，随着生成式人工智能行业的不断发展，大量此类版权侵权诉讼将涌入我国司法领域。2024 年 2 月，我国广州互联网法院已针对一起 AI 运营商侵犯他人版权的纠纷(以下简称奥特曼案)作出判决，认定被告侵犯了作品的复制权、改编权和信息网络传播权。③ 基于生成式人工智能的技术特性，训练数据的质量直接关系着其最终的性能。④ 数据的自由获得和使用是通过深度学习来发展人工智能的前提和关键。为避免法律对市场竞争与技术发展造成过度制约，有必要从科技向善的角度出发，分析数据训练过程中的版权侵权风险。鉴于此，本文试图从生成式人工智能数据

① 刘强、孙青山:《人工智能创作物著作权侵权问题研究》,《湖南大学学报(社会科学版)》2020 年第3 期。
② Andersen et al. v. Stability AI Ltd. et al., No. 3: 23-cv-00201 (N. D. Cal., 2023).
③ 广州互联网法院(2024)粤 0192 民初 113 号民事判决书。
④ 陈锐、江奕辉:《生成式 AI 的治理研究: 以 ChatGPT 为例》,《科学学研究》2024 年第 1 期。

训练的版权法正当性出发，分别探讨数据输入阶段使用作品的合理使用认定，以及数据输出阶段 AI 运营商的侵权责任问题，进而对我国司法实践提出相应建议，以期实现版权保护与公共利益之间的平衡，并为生成式人工智能治理提供有益思路。

二、生成式人工智能的数据训练在版权法中的合法性

版权法除保护作者版权和版权有关的权益之外，还旨在鼓励作品的创作和传播，并促进社会主义文化和科学事业的发展与繁荣。从功利主义的角度出发，版权法的首要目标是实现社会整体福祉的最大化。版权法的经济合理性不在于一味地对创造者的劳动进行奖励，而在于通过适当的激励来确保人们从事创新活动。① 正是出于社会利益最大化的考量，版权法通过合理使用、法定许可等制度对版权人的权利进行限制。适当的限制不仅能够激励作品的创作和传播，还能够保障公众获取作品的能力，进而维系版权人与公众之间的利益平衡。②

生成式人工智能的发展演进和应用现状亦体现了数据训练对公共利益的促进。庞大的数据赋予了生成式人工智能强大的语言理解和生成能力。通过即时的数据分析和信息传递，数据训练能够有效促进智力成果的转化和技术的进步，从而推动社会繁荣。例如，ChatGPT 在对维基百科、Common Crawl 等数据集进行学习后，能够作为聊天机器人生成个性化回答，减少人类获取优质信息所需的时间和精力。又如，Stable Diffusion 等人工智能从训练数据中提取作品的信息特征，从而根据用户的提示词生成文字、图画、歌曲等创意内容，极大地激发了人类的创新。目前，生成式人工智能已逐步渗透到人类生产和生活的各个环节，其大规模应用已成为一种必然趋势。③ 医学、化学、物理学等领域都在逐步建立高质量的专业数据集，并利用预训练模型开展探索，在提高科研效率和准确性的同时催生更多创新。可见，数据训练促进了知识的

---

① Mark A. Lemley，Peter Menell，Robert Merges and Shyamkrishna，Balganesh，*Intellectual Property in the New Technological Age*：2023(Clause 8 Publishing，2023)，p. 19.

② 冯晓青：《论著作权限制的合理性及其在著作权制度价值构造中的意义》，《湖南社会科学》2011 年第5 期。

③ “The State of AI in 2023：Generative AI’s breakout year,”accessed August 20，2024，https://www.mckinsey.com/capabilities/quantumblack/our-insights/the-state-of-ai-in-2023-generative-ais-breakout-year?src_trk=em67280362bdee60.150431791570772081.

获取、利用和传播，并驱使科学、商业以及社会的变革，最终促进社会总体福利的增长。

数据训练是人工智能研究的核心阶段，决定了算法模型的搭建和输出内容的质量。无论是运用作品进行模型训练，还是利用所得模型进行内容生成，都可能会产生相应的侵权风险。但是从维护版权人个人利益与社会公共利益间平衡的角度，授予版权人的专有权不应妨碍社会对作品传播和利用的需求。① 缺乏优质的训练作品会降低人工智能生成内容的质量和预测的准确率，严重制约技术创新与文化繁荣，进而减损社会福利。此时，适当限制版权人的专有权亦有利于弥合版权法保护版权人利益和促进公共利益的立法目标抵牾。

生成式人工智能的研究和创新在很大程度上依赖于文本与数据挖掘(text and data mining，以下简称 TDM)技术的应用。TDM 技术是旨在从数字形式的文本和数据中提取信息的计算机处理技术。只有通过 TDM 技术对大量数据进行分析，人工智能才能挖掘数据中隐含的价值，从而实现深度学习。近年来，不少国家和地区都积极修订法律，将满足一定条件的 TDM 纳入合理使用。例如，欧盟在 2019 年发布的《数字化单一市场版权指令》中新增两项 TDM 例外，包括科研及文化遗产机构以科学研究为目的的 TDM 行为(第 3 条)和以 TDM 为目的复制和摘录合法获取的作品或其他客体的行为(第 4 条)。这两项规定增强了科学研究中获取版权作品的便利性，以此释放文本与数据的潜力，并达到激励创新的效果。又如，日本在 2018 年对《日本著作权法》进行修订，旨在扫除法律对人工智能技术发展形成的阻碍，以确保 AI 和大数据行业的发展。该法确立了 TDM 例外的多项合理使用条款，包括“不以享受为目的的作品使用”(第 30 条第 4 款)、“计算机利用作品时的附随性使用”(第 47 条第 1 款和第 2 款)和“利用计算机进行信息处理并向公众提供处理结果时对作品进行的轻微使用”(第 47 条第 5 款)。考虑到 TDM 技术对人工智能应用与发展的重要性，英国在 2022 年公布的改革提案中也有意扩大 TDM 例外的范围，将非商业性目的的 TDM 涵盖在内，体现

① 冯晓青：《知识产权法利益平衡理论》，中国政法大学出版社，2006，第 596 页。

出了对新技术的包容和支持。[①]

我国著作权法并没有为TDM专门设立版权例外条款，因此，如何应对生成式人工智能数据训练引发的一系列版权问题，并调和技术发展与权利人的利益冲突，是当前司法实践亟待回应的问题。数据训练的版权法正当性并非一概而论，而需要根据生成式人工智能的具体性质进行个案分析。AI运营商开发的人工智能产品可以包含版权合规型AI和版权违规型AI。版权合规型AI，通常指生成非侵权内容的生成式人工智能，其生成的内容往往与在先的版权作品不存在实质性相似。该类AI能够实现社会福利的最大化，亦与版权法的立法目的相契合。版权违规型AI，通常指生成侵权性内容，且生成内容本身不构成特定合理使用情形的生成式人工智能。公共利益的实现并不意味着过多的让步，而是对版权人的权利进行适当限制，最终实现版权人利益和公共利益的平衡。版权违规型AI的应用会对版权人造成实质性损失，这与版权法激励创新的宗旨背道而驰，因而不具有版权法意义上的正当性。

三、数据输入阶段的合理使用认定

在司法实践中，法院通常会根据四要素标准对合理使用抗辩的有效性进行评估。四要素标准来源于美国版权法，其规定了四个在判断合理使用时可供司法者考虑的要素，具有高度的灵活性。四要素标准包括作品使用行为的目的和性质、被使用作品的性质、被使用部分的数量和质量、使用行为对作品潜在市场或价值的影响。

（一）作品使用行为的目的和性质

1. 对转换性使用的分析

自坎贝尔诉艾克夫柔丝音乐公司案[②]后，转换性使用成为美国法院判断合理使用的核心。转换性使用的内涵被界定为：新作品的目的并不是取代原作品，而是向原作

① “UK Government Announces New Copyright Exception for Commercial Text and Data Mining,” accessed August 20, 2024, https://www.linklaters.com/en/insights/blogs/digilinks/2022/july/uk-government-announces-new-copyright-exception-for-commercial-text-and-data-mining.

② Campbell v. Acuff-Rose Music, 510 U. S. 569 (1994).

品中加入了新表达、新含义、新信息，使其目的或性质得以转变，以达到版权法扩充公众知识的总体目的。换言之，如果被诉侵权行为对原作品添加了新的价值，那么这正是合理使用原则为了社会利益而要保护的行为。[①]

就版权合规型 AI 而言，数据的输入并非为了再现原作本身的文学或艺术价值，而是为了提取作品元素进行深层理解，通过学习、模仿人类作品以输出不同于原作的新内容。该类人工智能的应用能够繁荣文化市场，从而满足社会公众对知识和信息的需要。美国既往司法实践表明，如果输入作品的目的是为实现不同于原作的公共利益功能，那么该数据输入行为就可能具有转换性。在美国联邦第二巡回上诉法院 2015 年判决的作家协会诉谷歌公司案（以下简称谷歌案）中，谷歌公司以提供检索和片段浏览服务为目的将大量的图书进行扫描和数字化，该数据输入行为就可能具有转换性。[②] 通过扫描图书得到的数据集可以实现检索功能，使得用户能够对电子书中的特定词汇或短语进行定位。片段浏览功能可以向用户展示与搜索词相关的上下文片段，进而评估这本书是否在用户的兴趣范围之内。因此，法院认定谷歌公司向机器输入版权作品的目的、性质、表达、意义和传递的信息都与原作有所不同，应构成转换性使用。与谷歌数字图书类似，版权合规型 AI 会将输入的数据转换为 AI 系统可读取的格式，进而学习作品的语言模式、数据分布或曲式结构等特征，最终创造出新的信息。这种作品使用方式也被称为“非表达性使用”，其复制目的并不是为了让人类进行享受、欣赏或者理解，因而在目的和功能上发生了转换。[③] 同时，在采取算法优化、关键词过滤、结果过滤等版权过滤措施后，版权合规型 AI 的生成内容通常不会与原作构成相似，难以构成有竞争性的原作替代品。在此情况下的数据输入行为是为了开发出一种接近人类的智能，让更多的人能够接触和利用技术，进而实现公共利益的最大化，具有较高程度的转换性。

从目前来看，AI 运营商开发的产品大多属于版权合规型 AI，其应用对创作方式的变革和信息传播的促进都具有积极作用。例如，在盖帝图像案中，被告利用大量图

---

① Pierre N. Leval, "Toward a Fair Use Standard," *Harvard Law Review* 103, no. 5(1990): 1111-1161.

② Authors Guild v. Google, Inc., 804 F. 3d 202 (2015).

③ Matthew Sag, "The New Legal Landscape for Text Mining and Machine Learning," *Journal of the Copyright Society of the USA* 66, no. 2(2019): 1-74.

片对图像生成式人工智能进行训练，通过扩散和解码等方式使模型学习与图片描述相关的潜在特征。如果被告在作品知名度、主题多样性和模型大小等方面采取了技术措施，那么输出结果极小概率会与原作构成实质性相似。此时，作品的复制件与原作服务于不同的功能，且不会构成实质性的替代。数据的输入是为了推出一个高性能的创作工具，并广泛应用于图像的生成、修复、去噪与超分辨率成像等领域，应构成转换性使用。又如，在崔布雷案中面临侵权指控的 ChatGPT 产品亦有可能属于上述的版权合规型 AI。该案中，OpenAI 公司将原告作品作为 ChatGPT 训练数据集的一部分，让模型对其中蕴含的模式和特征进行记忆。这使得 ChatGPT 模型能够有效理解人类语言和知识，进一步分析用户需求并生成适当的回复。① 同时，在算法设计下，ChatGPT 输出文本时并不会照搬语料库的内容，而是会进行重新表述。随着 ChatGPT 逐步渗透到人类生产和生活的各个环节，它不仅为用户带来了个性化的内容服务，还提高了人类工作效率，节省了时间和人力成本。因而 OpenAI 公司的数据输入行为有可能构成转换性使用。

与版权合规型 AI 不同，版权违规型 AI 的生成内容大概率与原作构成实质性相似。这种作品利用行为可能对版权作品造成实质性的替代，因而不具有转换性。例如，在环球音乐案中，Anthropic 公司开发的人工智能 Claude 有可能属于版权违规型 AI。当 Claude 被问及歌曲的具体歌词时，其通常输出与原作歌词完全一致的复制品。当用户要求 Claude 创作歌曲时，Claude 也并没有生成原创的歌词，而是生成了与他人歌词构成实质性相似的文本内容。这些事实表明，Claude 生成的内容大概率会再现原作的表达。若生成物的侵权具有频发性，则 Anthropic 公司的数据输入行为不具转换性。

2. 对商业性要素的分析

第一要素还需考虑使用行为是否具有商业性。使用行为越具有转换性，商业性因素在合理使用判断中的重要性就会越小。② 同时，如果商业性使用行为有助于实现版权法所承认的公共利益价值，那么公共利益价值的保护位阶优先于版权人的利益价

---

① 邱锡鹏：《解剖大型语言模型：原理、应用及影响》，《探索与争鸣》2023 年第 5 期。

② Campbell v. Acuff-Rose Music，510 U. S. 569（1994）.

值，足以减少商业性因素带来的不利影响。① 在谷歌案中，谷歌公司能通过扫描图书所实现的功能增强自身市场支配地位，从而获取间接利益。但法院认为，当转换性使用展现出社会效益时，谷歌公司的商业动机并不能撼动其合理使用的认定。AI 运营商同样具有商业性，能够通过向用户提供收费服务和销售人工智能软件等方式获得丰厚利润。但由于数据输入行为的转换性程度较高，并能为公众带来充分的社会利益，此时商业性不应当影响合理使用的认定。

综上，在输入阶段，AI 运营商在训练版权合规型 AI 时的数据输入行为通常具有高度转换性。同时，生成式人工智能服务于公共利益的属性也应足以压倒商业目的带来的不利影响，因此第一要素有利于合理使用的构成。

（二）被使用作品的性质

第二要素关注被使用作品的性质，包括作品属于“事实性作品”抑或是“虚构性作品”，以及属于“已出版作品”抑或是“未出版作品”。但第二要素并非合理使用的决定性要素。② 该要素的判断依附于使用行为的转换性程度，当使用行为服务于高度的转换性目的时，第二要素起到的作用微乎其微。在谷歌案中，法院认为由于谷歌公司的扫描行为具备转换性，因而无论被扫描的图书是小说作品还是事实作品，都不会影响合理使用的认定。与谷歌案相似，生成式人工智能获取作品的途径包括开放性数据库、网络爬虫以及用户上传等，因而涵盖了各种类型的作品。但是当数据输入行为展现出较高程度的转换性时，被输入作品的性质不应当影响合理使用的认定。

（三）被使用部分的数量和质量

第三因素考虑的是作品被使用部分的数量和质量。对版权作品的使用应当以“没有超过必要的限度”为标准。③ 首先，合理使用不以少量使用为前提。如果使用行为是为实现转换性目的所必需的，那么大量使用也能构成合理使用。其次，该要素关注使用行为令公众接触到的数量和实质内容，是否使其可能成为一个竞争性的替代品。

① Perfect 10, Inc. v. Amazon. com, Inc., 508 F. 3d 1146 (9th Cir. 2007).

② Authors Guild v. Google, Inc., 804 F. 3d 202 (2015).

③ Campbell v. Acuff-Rose Music, 510 U. S. 569 (1994).

在谷歌案中，法院认为就搜索功能而言，对书籍进行整体复制是必要的，否则搜索结果无法将关键词出现的次数准确地告诉用户。就片段浏览功能而言，谷歌公司通过黑名单的设置，确保了用户所获取的文本并不属于作品“实质的内容”，即无法达到具有竞争性的程度。因此，谷歌公司的作品使用行为能够通过第三要素的检验。同理，生成式人工智能对版权作品的整体复制也服务于其高度的转换性。只有对版权作品进行尽可能完整的复制，才能够确保输出结果的准确性、适当性、安全性和实用性。不仅如此，人工智能并不能像人类一样直观地对信息进行判断，只能将信息分解后再分析。为避免因样本缺失而导致输出结果出现算法偏见或过拟合现象，也有必要通过提供更加平衡和多样化的训练数据以提高生成物的质量和公平性。同时，版权合规型AI的生成内容和训练数据之间通常不构成实质性相似。公众通常无法接触版权作品的表达性内容，输出内容也难以成为针对原作的竞争性替代品。综上，第三要素有利于数据输入行为构成合理使用。

（四）使用行为对作品潜在市场或价值的影响

合理使用的第四要素不仅考虑被控侵权人特定行为对传统营利市场造成的损害程度，还应考虑其行为是否会对原作潜在市场造成实质的不利影响。关键在于，若复制件为原作带来了竞争性替代的风险，从而剥夺版权人的实质性收入，则使用行为不宜构成合理使用。同时，第四要素的分析与第一要素也密切相关，使用行为的转换性程度越高，复制件构成实质性替代的可能性越小。

版权合规型AI生成物与原作之间的相似性很小，因而难以构成有竞争性的原作替代品，亦不足以减损版权收入。例如，ChatGPT的摘要功能只会对书本剧情进行简单概括，而并不涉及完整的段落或章节。片段化的内容呈现无法向使用者传递作者的思想感情，在客观上亦不足以对原作的市场价值或产品销路造成实质性影响。需要指出的是，“竞争性替代”是针对表达的替代，并非针对思想的替代。近年来，不少生成式人工智能具备模仿艺术家独特风格进行创作的能力，但对于风格模仿是否会削弱原作市场的问题，始终存在一定争议。在谷歌案中法院提出，原作的市场只会延及到版权保护的表达。当用户试图通过片段浏览功能了解历史性事件时，作者的版权并不会延及其书中所包含的事实，这不会让谷歌公司的扫描行为构成侵权。同理，尽管人工智能会在学习过程中提取作品的风格与特定表达，但其生成内容并不会涉及原作的独创性表达。根据思想与表达二分法，风格等高度抽象的思想属于非表达性要素，本应被划定在公有领域并允许其他人自由使用。如果认为作品的原初价值涵盖风格等作品内容，那么这会极大阻碍人工智能产业实践的创新。① 因此，即便人工智能能够输出与特定作家风格相似的新内容，其亦不属于原作市场的范畴，不能成为否认合理使用的理由。

判断使用行为是否对原作潜在市场造成影响，还需要分析其是否会形成许可市场。作品的许可市场属于潜在市场的一部分，若作品使用行为不会形成许可市场，则有利于合理使用的构成。在谷歌案中，假设谷歌公司需要向所有图书的版权人寻求许可，所耗费的成本将导致该商业模式无法生存，进而阻碍公众对信息的获取，原告对于许可市场的主张也因此被法院否认。同理，机器学习所需的数据浩如烟海。若AI运营商需要针对数据库中的每一件作品获取许可并支付报酬，其中的费用成本过于巨大，且从现实角度出发也难以执行。因此，人工智能的数据训练并不存在许可市场，引入合理使用规则亦不会影响到版权人通过许可获得的经济利益。

基于上述对合理使用四要素的分析，笔者认为，AI运营商为训练版权合规型AI的数据输入行为构成合理使用。同时，构成合理使用的关键在于使用行为对公共利益的实现。因此，版权法为权利人所提供的保护不应影响社会公众及技术创新对作品的合理需求，训练版权合规型AI时的数据输入行为宜被认定为合理使用。

四、数据输出阶段的侵权责任认定

人工智能生成内容的侵权判断采用“接触+实质性相似”规则，但生成内容与原作品构成实质性相似，并不意味着AI运营商必然构成侵权。首先，与生成内容存在实质性相似的作品可能是超过保护期限而进入公有领域的作品。其次，作品版权人可通过知识共享许可协议等方式许可他人在授权范围内对作品进行使用。当版权人没有明确作出许可的意思表示时，使用作品行为仍可能满足适用默示许可的条件而无需版权

① 徐小奔、杨依楠：《论人工智能深度学习中著作权的合理使用》，《交大法学》2019年第3期。

人授权。最后，生成内容可构成特定的合理使用情形，诸如批评、评论、滑稽模仿、挪用艺术等。对于上述三种情形，即便生成内容和在先作品构成实质性相似，但都不构成侵权，AI 运营商亦无需承担责任。

在生成物构成侵权的情形下，AI 运营商需承担损害赔偿责任，该责任的确定应适用过错责任原则。如果 AI 运营商不存在过错，那么法院可以免除其赔偿责任。从促进人工智能行业发展和公共利益最大化的角度出发，使无过错的 AI 运营商免于承担赔偿责任，也能够避免给技术的应用和发展带来不合理的经济负担。过错的判断需要考虑 AI 运营商是否尽到了合理的注意义务，包括是否采取了事前预防措施和事后纠正措施。

在事前阶段，AI 运营商应采取版权过滤措施，即在现有技术条件下对生成内容的质量进行把控以避免侵权后果发生。在利用过滤技术的情况下，人工智能生成侵权内容通常具有偶发性。即便输入行为引发了侵权，但 AI 运营商已经做到在技术层面人为强化训练数据和生成内容的差异，并不存在过错。若 AI 运营商未尽到现有技术水平相应的结果避免义务，即未采取有效的版权过滤措施，则说明其应当能够预知到潜在的版权侵权风险却未加以防范。若生成内容大概率与版权作品构成实质性相似，法院甚至可能认定 AI 运营商存在侵权的恶意，从而适用惩罚性赔偿。

要强调的是，版权过滤措施的采取应当以现有技术为标准。尽管企业能够通过算法设计或训练数据选择等版权过滤措施尽可能避免侵权，但在算法黑箱下，企业只能通过观测输入和输出结果判断人工智能的合理运行。① AI 运营商无法对模型训练涉及的数据进行精准审核，② 亦无法保障输出内容百分之百地符合版权法要求。考虑到输入数据的庞大性和算力的复杂性，法院应当按照损害结果发生时的技术水平来判断 AI 运营商是否尽到了必要的义务，以及是否排斥侵权结果的发生，而不宜过度加重 AI 运营商的义务。

---

① 侯东德、张丽萍：《生成式人工智能背景下网络信息生态风险的法律规制》，《社会科学研究》2023 年第 6 期。

② 昂格鲁玛：《论大型内容生成式人工智能模型设计者及提供者的侵权责任》，https://kns.cnki.net/kcms2/article/abstract?v=qiNkJQ8c4F-cP0lOQ84xf6ulxMKVnHhQuSkJJcoJgDbbIXTk2tkpVc8L8WY4Pt3NVd29_Jc-dL8Q9tAo1EnI2k56YP_fYufHdKyrmg6gNs2XZR64wWUoXZYqhm6sAcyomi3nGuM75pzw_fvH3QkS12iPdGIg2dc3lPj2LQaOsCJ8VI1YXBrGtdTN0wkmNNgEtKNf7Se6-fio=&uniplatform=NZKPT&language=CHS，访问日期：2024 年 8 月 20 日。

在事后阶段，AI运营商应尽的注意义务主要在于版权纠正措施的实施。第一，AI运营商在提供服务时应建立举报投诉机制，从而更有效地预防侵权。人工智能可以在短时间内生成大量内容，直接进行人工审查的成本过高。考虑到技术的可行性，通过用户或版权人发出侵权通知的方式来发现侵权情形，再由AI运营商采取相应措施，是必要的制止侵权方式。例如在奥特曼案中，被告经营的网站生成了与涉案奥特曼形象构成实质性相似的图片，缺乏投诉举报机制是法院判定被告存在过错的主要因素之一。法院认为，被告在经营网站时未能建立任何的投诉举报机制，导致版权人难以通过投诉举报的方式维护权利，这证明了被告作为服务提供者未尽到合理的注意义务。因此，在人工智能生成内容可能侵犯他人版权的情形下，AI运营商应建立举报投诉的渠道，以保障版权人的利益，并尽可能地减少侵权行为带来的不利影响。第二，在接到侵权通知后，AI运营商应在合理期限内进行相应的算法纠正。人工智能生成内容具有高度的随机性，其很有可能会再次生成侵犯同一版权作品的新内容。仅仅移除特定侵权内容无法有效消除版权人的损害，只有采取相应的补救措施对算法进行及时修正，才能够获得相对稳定的输出结果。基于此，为有效打击反复侵权的问题，AI运营商的义务不能仅限于对侵权内容进行移除，还应当采取更为积极的管控措施。AI运营商应在接到侵权通知后运用删除侵权数据、重新训练、干扰学习等技术方法，以防止侵权内容的再次生成和扩散。

五、对我国司法实践的建议

从上文的分析可得，输入阶段主要涉及AI运营商在训练模型时的数据输入行为，而合理使用制度是保证数据输入合法性的重要支撑。基于生成式人工智能的公共利益属性，数据训练可以通过四要素的检验方式构成合理使用。尽管我国著作权法第二十二条对合理使用采取半封闭式的立法，但司法实践已展现了对合理使用情形进行适当扩展的可能。① 同时，最高人民法院也通过司法政策的颁布，允许法院在必要时借助

① 林秀芹：《人工智能时代著作权合理使用制度的重塑》，《法学研究》2021年第6期。

四要素标准认定合理使用。[①] 为提高训练数据质量、增强生成式人工智能实用性并促进相关产业的发展，我国法院应在司法实践中进一步吸收和借鉴四要素判断规则，辨明合理使用制度是否能成为输入阶段 AI 运营商侵害版权的抗辩事由。

目前，为适应时代要求并克服条文适用僵化的困境，已有部分法院引入四要素标准对合理使用行为进行灵活认定。例如，在北京市高级人民法院审理的王莘与北京谷翔信息技术有限公司等案中，法院运用四要素标准进行说理，包括使用作品的目的和性质、受著作权保护作品的性质、所使用部分的性质及其在整个作品中的比例等。据此，法院认为涉案网站对图书采取的片段式使用方式不仅不会再现原作的表意功能，还为公众提供了更为便捷的信息检索服务，因而在功能和目的上具有转换性。尽管被告对图书的使用未事先获得原告许可，但其并不会损害原告的合法利益，也不会对原作市场造成不利影响，在充分考量公共利益后，应认定构成合理使用。[②] 从该案可见，我国法院在面对保护版权人利益和促进作品传播的冲突时，将社会公共利益作为重点考量因素，从而满足公众对作品的合理需求。人工智能所发挥的社会功能能够极大地促进公共利益，对人工智能的监管不能以牺牲或放弃技术发展为代价。为适应科技进步和经济社会发展形势需要，我国司法裁判应允许 AI 运营商在未经版权人同意的情况下，以训练版权合规型 AI 模型为目的使用版权作品。

在基于四要素标准认定合理使用时，我国法院不应将使用目的严格限于“非商业性”。实践中，商业性的 AI 运营商是开发和使用人工智能技术的主力军。如果以商业性因素对主体范围进行约束，则会极大地压缩技术发展和创新的空间，影响人工智能产业的健康发展。同时，法院应利用转换性使用的概念解释数据输入行为。目前我国法院借助转换性使用概念进行审理的案件并不在少数。例如，在上海美术电影制片厂与浙江新影年代文化传播有限公司等案中，法院认为被诉行为使原作的艺术价值功能

---

① 最高人民法院 2011 年颁布的《最高人民法院关于充分发挥知识产权审判职能作用推动社会主义文化大发展大繁荣和促进经济自主协调发展若干问题的意见》第 8 条规定：在促进技术创新和商业发展确有必要的特殊情形下，考虑作品使用行为的性质和目的、被使用作品的性质、被使用部分的数量和质量、使用对作品潜在市场或价值的影响等因素，如果该使用行为既不与作品的正常使用相冲突，也不至于不合理地损害作者的正当利益，可以认定为合理使用。

② 北京市高级人民法院(2013)高民终字第 1221 号民事判决书。

发生了较高程度的转换，因而属于合理使用。[①] 在上海美术电影制片厂与广州读努门教育科技有限公司案中，法院还利用利益平衡原则对合理使用的结论进行补强解释。法院指出，被告对作品的使用能够促进知识传播，因而从平衡公共利益和作者个人利益的角度考虑，该使用行为具有转换性且构成合理使用。[②] 版权合规型 AI 的模型和功能设计各不相同，但数据输入的目的都并非单纯展示版权作品的美感或艺术价值，故在目的和功能上已发生转换。同时，AI 运营商将作品输入模型还具备促进技术发展的价值，将其纳入合理使用范畴有助于维持版权人个体私权与社会公共利益之间的生态平衡。可见，转换性使用规则能够对合理使用进行更富有弹性的解读，从而为生成式人工智能技术的应用和发展提供良好环境。

在输出阶段，当法院判定输出内容构成侵权后，还需认定 AI 运营商所承担的责任。根据民法典和著作权法的相关规定，若生成内容侵犯版权，法院应按照具体情况要求 AI 运营商承担停止侵害、消除影响、赔礼道歉、赔偿损失等民事责任。此外，我国《生成式人工智能服务管理暂行办法》也规定，生成式人工智能的服务提供者应对违法内容及时采取“停止生成”“停止运输”“消除”“模型优化训练”等措施。其中，在法院确定具体赔偿数额时，根据民法典第一千一百六十五条，AI 运营商存在过错是承担赔偿责任的前提。

如今人工智能技术发展迅速，全球各国都在积极布局，希望在人工智能研究这一全球竞争赛道上占据有利地位。我国法院也应当充分考量版权保护和社会公共利益的关系，以包容的态度面对新技术。如果生成侵权内容就要求 AI 运营商承担赔偿责任，未免过于苛刻，其中的高昂成本也会阻碍该产业的发展。鉴于此，在判定损害赔偿数额时，法院应充分考量 AI 运营商的过错，减免采取合理措施的 AI 运营商的赔偿责任。若 AI 运营商在事前阶段已经采取了版权过滤措施，并在事后阶段及时采取了版权纠正措施，那么法院可以认定 AI 运营商不存在过错，同时也不需要对侵权行为承担损害赔偿责任。反之，若 AI 运营商没有采取合理的事前预防和事后纠正措施，则法院应认定其存在过错，并根据相应的过错承担损害赔偿责任。例如在我国法院判决

① 上海知识产权法院（2015）沪知民终字第 730 号民事判决书。

② 广州互联网法院（2019）粤 0192 民初 745 号民事判决书。

的奥特曼案中，由于AI运营商未履行合理的、可负担的注意义务，不符合无过错的标准，因此法院判决被告向原告赔偿经济损失。这既能实现对权利人的有力保护，也能对侵权者进行适当的惩戒。

六、结语

充分挖掘数据要素价值、学习数据并生成新数据，是生成式人工智能为人类经济社会发展“赋能”的关键。人工智能有效运行所带来的社会福利远大于其带来的弊端，为此不能因噎废食，而应当充分运用合理使用和侵权责任减免制度打破版权壁垒，为生成式人工智能技术的进步和创新提供更为广阔的发展空间。这也与版权法实现社会整体福祉最大化的目标相契合。

在输入阶段，基于生成式人工智能的强大公共利益属性，偶发性的侵权不足以成为扼杀新商业模式的理由，以训练版权合规性AI为目的的数据输入行为通常构成合理使用。在输出阶段，若AI运营商尽到了合理的注意义务，即采取了应尽的事前和事后措施，应当免于承担赔偿责任。我国法院应以公共利益作为裁判重点，对输入阶段的各种作品使用行为，以及输出阶段的侵权责任进行认定，进而激励创新并推动人工智能应用场景的拓展。

（作者阮开欣系华东政法大学知识产权学院副教授、法学博士；黄歆瑜系华东政法大学知识产权研究中心研究人员）

第二编

人工智能与版权基本问题探究

人工智能时代艺术创作与版权：跨领域探索艺术新边界

孙宝林　舒　勇　陈　晨

在数字化浪潮席卷全球的今天，人工智能(AI)正以前所未有的速度改变着人们的生活、工作和创作方式。从艺术创作到文化传播，从科技伦理到版权保护，AI带来的不仅是技术的革新，更是对传统观念和规则的深刻挑战。本书收录“版权圆桌汇”第一期的访谈内容，由中国版权保护中心主任、中国科协首席科学传播专家孙宝林主持，聚焦人工智能时代的文化创新与版权保护，邀请跨文化学者陈晨和著名职业画家舒勇，共同探讨AI如何重塑艺术创作、文化表达以及版权生态。主持人与两位嘉宾从各自的专业领域出发，分享他们在AI时代的实践与思考，探讨如何在技术浪潮中坚守人类的创造力与价值观，同时为版权保护提供新的思路与方向。这是一场关于艺术、科技与版权的跨界对话，也是一次对未来文化生态的深度思考。

孙宝林：大家好，我们非常荣幸地请到了两位专家：一位是陈晨老师，她是一名跨地域的文化传播者；另一位是舒勇美术馆的创办人舒勇先生，他是一名职业画家，也是第十四届全国政协委员，他的社会职务很多，社会影响力也很大，曾创作《丝路金桥》这一优秀的雕塑作品。

陈晨：大家好，我是陈晨，目前在意大利的罗马大学工作，今天非常荣幸能向两位老师请教、学习。

舒勇：大家好，我是一名文艺工作者，今天第一次尝试这种形式的对话，我觉得非常有趣。尤其是大家来自不同领域，能够相互碰撞、交流，这种方式可能比我们在工作室里单独搞创作要高效得多。

孙宝林：请舒勇老师先介绍一下您有名的创意代表作——《丝路金桥》，它的寓意十分深刻。

舒勇：《丝路金桥》是我从2013年便开始创作的以“一带一路”倡议为语境的大型景观雕塑艺术作品。它以赵州桥为原型，用2万块融入了世界各国国花的琥珀金砖，最终建成了这样一座桥。我希望能够通过这座桥向世界传递我们今天的价值观。“丝路金桥”的核心意义是什么？它所表达的是“一花独放不是春，百花齐放春满园”的理念，这正是构建人类命运共同体的精神内涵。我觉得这个时代真正缺乏的，其实是一座能够连接彼此的“桥”，因为今天所面临的各种问题，在很大程度上都是由于沟通不畅。因此，我们希望通过“桥”来表达当今时代的一种需求。由此我想到，今天提到的AI其实也是一座“桥”——它是连接我们与未来的桥。所以，我也希望通过这座“桥”与大家进行沟通与交流。而且，作为文化符号，“桥”不仅存在于中国，也是世界各国人民共同拥有的文化元素。

陈晨：昨天，我参观了舒勇美术馆。给我感触最深的是，舒勇老师作为中国艺术家，非常自觉地对不同文化的文明形态及其发展方向进行了深入思考与比较，这种跨文化意识贯穿于他的创作中。要成为一名优秀的文化传播者，就要像搭建一座桥梁一样，明确起点与终点，艺术家在这方面具有独特优势。例如“花”的意象，它代表了人类对美学的追求和对美好事物的体验；再比如“桥”，无论是意大利威尼斯的桥、苏州的桥，还是郑州的桥，它们在全球范围内都象征着跨越与连接的过程。然而，在具体的实践操作中，尤其是在一线工作中，艺术往往更具直接的冲击力，而真正的文化解读背后则有一套复杂的概念体系。

孙宝林：其实舒老师和陈老师提到的这几座“桥”都很重要。《丝路金桥》是舒老师的创意代表作。在人文交流方面，陈老师长期驻意大利工作学习，她提到了意大利威尼斯的桥。我们也去意大利和法国考察过数字人文创意产业，并到威尼斯大学与专家学者交流过，看到了威尼斯的水城之桥。所以我觉得你们两位给了我们三个答案：丝路金桥、AI作为未来数字空间通道（如元宇宙）的工具性之桥，以及陈老师所说的人文跨文化交流之桥，这三座“桥”都很重要。

在文化交流中，我们如何更好地分享中国文化并将欧洲文化带到中国？其实，你们都是文化的使者，你们的“桥梁”背后都有智慧性和独创性。如果将你们的思想凝聚在具象化的作品或教学活动中，它们都体现了人类的智慧和劳动，这就是版权。版权是文化的内核，是创意的化身，它承载着人类的独创性智力成果。因此，第四座桥就是“版权桥”，它连接创作者、传播平台以及广大观众与读者。大家写的日记、情书，都享有版权，无论是否发表。因此，版权与每个人都密切相关。我们说，版权联系着14亿中国人，联系着全球80多亿人。版权就在我们生活的方方面面，是日用而不知、日用而不觉的。所以，今后我们要将版权宣传做得更深入、更贴近实际。

接下来我们聊聊AI绘画。作为职业画家，舒老师对AI绘画有深刻的理解和发言权。而且，借助AI，他在创作中既用文字生成图像(文生图)，也用图像生成图像(图生图)。他不恐惧技术，而是积极拥抱技术，因此他的观点很有说服力。专家们对人工智能生成内容(AIGC)有不同的看法，我觉得这些理论首先应该来源于实践基础，否则仅凭空谈，难免会显得偏颇，所以今天我们就从实践谈起。舒老师，您能否从您的绘画创作说起，谈谈您作为职业画家是如何拥抱新技术的，包括您的心路历程，以及后续创作生成的作品。

舒勇：其实我觉得文艺工作者首先要对技术保持敏感，无论是AI还是其他科学技术。前一段时间我在中国版权历史文化展厅看到一台很原始的286电脑。20世纪90年代初，我花了近3万元买了一台286电脑，还是借钱买的。通过电脑这个载体，我感受到技术对艺术革新的推动，因为每一次技术革命都会带来艺术革命。所以，作为文艺工作者，应该保持对技术的敏感性。也正是因为一直关注技术的发展，我发现技术逻辑之下必然存在艺术逻辑，而艺术逻辑中又会产生新的艺术现象。比如我们使用传统技术时，绘画需要画笔，需要动手拼凑，需要动脑思考。而今天的人工智能完全不同，它是一种生成式技术，创作内容可以直接生成。这种创作方式彻底颠覆了传统观念。

创作之初，我做过一个对比实验。我在进行人工智能绘画创作的第461天，启动了一幅大型绘画的创作，希望将传统绘画与人工智能绘画创作同步进行对比。当时，我完全没想到人工智能会彻底颠覆我的创作观念。我本想先尝试人工智能创作，然而创作完成后，我瞬间感到自己被剥离于创作过程之外。因为人工智能创作带来了超强的快感、质感，所有内容在几秒内生成，且比想象中更完善，完全超出预期。这种体验让人仿佛成为造物主，像上帝造人一样，瞬间获得巨大满足感。这种快感彻底改变了我的创作方式。传统绘画中，手、脑、笔、纸相互配合，而面对人工智能时，我突然觉得拿起画笔的意义消失了。这一天，我脑中一片空白，坐在画布前不知所措，毫无灵感。之后连续两三周，我面对画布时都很焦虑，但这种焦虑随即又转移到人工智能带来的惊喜和收获上。对比后，我发现，人工智能创作需要丰富的知识结构和跨维度的思维，这是一种高维的创作活动，与传统绘画不在同一维度。传统绘画更多是感性的，是笔与纸的结合。在那段时间里，我的创作被人工智能带来的快感彻底颠覆了。

使用人工智能一段时间后，我发现自己面临另一个问题：人工智能的高效率会很快“吸干”创作者的创造力，让人有一种“江郎才尽”的感觉。在不断追求创作快感、感到疲惫之后，作品的同质化现象会逐渐显现。如果没有丰富的知识储备、对艺术的深刻理解和跨维度的想象力，作品很容易变得平面化。为此，我又重新拿起毛笔沾上水墨，铺开宣纸，当水墨在宣纸上晕染开的那一刻，我的心一下子“漾”开了。这种漾开的感觉让我重新获得了强大的绘画能量，使我从焦虑中走了出来。我更加深刻体会到了绘画的不可替代性，以及人在人工智能时代的意义和价值。

我希望通过这种对比，像做一次文化实验一样，去探索人工智能在创新维度与现实生活的关系。如果仅仅将其视为技术工具，我们的思维就会被局限在基础层面。这种对比，其实是不同维度之间的碰撞与跨越。我认为打破人工智能与纯粹艺术之间的界限，是非常重要的。在创作过程中，我获得了各种意外的惊喜，这让我觉得非常有价值。但随着创作变得日常化，作品就会变得平庸。经过一年多的创作实践，我发现人工智能创作的平庸化现象非常突出，尤其是在大众广泛使用时，创意往往趋于平淡。

今天在艺术界有一个很突出的现象：许多专业艺术家，尤其是相对传统或主流的艺术家，对人工智能极为排斥，不愿意运用它。然而，只有通过频繁使用，我们才能真正了解它。人工智能是通过数据进行训练和模块化的，使用得越多，积累的数据就越多，其创造力也就越丰富。因此，我们需要更多有创造力的数据出现，比如孙主任那些富有诗意、有创意的数字艺术品。当这类数字艺术品越来越多时，人工智能就会更有“感觉”。

我觉得应该鼓励大家去使用人工智能。人工智能是一个全新的世界，如果我们不去使用它，我们的语料就会越来越少。比如，我在使用时就碰到很多问题：想生成“帅哥”，出现的大多是外国帅哥；想生成“美女”，出现的也是外国美女；想画“农民”，画出来的都是外国农民。当我们想表达中国的思想和价值观时，却发现没有足够的语料和中国化的图形。这正是因为我们使用得还不够多。而且，在整个人工智能领域，英文数据远远多于中文数据。所以，我希望大家都积极参与进来，像孙主任那样每天进行创作，这对我们丰富语料是非常有帮助、有价值的。

陈晨：刚才舒老师解答了我长久以来的一个疑惑。因为我之前既是一个 AI 爱好者，也是一个艺术爱好者——虽然是业余的，但我也尝试用现有的 AI 软件进行创作。然而，我发现孙主任的创作和我之前用 AI 生成的图片，以及我在网上看到的许多图片完全不同，有完全不一样的质感和表达。这让我很疑惑：到底是 AI 的问题，还是其他什么地方出了问题？今天，我们或许找到了答案：关键在于我们给 AI 的提示词。这些提示词受制于我们自身的认知水平、艺术素养和美学素养。所以，舒老师刚才的呼吁是面向所有人的——邀请更多专业艺术家参与其中，这样可以为我们打开一个完全不同的维度。

舒勇：AI 的出现其实解放了我们的双手，让我们能够更深入地了解艺术的本质，因为它能更好地为表达思想服务。实际上，不管是哪一种艺术形态，最终都是为思想服务的。人人都有艺术表达的自由，而这种自由被 AI 释放后，每个人都有机会成为伟大的艺术家，因为艺术家最核心的任务是传递正向的价值观。此时，AI 实际上已经释放了我们的创造力。如果我们都能尽早地运用它，那么它对文化的推动作用将是巨大的。我们一定要跨维度地去创新，而不能仅仅停留在传统的农耕文明时期的绘画表达方式上。今天我们已经进入了一个全新的人工智能时代，每个时代都有其独特的艺术形式。因此，我希望今天我们这样的对话，实际上是人工智能探讨的一次跨维度交流——它不再是单纯的技术与技术、艺术与艺术之间的对话。我们三个人的组合，其实已经形成了一个结构、一个格局。这个格局呈现的正是人工智能发展的新方向。

孙宝林：我觉得舒老师提出了一个很好的概念。他提到的“维度”“价值观”“思想”“表达”“创意”，这些都是核心词汇。他还分享了自己最初的震撼：作为一名职业画家，他坚持了 400 多天，每天都享受着 AI 创作带来的新鲜感，并且把这些成果分享给我们。他从传统的纸质绘画跨越到数字绘画，用 AI 进入一种全新的创作状态。然而，在数字创作中，他一度沉寂了两周甚至更久，后来又重新回归纸质绘画，获得了超维度的快感，激发了创造力和创意的提升。这些分享给了我很大的启发。正是在舒老师的鼓励下，我每天都尝试用 AI 创作。陈老师也是 AI 爱好者，您能不能分享一下您的体会？

陈晨：我用过国外的 Midjourney 软件，尝试过一些不同的设计后，我的第一感觉正如刚才所说——自由和解放。今天我们在探讨 AI 时，那些排斥和恐惧的声音，其实源于人类担心会被 AI 替代。但我比较乐观，我一直认为，AI 本质上是一种工具，像其他新技术一样，它服务于人类的创造力和好奇心。在我的体验过程中，我感到非常开心。作为一个没有接受过艺术训练的“小白”，是否能用画笔画出精美的线条、是否拥有十几年的素描功底，似乎不再重要。相反，我的哲学思维、思辨能力和美学理解变得更为关键，这也让我更加自信。AI 技术革命当然有其挑战性，但作为一名教育工作者和跨文化工作者，我的第一反应是：我们又跨越了一个边界。在跨文化领域，我们本质上都是“边界跨越者”，最希望的就是跨越文化的边界和认知的边界。如今有了这样强大的工具，人类的可能性将变得前所未有的丰富。

舒勇：陈老师提到“跨边界”，我觉得未来将是“无边界”的时代。为什么这么说呢？因为人工智能释放了我们的创造力，它是一种核心的新质生产力，能够让我们自由穿梭于不同的维度。比如，通过人工智能可以助力掌握医学知识，也能学习修理技术，它可将丰富的经验精准留存，从而实现更优结果。

我之所以有这种理解，还要从孙主任的经历说起。他是一位版权工作者，同时也是一名创作者。他不仅创作绘画，还创作音乐和其他艺术品类。孙主任通过自身的实践，成为一个跨界者、一个“无边界人士”。这种“无边界”状态正是未来发展的关键。从有边界到无边界，人们将进入一个更开阔、更宏大的格局。

我们这个时代最大的红利是格局红利、思想红利和超级技术红利。人工智能带来的一定是创造性的体验。我们能否抓住这些红利？如果抓不住，可能整个国家都会落后。因为这项技术对社会治理结构和生产方式的改变是颠覆性的。如果我们不了解它的发展逻辑和趋势，那将是非常严重的问题。无边界的状态能够让我们更好地体验人工智能带来的快速变化，并与传统维度形成鲜明对比，这就是我想表达的概念。

孙宝林：舒老师刚才提到“跨界”“无界”“认知”“维度”，以及AI带来的震撼，最后又呼吁大家积极使用AI，强调它是为人服务的。这种观点很有号召力。的确，我们不用担心人类会“丢失”自身价值，人脑也不应该害怕电脑。我试着演绎两句话：第一，数字治理的重要使命是要让电脑服务于人脑，从而解除大家的恐惧，让电脑真正成为人脑的延伸和助力。第二，艺术创作更多地依赖潜意识里的直觉和灵感，这种灵感是艺术创作的核心驱动力。舒老师，您觉得这两句话有没有道理？

舒勇：有道理。今天，所有人工智能的成果和结果都源自对海量大数据的采集与加工。那些有经验、有标准、理性的部分，都可以被人工智能计算出来。但有一种东西不行——那些没有经验、没有规则、不可预测、充满偶发性、带有感性温度的东西，到目前为止还无法被替代。我也不知道未来会怎样，但至少我知道，今天的人工智能无法替代直觉，也无法替代那些非理性的部分。现在，那些高度理性的部分正在被替代，但非理性、非逻辑的部分，正是人类最稀缺的东西。人类瞬间的直觉和那些微妙的反应，将会成为人类宝贵的财富，也是人类真正有价值的部分。这正是我在进行人工智能创作时的感受。

孙宝林：对，这正是人的创造力的核心所在。舒老师提到的这一点很关键：人工智能和大数据一定是基于可量化、逻辑化、可预测的部分，这些方面机器确实比人做得更好。但人类的直觉、非标准化、不可预测的部分，恰恰是人类区别于机器的根本。

舒勇：人的潜能是无限的。如果善用人工智能，它可能会最大程度地挖掘和释放我们的潜能，这是一条很好的路径。

孙宝林：人类智能与人工智能，仅一字之差。人工智能是人类智能的产物。我刚才提到，人脑不应害怕电脑，而应让电脑为人脑服务。如果能在社会上广泛传播这一理念，或许大家会更有信心。

舒勇：我认为人工智能绝对替代不了人类，这是毫无疑问的。因为人工智能本质上是基于人类的知识和经验体系的一种裂变。当我们跨越到更高维度或切换到新的赛道时，它需要重新向我们学习。因此，我们要不断跨越维度和赛道，激发创造力。过去我们是为了创造一件作品，如今则是在不断创造新的维度，这是人类最大的价值所在。所以，未来人类一定会从传统的日常劳动中解放出来，进入更具创造性的劳动中，这正是我们的未来。人类不必害怕被人工智能替代，当我们比它高一个维度并不断跨越新的维度时，就会有新的可能性出现。到那时，世界将变得更加丰富多彩。

孙宝林：舒老师提到的创造性劳动，让我想到社会上很多人对人工智能仍存在恐惧，或对其缺乏理解。尽管我们说人工智能无法替代人类，但仍有不同看法。我觉得舒老师讲的是，普通劳动、简单劳动可能被人工智能取代，比如人形机器人、家用保姆机器人等可以帮我们解决很多问题，而他所说的跨维度、跨赛道，其实是指人类的创造力。所以，我们作为大众，还是要多学习、多读书，提升创造力。这种高端的创造力劳动不会被机器取代，可能被替代的只是一部分重复性、技术性的工作。

舒勇：如今，大家普遍担心人工智能会取代我们的工作，这确实是当前一个亟待解决的重要问题。例如，无人驾驶、无人超市等无人化技术的广泛应用，让人工智能在许多领域取代了人力。目前，这种无人化趋势在高度集中后，往往被资本掌控，资本从中获取红利，却与普通百姓形成了争利的局面，这对我们是不利的。然而，从另一个角度看，如果人工智能能够将人们从这些重复性劳动中解放出来，让人们进入更高维度的创造和生活，那么人类的价值将得到进一步体现。因此，我认为我们应当从道德伦理、未来社会治理等系统性层面去思考人工智能对当下社会的影响，这是至关重要的。

孙宝林：这是一个当前和长远的问题。请陈老师谈谈欧洲的大众是怎么看待这个问题的。

陈晨：欧洲的情况正如我们之前探讨的那样。目前在人工智能赛道上，中国和美国处于领先位置，这让欧洲不少国家产生了强烈的危机感。因此，欧盟已经专门制订了投资人工智能的项目计划，并设立了相应的基金。欧洲各国高校也在迅速行动，纷纷成立人工智能专业，甚至开展跨国、跨地区的人工智能科研合作。有趣的是，中国更倾向于利用人工智能解决实际生活中的问题，注重应用端的开发；美国则像一个充满探索精神的年轻人，更关注通用人工智能(AGI)的边界，思考如何实现以及何时实现；相比之下，欧洲可能更倾向于传统和保守主义思维，他们更关注新技术的规范，尤其是从伦理层面思考如何应对人工智能带来的挑战。因此，在立法、政策以及伦理研究方面，欧洲正在积极开展相关探讨。

舒勇：人工智能本身也是一种价值观的体现。我认为，人工智能的到来一定会激发中华优秀传统文化。在全球人工智能时代，中国倡导的“构建人类命运共同体”的价值观具有重要的意义。试想，当技术发展到极致时，各种不确定性与风险也会随之增加。在这样一个充满不确定性的世界中，我们能依靠的唯有“命运共同体”理念。只有在这一价值观的指引下，我们才能真正将科技的“魔性”控制在可控范围内。中国的“天人合一”文化，以及中华文明的五个突出特性——连续性、创新性、统一性、包容性、和平性，都将在人工智能的未来发展与治理中发挥重要作用。目前，中国正在形成一种关于全球人工智能治理的共识。中国在人工智能领域所倡导的共同体意识，是一项具有深远意义的伟大创举。只有具备共同体意识，人类才能有效应对并抵御人工智能所带来的各种潜在危机。当前，我们正处于百年未有之大变局，若缺乏共同体意识，人类将难以应对未来的挑战。中国的传统文化一直强调“以人为本”“以和为贵”“胸怀天下”，如果不能以这种理念为指引，那么一旦人工智能失控，未来的不确定性将急剧增加。因此，我认为在未来人工智能的世界里，中国文化处于领先地位，更有潜力指引未来。

孙宝林：这确实引发了关于人工智能的一个重要命题。我们常说“科技是第一生产力”，但从更高维度来看，科技本质上是一把双刃剑。因此，关键在于如何趋利避害，让科技真正服务于人类，这就需要“科技向善”的理念。刚才提到的“和”文化，以及“人类命运共同体”的理念，正是中国“胸怀天下”“天下大同”思想的体现。在全球化的今天，人类社会如同一个大家庭，地球村的概念愈发凸显。因此，对于人工智能，我们是否可以提出“AI 向善”的目标，让其成为推动人类向善的力量，服务于全人类？从更长远的视角来看，这或许才是人工智能发展的正确方向。

舒勇：是的，从这个角度来看，未来人工智能最核心的问题将是价值观的建立。由于东西方文明的差异，未来一定会出现“主权机器人时代”，也就是人工智能的主权化时代。每个国家都会借助人工智能实现其主权的延伸，形成一种新的时代特征。到那时，我们会看到“美国机器人”“中国机器人”等，它们都会带有各自的文化特征和社会表征。因此，我们更加需要用“构建人类命运共同体”的价值观，将这些“主权机器人”融合在一起，避免因价值观冲突而带来的分裂和对抗。

孙宝林：是的，所以这是一个关于未来的议题，我们今天讨论这个话题，是带有一种责任感、使命感。刚刚陈老师举例说明，目前的生成式人工智能仍属于弱人工智能，强人工智能还未到来。据一些科技公司的预测，强人工智能时代到来可能还需要10年时间。现场观众中可能有决策者或科技从业者，我们今天的讨论其实也能引发大家的思考。

舒勇：我认为可能用不了10年。因为现在的人工智能和6年前的相比，已经有了160万倍的差距，这种裂变的速度是超乎想象的。

孙宝林：如果以最快的速度来看，假设5年后通用人工智能就能到来，那么大家对通用人工智能的想象至少目前具备了所谓的“涌现”能力，有了自我判断能力，甚至拥有了机器的思考能力。那么，它会不会失控？会不会自我思考而不受人类约束？所以，我觉得现在就应该引起科技工作者和法律工作者的重视，当然，政府也应介入，确保科技向善，使其为人类服务。说到人工智能的创造力，我自己也用AI创作了一些画作，结果让我又惊喜又意外，AI的想象力有时候真是超乎我们的想象。

陈晨：那么，我想问的是：这些画有没有版权？因为这有可能是创作者意料之外的结果，版权到底应该属于创作者个人，还是属于生成它的平台呢？

舒勇：在我看来，这肯定属于创作者。因为画作是根据艺术家的指令产生的，这就和我们用画笔画画一样。如果我用画笔画出来，难道版权属于颜料或者画笔吗？对我来说，AI只是一个工具，而且每个人输入指令不同，结果也自然不同。实际上，我们不能用常规思维去考虑人工智能世界的美学规则。核心在于，我是使用者，AI是工具。所以，版权属于创作者。我一直鼓励大家大胆使用人工智能，从这个角度来说，版权也应当属于创作者。

孙宝林：讨论人工智能生成内容的版权问题，我认为版权的本质是人的独创性智力劳动。指令的重要性，舒老师已经给出了很好的解释——这是创作者的指令，不是每个人都能生成这样的结果，前端是有创造性劳动的。陈老师也提出了一个问题：它突然出现的结果并不是我所想象的，但我认为这是对创作者意图的一种延伸。它是随机的，但是有逻辑关系和因果关系。同时，您其实还谈到了一个法律问题和经济问题，比如，如果我使用的模型是平台免费提供的，那么这个问题就可能涉及版权是属于我还是平台。这就有一个前提：如果是付费的呢？我认为如果是付费获得的，那么这就是一种契约关系。只要付费，这就属于电子商务范畴，契约关系是明确的。举例说明，比如舒老师您的机构要开发一个软件，您会支付一定的费用。在此过程中，我作为开发商，我们之间会签订协议。从软件开发的角度来说，我是乙方，您是甲方。如果从版权角度来说，虽然软件是我开发的，但我是受您委托提供开发服务，且在合同中明确约定将权利转让给您，所以版权属于甲方。文本创作也是这样。AI 生成的文本并不是拿来就能直接用的，我还需要再修改。AI 只是帮我进行了大量的文本搜索，列出了要点，我只是借助它来完成创作，并非直接拿来使用。在文本创作中，这一点体现得更明显。

AI 音乐创作目前还处于模板阶段，我们可以调整的可能性比较小。我发现了一个问题：利用 AI 生成音乐比借助 AI 创作绘画更难。可以说，美术是一种色彩、结构和造型艺术，它是有规律可循的。而音乐是人类情感的抒发，包括歌词、节奏、反复，以及何时起承转合等，目前 AI 还做不到。人们听音乐时，往往是先被旋律吸引，觉得好听之后才会去关注歌词和意境的表达。此外，歌手的嗓音天赋与歌曲的高度匹配也很重要。有时候歌手甚至会花高价请人量身定制歌曲，定制时不仅要考虑歌词和旋律，还要考虑歌手的形象、定位以及嗓音的特殊性。所以，我觉得未来 AI 音乐创作可能还会停留在模板阶段，而且比 AI 美术创作更难。从文本创作来看，输入端是人在做，中间的检索是机器的，输出端输出后还需要人再修改，最终才能呈现出来。比如写演讲稿、小作文等，AI 都能完成得很好。至于绘画，就像舒老师说的，我们聊了很多关于美感、冲突以及维度的提升，创作者从中获得了意想不到的灵感。反之，像舒老师这样的职业画家再去创作，会觉得打开了新的空间。您提到有界和无界，无界其实是心灵的自由。

感谢两位老师，上面这个话题，我们就聊到这里。接下来我们来讨论一下这些生成内容，包括图片、音乐，以及现在出现的数字人，应不应该实施标注？其实早在 2023 年 10 月举行的首届“中国版权文化学术研讨会”上，我们就形成了一个共识。我在主旨演讲中提到，实施标注和登记确权非常重要。最近在数据领域，登记确权和实施标注也成了热门话题。作为中国科协印刷出版领域的首席科学传播专家，我举过一个例子，大家也都认同，比如大豆油的原料是否为转基因大豆，需要明确标注，这样才能保障消费者的知情权。我从中受到启发，认为 AIGC 也应如此，要实施标注保障大家知情权，据悉有关部门也在考虑出台相关政策。这个问题，请两位老师发表见解。

舒勇：我觉得对人工智能生成内容，实施标注非常好。比如我们看到一幅油画、一张照片，或者一段多媒体内容，标注之后，我们在脑海中的比对标准就会不一样。我如果知道这是AIGC，就不会再去纠结它是否写实、是否逼真。所以，标注是一个很好的方式，可以划分领域、实现标准化，甚至系统化。它相当于为人工智能划定了一个“区域”，让我们在这个“区域”里可以大胆创新、大胆尝试，而不用担心牵扯到太多道德问题。标注本身就是一个划时代的方法。它从源头上规避了很多风险，为社会治理和产权确权奠定了基础。当我们看到标注为“人工智能”“数字人”的内容时，就不会再去纠结真假等问题。这让人工智能领域变得清晰，把数字化的、影像的、原作的区分开来，这是一件非常好的事情。

孙宝林：好的，这是舒老师的观点，他认为标注非常重要，既保障了受众的知情权和选择权，又从源头上规避了风险。刚才他也引出了一个新话题——真与假的问题。所以我在想，文化的繁荣发展离不开文化产品的多样化。比如绘画作品，舒老师的画作无疑是原作，但如果获得了您的版权授权，我们就能够用中国传统木版水印技术进行复制，这种复制是有一定技术含量的，并且在著作权法中，复制、发行本身就是作者十几种权利中的两种重要权利。我们今天看的书其实也都是复制品。如果细究起来，现在很少有人抄写书稿，那么我们还能用“真假”这个概念去衡量吗？或许在某些特定领域，“真假”概念是有用的，但在文化产品大量复制、成为优质文化供给的情况下，是不是用“原作”“复制品”来区分会更合适呢？再比如，复制品的价格与原作相差甚远。我去画廊看到一幅大师的作品，可能价值上百万元，我很喜欢，但没有实力购买。但如果通过木版水印技术复制，可能只要1000多元，我就可以买回家装裱起来。我清楚地知道这是复制品，但它依然是舒老师的作品。那么在这种情况下，我们还能用“真假”的概念吗？或许用“原作”和“复制品”的概念来区分会更恰当。

舒勇：其实，首先这不是一个真假概念的问题，而是艺术品的不同形态分别作用于什么的问题。比如，原作的作用是什么，复制品的作用又是什么。实际上，人总是有一种审美“洁癖”，比如我们对原作的追求，这种心理状态几乎是与生俱来的。所以，我认为不能简单地从原作或复制品、真或假的区别去看待问题。真的终究是假不了的，但如果有人拿接近原作的东西冒充真品，那就是道德问题，甚至是法律问题了。

孙宝林：是的，真假问题的关键在于是否误导受众。比如有一幅画，在用纸、着色、尺幅上与舒老师的作品一模一样，但实际是冒充舒老师的原作，这就属于侵权。但如果用木版水印技术制作高仿品，并明确告知受众这是舒老师作品的高仿品，那么它就不是假货，而是复制品。

舒勇：这就是版权的价值，通过版权实现艺术品价值的延伸。版权的意义在于，它能让原作的价值得以拓展。版权的存在让知识和价值观的传播更具合法性与规范性，同时也能保护创作者的权益，这是非常重要的。

孙宝林：好的，感谢两位老师。我们今天的话题就聊到这里。现在是数据时代，党的二十届三中全会也将数据与劳动、土地等列为重要的生产要素，可见数据已成为数字时代的“石油”。从刚才的话题延伸来看，对于传统的孤本和复制品，我们不能简单地用真假来区分，而应该明确是原件还是复制品。所以，回到数据层面，如果将一幅画、一首诗转化为数据并进行标注，比如“原始数据”和“合成数据”，大家一听“合成数据”就会明白这不是原作，而是一种复制或某种延伸。这样的区分或许可以为文化产品和文创周边的开发提供便利。

感谢两位老师的精彩分享。人工智能已经扑面而来，我们无法回避，那么我们该如何积极拥抱它？如何让科技向善，趋利避害，为人所用？如何为人类智能设定规则来引导人工智能？今天我们从最前沿的话题，以及《丝路金桥》讲起，在 AI、绘画、音乐、写作等多个领域展开了讨论。我们通过实践看到，越来越多的创意内容正在涌现，为大众呈现了更丰富、更精彩的成果。我们期待着，在人工智能的助力下一个更精彩世界的呈现！

（作者孙宝林系十四届全国政协委员，中国科协首席科学传播专家，中国版权保护中心党委书记、主任，副编审，河北大学博士生导师；舒勇系全国政协委员、民进中央开明画院副院长、中国美术家协会理事；陈晨系北京外国语大学讲师）

生成式人工智能对版权制度的挑战及应对①

曹新明　马子斌

一、问题的提出

2022 年 10 月，OpenAI 公司发布的大语言模型人工智能 ChatGPT（生成式人工智能）标志着生成式 AI（artificial intelligence，简称 AI，译为人工智能）技术达到新的发展阶段。ChatGPT 以生成高质量文本为优势，能够在极短的时间内编写整篇学术论文。② 2023 年 1 月，外文期刊《实践护理教育》（*Nurse Education in Practice*）发布以 ChatGPT 为合作作者的文章，③ 此文章成为 ChatGPT 生成能力的重要体现，意味着生成式 AI 打破一般人工智能的技术瓶颈，形成了“AI 生成”与“自然人创作”的新形势。伴随着人工智能生成物迅速抢占自然人作品的市场空间，学界开始重新思考人工智能生成物的可版权性、权利归属以及由此引发的版权侵权问题，但尚未达成共识。2023 年 8 月 15 日，为促进生成式人工智能健康发展和规范应用，维护国家安全和社会公共利益，保护公民、法人和其他组织的合法权益，我国正式施行《生成式人工智能服务管理暂行办法》。略显不足的是，该办法对人工智能生成物的版权问题未予以明确

---

① 本文系教育部人文社会科学重点研究基地项目“建立科学高效的专利无效抗辩制度研究”（项目编号：22JJD820028）、教育部高等学校学科创新引智计划（项目编号：B18058）、中南财经政法大学研究生科研创新项目（项目编号：202311504）的阶段性成果。

② Lund B D，Wang T. “Chatting about ChatGPT：How may AI and GPT Impact Academia and Libraries?” *Library Hi Tech News* 40，no. 3（2023）：26-29.

③ O'Connor S. “Open Artificial Intelligence Platforms in Nursing Education：Tools for Academic Progress or Abuse?” *Nurse Education in Practice* 66，（2022）：103537.

回应，因此亟须给予必要的关注。面对快速成长的ChatGPT给版权制度带来的影响，本文以版权基础理论为基点，以人工智能生成物的客观问题为导向，以现有实证判例为参考，以人类参与创作的程度为标准，分析不同情境下人工智能生成物对现有版权制度各种可能的挑战，并根据版权基础理论探讨建设性的因应措施，以资求教于同仁。

二、人工智能生成物的可版权性分析

伴随着ChatGPT文本编写能力的日渐增强，学界对人工智能生成物的可版权性问题愈发关注，研究成果精彩纷呈。有学者秉持“机器无意识说”否认机器生成表达形式的可版权性；[①] 反之，也有学者以“独创性客观说”予以肯定。[②] 无论何种学说，均将人工智能生成物视为统一类型。笔者认为，人工智能生成物是一种新技术带来的成果，其表象具有法律意义上作品的特征，是否具有可版权性，需要秉持客观科学的立场加以分析，基于著作权法立法范式，以人类创作贡献为标准实行分类探讨。

（一）否定人工智能生成物的可版权性

1. 基于自然人作者标准的否定

依照我国现行著作权法的规定，生成式AI独立生成的表达形式，无论是否符合作品特征，都不可简单推断为作品。追本溯源，我国著作权法借鉴大陆法系的作者权体系，秉持“自然人为作者”的基本原则，将作品视为“自然人作者之人格外化”[③]，由此，自然人创作者是作品的构成要件之一。[④] 尽管著作权法将法人（包括非法人组织）拟制为作者，但自然人仍是作品的现实创作者。ChatGPT被拟人化源于其生成表达形式具备逻辑性与辩证性，据逻辑学专家分析，ChatGPT的辩证逻辑与逻辑学中的辩论

① 陈永伟：《超越ChatGPT：生成式AI的机遇、风险与挑战》，《山东大学学报（哲学社会科学版）》2023年第3期。
② 黄汇、黄杰：《人工智能生成物被视为作品保护的合理性》，《江西社会科学》2019年第2期。
③ 刘宇琼：《著作人格权的性质：历史和体系之思》，《知识产权》2011年第9期。
④ 曹新明主编《知识产权法学（第四版）》，中国人民大学出版社，2021，第40-42页。

术有异曲同工之处。[①] 基于此，ChatGPT 所谓的“辩证思维”并非机器自我意识的觉醒。换言之，ChatGPT 的提供者将辩论术转化为代码注入芯片，利用“数据喂养”代入数字模型运作，使机器产生“类人化”的思维。机械大脑与人类大脑注定存在距离，无法产生自然人作者涵摄的思想与情感，ChatGPT 利用算力产生的“主观性”，属于“仿人”却“非人”。笔者认为，ChatGPT 通过“自然语言处理”模型的训练使生成式 AI 自主生成的表达形式，实质是一种“伪创作”，因为 ChatGPT 的“创新能力”是超级算力加持的量变。

2. 基于著作权法立法目的的否定

我国著作权法立法目的是鼓励创作、传播有益于社会主义精神文明和文化自信的作品，生成式 AI 独立生成的表达形式仅是对现有信息的逻辑组合，是其作为作品受版权保护的主要障碍。一方面，ChatGPT 能够无限次生成表达形式，具有高产的特性。倘若认可生成式 AI 独立生成表达形式的可版权性，不仅严重挤压自然人创作的空间，稀释自然人作品的价值，还与著作权法的初衷相背离。另一方面，生成式 AI 在生成表达形式的过程中尚有漏洞，短期内无法解决。据美国新闻可信度评估与研究机构“新闻卫士”(NewsGuard)最新的研究报告显示，ChatGPT-3.5 在 80% 的情况下会产生错误信息，ChatGPT-4 不仅传播错误信息，还能增加错误信息的可信度。[②] 美国作家布兰科·冈萨雷斯(Blanco Gonzalez)等撰文指出，ChatGPT 生成文本需经过人类编辑后，才能纠正其错误，最终版本必须在人类作者的协助下反复修改才可完成。[③] 事实证明，ChatGPT 缺乏信息表达的真实性，由 ChatGPT 独立生成的表达形式大概率存有错误或误导性信息，失去人类协助，ChatGPT 几乎不可能独立生成完整无错的表达形式。综上所述，生成式 AI 自主独立生成的表达形式，虽然具有作品之表象，但不符合著作权法关于作品的基础理论，因此不具有可版权性。

---

① 张生：《ChatGPT：褶子、词典、逻辑与意识形态功能》，《传媒观察》2023 年第 3 期。

② “Teaching the politics of citation Challenging students' perceptions,” Liz Chenevey, accessed December 25, 2023, https://crln.acrl.org/index.php/crlnews/article/view/25887/33837.

③ Blanco · Gonzalez A, Cabezon A, Seco · Gonzalez A, et al., “The Role of AI in Drug Discovery: Challenges, Opportunities, and Strategies,” *Pharmaceuticals* 16, no. 6(2023): 891.

（二）肯定人机协同生成表达形式的可版权性

1. 基于思想表达二分法的肯定

思想表达二分法是版权基础理论。基于该理论，缺乏一定思想内容的表达形式不能成为作品，纯粹的思想内容同样不受版权保护。生成式 AI 不存在自主思想与情感，生成式 AI 独立生成的表达形式自然无法满足思想表达二分法的要求。以人类贡献程度为标准，人机协同创作可进一步划分为 AI 辅助人类生成和人类输入关键词提示 AI 生成两种类型。第一种类型，生成式 AI 辅助人类生成的表达形式能够实现思想与表达的兼容并存。生成式 AI 固然缺乏思想，但生成式 AI 辅助生成的表达形式凝聚了自然人创作者的创作思想，生成式 AI 仅分工协作完成外在表达即可。第二种类型，在人类输入关键词提示下生成式 AI 自主生成的表达形式，是否符合思想表达二分法，取决于表达形式是否蕴含自然人思想。笔者认为，自然人输入关键词蕴含生成式 AI 生成过程的总体导向，本质而言，生成式 AI 生成逻辑未脱离自然人思想范畴。综上，无论是生成式 AI 辅助人类生成的表达形式，抑或是人类输入关键词提示 AI 生成的表达形式，都是依照自然人创作者的思想生成的表达形式，区别仅是人类参与创作程度的高低，但均在思想表达二分法的范畴之内。

2. 基于作品独创性要件的肯定

在符合思想表达二分法的前提下，仍需判断人机协同生成表达形式是否满足作品独创性要件。独创性着重强调具体的表达形式是否为创作者独立完成之情形，主要表现为创作者独立运用其智慧、能力和技巧，表达其某种感受、观点、思想等。① 一方面，人机协同生成表达形式的过程相对独立。生成式 AI 能够自主完成模型生成、挖掘数据与自我优化，相较于一般人工智能，更具灵活性与主动性。不仅如此，生成式 AI 模型会持续学习创建和训练数据集的规则，通过随机采样确保每次执行任务都可以创建不同对象。② 另一方面，人机协同生成表达形式可以达到最低程度的创造性。对第二种类型而言，人类贡献仅限于输入关键词，生成式 AI 生成的表达形式符合“客观可识别的差异”即可。在 2020 年高阳诉优酷著作权侵权纠纷案中，我国法院认为运

① 吴汉东主编《知识产权法学（第八版）》，北京大学出版社，2022，第 64-65 页。

② Foster D., *Generative Deep Learning*（O' Reilly Media, Inc., 2022）, pp. 10-15.

动摄像机的预选录像模式、灵敏度和其他参数反映了人为干预，因此拍摄的图片视为摄影作品而获得保护。① 不可否认，人类贡献程度较低并不影响人工智能生成物的创造性。第一种类型，生成式 AI 辅助人类生成的表达形式具有创造性。我国已有相关案例论证，2019 年腾讯公司诉上海某公司著作权侵权纠纷案中，法院将智能写作辅助系统 Dreamwriter 生成的文本视为具有独创性的文字作品。② 除此以外，ChatGPT 辅助生成的论文在国外期刊上公开发表，同样论证生成式 AI 辅助生成的文本已符合创造性标准。③

三、人工智能生成物的分类探讨

ChatGPT 的出现提高了 AI 生成的表达形式的质量门槛，也逐步提升了人工智能生成物的文化与经济价值，致使人工智能生成物的权利归属问题日渐复杂。据上文所述，人工智能生成物的两种类别并非全部符合可版权性，由此推断，人工智能生成物同样存在“作品”与“非作品”之分。因此，固守“统一认定”的方式实非明智之举，必然导致人工智能生成物留存空白之处无法涉及，依据类别逐一分析才能由简至深、面面俱到。

（一）人工智能生成物作为作品的版权归属

1. 既有理论的不足

人工智能生成物作为作品的版权归属问题在学界评论纷然，这些学说各有其理，难分伯仲。然而 AI 技术日新月异已导致传统学说呈现不足之处。具体如下：第一，职务作品说。该学说否定 AI 作者身份，将 AI 生成的表达形式视为职务作品并归属于 AI 设计者或所有者。④ 职务作品说呈现的不足，根本在于技术背景的差异性。职务作品说产生于 AI 依靠固定模型的初级阶段，AI 仅能输出设计者预设范围之内的表达形

① 北京知识产权法院（2017）京 73 民终 797 号民事判决书。
② 许向东、郭萌萌：《智媒时代的新闻生产：自动化新闻的实践与思考》，《国际新闻界》2017 年第 5 期。
③ “Let's Have a Chat! A Conversation With ChatGPT: Technology, Applications, and Limitations,”Sakib, Shahriar, and Kadhim Hayawi, accessed October 5, 2023, https://arxiv.org/abs/2302.13817.
④ 吴汉东：《人工智能时代的制度安排与法律规制》，《法律科学（西北政法大学学报）》2017 年第 5 期。

式，AI生成的表达形式被视为设计者的意志。众所周知，生成式AI具备自主学习与模型生成的特性，输出表达形式已突破设计者的预设范围，设计者只能影响技术中立性，却不能固定生成式AI具体生成的表达形式。第二，法人作品说。该学说认为AI生成的表达形式是由AI所有者组织，并代表AI所有者的意志而生成的表达形式，将AI生成的表达形式归属于AI所有者。然而，生成式AI的使用者与所有者可以是同一主体，抑或是不同主体。倘若非同一主体，法人作品说则会忽略使用者的合法权益。第三，孳息说。孳息说视生成式AI为原物，其生成的表达形式属于原物的孳息，归生成式AI的硬件所有者。① 孳息属于原物天然性能下的产物，生成式AI独立生成的表达形式符合孳息的特性，但人机协同生成的表达形式无法脱离人类辅助。由此，孳息说亦存在无法涵盖之处。

2. 遵循以意思自治为主、支付报酬为辅的标准

人工智能生成物的版权归属涉及生成式AI所有者、设计者与使用者三方主体，如何兼顾三方主体的合法权益，是探讨权属问题的关键所在。笔者认为，要以生成式AI生成过程的客观事实搭建对三方主体的认知，即分析不同主体在生成过程中的角色与作用，才能脱虚向实，做到有效兼顾。2023年3月，OpenAI公司发布ChatGPT使用协议，该协议说明OpenAI公司将所有人工智能生成物的所有权利、所有权和利益均转让给用户所有，② 用户可用于任何目的且对生成表达形式负责，但用户需要按照定价页面上的价格支付所有的费用以及相关购买的税费。③ 同年，智能画图工具Midjourney将用户创建的图像所有权利归于付费用户，非付费用户只拥有非商业目的的全部或部分复制材料或制作、复制和共享改编材料的权利。④ 综上案例，用户获得人工智能生成物的所有权利是通过付酬的等价交换，通过这种方式使AI使用者与所有者达成利益平衡。

人工智能生成物权利归属还有一种学说——委托作品说，与现行生成式AI公司

---

① 黄玉烨、司马航：《孳息视角下人工智能生成作品的权利归属》，《河南师范大学学报（哲学社会科学版）》2018年第4期。

② OpenAI使用协议的内容是：在双方之间，在适用法律允许的范围内，您保留对输入内容的所有权。在您遵守这些条款的前提下，OpenAI特此将其对输出内容可能拥有的所有权利、所有权和利益全部转让给您。

③ "OpenAI Terms of use," accessed November 14, 2023, https://openai.com/policies/terms-of-use.

④ "Midjourney Terms of Service," accessed July 21, 2023, https://docs.midjourney.com/docs/terms-of-service.

的使用协议有相似性和差异性。相似性是两者之间都遵从意思自治原则，差异有两处：第一，委托作品一般由委托人主动约定权属归自己所有，而使用协议属于生成式AI公司的主动协商，且权属归于用户所有。第二，无约定之情形，委托作品的版权归属受托人所有，生成式AI的生成表达尚无定论。

现实中，如何认定双方无约定下人工智能生成物的权利归属，关键是使用者是否支付相关合理费用。如果使用者支付合理费用，完成利益交换，即取得人工智能生成物的版权；反之，则归属于生成式AI的设计者或所有者，设计者与所有者可通过职务作品、法人作品、委托作品等进一步探讨版权的最终归属。

（二）人工智能生成物作为非作品的权利归属

1. 生成式AI以生成者身份进行标注

生成式AI不能获得作者的身份，已得到许多国家和地区的认同。美国版权局在《美国版权局实务指南》中表示其不会登记任何没有自然人作者贡献而单纯由机器产生的作品。[①] 欧洲法院在具有里程碑意义的一项裁决中认为，原创性是作者的智力创造，人类作者是版权作品存在的先决条件。[②] 生成式AI不能成为作者，自然没有署名权，而由生成式AI提供者或生成式AI使用者署名显然也不妥。即便自然人成为生成式AI的承责主体，也不代表自然人具有署名权。对此，乌克兰在人工智能生成的表达形式的归属问题上提出，生成式AI可以生成者身份在生成的表达形式上进行“标注”。需要注意的是，标注不等同于署名，即不产生作者身份的法律意义。“标注”仅表示该表达形式是由生成式AI自主生成的，从而产生标识性意义，同时防止被他人盗用。2023年8月7日，我国信息安全标准化技术委员会秘书处发布《网络安全标准实践指南——生成式人工智能服务内容标识要求（征求意见稿）》，[③] 要求生成式人工智能需要标识其表达形式，包含显示水印标识、隐式水印标识以及“由AI生成”等标

① “Compendium of US Copyright Office Practices,”US Copyright Office, accessed July 21, 2023, https://www.copyright.gov/comp3/docs/introduction.pdf.

② Ihalainen J., “Computer Creativity: Artificial Intelligence and Copyright,” *Journal of Intellectual Property Law & Practice* 13, no. 9(2018): 724-728.

③ 2023年8月7日，全国信息安全标准化技术委员会秘书处为落实《生成式人工智能服务管理暂行办法》相关要求，指导有关单位利用生成式人工智能技术提供生成文本、图片、音频、视频等内容服务时对内容进行标识，组织编制了《网络安全标准实践指南——生成式人工智能服务内容标识方法（征求意见稿）》。

识方式和信息。总之，我国提出的“由 AI 生成”的标识信息和乌克兰提出的“标注”同样具有表示生成式 AI 生成身份的最终目的，只是“标注”更具直接性。

2. 依据投资原则归属生成式 AI 所有者

依据投资原则判断生成式 AI 独立生成的表达形式的归属具有合理性。生成式 AI 独立生成的表达形式即使不属于作品，也并非一定属于公有领域，其可能作为无形财产成为民法典保护的对象。吴汉东教授曾提出“无形财产权”的概念，无形财产权大于知识产权的理论制度体系，基本上将各类无形财产或无形财产权囊括其中。[①] 财产权是一种直接与经济利益相联系的民事权利，生成式 AI 独立生成的表达形式属于无形财产，以投资原则判断其权利归属更为贴切。原因如下，不论是生成式 AI 辅助生成的表达形式，还是人类输入提示词生成的表达形式，表达形式与使用者之间均存在直接联系。同理，生成式 AI 独立生成表达形式时，生成式 AI 的相关主体与表达形式之间亦存在直接关系——投资与被投资关系。

依据投资原则，生成式 AI 独立生成的表达形式与生成式 AI 所有者之间具有直接联系。首先，确定具有直接联系的投资主体。通常情况下，生成式 AI 的设计者与所有者是同一主体，生成式 AI 的投资者不言而喻。特殊情形下，两者并非同一主体，生成式 AI 机器所有者通过购买途径获取机器所有权，设计者则通过销售报酬获取既得利益，机器所有者成为生成式 AI 的直接联系者。其次，平衡设计者与所有者之间的投资利益。倘若两者属于雇佣关系，则依据专利法职务发明创造的规定判定生成式 AI 软件的专利权归属；若属于职务发明创造，则由单位通过奖励或报酬平衡设计者的利益。当两者属于普通关系时，机器所有者可通过买卖合同获取软件所有权，完成投资利益的平等交互。综上，基于投资原则的分析，生成式 AI 自主生成的表达形式应当归于生成式 AI 机器所有者。

四、人工智能生成物的侵权认定与归责

人工智能生成物的生成过程具有阶段性，主要包含数据训练与具体形式生成两个

① 吴汉东：《无形财产权基本问题研究（第四版）》，中国人民大学出版社，2020，第 36-37 页。

阶段，而在上述阶段频繁产生的版权侵权问题亟须关注。在学术界，有学者提出，人工智能生成物的版权侵权行为应当统一认定；也有学者否认 AI 生成过程的统一性，提出应对复制行为与生成行为分别评价。① 笔者认为，以生成式 AI 的技术原理为视角，生成式 AI 具体形式的生成过程是两种相对独立的技术行为，证明数据训练与具体形式生成阶段理应各自分析。

（一）生成式 AI 在数据训练阶段的侵权认定与豁免

1. 生成式 AI 数据挖掘的侵权认定现状

数据训练，是用以训练机器模型或算法标注数据的方法，是通过量化数据中的最优参数，提升机器模型完成任务质量与效率的技术。② 数据训练促进收集数据集与生成表达形式在技术与实践中的深度连接。数据挖掘行为是数据训练的重要环节之一，该行为是否侵犯版权，学界对此素有争议。争议焦点集中在“若数据挖掘行为属于合理使用，是否限制其营利目的”，由此，存在“非营利目的说”③与“营利目的说”④。针对该问题，各国亦采取不同的应对之策。欧盟在 2019 年通过的《数字化单一市场版权指令》中新增以文本数据挖掘（text and data mining，以下简称 TDM）为目的的商业性 TDM 例外。此外，虽然美国对近期发生的生成式 AI 著作权侵权案——Getty Images v. Stable AI 案尚未判决，但是美国早已存在相关判例。在早期谷歌数字图书馆著作权侵权案中，美国法院采用合理使用四要素标准分析数字图书馆的数据挖掘行为，以符合转换性为由判定数据挖掘行为构成合理使用。⑤ 相比于美国，英国未采用灵活的判断标准，而是在《版权、外观设计和专利法》第 29 条第 A 款规定数据挖掘版权例外规则，只是将商业用途的数据挖掘行为排除在外。⑥

2. 生成式 AI 数据挖掘行为的侵权豁免

我国目前尚未明确界定生成式 AI 数据挖掘行为，笔者认为，我国应当借鉴欧盟

---

① 初萌：《人工智能对版权侵权责任制度的挑战及应对》，《北方法学》2021 年第 1 期。
② Hand, David J. et al., "Principles of Data Mining," *Drug Safety* 30, (2001): 621-622.
③ 焦和平：《人工智能创作中数据获取与利用的著作权风险及化解路径》，《当代法学》2022 年第 4 期。
④ 张明：《文本与数据挖掘适用著作权合理使用的解释论》，《出版发行研究》2023 年第 2 期。
⑤ 吴高、黄晓斌：《人工智能时代文本与数据挖掘合理使用规则设计研究》，《图书情报工作》2021 年第22 期。
⑥ Abbott, Ryan, Rothman, Elizabeth, "AI-generated Output and Intellectual Property Rights: Takeaways from the Artificial Inventor Project," *European Intellectual Property Review* 45, no. 4(2023): 215-221.

立法确认生成式AI数据挖掘行为的合理性。理由如下：首先，符合著作权法利益平衡原则。当下市场中生成式AI提供者以营利性组织为主，例如OpenAI公司。假设以生成式AI提供者营利为由否认其数据挖掘行为的合法性，极易造成技术发展的阻碍，反之，又会诱发生成式AI提供者的数据垄断风险。为解决上述问题，欧盟在商业性TDM例外条款中设置一项特殊机制，即选择退出机制。该机制赋予著作权人选择退出数据训练的权利，借此降低生成式AI提供者数据垄断的风险，同时保障著作权人的合法权利。其次，实现利益合理分配。数据训练需要庞大的数据集，而数据集的质量决定生成式AI的输出质量。然而，公共领域的数据不足以满足生成式AI提供者的质量需求，这就需要利用受著作权法保护的数据进行训练。我国著作权法采用选择进入制度，即未经授权使用著作权人作品属于侵权行为。假设生成式AI提供者适用选择进入制度，其收集著作权法保护的数据必须经过著作权人授权，显而易见，生成式AI提供者无法负荷巨大的授权成本。最后，引入商业性TDM例外属于技术与版权协调的必然趋势。技术变革促进版权制度的调适与重构，从早期的互联网上传、搜索引擎、深度学习再到AI数据训练，著作权法的修改始终是对技术更新的回应。当选择进入制度成为生成式AI发展的阻力时，我国著作权法应立即采取措施适应技术变革，促进创新与科学文化技术的发展。

（二）生成式AI在具体形式生成阶段的侵权认定与责任

1. 人工智能生成物的侵权认定

人工智能生成物的技术特性时刻提醒学界需重新审视由此引发的版权侵权风险，而这一风险主要集中于著作财产权。首先，复制权。生成式AI在具体形式生成阶段，面临人工智能生成物“复制”版权作品的侵权风险。众所周知，我国著作权法以“实质性相似+接触”作为侵权认定的基础规则。人工智能生成物有两种侵权风险：一种是同一AI生成两种答案相同或近似的表达形式；另一种是人工智能生成物与输入著作权作品构成相似性或同一性。针对第一种行为，OpenAI公司的使用协议中说明，其他用户请求与生成的表达形式不被视为用户生成的表达形式，以此说明用户各自拥有生成表达形式的版权。人工智能生成物只要具备客观可识别的差异，均受著作权法的保护。如果表达形式完全相同，则需考虑人类贡献是否仅限于关键词提示，并依据

“前一作品公之于众+明显相似”的原则进一步判定。其次，改编权与汇编权。倘若人工智能生成物是以著作权法保护的作品为基础而创作的新作品，则需要依据著作权法的规定取得著作权人的授权许可，同理，生成式 AI 未经著作权人许可，将他人作品或作品的片段编入其汇编作品的行为，亦构成侵权。最后，传播权。使用者对人工智能生成物的后续传播行为，可能涉及对作品著作权人的表演权、放映权、广播权和信息网络传播权的侵犯。

2. 人工智能生成物的侵权责任承担

生成式 AI 的技术中立性决定生成式 AI 提供者和设计者是否承担侵权责任。生成式 AI 的技术中立性是生成式 AI 提供者是否中立的判断标准，对生成式 AI 的技术中立性的探讨需回归技术本身。首先，需要判断生成式 AI 是否存在算法黑箱和数字鸿沟，导致人工智能生成物存在虚假、偏见等。只要生成式 AI 提供者和设计者设定数据，且未曾对系统做正向引导，就能判定人工智能生成物的错误源于生成式 AI 提供者和设计者。其次，需要判断生成式 AI 的提供者和设计者是否对其进行实质性干预，只要未实质性干预生成式 AI 的生成过程，那么生成式 AI 平台的中立性就不会被打破。最后，需要判断生成式 AI 的提供者和设计者是否履行透明度和内容审核等注意义务。欧盟《人工智能法案》第 28b 条第 5a 款规定了生成式人工智能提供者须遵守的透明度义务，以及 AI 设计与开发时的内容审核义务。① 我国《生成式人工智能服务管理暂行办法》第 4 条至第 7 条同样规定提供生成式人工智能的服务商需遵循合法性审核、尊重公序良俗等义务。

生成式 AI 的使用者应适用过错原则为主，过错推定原则为辅的归责原则。我国知识产权法适用过错原则为主，过错推定原则为辅的归责原则，过错推定原则有助于制裁虽无主观过错但缺乏抗辩事由的侵权行为人。生成式 AI 的使用者对生成式 AI 的使用程度不同，其适用的归责原则也不同。当生成式 AI 的使用者对生成式 AI 的管控能力较小，例如自然人输入关键词，生成式 AI 的自主性较强，此时适用过错原则能

---

① 欧盟《人工智能法案》要求生成式人工智能的供应者应当：(1) 遵守第 52 条第 1 款规定的透明度义务；(2) 数据训练、适用、设计和研发基础模型，确保有足够的保障措施，防止产生违反欧盟法律的内容，符合普遍公认的行业先进实践，并不损害包括言论自由等基本权利；(3) 在不影响国家或欧盟版权立法的情况下，记录并公开提供受版权法保护的训练数据使用情况的足够详细的摘要。

够减轻被侵权人的举证难度，具有合理性。当生成式 AI 的使用者具有直接管理生成式 AI 的能力，例如生成式 AI 辅助人类创作，能够对人工智能生成物进行审核、检查，确保真实性与创造性，此时适用过错推定原则可以达到减轻被侵权人的举证压力、保障被侵权人的合法权益的目的。

五、结语

习近平总书记强调，“国家科技创新力的根本源泉在于人”①。自然人是创新的根本，科技是发展的利器，要以法律责任守住科技底线。生成式 AI 技术在知识产权领域、出版领域、金融领域等掀起热潮，然而，生成式 AI 在社会的定位应始终坚持自然人本位的基本原则。生成式 AI 在未来会继续突破技术瓶颈，人工智能生成物的版权保护会愈加复杂，我们不可能完全排除生成式 AI 在未来会从“类人”变为“机器人”的可能性，也不可能完全排除人工智能生成物的可版权性。然而，至少在当前，此种设想还尚未实现。

（作者曹新明系中南财经政法大学知识产权研究中心教授、博士生导师；马子斌系中南财经政法大学知识产权研究中心博士研究生）

① 杜尚泽：《微镜头——习近平总书记在科学家座谈会上》，https://libcon.zuel.edu.cn/pipjhsjk.people.cn/article/31859312，访问日期：2023 年 11 月 1 日。

生成式人工智能版权问题研究①

冯晓青　沈　韵

一、问题的提出：从决策式人工智能到生成式人工智能

近期，美国人工智能研发公司OpenAI公开发布一款名为ChatGPT的聊天机器人，凭借其高效、智能、准确的生成内容，迅速在全球范围内引发讨论热潮。ChatGPT以深度学习、大模型、人类反馈（RLHF）等信息技术为支撑，通过模拟人类语言逻辑与沟通表达习惯，实现以文字对话形式与人类用户的在线互动交谈。相关对话内容具有高度个性化与智能化的特征，甚至达到与人类语言表达无异的程度。实践中，ChatGPT被广泛应用于各种应用场景，例如，在线客服、智能搜索、代码生成、文章撰写等。

ChatGPT本质上是模拟或再现人类智力以生成全新内容的文本生成模型，是一种典型的生成式人工智能。ChatGPT的成功"出圈"也表明，从决策式人工智能到生成式人工智能，人工智能领域正在发生变革性升级。在生成式人工智能诞生之前，人工智能模型以决策式人工智能为主。决策式人工智能根据输入数据进行处理、分析，输出自主化决策结果，以算法推荐、自动驾驶为典型的应用场景。决策式人工智能旨在实现初步的分析功能，长期作为人类生产活动的辅助工具而存在。伴随神经网络、大数据、深度学习技术的快速发展，人工智能领域迎来跨越式发展，出现了生成式人工智

① 本文系国家社会科学基金重大项目"创新驱动发展战略下知识产权公共领域问题研究"（项目编号：17ZDA139）的阶段性成果。

能这一新型人工智能模型。相较于决策式人工智能，生成式人工智能以更复杂的算法架构作为技术支撑，具有模拟或再现人类思维过程与智力水平的技术功能。生成式人工智能以人工智能创作内容(AIGC)为核心，通过算法赋予机器自我学习与进化能力，能够相对自主地输出原创性内容。

生成式人工智能作为人工智能新范式，已经逐渐替代决策式人工智能，成为一项人工智能领域的通用技术，在技术应用环节驱动人工智能生成内容的开发。目前，生成式人工智能已经成为信息时代的关键技术，赋能不同产业以及不同领域的发展，成为数字经济与产业革命的底层支撑。以生成式人工智能为代表的新技术，正在改变传统的内容生产方式，导致版权保护面临一定的问题与挑战。生成式人工智能在版权领域引发的新问题主要集中在：一是生成式人工智能的主体资格认定。生成式人工智能是否可以获得和人类作者相同的法律主体地位，需要结合制度规范、基础理论等多方面进行论述。二是生成式人工智能创作内容的法律属性及其保护问题。理论界与实务界在人工智能创作内容是否构成作品这一问题上尚未达成共识。明确生成式人工智能创作内容的作品属性，是构建人工智能时代版权制度的前提。版权保护需要以人工智能创作内容的可版权性为基础，进一步分析其权利归属。三是生成式人工智能的版权侵权判定。生成式人工智能的不同技术阶段面临着不同的版权侵权风险，其侵权责任承担与豁免规则需要加以明晰。关于生成式人工智能的版权保护，应当在不动摇版权制度根基的原则下，化解人工智能新范式给传统作品市场及版权保护带来的巨大冲击，充分回应人工智能时代的文化产业保护需求。

二、生成式人工智能的主体资格认定

伴随生成式人工智能的普及，人工智能从辅助走向创造，对人类独一无二的创作主体地位造成挑战。人工智能时代，生成式人工智能能够在没有人类干预的情况下自主生成创造性内容，因而生成式人工智能成为“创作”发生的真正动因。版权制度需要回应的首要问题即生成式人工智能是否可以成为著作权法意义上的法律主体。结合既有版权制度规范及其基础理论体系，赋予人工智能以法律主体地位，既缺乏现实基础，也不符合民法制度的价值取向。

(一)既有制度规范下生成式人工智能主体资格的否定

著作权法第九条规定，著作权人是指“作者”以及“其他依照本法享有著作权的自然人、法人或者非法人组织”。结合著作权法第二条对享有著作权主体范畴的限定，著作权主体应当仅包括“中国公民、法人或者非法人组织”以及符合特定要求的“外国人、无国籍人”。因此，我国实在法下的著作权主体只能是自然人或由自然人集合形成的法定组织。既有著作权制度规范以自然人作者为原则、以自然人集合拟制作者为例外，遵循“人类中心主义”的基本理念。一直以来，著作权法是以自然人为创作主体而构建起来的，将人类视为独一无二的创作主体。无论是作者概念还是权利归属，版权保护均建立在存在人类作者的前提之上。生成式人工智能尽管已经获得强大的自主学习能力，具备高度智能化特征，但其本质上并非自然人，因而无法成为符合著作权法规定的权利主体。

不仅生成式人工智能主体资格在我国存在实在法方面的否定，从世界范围来看，作者的自然人属性也已经成为普遍共识。《保护文学和艺术作品伯尔尼公约》(以下简称《伯尔尼公约》)第六条之二规定了只有自然人才可能享有的作者精神权利，由此可以推断出《伯尔尼公约》对于作者自然人属性的默示性规定。[①] 遵循《伯尔尼公约》，作者需要是“人”，这是各国版权法中一个长期的假设。[②] 在英美法系方面，澳大利亚法院明确提出，对于原创文学作品，必须确定声称保护的具体作品以及这些作品的人类作者。[③] 德国作为大陆法系的代表性国家，根据其著作权法第 7 条的规定，著作权的主体必须是赋予作品以独创性的人。[④] 因此，从国内外版权制度规范来看，作者的自然人属性并不存在争议。生成式人工智能不能被赋予法律主体地位，否则将导致与既有版权制度规范的现实冲突。

---

① 朱梦云：《人工智能生成物的著作权保护可行性研究》，《出版科学》2019 年第 3 期。

② Dr. Paul Lambert, “Computer Generated Works and Copyright: Selfies, Traps, Robots, AI and Machine Learning,” *European Intellectual Property Review*, no. 1(2017).

③ S. Ricketson, “The Need for Human Authorship-Australian Developments: Telstra Corp Ltd v Phone Directories Co Pty Ltd (Case Comment),” E. I. P. R. 34, no. 1(2012): 54.

④ 范长军译《德国著作权法：德国著作权与邻接权法》，知识产权出版社，2013，第 8 页。

(二)民事基础理论下生成式人工智能主体资格的否定

基于法律制度的现实判断，生成式人工智能主体在既有版权制度下不能成为适格权利主体。然而，随着生成式人工智能的广泛应用，是否有必要将此类非人形态拟制为一种单独的权利主体类型，使其能够被纳入人工智能时代的版权制度？欧盟提出确立人工智能的“电子人格”法律地位，将其拟制为新型权利主体。[①] 沙特阿拉伯也曾授予“索非亚”智能机器人以公民资格。然而，从民事基础理论出发，生成式人工智能的法律主体拟制有悖于传统民事法理与价值取向，不可能具备版权主体资格。

一方面，生成式人工智能不具有人格属性，不符合将非人形态拟制为法律主体的传统法理。尽管民法存在将法人这一非人形态拟制为法律主体的先例，但生成式人工智能与具备团体人格属性的法人存在本质区别。法人作为一种无生命团体，其人格的形成源于自然人共同意志的联合。自然人的个人意志通过法人制度下的法定程序被转化为一种共同意志。在共同意志的决定下，法人可以对外实施具体的法律行为。[②] 然而，无论是生成式人工智能整体本身还是其系统内部的算法模块单元，都不具备独立意识。生成式人工智能所谓的选择与判断行为，无非是遵循特定算法模型自主运行的结果，依赖于人类指令的输入与算法模型的预先搭建。

另一方面，生成式人工智能作为由计算机程序开发者创造出的对象，应当严格遵循民事基础理念下的“人—物”二元对立论。追溯至罗马法时代的民法最基本理念，市民社会的基本构成被严格二元划分为人与物。除了人之外的所有物质构成，都属于物的范畴。[③] 生成式人工智能是由人类开发设计出来的。计算机程序开发者通过算法架构模型的搭建、超大型数据集合的训练，使得生成式人工智能具备生成创造性内容的技术功能。由于人类智力劳动的投入，生成式人工智能本身构成著作权法第三条的“计算机程序”作品，属于可以被人类支配与使用的客体范畴。如果仅仅因为生成式人工智能能够实现“创作”行为而将其拟制为法律主体，将有悖于主客体不可互换的

---

① 徐慧丽:《人工智能法律人格探析》,《西北大学学报(哲学社会科学版)》2020 年第 1 期。

② 徐小奔:《人工智能“创作”的人格要素》,《求索》2019 年第 6 期。

③ 杨立新:《人工类人格：智能机器人的民法地位——兼论智能机器人致人损害的民事责任》,《求是学刊》2018 年第 4 期。

基本理念，导致人与物二者之间界限的混淆，造成对民法最根本的基础理念的毁灭性打击。

三、生成式人工智能创作内容的法律属性及其保护问题

生成式人工智能不具有版权主体资格，但并不意味着其创作内容当然不构成作品，不可以获得版权保护。主体与客体应当是两个相互平行的问题，各自遵循独立的评判因素与判断标准。① 以生成式人工智能不具有主体资格直接否定对其创作内容的版权保护，将会向公共领域释放大量具有作品外观的创造性内容，不仅会在公共领域严重泛滥，而且导致版权制度作为一种满足投资者预期回报的激励机制的失灵。具体而言，生成式人工智能创作内容的版权保护问题，需要以分析相关创作内容是否具有可版权性为前提。在生成式人工智能创作内容构成受版权保护作品的基础上，我们应进一步分析其后续的版权归属问题，从而确定作品之上利益的最佳分配方式，以促进发挥作品的经济效益。

（一）生成式人工智能创作内容的可版权性

著作权法第三条将作品定义为“文学、艺术和科学领域内具有独创性并能以一定形式表现的智力成果”，提出包括“特定领域”“以一定形式表现”在内的作品形式要件以及“独创性”实质要件。生成式人工智能创作内容属于文学、艺术领域，借助文字、图像、视频等形式可被人类感知与欣赏。通常而言，相关创作内容符合作品的形式要件。因此，生成式人工智能创作内容的可版权性问题集中于“独创性”这一作品的实质要件。以下将从两方面探讨生成式人工智能创作内容的可版权性：一是从生成式人工智能创作内容的生产机制来看，生成式人工智能创作内容与人类创造智力成果共享内在逻辑；二是生成式人工智能创作内容具有与人类作品一致的外在表达形式。

1. 基于内在生产机制的可版权性

生成式人工智能并非对人类智力的简单执行，而是能够模拟与再现人类作者的创

① 易玲、尹丝媛：《我国著作权法中人工智能主体资格之否定》，《科技与法律（中英文）》2021 年第 4 期。

作思维。根据世界知识产权组织的定义，“人工智能生成的”即“人工智能自主创造的”内容，是指“在没有人类干预的情况下由人工智能生成的内容”。与“人工智能辅助完成的”内容加以区分，后者需要大量的人类干预和引导。[①] 因此，此前的决策式人工智能只能根据程序开发者设计的既定算法，以海量数据为对象执行使用者输入的命令，最终在可预测范围内输出自动化决策结果；而生成式人工智能则能够从海量数据中自主构建算法模型，独立抓取相关素材以完成创造性内容的输出。

从生成式人工智能创作内容的生产机制来看，深度学习、神经网络作为支撑生成式人工智能的底层技术，模拟与再现了人类创作的基本思维。生成式人工智能通过对海量数据的识别、处理与分析，基于深度学习自主归纳数据背后的规律与要素，不断更新与进化自身算法模型，最终生成脱离既定算法预设的创造性内容。上述“模拟大脑”的过程，与人类作者学习、构思并完成创作的思维过程没有本质差异。[②] 为执行相同功能而开发的不同生成式人工智能，由于内部算法架构的不同，能够生成具有个性的创造性内容。即使是特定的生成式人工智能，在其每一次运行中也都会面临数据的自主选择与分析，进而生成差异性结果。[③] 以 ChatGPT 为例，由于神经网络技术的随机性，ChatGPT 能够自主判断沟通主体的真实需求，根据对话指令的上下文逻辑以及用户的即时反馈，生成不同的文字内容。因此，生成式人工智能创作内容具有相当大的选择与判断空间，不同的创作内容呈现高度的随机性与自主性。生成式人工智能借助其运行机制，再现了人类作者的创作过程，最终创作出一种类人的创造性智力成果。

版权制度不保护“猴子自拍”[④]“海豚表演”[⑤]等非人主体创作的智力成果，成为质疑生成式人工智能创作内容获得版权保护的主要依据之一。然而，忽视生成式人工智能内在生产机制而否定其创作内容可版权性的观点不足采纳。首先，动物“创作”成

---

① 世界知识产权组织：《关于知识产权政策和人工智能问题的议题文件草案》，https://www.wipo.int/export/sites/www/about-ip/en/artificial_intelligence/call_for_comments/pdf/ind_yunfeng_zh.pdf，访问日期：2023 年 2 月 10 日。

② 廖斯：《论人工智能创作物的独创性构成与权利归属》，《西北民族大学学报(哲学社会科学版)》2020 年第 2 期。

③ 刘维：《人工智能时代著作权法的挑战和应对》，《上海交通大学学报(哲学社会科学版)》2021 年第2 期。

④ Naruto v. David John Slater，2016 U. S. Dist. LEXIS 11041.

⑤ 长沙市中级人民法院(2003)长中民三初字第 90 号民事判决书。

果缺乏人类智力的投入，而生成式人工智能创作内容却与人类智力活动密切相关。生成式人工智能的算法开发、机器学习以及内容生成等各阶段，都离不开自然人的参与。生成式人工智能的技术核心即人类反馈（RLHF）方法，本质上所体现的依然是人类价值观的输出。人类基于自身偏好设置期望目标并评判算法输出结果，决定着算法模型的修正与进化方向。其次，版权制度无法激励动物以及机器，但不同于动物“作品”，激励机器的开发与投资者显得尤为重要。至少就目前而言，生成式人工智能创作内容的生成需要人类开发、改进、分配和使用人工智能，并传播由此技术生成的创作内容。版权保护的激励可以在这些人类活动中发挥其应有的作用。① 不同于版权制度在激励动物产出更多“作品”方面的无效，生成式人工智能背后庞大的人类主体可以获得版权的正向激励，鼓励有利于知识存量增长的原创性内容的创作。

2. 基于外在表达形式的可版权性

版权制度对作品概念存在主观与客观两个方面的理解。主观判断标准以作者个性为核心，认为作品应当体现作者思想、情感、精神等主观因素。客观判断标准则强调作品的固有属性，只要作品的表达在客观上不同于既有作品，就认为作品具有独创性。对于由人类作者创作的作品而言，无论是遵循对独创性概念的客观理解还是主观理解，都不会影响作品的版权保护基础。二者之间能够进行相互补充与印证。然而，在分析生成式人工智能创作内容的可版权性问题时，理论界首次意识到其创作背后没有人类。对此，版权制度有必要重新审视对作品以及独创性概念的理解，明确一种合理有效的作品判断标准，以此为框架分析生成式人工智能创作内容的可版权性。

受到强调文本意义的“结构主义”、去中心化的后现代主义思潮、以读者为中心的“受众反应论”等基础理论发展的影响，客观判断标准正在逐步取代主观判断标准，成为理解作品独创性概念的主要方式。根据世界知识产权组织的权威解释，独创性是指“作品是作者自己的创作，完全不是或基本不是从另一作品抄袭来的”②。上述对独创性概念的理解遵循客观主义理念，从外在表达角度来评判作者的贡献，而不是调查

① Robert C. Denicola，“Ex Machina：Copyright Protection for Computer-Generated Works，”*Rutgers University Law Review* 69，（2016）：273；Pamela Samuelson，“Allocating Ownership Rights in Computer-Generated Works，”*U. PITT. L. REV.* 47，（1986）：1185-1226.

② 吴汉东：《人工智能时代的制度安排与法律规制》，《法律科学（西北政法大学学报）》2017 年第 5 期。

作者的内心精神活动。在客观主义理念下，计算机软件、模型作品、数据库等具备功能性的作品可以成为版权适格客体，尽管这些作品实际上并不展现作者个性。事实上，作品是创作者的创作成果，而创作行为本身是一种事实行为，是一种客观存在的事实，无关创作者的主观心态或意识。正如版权制度并不否定由儿童随手涂鸦形成的绘画构成作品的可能性。① 因此，独创性是一种客观概念，旨在保护作品本身所具有的创造力，而不是创造力的具体来源。

在生成式人工智能领域构建作品客观判断标准框架，具有更重要的现实意义。一方面，创作者内心的思想情感和心理活动无从把握，能被感知到的只有作品客观的外在表达。作品的主观因素难以衡量，创作者的意图大多时候是隐藏且未知的。② 无论是立法还是司法，都应当免除法官对主观因素的查明义务，防止法律陷入美学分析风险。美国弗兰克法官曾举例，复制者因为视力不好、肌肉缺陷或雷声惊吓而导致画作偏离原有作品，产生足够明显的差异。该复制者可以将这种差异视为原创作品并据此获得版权。③ 另一方面，版权制度执行主观判断标准，识别作品中作者个性投入的过程将产生巨大成本。尤其随着生成式人工智能成为不可或缺的内容生产方式，市场中充斥着由人与非人主体创作的作品。主体的故意隐瞒与署名标注不充分，都将导致分类成本的激增。相比之下，采取独创性客观判断标准，是一种更行之有效的作品判定方式。

版权制度采用客观的独创性概念，而生成式人工智能可以很容易地满足作品构成要件。一旦抛弃对作者个性等主观因素的考量，由于生成式人工智能进行了对数据素材的自主选择和加工，生成式人工智能创作内容不构成对既有作品的抄袭、剽窃或篡改，当然和原创性人类作品一样具有可版权性。实践中越来越多的事例表明，生成式人工智能创造内容与人类作品在外观上并无明显差异。据有关新闻报道，美国近 89% 的大学生使用 ChatGPT 撰写论文，有人甚至一举拿下课程最高分；以色列总统在近两万名观众面前发表由 ChatGPT 自动撰写的演讲稿。基于人工智能创作内容所具有的版

① 苗成林：《人工智能创作作品的版权归属研究》，《科学技术哲学研究》2021 年第 2 期。

② Shlomit Yanisky-Ravid, Luis A. Velez-Hernandez, "Copyrightability of Artworks Produced by Creative Robots and Originality: The Formality-Objective Model," *MINN. J. L. SCI. & TECH*, no. 1(2018): 40.

③ Alfred Bell & Co. v. Catalda Fine Arts, Inc., 191 F. 2d 105(2d Cir. 1951).

权客体外观表征，已经有国家认可人工智能创作内容的可版权性。例如，日本在人工智能创作内容的版权保护上提出“相同对待”原则。[①] 除可被明显区分为人工智能创作内容的情形外，版权制度对人工智能创作内容与人类作品予以相同对待，共同授予版权保护。

（二）生成式人工智能创作内容的版权归属

生成式人工智能尚不具备版权主体资格，但其创作内容符合可版权性要求。为了构建以“作品—作者”构造为核心的完整法律关系，版权制度需要确定生成式人工智能创作内容之上的版权归属主体。围绕生成式人工智能创作内容的版权归属，理论与实务界主要提出以下四种解决路径：一是“开发者说”，即版权归属创造生成式人工智能程序的算法开发者。二是“数据提供者说”，生成式人工智能创作内容依赖海量数据的“喂养”，数据提供者享有版权保护利益。三是“使用者说”，即由最终用户行使相关创作内容的版权。四是“投资者说”，生成式人工智能作为大型公司或研究团队推出的创新性产品或服务，应当由相关群体组织拥有创作内容的产权。

根据版权制度的基本原理，版权应当归属对作品作出实质性贡献的人。例如，英国版权法将对计算机创作“完成必要安排的人”视为作者。[②] 分析生成式人工智能的技术原理，由于生成式人工智能创作内容以使用者访问系统并输入指令为触发条件，使用者为机器创作作出必要的安排。缺少使用者的操作，机器创作活动根本不会发生。从创作内容来看，使用者会实质性地影响最终创作内容的生成。虽然生成式人工智能在创作内容时具有很强的自主性，但输出内容的主题类型仍然受到使用者给定指令范围的限制，表达特征、语料风格也受到使用者的直接控制。因此，创作内容的触发条件、主题类型和语料风格的设置均由使用者完成，使用者作出更为直接的创作贡献。实践中，版权归属的“使用者说”已经得到不少智能软件的推广。根据 OpenAI 公司颁布的《共享与发布政策》文件显示，ChatGPT 要求发布内容的署名为用户个人姓名或公司名称，并建议在合理位置标注“在生成文字内容时，作者已经根据自己的喜好审查、编辑和修改表述，并对公布内容承担最终责任”。

---

① 王迁：《论人工智能生成的内容在著作权法中的定性》，《法律科学(西北政法大学学报)》2017 年第5 期。

② 邱润根、曹宇卿：《论人工智能“创作”物的版权保护》，《南昌大学学报(人文社会科学版)》2019 年第2 期。

在构建以使用者为主导的版权归属规则的同时，也不应当忽视生成式人工智能可能涉及的其他利益主体。以投资者为例，生成式人工智能的研发涉及算法设计、数据标注、模型训练、修正校验等技术环节，需要大量资金与昂贵设备的支持。投资者需要针对复杂的技术环节进行人员与物资上的统筹安排，并最终承担可能的研发失败风险。因此，投资者的参与也是生成式人工智能创作内容得以生成的关键因素。版权制度需要以开放的规则设计容纳对投资者利益的保护。鉴于此，生成式人工智能创作内容的版权归属应当遵循约定优先原则，允许围绕生成式人工智能的相关主体以用户条款、委托合同、合作协议等方式就版权归属等权益分配事项进行事先约定。

四、生成式人工智能的版权侵权责任判定

生成式人工智能依靠文本和数据挖掘（TDM）技术完成机器学习过程。为生成符合人类语言逻辑和表达习惯的文字内容，生成式人工智能需要将海量文字作品以可被机器识别的数据形式录入算法系统，以此形成庞大的数字化作品数据库供生成式人工智能进行下一步的数据标注与模型训练。① 据不完全统计，ChatGPT 拥有相当庞大的专门语料库，其训练集涉及超过两千万条的对话记录，涵盖英文、中文等多种语言。② 微软公司开发的 AI“小冰”的数据库涵盖自 20 世纪 20 年代以来超过 500 位中国诗人的所有作品。③ 生成式人工智能以获取和利用既有作品为基础，必然涉及潜在的版权侵权风险。生成式人工智能可能构成对何种著作权的侵害？如果使用作品行为构成版权侵权，应当由谁承担相关的侵权责任？传统版权领域的合理使用等版权侵权豁免是否可以适用于生成式人工智能？这些都是人工智能时代版权制度亟待解决的问题。

---

① 焦和平：《人工智能创作中数据获取与利用的著作权风险及化解路径》，《当代法学》2022 年第 4 期。

② 刘禹良等：《浅析 ChatGPT：历史沿革、应用现状及前景展望》，https://news.qq.com/rain/a/20230227AO3uEoo，访问日期：2023 年 2 月 2 日。

③ 人民网：《人工智能“小冰”出版诗集“学习”100 个小时即可写书》，http://culture.people.com.cn/n1/2017/0630/c172318-29373394.html，访问日期：2023 年 2 月 20 日。

（一）生成式人工智能的版权侵权认定

强化机器学习能力离不开对既有作品的大规模获取与利用，其中的作品使用方式多元，可能侵害不同的权利内容：一是复制权。生成式人工智能需要将受版权保护的作品转换并制作为一份或者多份数字格式文件，存储并形成数据作品库，以便后续的文本和数据挖掘。这种将作品数字化的过程涉及对原作者复制权的侵犯。二是改编权。尽管生成式人工智能可能创作出具有独创性的新作品，但如果该作品是在保留他人既有作品的基础上进行的演绎，仍然属于侵害改编权的行为。三是汇编权。如果生成式人工智能经过自主选择或编排，汇集既有作品或者作品的片段而形成新作品，将会侵害不同作者的汇编权。四是信息网络传播权。通常而言，生成式人工智能的“机器学习”与“模型创建”位于智能系统内部层面，不与公众发生直接接触；① 然而，随着信息传输、大数据等计算机技术的广泛应用，数据集合容易在互联网领域得到公开，使得公众在其选定的时间和地点获得相关数字化作品，相关情形可能侵犯原作者的信息网络传播权。

关于生成式人工智能的侵权责任承担，应当结合具体侵权行为的发生原因加以判断。如果生成式人工智能的原始算法架构存在缺陷，例如，算法只是针对既有作品执行同义词或语序替换，这种“洗稿器”本身即构成版权侵权工具，应当由生成式人工智能开发者承担最终的侵权责任。如果是因为用户的不当使用行为导致生成式人工智能创作出侵权作品，相关输出内容超出生成式人工智能开发者的控制和预期，那么该用户应当作为直接责任人承担相应的版权侵权责任。

（二）生成式人工智能的版权侵权豁免

生成式人工智能获取与利用受版权保护作品构成转换性使用，可以援引合理使用作为侵权豁免。法院在“谷歌案”中认为，以实现图书信息检索服务功能为目的的片段式提供作品的行为构成合理使用。这种转换性使用行为旨在实现新的功能或创造新的价值，由于没有再现作品本身的文学艺术价值或实现其内在的表意功能，不会对作

---

① 林秀芹：《人工智能时代著作权合理使用制度的重塑》，《法学研究》2021 年第 6 期。

者对其作品的正常使用造成影响，亦不会不合理地损害作者的合法利益。① 因此，如果生成式人工智能以实现机器学习功能为目的而获取和利用作品，由于没有对相关作品市场价值造成实质性影响，将获得合理使用的版权侵权豁免。随着深度学习、大数据技术的成熟与完善，生成式人工智能对学习素材提出了更高的数量要求。立法界已经意识到在合理使用方面增设机器学习例外的必要性。如欧盟在《数字化单一市场版权指令》的序言中倡导"采取措施解决有关文本和数据挖掘的法律不确定性"，并通过第4条制定"文本和数据挖掘的例外或限制"，赋予相关主体"为文本和数据挖掘目的而对合法可访问的作品和其他客体进行复制和摘取的权利例外或限制"。② 为此，我国也需要尽快构建生成式人工智能的版权侵权豁免制度，准确划分生成式人工智能获取和利用作品的合法边界，从而推动人工智能创新的数据流动与共享，助力人工智能产业的长足发展。

（作者冯晓青系中国政法大学教授、博士生导师；沈韵系中国政法大学知识产权法专业博士研究生）

① 北京市高级人民法院(2013)高民终字第1221号民事判决书。

② Directive(EU)2019/790 of the European Parliament and of the Council of 17 April 2019 on Copyright and Related Rights in the Digital Single Market and Amending Directives 96/9/EC and 2001/29/EC.

从作品利用方式的历史演进看人工智能版权治理的未来走向

尹锋林

版权制度与作品利用技术的发展密不可分，并随着版权利用技术的创新而不断调整和完善。从作品利用方式的历史演进过程来看，现代版权制度的核心在于对作品的利用所生之利益以市场的方式进行合理分配。当前，随着人工智能技术的迅猛发展，人工智能系统广泛搜集、复制和使用已发表作品并进行处理和加工亦成为行业的普遍实践。关于人工智能系统使用已发表作品的法律性质，当前学术界和实务界多有讨论，但是基本上并未脱离版权侵权与合理使用二分法的臼窠。笔者认为，当代科技进步已经发展到了足以支撑版权权利人、作品使用者、消费者等多方实现更高水平合作共赢的临界点，从版权史角度梳理作品利用所生之利益的分配形式和原则，对于探讨人工智能使用作品等版权问题具有重要镜鉴作用。本文在进行历史回顾和梳理的基础上，提出自己的观点，认为对于人工智能系统使用已发表作品的行为不应再囿于版权侵权与合理使用这种非黑即白、零和博弈的研究和分析路径。在作品利用方式方面，对相关当事方的利益进行再平衡，对于激励作品的创作和传播、促进科技进步和经济发展而言，均具有重要意义。

一、技术创新与作品利用所生利益分配的历史梳理

技术的创新与发展既有可能引起新类型作品的产生，也有可能引起已有类型作品新的利用方式的产生。无论哪种情况，都会产生新增长的利益，当然，也会致使各利

益相关方围绕新增利益而展开争夺。在经过一定时期的实践之后，通常就需要版权法以一定的方式介入，在各方之间合理分配上述新增利益。通过分析技术创新与版权法发展之间的历史关系脉络，可以看出，在版权领域围绕技术创新所带来的新增利益的分配形式主要有以下几种。

（一）在版权法中新增版权客体，并使该版权客体创作者拥有完整的版权权利

版权通常被认为是人们对其作品的一种排他性的专有权利。因此，版权的基础是作品，版权内容围绕作品而生发。版权法的发展史，首先是技术创新导致的作品种类的成长史。世界上第一部现代意义上的版权法是1709年英国的《安娜女王法令》，当时该法规定的版权保护客体只有“图书”。之后，随着技术的发展，特别是电磁技术的发展，人类创作内容的技术手段不断丰富，版权保护客体也不断增加。

比如，随着照相技术的革新和普及，人类利用照相机拍摄的照片越来越多，照片的市场价值越来越大，照片是否属于版权客体的问题就成为一个富有争议的法律问题。在1884年美国沙乐尼与伯罗·贾尔斯平版印刷公司(Sarony v. Burrow-Giles Lithographic Co.)案中，摄影师沙乐尼用照相机拍摄了一幅名为“Oscar Wilde No. 18”的照片，该印刷公司未经摄影师沙乐尼许可在出版物中使用了该照片，故摄影师沙乐尼向法院起诉被告版权侵权。该案经美国联邦地区法院和联邦巡回上诉法院审理均认为被告构成版权侵权，但被告抗辩称：照片是原告利用照相机拍摄，照片拍摄仅是一个机械的过程而非艺术创作，原告不能被认为是“作者”，照片也不属于美国宪法版权条款规定的“著作”，所以照片不应获得版权法的保护。该案最终上诉到美国最高法院，美国最高法院在判决中认为：美国宪法版权条款中“著作”的概念应作扩展解释，“著作”应该包括作者思想的所有可见的表达方式，如著述、印刷品、雕刻、蚀刻等形式。同时，法院还认为，虽然普通照片的拍摄过程可能仅是一个简单的机械程序，但该案情况并非如此。在该案中，拍摄者让被拍摄者在镜头前摆出了特殊的姿势，选择并布置了服装、帷幔和其他各种配饰，还设置了优美的背景轮廓，选择了光线和阴影，暗示并唤起了所需的表情，通过这些完全由原告进行的布置、安排，可以认为原告创作出了该案中的照片。故此，美国最高法院判决该案中的照片可以构成版权保护

客体，拍摄者可以作为作者获得版权保护。①

与照相技术相伴而生的还有录音技术及之后的摄像技术，这些技术的创新和不断发展完善，使版权客体的范围从文字作品、音乐作品扩展到摄影作品和视听作品，相应地，版权主体也由文字作品、音乐作品作者等扩展到摄影师和电影、电视剧制片人等。② 20 世纪中后期，随着计算机技术的发展，在经过激烈的争议之后，计算机软件也被纳入版权保护客体范围。通过版权客体从文字作品、美术作品、音乐作品向摄影作品、视听作品、计算机软件扩展的过程可以看出，每次版权客体的扩张，都是相关当事方重大利益的调整，需要有充分的依据和理由才能做此扩张。

（二）在版权法中新增专有性权利

很多情况下，技术创新不仅会引起版权客体的扩张，也会引起已有版权客体类型利用方式或传播方式的变革，进而引起版权内容的发展变化。例如，摄影技术、录音技术、摄像技术的创新与发展，不仅使版权法增加了摄影作品、视听作品等版权客体，而且使文字作品有了新的利用方式，如把文字作品拍摄成电影、电视剧。

20 世纪初，摄影与摄像技术的成熟以及将文字作品摄制成电影的情况不断增多，助推了各国版权法和版权保护国际公约的变革。《保护文学艺术作品伯尔尼公约》（以下简称《伯尔尼公约》）1907 年柏林文本，不仅增加了作品的种类，将摄影作品和电影（以及以类似摄制电影的方法获得的作品）纳入其中，还专门为文学艺术作品增加了一项权利，即摄制权。该文本第 14 条第 1 款规定，文学、科学或艺术作品的作者享有使用电影方法复制其作品以及以这种方式公开表现其作品的专有权。

随着无线电广播技术的发展，作品利用方式又有了新的增加，即通过无线广播传播作品并使听众欣赏作品。因此，《伯尔尼公约》1928 年罗马文本为文学艺术作品作者增加了广播权。该文本第 11 条之二第 1 款规定：“文学艺术作品的作者享有授权通过广播向公众传播其作品的专有权。”之后，随着电视广播技术的发展，无线广播不仅能够通过声音传播文学艺术作品，还可以通过图像方式传播作品，因此，《伯尔尼公约》1948 年布鲁塞尔文本特别规定了“以无线传播标志、声音或图像的方式向公众

① Sarony v. Burrow-Giles Lithographic Co., 111 U. S. 53 (1884).

② 徐明：《广电版权与一个法条的成长史》，《中国广播》2011 年第 6 期。

传播作品”也属于作品作者能够控制的行为。

20 世纪末，互联网兴起，通过互联网传播作品成为作品利用的一种主要方式。应对互联网版权挑战，国际社会也主要是通过为作者增设专有权利的方式解决此问题。如 1996 年缔结的《世界知识产权组织版权条约》第 8 条规定：“文学和艺术作品的作者享有授权通过有线或无线方式向公众传播其作品的专有权，包括向公众提供其作品，使公众可以在自己选定的时间和地点获取这些作品。”我国在 2001 年修改著作权法时，针对作品的互联网利用方式，也专门在该法第十条第一款第（十二）项规定了信息网络传播权。

（三）在版权法中不新增专有性权利但新增获酬性权利

在国际版权公约和各国版权法的发展进程中，除了对作品利用方式或传播方式规定专有权利之外，也可以仅规定作者对作品利用方式的获酬权。

版权制度的一项重要目标是以市场的方式给予作者经济上的回报。仅给予作者就作品利用方式的获酬权，虽然看上去可能不如给予专有权那样对作者更有利，但是也能够实现版权制度的基本价值目标。同时，这种做法也是作者与作品使用者之间的利益折中之道，在国际版权条约中多有体现。例如，《伯尔尼公约》1928 年罗马文本为了应对无线电广播技术的发展，除了在该文本第 11 条之二第 1 款为作者规定了广播权这一专有性的权利之外，同时在该文本第 11 条之二第 2 款特别规定：“各缔约国国内立法可以对作者的广播权规定限制性条件，但不得损害作者的精神权利，也不得损害作者获得公平报酬的权利。”质言之，该条款允许各缔约国对作品的广播行为仅给予作者获得报酬的权利。

我国著作权法第十条第一款第（十一）项虽然规定了广播权，但同时该法第四十六条第二款又规定：“广播电台、电视台播放他人已发表的作品，可以不经著作权人许可，但应当按照规定支付报酬。”这样，在我国就已发表的普通作品而言，作者对作品的广播也是仅享有获酬权。①

另外，我国在 2020 年修改著作权法时为录音制品制作者新增了广播获酬权。该

① 刘云开：《广播组织“信息网络传播权”的体系化分析》，《电子知识产权》2022 年第 12 期。

法第四十五条规定："将录音制品用于有线或者无线公开传播，或者通过传送声音的技术设备向公众公开播送的，应当向录音制作者支付报酬。"由此可见，著作权法第四十五条为录音制品制作者新增的广播获酬权，也不是专有性权利，而只是一种获酬权。[①] 同时，值得注意的是，著作权法第四十五条虽然为录音制品制作者新增了广播获酬权，但是并未规定该权利的保护期限。电台、电视台在多长期限内使用录音制品需要向制作者支付报酬、在多长期限之外使用录音制品不需要向制作者支付报酬？由于法律没有规定录音制品广播获酬权的保护期限，故此，对上述问题尚没有明确答案，因此笔者建议，在下次修改著作权法实施条例或著作权法时可对录音制品广播获酬权保护期限问题作出明确规定。

（四）不在版权法中新增权利，由相关利益主体在市场中博弈，根据市场规则进行利益分配

二十世纪六七十年代，随着家用录像机快速进入千家万户，电影、电视剧等版权权利人就受到了私人复制行为的直接困扰。如何在版权权利人、家用录像机厂商和使用者之间分配家用录像机所带来的电影、电视剧复制的便利收益，就成为当时一个富有争议的版权话题。

由于索尼公司生产的家用录像机的购买者通过电视广播录制了环球影视公司和迪士尼公司享有版权的节目，环球影视公司和迪士尼公司作为原告于 1976 年在美国联邦地方法院提起了针对被告索尼公司的诉讼，向法院控告索尼公司售卖的录像机构成版权帮助侵权。在该案的审判中，地方法院作出了有利于被告的判决，然而，上诉法院的判决则主要支持了原告的诉求。当案件进入美国最高法院的审理程序当中时，美国最高法院再次支持了被告的主张，认定被告的行为并没有构成帮助侵权。[②]

美国最高法院在裁判该案件时主要是从合理使用的角度出发讨论该案件，但并没有从根本上解决技术创新与权利保护之间的矛盾。在该案中，持不同意见的法官布莱克曼曾言："可以认定被告构成帮助侵权，但是可以通过判给损害赔偿金或权利金的

---

① 王迁：《〈著作权法〉修改：关键条款的解读与分析（下）》，《知识产权》2021 年第 2 期。

② 李明德：《美国知识产权法（第二版）》，法律出版社，2014，第 383 页、第 403 页。

方式维持被告的生产与售卖行为，这样，购买者也可以继续使用录像机而不受打搅。"①当然，截至目前，世界上大多数国家的版权立法或司法实践对此类行为也持有与美国最高法院索尼案判决类似的观点，即认为此类行为不构成侵权，应由相关利益主体根据市场规则对此类行为所产生的利益加以分配。②

二、技术创新与作品利用方式新增利益分配的基本原则

对作品产生的经济利益在各相关主体之间进行合理分配，是版权制度设计的核心问题。通过前述对技术创新与作品利用方式新增利益的分配形式的梳理，可以看出：对于作品产生的经济利益的分配原则正在从以作者为中心的分配原则向作者和使用者并重、充分考虑新增利益来源与贡献程度的分配原则转变。

(一)归属作者原则

无论技术如何创新、如何先进，作品都是版权产业经济利益的第一源泉。作品是作者创作的，作者是版权产业经济利益的原始来源。因此，版权制度让作者获取适当比例的作品利用和传播所产生的经济利益，不仅公平正当，而且有利于促进新作品的创作，从而实现文化产业的可持续发展。

如前文所述，在版权制度发展历史过程中，让作者获取作品利用和传播所产生经济利益的主要方式是赋予作者对其作品利用的专有性权利。作者根据版权法拥有的对作品某些利用方式的专有性权利，如复制权、发行权、广播权、摄制权等，至少在理论上独占了通过这些方式利用作品所获得经济利益。

以图书出版为例，由于作者对其图书享有复制、发行的专有性权利，因此，如果没有作者的许可，出版者就无权出版作者的图书。这样，面对出版者之间的市场竞争，作者就可以依据其复制发行权通过与出版者的谈判，分得出版该图书所产生的经济利益。关于作者从出版者处分得出版图书所获经济利益的份额到底是多少，则主要

① Sony Corp. v. Universal City Studios, 464 U. S. 417 (1984).

② 尹锋林、赵旖鑫：《挑战与应对：机器翻译的发展与翻译权行使的未来》，《科技与法律(中英文)》2021 年第 3 期。

由作品的市场稀缺程度、出版图书所获经济利益的多寡、出版市场的竞争环境、作者与出版者谈判地位的对比等因素决定。但是，无论如何，作者由于享有对其图书复制、发行的专有性权利，作者就可以是否授予出版许可为谈判筹码，要求获得百分之百的图书出版利益。当然，作者依据其图书出版的专有性权利获得百分之百的图书出版利益，仅仅是一种理论上的可能性，而非实践中的普遍情况。实践中，由于作为个人的作者与作为组织的出版者在市场经济地位上的差距悬殊，出版者通常会获得图书出版利益的大部分份额，而作者则只能获得图书出版利益的较少的一部分份额。

也正是考虑到作者在市场经济中的相对弱小地位，现代版权制度就作品利用而给予作者的权利绝大部分是专有性权利。如果不给予作者这种专有性权利，作者通常很难在市场经济中通过作品的利用获得经济利益，那么作者所谓的“权利”也就会成为“镜中花，水中月”。所以，虽然法律赋予作者专有性权利看似将作品利用所产生的经济权利全部给予了作者，但还应该看到问题的实质：这种专有性权利仅仅给予作者从作品利用中获得一定经济利益的可能，在某种程度上体现了版权立法与现实的折中和妥协。

（二）作者与作品传播者、使用者并重的贡献原则

版权法赋予作者对作品某种方式利用的专有性权利，就意味着至少在理论上将该种方式利用所产生的经济利益全部给予了作者。版权法之所以如此安排，除了考虑到作者在市场经济中的弱势地位之外，还有一种观点认为，作品是作品利用所产生经济利益的原始来源，作者是作品的创作者，从公平正义的角度出发，作者就应当享有作品利用所产生的全部经济利益。同时，该观点还进一步认为，如果因为技术创新产生了作品新的利用方式，那么就应当如同物权规则那样——由物权客体（物）而生发的新的利益应由物的所有人享有，所以，作者也应拥有因技术创新所产生的作品新的利用方式而新增的全部利益。

笔者认为上述观点值得认真加以分析。首先，需要分析每个要求受版权法保护的具体作品与在先作品之间的关系。与发明创造的形成过程类似，作者创作的作品不是凭空而来的，而是“站在巨人的肩膀上”，有意识或无意识地借鉴前人作品的思想和表达的基础上而创作的。虽然受版权法保护的作品要求“独创性”，但此处的“独创

性”仅指作品不是复制他人作品而是由作者独自创作并且要求至少有一定创新性。这样，作者独自创作的内容只要与在先的作品存在一定的差异，并且这个差异能够在一定程度上体现作者的独立的智力贡献，那么作者创作的内容就可以作为作品受到版权法的保护。作品与在先作品的差异有大有小，但无论哪种情况，只要满足上述“独创性”要求，都可以获得版权法的保护。既然受保护的作品都是或多或少地利用或使用在先作品而创作的，那么从这个角度而言，将作品利用所产生的经济利益都给予当前作品的作者，也是不公平、不合理的。

其次，需要分析作品与作品利用所产生的利益之间的关系。作品确实是作品利用所产生利益的源头，但还应看到作品仅是作品利用所产生经济利益的贡献来源的其中之一。在实践中，该经济利益的产生，除了作品这个必要条件之外，还需要有对该作品的加工、传播、宣传、推广等各项工作的支持，如果没有这些支持，作品利用所产生的实际经济利益可能就会微乎其微，甚至就没有实际的经济利益。因此，作品利用所产生的经济利益除了作者的贡献之外，还有作品利用者的贡献，甚至在某些特殊情况下，作品利用者对于上述经济利益的产生所作出的贡献可能会大于作者的贡献。所以，从这个角度而言，将作品利用所产生的经济利益全部给予作者，既不公平也不合理。于是，现代版权法越来越重视作者与作品传播者、使用者之间的利益平衡。特别是在作品传播者、使用者对作品新利用方式的新增利益的贡献更大的情形中，国际条约或各国版权法不再仅是一味地授予作者对作品利用的专有权利，而是转向考虑仅给予作者对作品某些利用方式的获酬权；在某些更特殊的情况下，甚至不给予作者获得相关经济利益的权利。

上述立法趋势体现了围绕作品利用所产生的经济利益进行分配的新原则，即贡献原则。贡献原则就是根据自然法和财产法的原理，谁对作品的利用所产生的经济利益有贡献，谁就应该获得利益。各贡献者获得经济利益的份额，应与各贡献者对作品利用所产生经济利益的贡献程度相当。2020 年，中共中央、国务院发布的《中共中央 国务院关于新时代加快完善社会主义市场经济体制的意见》明确提出要“健全劳动、资本、土地、知识、技术、管理、数据等生产要素由市场评价贡献、按贡献决定报酬的机制”。在分配作品利用方式所新增的利益时，应认真权衡作者的创造性劳动、作品使用者的劳动和资本、技术、管理等各方的贡献，并以此为基础对版权制度进行完善，这对优化版权经济资源配置、畅通版权要素流动、促进我国版权经济高质量发展，均具有重要意义。

三、使用费收取技术对版权制度设计的影响

作者创作完成作品后，对该作品进行各种方式的利用，到底能获得多少经济价值？在这些经济价值中，作者贡献的份额是多少？各方作品利用者贡献的份额分别是多少？无论是作者、传播者还是作品的利用者、消费者，甚至是中立的第三方裁决机构，通常都难以对上述问题作出相对合理的回答。也就是说，作品利用所能产生的经济价值难以评估。因此，虽然按照贡献原则对作品利用所产生的经济利益在作者和利用者之间进行分配会更加公平合理，但是，在实践中大多数情况只能通过版权制度给予作者专有性的权利，从而使作者可以凭借其专有权利与作品利用者进行谈判，进而使作者获得其认可的经济回报。

如果作品利用者对于作品特定方式的利用所获得的经济利益可以进行比较准确的计算，而且社会对于作者在该作品特定方式的利用所产生的经济利益的贡献份额或比例也有比较一致的观点，那么作者对该作品特定方式的利用所应收取的许可使用费就是该作品特定方式利用所获得的经济利益与作者贡献比例之乘积。在实践中，上述数值(作品特定方式的利用所获得的经济利益以及作者的贡献比例)有时可以比较准确或比较合理地进行计算或确定，但在很多情况下是难以进行比较准确的计算或合理确定的。

如果上述数值可以比较准确地计算或比较合理地确定，那么对于绝大多数作者而言，无论是给予其专有性权利，还是仅给予其获酬性权利，都没有本质区别。而且如果给予作者的仅是获酬性权利，作品的使用者不必与作者谈判就可以使用该作品；在使用作品后，使用者按照规定的比例从其获得的经济利益中分配一部分给作者即可。另外，考虑到作品获酬性权利可以使作品使用者节省搜索成本和交易谈判成本，进而可以大幅降低作品使用和消费的边际成本，从而进一步扩大作品使用的范围和频率，因此作者也可以在作品的广泛和高频使用中获得更多的利益分成。这样就形成了一个围绕作品利用的各方共赢的良性循环。

当然，实现上述良性循环的前提是必须有可信的作品使用收益采集、计算技术或者版权使用费收取技术。否则，版权使用者应该按照什么基准、什么比例向作者支付多少使用费，作者可以收到多少使用费，这些问题就都不会有客观的答案。在这种情况下，如果作者仅有获酬权而没有专有权利作后盾，对于绝大多数处于相对弱小经济地位的作者而言，他们就会很难仅根据法律上的获酬权和处于经济强势地位的作品利用者进行谈判，更难以通过谈判把法律上的获酬权转变为真实的经济利益。这也是在作品使用收益采集计算技术或者版权使用费收取技术成熟、可信之前，各国版权法和版权国际公约仍将专有权作为版权主体内容正当性基础的主要原因。

随着信息网络技术特别是人工智能技术的快速发展，作品的数字化利用越来越普遍，作品利用情况、收益情况的发现和统计的全面性、便捷性、准确性越来越高，发现和统计的成本越来越低，当代版权制度有必要随着技术创新的发展而作出理性的转变。其实，这种转变的趋势不仅在版权领域有所体现，而且在其他知识产权领域也已有所昭示。如在当前专利领域影响最大的纷争就是手机标准必要专利问题，而手机标准必要专利问题的诉讼争议核心就是专利使用费率标准。当前，标准必要专利纠纷主要内容已经不再是许可使用或不许可使用问题，因为一部手机上使用的标准必要专利就可能有几千、几万、几十万个，所以再讨论是否许可或不许可使用这些专利的问题对于大多数案件而言已经没有实际意义。同时，由于各手机厂商的出货量、售价都是比较透明的，所以标准必要专利使用费率的标准问题就成为核心问题。[①] 质言之，当前手机标准必要专利权在实质上已经与获酬权没有显著区别了。同样，在版权领域，特别是对于作品利用方式所产生的新增利益的分配而言，在针对作品的数字化利用方式设计版权相关权利时，就应充分考虑到版权使用费收取技术的发展状况和未来可能，直接根据贡献原则在作者与作品利用者之间对新增利益进行分配。探索人工智能使用已发表作品所产生的相关问题，就可遵循以上的原则。

① 罗娇：《论标准必要专利诉讼的“公平、合理、无歧视”许可——内涵、费率与适用》，《法学家》2015 年第 3 期。

四、人工智能系统使用已发表作品的行为类型化梳理

先来看人工智能系统对已发表作品的使用情形。人工智能系统在开发、运行和商业服务过程中以各种方式使用已发表的作品，既是一个客观事实，也是人工智能产业发展的必要前提。在人工智能使用已发表作品过程中，有相当一部分人工智能使用行为与传统的作品复制、使用行为具有明显而本质的区别，属于新型的作品利用方式；当然，也有一部分人工智能使用行为与传统的作品复制、使用行为没有明显的差异，仍可沿用传统的分析路径对其进行版权分析。因此，有必要对人工智能系统使用已发表作品的行为进行类型化梳理，并根据前述作品利用所生之利益的分配原则对人工智能系统的作品利用方式进行版权分析。目前，人工智能系统使用已发表作品的方式主要有以下几种。

（一）将已发表的作品作为机械学习的素材加以使用

当代人工智能系统的核心及本质在于其具有机械学习能力。人工智能系统主要是通过模拟人类大脑的神经细胞和神经突触等神经网络结构而设计的具有机械学习能力的软件系统。在人工智能系统设计完成并进行初始设置后，人们需要对其进行机械学习训练。机械学习训练的步骤主要有三：其一，搜集、整理人类认为正确的各种输入信息和对应结果的数据库；其二，输入上述某条信息并驱动人工智能系统输出结果；其三，将此输出结果与人们认为正确的对应结果进行对比，如果二者之间差异大于设定的阈值，则由人工智能系统根据一定规则对人工智能系统中的参数或神经网络结构进行微调，并重复执行第二步工作，如果二者之间差异小于设定阈值，就认为对该条信息学习完毕，则在数据库中调取下一条信息，继续从第二步开始进行学习，直至数据库中的信息都学习完毕。

人工智能系统在进行大量数据的机械学习之后，人类再向人工智能系统输入信息并驱动人工智能系统输出的结果就会越来越符合人类的预期。由此可见，为了使人工智能系统更“好用”，就必须搜集、整理尽可能多的经标注的结构化训练数据。当前，各个人工智能系统使用的机械学习训练数据绝大部分来自互联网已发表的作品或数

据；当然，也有相当一部分数据是人工智能系统公司搜集并扫描纸质作品而形成的。无论是线上数据，还是线下纸质材料中的数据，有相当一部分是已发表的且尚在版权保护期之内的作品。在人工智能系统将已发表的作品作为机械学习的素材加以使用的过程中，人工智能系统对作品的使用主要涉及三类具体的方式：一是通过网络下载或纸件扫描等方式对作品进行复制，以备机械学习；二是对作品电子复制件进行标注，以适于机械学习；三是将标注好的资料输入机械学习系统进行机械学习。

（二）人工智能系统根据用户的指令生成并输出新的内容

人工智能系统在进行初始的机械学习并通过一定的测试之后，即可投入商业或非商业性的使用。用户在向人工智能系统输入指令之后，人工智能系统即可根据之前已经学习并调整后的参数向用户输出相应的内容。[①] 根据人工智能系统输出的内容与已发表作品之间的关系，又可以分为四种情况。

第一种情况是人工智能系统输出的内容与已发表的作品相同或实质相似。虽然当前的人工智能系统通常会采取一定的措施，避免输出内容与他人已发表作品相同或实质相似，但由于作品版权归属的复杂性和技术能力、技术实现的可行性等方面的限制，在当前，人工智能系统根据用户指令输出的内容仍然存在与他人已发表作品相同或实质相似的可能性。在广州互联网法院迪迦奥特曼案中，原告是“迪迦奥特曼”形象美术作品的版权独占被许可人，被告是一家人工智能系统服务提供者，向用户提供人工智能图片生成服务。原告在向被告的人工智能系统输入“生成奥特曼”的提示词后，被告系统即输出与“奥特曼”美术作品构成实质相似的图片。在被告收到原告起诉的案件材料后，被告采取了技术措施以避免发生侵权问题。在该案庭审过程中，工作人员在被告人工智能系统中输入“奥特曼”，被告系统就自动弹出“您发送的信息包含不合规的内容”，并且也不会输出图片；但是，如果向被告系统输入“迪迦”，那么被告系统输出的图片仍然与原告奥特曼作品高度相似。由此可见，由于各种条件的限制，确实很难完全避免人工智能系统输出内容与已发表作品相同或实质相似现象的发生。[②]

---

① 曹新明、马子斌：《生成式人工智能对版权制度的挑战及应对》，《中国版权》2023 年第 6 期。
② 广州互联网法院（2024）粤 0192 民初 113 号民事判决书。

第二种情况是人工智能系统输出的内容与已发表的作品虽然不相同，但输出内容含有已发表作品的若干片段。人类作者创作作品时使用已发表作品的若干片段，可以分为两种情形。一是下意识地、不自觉地使用。人类作者通过学习已发表作品，有可能把该作品的某些内容完全内化到其大脑或思维体系之中，并且随着时光的流逝，作者有可能会忘却上述内容的原始来源，这样作者在进行独立创作时，就可能把上述内容信手拈来，作为作者自己的内容来使用。二是有意识、自觉地使用。人类作者在完成作品时，为了介绍、叙述、评论、说明或论证等目的，经常会有意识地、自觉地使用他人已发表作品的片段，甚至在某些特殊情况下，会使用到一些短小作品（如诗歌）的全部内容。既然当代人工智能系统主要是在模拟人类大脑神经网络的工作机制，那么人工智能系统输出内容与被学习的已发表作品的片段之间的关系，从理论上而言，似乎也应具有人类作者创造作品与被人类作者学习作品的片段之间的关系；并且在事实上，也确实有很多人工智能系统输出内容包含着被学习的已发表作品的片段，或者在人工智能系统输出内容中可以看到与被学习的已发表作品的片段相似的内容。当然，由于人工智能系统没有有意识、无意识或自觉、不自觉之说，人工智能系统输出内容包含已发表作品的片段的问题，是人工智能系统机械学习的客观结果，至少不能像对待人类作者那样从主观上对上述问题进行评价。

第三种情况是人工智能系统输出的内容与已发表作品虽然不相同，但输出内容与已发表作品的风格存在相似之处。从人工智能技术的科学原理和历史发展来看，当前人工智能系统最擅长的仍然是模式识别和模仿输出。人工智能系统通过大量的、有针对性的机械学习，之后就可以输出与人类行为或成果高度相似的内容。这种相似，不仅体现为表达内容的相似，也可以体现为表达模式、表达风格的相似。由于人们对人工智能系统输出内容版权保护问题的关注度的提升，当前主流的人工智能系统公司已经在采取措施避免输出与已发表作品构成表达实质相似的内容。根据版权法原理，版权保护仅延及到思想的表达，而不保护思想，因此，人工智能系统公司通常并不会限制人工智能系统生成或输出具有与已发表作品相似表达风格的内容。

第四种情况是人工智能系统输出的内容与已发表作品既不相同，也不能从输出内容之中看到任何已发表作品的痕迹。与人类创作的作品类似，人工智能系统某些输出的内容在表达上确实可能看不出任何与已发表作品片段相同或相似的痕迹。人类作者通过学习已有作品，可以创作出与之前被学习作品的表达完全不同的作品，但这并不意味着人类作者之前所学习的作品对其创作没有任何价值。同样，人工智能系统输出内容与之前机械学习的已发表作品的片段不相同、不相似，也并不代表被机械学习的已发表作品对于人工智能系统的上述输出内容没有任何贡献。

（三）将已发表作品用于搜索服务或者其他典型产品化服务，并输出相应的服务成果

由于当前人工智能机械学习能力的大幅提升，人工智能系统利用已发表作品面向市场开发了很多典型的产品化服务。这些典型的产品化服务主要包括自动摘要服务、搜索服务、论文查重服务、科技查新服务、AIGC 检测服务、智能辅助写作服务等等。

自动摘要服务是通过人工智能系统对已发表作品进行分析，提炼出作品的关键信息并形成简明摘要，以使用户能够快速了解和把握作品的主要内容。自动摘要服务涉及人工智能系统对已发表作品全文的分析，明显是对作品的一种新兴利用方式。

搜索服务对于快速查询和定位相关信息及作品至关重要。搜索服务技术的底层逻辑是关键词检索，如何为被搜索的海量作品、电子资料标注准确的关键词以及如何为用户输入的搜索需求设计关键词，均是向用户提供符合其需求的搜索结果的关键。当前主流的大语言模型人工智能技术也正是搜索公司技术专家为了解决上述问题、提升搜索效率而开创的。目前的智能搜索服务或推荐服务，有相当一部分涉及对被搜索作品的全文分析使用。

论文查重服务是人工智能系统将被查重的论文与其数据库里已发表作品进行比对，从而查找出被查重论文中与已发表作品相同或相似的部分，以用于相关学术问题或法律问题的判断。虽然在人工智能技术勃兴之前，市场就已经有论文查重服务，但由于技术的限制，之前论文查重服务的准确性、可用性并不高。广泛引入人工智能技术后，论文查重的质量有了很大改进。虽然之前的论文查重服务也会用到已发表的论文全文，但由于其市场价值较小，故之前的论文查重服务使用已发表作品的版权问题并未引起多少关注或讨论；而随着人工智能技术的引用，当前论文查重服务创造的市场价值越来越大，论文查重服务使用已发表作品的版权问题已经越来越引起作品作者

的重视。[①] 与论文查重服务类似的还有科技查新服务、AIGC 检测服务等。

智能辅助写作服务是指人们在创作过程中由人工智能系统根据作者的指令在写作大纲、文章内容、案例资料、文字风格与润色等方面提供咨询服务，以帮助作者完成作品的创作。智能辅助写作服务既可以涉及内容的全新创作，也可以涉及对已有内容的改编或再创作。无论是哪一种智能辅助写作服务，都需要以人工智能对大量的已发表作品的机械学习为基础。

五、人工智能使用已发表作品版权规范完善路径

上述梳理表明，人工智能系统使用已发表作品的行为已经深入到多个领域、多个环节。其中的版权问题特别是收益按什么原则分配，就成为一个绕不开的现实话题。笔者认为，面对人工智能技术迅猛发展的新形势，立法和司法机关在完善版权立法或适用版权法解决人工智能系统使用已发表作品的争端时，应充分考虑人工智能系统使用已发表作品的特点，关注版权使用费收取技术的发展趋势和可能，探索保护作者合理利益、促进人工智能技术和版权产业发展的版权规范完善路径。具体而言，主要有以下几点。

（一）宜做增量改革，已有的版权利益平衡不宜轻易变动，要重点围绕人工智能等新兴技术带来的作品利用方式所产生的经济利益进行分配和规范

根据前述分析可以看出，在人工智能系统使用已发表作品的各种方式中，有些属于版权法已有规范的使用方式，有些则属于版权法尚未规范的使用方式。

对于版权法已有明确规范的使用方式，如人工智能系统生成内容与已发表作品相同或实质相似的问题，由于立法机关对此类使用方式所产生利益的分配问题在之前已经进行过反复权衡，作者、使用者和消费者之间已经达成共识，因此，在没有特别问题出现的情况下，就没有必要对相关规则进行调整。

---

① 管育鹰：《我国版权立法中文本数据挖掘侵权例外规则的构建——兼论中国知网论文查重争议》，《中国版权》2022 年第 6 期。

对于版权法尚未进行明确规范的作品使用方式，按照版权法定的基本原则，在没有明确法律规范的情况下，就这些方式使用作品的行为，原则上不应向作者分配经济利益。但是，如果以上述方式使用作品的行为确实能够产生较高的经济利益，并且可以明确确定已发表的作品对于这些经济利益的产生确实作出重要贡献，那么就应在立法层面根据作品对上述经济利益的贡献程度，对版权权利进行适当扩展。与此同时，在立法之前，司法机关也可根据版权法的原则，参考广播电视技术、互联网技术发展初期的相关实践，考虑就作品方式的利用给予作者以适当的经济回报。

（二）宜跳出专有权利与合理使用二分法的臼窠，考虑直接按照贡献原则对利用方式所新增经济利益在各相关当事人之间进行合理分配

当前，大多数人工智能使用已发表作品版权纠纷的解决方案仍然是秉持专有权利与合理使用二分法的思考路径。在21世纪初美国作家协会起诉谷歌公司一案（Authors Guild v. Google，Inc.）中，谷歌公司对包括原告作家在内的大量图书进行扫描并制作图书索引供其搜索引擎搜索使用。谷歌搜索引擎用户输入检索词后，搜索引擎就会给出包括该检索词的图书列表，以及该检索词在每本书中出现的次数；用户还可以看到包含该检索词或术语的图书片段，当然该片段只有三行；谷歌公司通过技术手段防止用户通过变化检索词或多次搜索的方式看到一部图书关于该检索词的三个以上不同的片段。原告认为被告的行为侵犯了其图书的版权，被告则主张合理使用，不构成版权侵权。最终，美国法院裁判支持了被告合理使用的主张。①

美国作家协会起诉谷歌公司案虽然并非人工智能系统使用已发表作品的案件，但是二者之间有很大相似性。因此，当前人工智能系统开始大规模地通过机械学习方式使用已发表作品之后，作品版权人与人工智能系统公司在版权问题上的博弈也基本上采取侵权指控与合理使用抗辩路径。例如，在美国作家协会起诉OpenAI案中，原告主张被告未经许可使用了其享有版权的作品进行机械学习训练侵犯了其版权，而被告则主要利用合理使用等制度进行抗辩。②

侵权指控与合理使用抗辩路径虽然是解决传统版权纠纷的常规做法，但是在新的

---

① Authors Guild v. Google，Inc.，No. 13-4829（2d Cir. 2015）.

② Authors Guild v. OpenAI Inc.，1：23-cv-08292（S. D. N. Y.）.

形势下，可能越来越不适宜作品机械学习、人工智能新产品服务等人工智能对作品的利用方式。例如，美国作家协会在其发表的起诉 OpenAI 的新闻稿中就表示：作家的作品应该得到公平的报酬；原告并不反对开发生成式人工智能，但被告应支付合理的许可费来使用受版权保护的作品。由此可见，即使作家协会作为作者的代表，也并非想禁止人工智能系统公司使用已发表作品，而仅是要求获得公平合理的报酬。

进一步看，事实上用版权侵权与合理使用二分法的思路来解决人工智能使用已发表作品的纠纷，已经越来越困难。人工智能系统在机械学习过程中使用已发表作品或者人工智能系统在提供搜索服务、论文查重、科技查新等服务过程中使用已发表作品，所使用作品的数量不是一部或几部作品，而是几百万、几千万甚至数以亿计的海量作品。如果版权法对作品的此类使用赋予作者专有性权利，人工智能系统公司如要以上述方式使用这些海量作品，就必须事先一一获得版权人的授权。这种制度设计是否可行？显然是不可行的。因为无论是从成本上来说，还是从现实可行性来说，让人工智能系统公司在机械学习之前就一一获得海量版权人的授权，都是不能做到的；如果法律真的这么要求，那么显然会严重阻碍作为当代经济发展重要引擎的人工智能产业的发展。

与此同时，很多人工智能系统公司通过使用已发表作品确实获得了巨大经济利益，这些作品的使用与上述经济利益之间确实存在直接的联系，并且人工智能系统公司以使用已发表作品为基础提供的服务也确实在一定程度上挤占了人类作者的创作空间和相关市场利益。综合考虑上述各种因素，如果将人工智能使用已发表作品视为合理使用，这样作者就无权从上述人工智能系统使用作品而产生的利益中获得一定的份额。这样的结果显然是不公平的，也不利于作者的可持续创作。

综合以上分析可以看出，对于人工智能需要大规模使用已发表作品进行机械学习并以此为基础提供服务的行为，既不应给予作者对此类作品使用行为的专有控制性权利，也不应不给予作者任何经济回报。对于此类使用，应根据具体情况给予作者获酬性的权利，即作者应有权从此类使用中获得一定的利益分成，但无权禁止此类使用。

（三）宜建立有利于保护作者和促进版权产业、人工智能技术协同发展的作者获酬路径和基础设施，实现文艺创作、技术创新、经济社会的综合可持续发展

版权法赋予作者获酬性质的权利，仅仅是使作者有了从人工智能使用已发表作品过程中获得一定经济利益的可能性，但作者是否可以真正地从中获得经济利益，还需要取决于其他现实条件。由于人工智能需要使用数量庞大的海量作品，人工智能使用作品的情况对于每位作者而言并不透明，这样，作者真正实现其获酬权就必须解决两个现实问题：一是特定人工智能系统在一定时期内应向作者群体支付的使用费总额应是多少；二是每位作者应从上述使用费总额中获得的个人利益是多少。

关于上述第一个问题，可以从以下两个角度考虑。第一，应只对市场上的大型人工智能系统收取作品使用费。当前的人工智能系统千差万别，对所有的人工智能系统都收取作品使用费，既不现实，也无必要。为了促进人工智能技术的创新和人工智能产业的发展，同时考虑到此种人工智能作品使用费是作者传统版权权利的增量，所以，应该只对大型的具有较高营业收入（比如年营业收入 1 亿元人民币及以上）的人工智能系统收取版权使用费，而营业收入在此之下的人工智能系统则应豁免支付版权使用费。第二，人工智能版权使用费应按照作品使用方式的不同类型分别按照不同的提成比例计算。人工智能使用已发表作品的方式的不同，作品对该使用方式所生经济利益的贡献份额也不同。例如，作品对于机械学习所产生经济利益的贡献份额显然会远小于作品对于论文查重服务、科技查新服务所产生经济利益的贡献份额。因此，按照贡献原则，作品不同使用方式的使用费提成比例就应有所不同。例如，人工智能系统机械学习使用费提成比例可以考虑以该系统年营业收入为基础，在十万分之一到万分之一之间确定；而论文查重服务或科技查新服务的提成比例则可以考虑以该服务年营业收入为基础，在百分之一到百分之十之间确定。

关于上述第二个问题，即每位作者个人应获得利益份额的计算问题，应至少考虑两个方面的因素。第一，该作者作品的类型、篇幅、时长等。为了确定每位作者人工智能使用费的具体份额，可以将作品分为文字作品、音乐作品、美术作品和视听作品等几类。文字作品、视听作品均可以根据其篇幅和时长分为若干档。第二，作品被人

工智能使用的性质。在人工智能使用已发表作品的各种方式中，有的属于对作品均等性的使用，比如机械学习对作品的使用，这种类型的使用除了与作品的篇幅、时长等有一定的关系之外，与作品的其他要素基本上没有特别关联，即被使用的各个作品对机械学习的贡献基本上是平等的；有的则属于对作品非均等性地使用，比如论文查重服务，人工智能系统除了要将论文与其数据库中的全部作品进行对比之外，还要摘出被论文使用的已发表作品片段，而被论文使用的已发表作品对于论文查重服务的贡献，显然要远远大于那些没有被论文使用的、但被人工智能系统检索的作品。因此，论文查重服务的版权使用费就应分为两部分：一部分给予其数据库中全部作品的作者，另一部分给予被论文使用的那些已发表作品的作者。

由上述人工智能版权使用费的实现路径分析可以看出，计算、收取、分配版权使用费绝不是单个作者或者某个企业能够单独完成的。除了要有科学合理的制度规则之外，还特别需要建立相应的基础设施。① 该基础设施应全面搜集、登记和存储作者和作品的有关信息，并可在作者同意提供的情况下存储作品的全部数据。该基础设施的主要目的在于：便利人工智能对已发表作品的使用，监测和统计人工智能对已发表作品的使用情况，甚至计算、收取和分配人工智能版权使用费。建立该基础设施需要作者、版权登记机构、集体管理组织、人工智能公司甚至版权主管部门的共同参与。只有作者、人工智能系统公司、相关使用者和消费者以及版权主管部门等各方面多向善意奔赴，才能在人工智能使用已发表作品问题上实现既保护作者合理利益，又促进人工智能创新和经济社会发展的多方合作共赢。

（作者系中国科学院大学知识产权学院副教授，北京知识产权法研究会副会长）

① “Copyright Data Improvement for AI Licensing-The Role of Content Moderation and Text and Data Mining Rules,” Martin Senftleben, accessed May 4, 2024, https://ssrn.com/abstract=4817796.

第三编

人工智能生成内容可版权性分析

人工智能与版权
——法律涵摄技术的路径选择

熊　琦

一、问题的提出

进入 21 世纪后，得益于计算机运算能力和大数据技术的快速提升，人工智能借助数据驱动的机器学习已经取得重要突破，从而得以在更为广泛的领域被适用。如果说 2016 年来自谷歌的深脑公司（DeepMind）的人工智能阿尔法狗（AlphaGo）战胜人类顶级围棋棋手带来的认知冲击还限于特定智力竞技领域，那么从 2022 年开始，以 OpenAI 的 ChatGPT 和谷歌公司的 Bard 等为代表的生成式人工智能（generative artificial intelligence），则已经能够在文字、绘画和软件等领域以达到普通人的水准完成文本生成，也标志着人类社会进入了继个人电脑和互联网之后信息时代的第三次飞跃期。[①] 生成式人工智能的特点，不再如传统搜索引擎一般为用户提供尽可能准确的知识来源，而是以论证的方式回应用户要求并生成新的内容。[②] 更为重要的是，用户利用人工智能进行内容生成只需要通过输入自然语言即可完成，这种近似对话和搜索的使用方式，极大降低了使用门槛，使得普通人能够借助生成式人工智能获得创作各类作品的能力。生成式人工智能中最受关注的 ChatGPT 上线两个月后用户数就已突破 1

① 微软公司联合创始人比尔·盖茨在 2023 年 3 月的一封名为《人工智能时代已来》（The Age of AI has begun）的公开信中就提出，人工智能的发展有着与微处理器、个人电脑、互联网和移动通讯技术等同的重要性，它也将革新我们从日常工作学习到日常交流方式的方方面面。"The Age of AI Has Begun," Bill Gates, accessed March 23, 2023, https://www.gatesnotes.com/The-Age-of-AI-Has-Begun.

② Natali Helberger, Nicholas Diakopoulos, "ChatGPT and the AI Act," *Internet Policy* 1, no. 12(2023): 2.

亿，成为历史上用户数增长最快的应用软件，其根据用户发出的提示来协助完成的各类作品已经充斥网络。

生成式人工智能的普及，在版权领域再度引发两类问题的讨论：一为人工智能生成的内容是否属于作品并受著作权法的保护；二为如果该内容属于作品，应如何认定其归属。① 与技术上的日新月异不同，全球版权立法在经历了从机器介入内容生成到人工智能生成内容的漫长历史后，关于人类与独创性来源的立场却始终如一。从源起于19世纪末摄影设备介入创作后首次出现的机器与创作关联性之争，② 到20世纪末计算机生成作品（computer-generated works）权利归属的成文法定义，③ 再到今天针对人工智能生成内容的版权认定，司法机关、行政机关和学界的主流判断，④ 都坚持只有人类才能拥有作者身份，无论是机器、计算机还是人工智能，都不得视为作者。借助机器且以随机或自动运行的机械过程所生成的内容，因为其中缺乏人类智力活动的参与，该内容也不得被视为作品。而且现有著作权法足以应对来自人工智能生成内容的挑战，无须专门设计全新的制度来解决问题。在司法实践中，我国法院也明确认可了人类创作在人工智能生成内容可版权性认定中的必要性。⑤ 但当人工智能生成内容与他人作品构成实质性相似时，侵权行为的归责又必须追溯到侵权作品的主体。⑥ 这

---

① 事实上，在2016年阿尔法狗和微软公司的聊天机器人“微软小冰”引发人工智能生成内容的相关讨论时，版权领域所关注的也集中在这两个问题上。关于此问题的早期讨论可见：Annemarie Bridy，“Coding Creativity: Copyright and the Artificially Intelligent Author,”Stan. Tech. L. Rev. 5，27(2012)；熊琦：《人工智能生成内容的著作权认定》，《知识产权》2017年第3期。

② Burrow-Giles Lithographic Co. v. Sarony，111 U. S. 53(1884).

③ The Copyright，Designs and Patents Act 1988，§ 9(3).

④ 域外官方观点参见世界知识产权组织2020年的《世界知识产权组织关于知识产权与人工智能的议题》、美国版权局2023年3月发布的《人工智能参与生成作品的版权登记指南》，以及欧盟议会的法律事务委员会2020年发布的《人工智能的发展趋势——对知识产权制度框架的挑战》。Revised Issues Paper on Intellectual Property Policy and Artificial Intelligence，Document Code：WIPO/IP/AI/2/GE/20/1 REV（May 29，2020）；U. S. Copyright Office，Copyright Registration Guidance：Works Containing Material Generated by Artificial Intelligence，37 CFR Part 202(Mar. 16，2023)，European Commission，Trends and Developments in Artificial Intelligence，Challenges to the Intellectual Property Rights Framework，Publications Office of the European Union(2020)。学界代表观点参见2021年德国马克斯·普朗克创新与竞争研究所的立场声明。Josef Drexl，et. al.，Artificial Intelligence and Intellectual Property Law，Position Statement of the Max Planck Institute for Innovation and Competition of 9 April 2021 on the Current Debate，Max Planck Institute for Innovation and Competition Research Paper No. 10-21。

⑤ “北京菲林律师事务所诉北京百度网讯科技有限公司案”，北京互联网法院(2018)京0491民初239号民事判决书；北京知识产权法院(2019)京73民终2030号民事判决书；“腾讯诉网贷之家网站案”，广东省深圳市南山区人民法院(2019)粤0305民初14010号民事判决书。

⑥ Getty Images，Inc. v. Stability AI，Inc.，U. S. District Court for the District of Delaware，No. 1：23-cv-00135.

种技术进步与规范守成之间的差异，以及拒绝保护和确权需求之间的悖论，都需要我们再次审视现有规则及其解释路径，探寻既符合版权立法目标又满足技术迭代需求的权利配置安排。但从机器介入创作的技术史与制度史中已经可以发现，著作权法之所以坚持以既有的客体判定和权利归属传统来涵摄机器与创作的关系，目的始终是肯定人在作品创作和传播中的核心作用，并在权利归属的认定上确保法律关系的稳定性。因此，以既有的独创性标准认定人工智能生成内容的可版权性，并正确区分该作品在人工智能算法设计者和使用者之间的权利归属，前提都在于认定人与创作行为的关联性。

有鉴于此，与技术领域所追求的及时创新不同，人工智能生成内容版权确权的科学依据需要从历史中探寻。首先，只有通过梳理世界范式下的著作权法在司法实践中涵摄机器与创作关系的历史，方能正确理解著作权法为何始终强调自然人的智慧在作品形成中的不可替代性，以及为何以既有的权利归属规则来涵盖人工智能的设计者和使用者。其次，对人工智能生成内容在法定和意定两个层面明确权利配置安排，不但关系到权利归属的厘清是否能够反哺作品创作与传播，使人工智能的介入不会影响文化与科学领域的创新，更涉及人工智能生成内容在权利变动过程中各方利益和责任的明晰。

二、著作权法涵摄机器介入创作的历史与立场

关于人工智能生成内容给著作权法带来的挑战，可回溯到 20 世纪计算机的普及。早有学者在 20 世纪 90 年代预言，计算机与版权冲突的核心将会体现在计算机生成作品这个问题上。[①] 针对这一问题，同一时期的主流研究者则始终坚持自《伯尔尼公约》延续而来的传统解释，即只有自然人才能具备作者身份。[②] 在真正进入人工智能时代，特别是通用人工智能兴起后，这样的论断虽然遭遇了越来越多挑战，但收到的回

① Arthur R Miller, "Copyright Protection for Computer Programs, Databases, and Computer Generated Works: Is Anything New Since CONTU," *Harvacl Law Review* 106, (1993): 977-1054.

② Sam Ricketson, "People or Machines: The Berne Convention and the Changing Concept of Authorship," *Columbia Journal of Law and the Arts* 16, (1991): 1.

应仍然是对既有作品可版权性判定传统的坚持，即作品的独创性中必须体现人的贡献。① 事实上，人工智能对著作权法的挑战，可以视为机器介入创作的历史延续。虽然机器介入、计算机介入和人工智能介入的程度和方式存在差异，但全球范围内的版权法制及相关司法实践，都无一例外坚持了自然人才能具备作者身份的立场。这种自《伯尔尼公约》以来即围绕人来构建的作者体系，并未因为在创作中不断加入机器的因素而得到改变，所以相比科学界和媒体热闹非凡的讨论，法律界对人工智能生成内容的应对显得更为冷静和一以贯之，在司法裁判和版权管理上，人工智能被视为作者的尝试始终没有获得认可，由自然人创作完成仍应是作品可版权性的必要条件。

著作权法历史上首先遭遇机器介入的挑战，来自摄影设备在摄影作品创作过程中所起作用的讨论。② 由于摄影设备取代了摄影师之手来实现作品在载体上的呈现和固定，机器是否承担了一部分的创作在当时成为讨论的焦点。当时，对于作品独创性的判定标准中，有观点认为，应该将创意的实施和执行纳入作者创作行为的考量，法律不应保护未经实施的创意。换言之，版权的取得，需要将构想通过具体实施加以展现。作者不能仅仅贡献创意，更要将创意具体化方可视为实施了创作行为。③ 针对摄影设备的使用，法院则认为，虽然摄影设备在拍摄摄影作品过程中可以部分替代手工操作，但拍摄光线、角度等要素的选择，仍然是摄影师创意的体现。④ 因此，即使创意部分的劳动因机器的替代而与固定创意的劳动相区分，但只要作者能够预见和决定生成的结果，即可视为构成创作。

在针对摄影作品中创作行为认定的判例中，法院已初步形成了通过两个必要条件来考量作品独创性与创作行为的关联：一为“构想”（conception），即创作者首先形成具象化的创意，构建作品可辨识的元素和风格等，这属于创作中的构成智力创造的精神活动部分，也是在后期作品成形后判定其是否具有独创性的基础；二为“实施”（ex-

① U. S. Copyright Office，“Copyright Registration Guidance：Works Containing Material Generated by Artificial Intelligence，” *Federal Register* 88，no. 51（2023）：16190.

② Christine Haight Farley，“The Lingering Effects of Copyright's Response to the Invention of Photography，” *University of Pittsburgh Law Review* 65，（2004）：385-388.

③ Jane C. Ginsburg，“The Concept of Authorship in Comparative Copyright Law，” *DePaul Law Review* 52，（2003）：1063-1072.

④ Sarony v. Burrow-Giles Lithographic Co.，17 F. 591，597-601（1883）. 美国联邦最高法院也在后来的终审判决中认可了这个观点。Burrow-Giles Lithographic Co. v. Sarony，111 U. S. 53，60（1884）.

ecution)，即创作者将“构想”具体化于表达的过程，包括但不限于以文字、画面或旋律等方式展现不同类型的独创性表达，属于将创作最终固定的环节。[①] 在逻辑关系上，“构想”必须实际实施方能视为创作的完成，任何一个环节的缺失，都会视为不构成创作行为。针对机器设备的介入，法院则认为机器参与的仅仅是“实施”的那一部分，而无法代替人类完成“构想”。而且对于“实施”而言，机器设备的使用并不意味着人类的实施行为被取代，而是作为人类的辅助性工具，完成机械性的劳动。这种辅助性的认定，是基于创作者对实施结果的控制力。[②] 换言之，创作者只要对创作结果具有预见性和可控性，机器在实施环节的介入就不影响作者身份的确认。

随着技术的日益复杂，机器介入创作的争议再次集中出现在20世纪80年代的计算机生成内容上。与早期类似摄影设备那种由人全程操纵参与创作行为的机器不同，计算机生成内容中的“生成”，意指由软件自行决定表达内容的特色和风格。计算机生成内容的特殊性体现在两个方面：第一，计算机软件设计完成后，该程序即可自行实施内容生成，软件设计者不再直接参与其中。这一特征意味着计算机生成不同于以办公软件和绘图软件为代表的计算机辅助，在前者中内容的生成是计算机软件独立运行的结果，而在后者中计算机对人类而言只具有工具性意义，其本质功能等同于画笔或其他辅助创作的机械设备。[③] 第二，软件使用者的使用行为可能对计算机生成内容的结果造成影响。计算机并不会主动生成内容，而是需要使用者输入指令来激活。例如，在电脑游戏画面的生成上，电脑游戏玩家虽然没有直接决定具体画面的内容，但其操作的不同会使游戏软件生成不同画面。

针对这一现象，1988年英国在《版权、外观设计和专利法》(Copyright, Designs and Patents Act 1988)中增加了一条“计算机生成作品”，专指在没有人类介入的情形下通过运行计算机软件所生成的作品，也仍然把该类作品的作者认定为实施必要操作使作品得以生成的自然人。[④] 这一立法亦象征着机器介入创作的方式从机械的辅助性

---

① Burrow-Giles Lithographic Co. v. Sarony, 111 U. S. 53, 60(1884).

② Burrow-Giles Lithographic Co. v. Sarony, 111 U. S. 53, 61(1884).

③ Jani McCutcheon, "The Vanishing Author in Computer-Generated Works," *Melbourne University Law Review* 36, (2013): 929-931.

④ CDPA 1988, § 178; § 9(3).

工具提升成能够自动生成的独立设备。① 但即使如此，在涉及“计算机生成作品”的判例中，“实施必要操作的人”被认定为计算机软件的设计者，因为计算机生成的内容乃是来自计算机软件的预先设定。② 换言之，“完全由计算机生成的作品”仍然被解释为软件设计者通过程序实施预设的结果。虽然计算机所生成的内容极为多元和多变，但生成的规则和逻辑必然受原程序的局限，所以作品的构思应归于计算机软件的设计者。

在涉及计算机生成内容构成画面或图形，特别是电脑游戏画面的权利归属问题上，有观点认为，电子游戏运行中呈现出来的视听画面是基于玩家的操作生成的，而并非游戏软件设计者所能预期或控制的结果，因此游戏软件设计者不得对该画面主张版权。③ 之所以有此判断，原因在于该观点认为游戏画面所呈现出来的结果并非软件设计者“实施”的结果，而且由于游戏每次运行时呈现的画面并不相同，软件设计者对画面缺乏可控性，无法满足判定创作行为来源的“构想”和“实施”两个要件。但法院却指出，游戏玩家(软件使用者)的操作行为并非创作，而是对游戏软件中已储存画面的选择，类似于对不同频道电视画面的选择，其对作品的独创性没有任何智力或劳动上的贡献，不应视为作者。④ 基于法院的认知，游戏玩家的操作行为并非对“构想”的“实施”行为，所有操作所呈现出来的画面，已经在游戏软件中存在，软件设计者仍然保有对呈现结果的预见性，这种可预见性就成为认定软件设计者能够保证实施结果可控的标准。

由上可见，从摄影设备到计算机软件介入作品创作，技术手段显然不可同日而语，但在著作权法的适用上，人类对作品生成的智力贡献永远都是重点。⑤ 域外优先立法和作出审判的国家，一直以是否独立形成构想，以及是否能够预期实施创作的结

① Jani Ihalainen, “Computer Creativity: Artificial Intelligence and Copyright,” *Janrhal of Intellectual Property Law & Practice* 13, (2018): 724.

② Nova Productions Ltd v Mazooma Games Ltd[2007]EWCA Civ 219(14 March 2007).

③ Stern Elecs. Inc. v. Kaufman, 669 F. 2d 852, 855 (2d Cir. 1982); Midway Mfg. Co. v. Artic Int'l, Inc., 704 F. 2d 1009(7th Cir. 1983).

④ Midway Mfg. Co. v. Artic Int'l, Inc., 704 F. 2d 1009, 1012 (7th Cir. 1983).

⑤ James Grimmelmann, “There's No Such Thing as a Computer-Authored Work—And It's a Good Thing, Too,” *Columbia Journal of Law & the Arts* 39, (2016): 403.

果为标准来确定作者身份。① 随着机器介入程度的不断提升，法院对“构想”和“实施”的解释也呈现出新的变化：在解释何谓“构想”时，不要求创作者必须先形成一个完整且准确的表达；在解释何谓“实施”时，也强调不要求对结果有完全的控制力，而是以可预期为标准来认定作者对实施结果的把控。这种以构想和实施来涵摄机器介入创作时作品独创性来源的判断要件，既保持了判定标准的稳定性，又灵活地将独创性来源与自然人对应，坚持将机器视为人类创作的辅助工具这一核心判断。

三、涵摄能否延续：人工智能生成内容的特点与版权认定

生成式人工智能的广泛运用，带来了明显不同于以往计算机生成内容的特点。如前所述，无论是立法上还是判例中，对计算机生成内容的认知都是“通过操作软件实现的稳定输出，程序设计者对该结果是可预见的”，② 因此所生成内容并未超出计算机软件设计者的预期。但生成式人工智能的突出特点，就在于其具备了深度学习的能力，使计算机得以基于对海量数据的分类和整理而从中提炼出所学习数据的典型特征和表达风格，最终在上述数据所构建的场景中生成类似特征和风格的新内容，并由此脱离原程序的设定。③ 以现今引起广泛讨论的文本生成、图像生成和视频生成人工智能为例，用户仅需要以“提示”的方式输入其所需内容的描述和要求，人工智能就会自动调用其通过深度学习获得的数据，再经过多次调整和修正后生成与用户描述尽可能接近的内容。以图像生成人工智能软件 Midjourney 和文本生成人工智能软件 ChatGPT 为例，两者生成内容的方式，都是使用者首先输入一段描述所需内容的提示文本，待人工智能根据提示输出一项或多项内容后，使用者基于已生成的内容调整提示文本，以引导人工智能生成新的内容，如此反复直到使用者获得满意的结果。

① 事实上，欧盟法院同样是从构想、实施和调整几个阶段来考察是否存在形成作品独创性的创作行为，与美国法院的主流判例存在异曲同工之处。Ana Quintela Ribeiro Neves Ramalho，“Originality Redux：An Analysis of the Originality Requirement in AI-Generated Works，”*AIDA* 2，（2019）：7.

② Andres Guadamuz，“Do Androids Dream of Electric Copyright? Comparative Analysis of Originality in Artificial Intelligence Generated Works，”*International Property Quarterly* 2，（2017）：169-171.

③ Jenna Burrell，“How the Machine ‘Thinks’：Understanding Opacity in Machine Learning Algorithms，”*Big Data and Society*，（2016）：1-10.

具言之，人工智能生成内容的整个实现过程，可归纳为三个必要阶段，先后分别是人工智能算法设计、机器学习和内容生成。在三个阶段中，仅有第一阶段完全由人类以程序设计者的身份完成人工智能的算法模型，而且该算法模型已经借助计算机软件的方式在著作权法中得到承认和保护。第二阶段的机器学习，人工智能就已经可以通过对海量同类型数据进行分析来找到其中的共性特征和风格，人类仅在为训练人工智能模型而提供数据时，以通过数据标注和评分机制提升生成内容质量和准确性的方式参与其中。到最后第三阶段的内容生成，人工智能就直接以用户的简要提示为指导，再基于对海量同类型数据分析中获取的共性特征和元素来生成新的内容。很显然，在第二和第三阶段，人工智能的设计者和使用者都只能看到输入的数据和输出的内容，但无法直接理解生成的过程中人工智能如何进行具体选择和取舍，导致该过程成为一个“黑箱”。① 因此，比起建立在完全执行程序设计基础上的计算机生成内容，人工智能生成内容与程序既定设计之间的关联性更为疏远，程序设计者无法解释算法黑箱中产生的内容。② 人类在创作时从抽象到具体的构思和从无到有的实施过程，被人工智能算法以文本与图像之间的关联规律所替代。也正因为如此，有观点认为由于人对创作过程丧失了控制力，人工智能生成内容就不应被视为作品。③

美国版权局在 2023 年撤销以人工智能生成漫画版权登记的一封回复函中就明确指出，用户用提示语的方式引导图像生成人工智能软件 Midjourney 生成的 18 页漫画不具有可版权性，因为图像生成过程中缺乏人的创作，而是由 Midjourney 随机生成。没有作者参与创作的原因是作者对生成的结果不可预期。但美国版权局又同时认为，如果艺术家能够把控这种图像生成工具的实施过程，即可享有所生成图像的版权。④ 在 2023 年 3 月颁布的《人工智能参与生成作品的版权登记指南》中，美国版权局再次强调，以收到“提示”的方式生成内容，由于使用者缺乏对创作实施阶段的把控，凸

---

① Josef Drexl, et al., “Technical Aspects of Artificial Intelligence,” *Max Planck Institute for Innovation and Competition Research Paper*, no. 13(2019): 11.

② Andres Guadamuz, “Do Androids Dream of Electric Copyright? Comparative Analysis of Originality in Artificial Intelligence Generated Works,” *International Property Quarterly* 2, (2017): 178-179.

③ Daniel J. Gervais, “The Machine as Author,” *Iowa Law Review* 105, (2019): 2053-2062.

④ 该信件是对漫画“Zarya of the Dawn”版权登记申请人律师针对撤销登记异议的书面答复，旨在说明为何撤销该漫画中图像部分的版权登记。“Re: Zarya of the Dawn (Registration # VAu001480196),” United States Copyright Office, accessed February 21, 2023, https://copyright.gov/docs/zarya-of-the-dawn.pdf.

显独创性的具体构思都是由人工智能所选择和决定的，所以该内容不应被视为作品。① 换言之，上述判定标准仍然延续了19世纪末机器首次介入创作时以“构想”和“实施”作为创作行为来源的思路。我国法院对人工智能生成内容可版权性的判断，同样将人类创作与作品独创性的关联作为认定依据，一方面仍然以传统的作品构成要件来判断人工智能生成内容的可版权性，另一方面同样强调人在作品独创性中的贡献。② 由此可见，司法机关和行政机关迄今为止对人工智能生成内容可版权性的认定，仍集中于创作是否来源于自然人。但在裁判结果上，由于生成式人工智能技术的迭代，自2018年开始美国就已陆续出现不保护以提示方式生成内容版权的裁决，③这说明自然人在如今的生成式人工智能中更加难以与创作相关联，仍然是回归对独创性来源的判断。之所以延续百余年来以作品独创性与人的关联来涵摄人工智能生成内容的传统，而不考虑进行立法论上的创新，主要原因有两点：

第一，从规范层面出发，在人工智能生成内容的可版权性认定中坚持自然人对独创性的贡献，是维持确权和侵权体系稳定的需要。作品作为著作权法中的核心概念，其必须来源于人的创作一直是应有之义。④ 虽然《伯尔尼公约》没有对何谓作者加以明确界定，但从体系解释的角度出发，人作为作者在关于收益对象和精神权利等大量条款中得到确认。⑤ 所以即使是非大陆法系国家，非自然人也是以“视为作者”的拟制方式被认定为更需要激励且行使权利更有效率的主体。各国著作权法及历史上的相关典型判例，也始终将人对独创性的贡献视为客体认定的必要前提。正因为如此，无论是现在的人工智能生成内容还是计算机生成内容，都因为缺乏人的创作而不被认为是作品。之所以坚持以既有规范涵摄对人工智能生成内容的可版权性判断，从法教义学的

① U. S. Copyright Office, “Copyright Registration Guidance: Works Containing Material Generated by Artificial Intelligence,” 37 CFR Part 202(Mar. 16, 2023).

② 法院在判决中明确认定涉案作品的创作者是人工智能软件的使用者。参见“腾讯诉网贷之家网站案”，广东省深圳市南山区人民法院(2019)粤0305民初14010号民事判决书。

③ “Re: Second Request for Reconsideration for Refusal to Register A Recent Entrance to Paradise(Correspondence ID 1-3ZPC6C3; SR # 1-7100387071),” U. S. Copyright Office, accessed May 11, 2023, https://www.copyright.gov/.../review-board/docs/a-recent-entrance-to-paradise.pdf.

④ Jeremy Cubert & Richard Bone, *The Law of Intellectual Property Created by Artificial Intelligence*, *in Woodrow Barfield & Ugo Pagallo (eds)*, *Research Handbook on the Law of Artificial Intelligence*(Cheltenham: Edward Elgar Publishing, 2018), pp. 424-425.

⑤ Sam Ricketson, “People or Machines: The Berne Convention and the Changing Concept of Authorship,” *Columbia-VLA Journal of Law & the Arts* 16, *no.* 1(1991): 1.

角度看主要是为了保障版权法基本功能的实现。在客体认定上，如果因为内容来源于人工智能就采取差异化的判定标准，甚至将其排除在作品范畴之外，只会导致法律适用的混乱。当同一作品会因来源于人工智能还是人而存在是否受著作权法保护的差异时，就会出现大量以署名的方式宣称自己是该作品的作者，以规避著作权法对人工智能生成内容的排除，司法实践中不得不耗费大量资源去认定该内容是否来源于人工智能，以此确定能否将该内容视为作品。另外，由于人工智能在深度学习和内容生成过程中会大量借鉴已有的同类作品，一旦生成内容与训练所输入的内容出现实质性相似，原作品权利人将因为人工智能生成内容被归入公共领域而无法向任何人追责，大规模内容生成反而遮盖了大规模侵权的现实。因此，人工智能技术虽然有着突飞猛进的发展，但其生成内容与人类创作行为相关联的需求，则因实践中确权和侵权认定的需要而不可动摇。

第二，从效用层面出发，人工智能生成内容并未完全解决版权市场失灵问题，赋权相关主体仍然是激励创作和传播的有效手段。对人工智能在生成内容问题上的独立判断，不符合著作权法的立法目标。自现代著作权法产生以来，其立法目标始终是通过赋权来激励人对作品创作和传播，但对于人工智能生成内容是否还需要激励这一问题，学界已有不同观点。首先，人工智能生成内容的常态化，意味着普通网络用户都能通过该渠道来进行创作，形成了“用户创造内容”（UGC）与“人工智能生成内容”（AIGC）叠加的社会现象。本来“用户创造内容”就已经因为内容生成门槛的降低而造成网络上同质化内容数量激增；生成式人工智能的普及，进一步降低了创作门槛，使得内容不再是稀缺资源。既然不再稀缺，作为赋权正当性前提所预设的版权市场失灵也就得到了缓解，是否仍应通过赋权来激励创作和传播就需要重新考量。更有学者认为，如果一视同仁地将人工智能生成内容视为作品，将破坏著作权法所构建的激励机制，鼓励更多地由人工智能而非人来完成创作。既然对人工智能设计者的激励已通过赋予其软件版权来实现，就无须进行重复激励。① 但需要注意的是，海量作品的存在自“用户创造内容”普及甚至互联网时代到来后就已成为常态，并非因为生成式人工智能的广泛适用。同时，内容数量的增加并不是市场失灵的理由。激励的功能不仅仅

① Daniel J. Gervais, “The Machine as Author,” *Iowa Law Review* 105, (2019): 2053-2061.

是实现作品从无到有的转变，更重要的意义还在于提升创作和传播质量，以及弥补因传播技术转换而导致的传统版权市场失灵。在版权制度变革的历史中，每当作品借助新兴传播技术形成新版权市场时，著作权法基本都以赋权方式涵盖新的传播渠道来保证激励的延续性，以新的收益渠道来弥补因传播渠道的替代所导致的传统市场的萎缩。由于生成内容的质量取决于人工智能算法和训练的质量，更与训练输入的内容质量相关，这种激励机制的转移也意味着持续鼓励对硬件和训练数据的投资以及对算法的改进。

既然继续以涵摄的方式去说明自然人是否对人工智能生成内容存在独创性贡献，就仍要回到人工智能生成内容的三个阶段中是否包含了人对“构想”和“实施”的贡献这个基础逻辑上。事实上，正如创作摄影作品和视听作品时无须要求创作者理解摄影设备内部运作原理一样，人工智能的设计者或使用者亦无须知晓被训练后的人工智能如何通过数据之间的关联生成新的内容。深度学习之所以能够赋予机器以智能化，原因在于其能够通过已输入的训练数据和样本去寻找和确定数据中的规律和范式，由此优化形成一个新的模型来探索解决特定问题的新路径，使人工智能获得了对新数据进行分类和整合的能力。① 换言之，人工智能并非如自然人一般去理解语言或图形的含义，而是通过对海量数据的学习来发现其中的规律，并以此生成内容。其中探寻规律和范式的方法，则仍然是由人工智能的设计者所决定。深度学习阶段是人工智能能够生成内容的前提，但人工智能的学习和分析方式与人类截然不同。人工智能并非如人类一般通过语法和词义来理解被输入的数据，而是把词语在训练中出现的概率和训练者的评价作为标准。在此过程中，人工智能对输出数据的评价，其实是学习人类评估输出数据质量的结果所形成的一个反馈模型。人工智能的设计者和训练者如何选择数据样本范围以及如何对算法反馈结果进行标注，事实上决定了人工智能生成内容的方式和范围，最终来判断反馈结果好坏的，仍然只能是人。

可以认为，生成式人工智能的运用，并没有完全排除人在创作中的地位。即使在实施阶段人工智能已基本取代人的参与，但在构思阶段仍然是人基于算法设计和数据选择在发挥作用。人工智能算法模型和训练数据的差异，对所生成内容的风格会起到

① Michael L. Rich, “Machine Learning, Automated Suspicion Algorithms, and the Fourth Amendment,” *University of Pennsylvania Law Review* 164, (2016): 871-886.

重要影响。训练数据的来源和人工标注的偏好，都会决定所生成内容的风格和质量。而上述训练的完成，都是人工智能设计者直接主导和安排的结果。有鉴于此，以“构想”和“实施”的过程来涵摄人工智能生成内容，人工智能的设计者仍然通过决定人工智能的核心代码、训练数据来源和偏好，以及自身发展方向来决定“构想”，因此应该将人工智能的设计者视为作者。实践中由于计算机软件的开发设计者众多，所以版权一般由作为人工智能投资者的法人享有。直接否定人工智能生成内容的可版权性，不但会导致作品判定要件上的双标，还会破坏著作权法长期构建的激励功能。

四、涵摄如何延续：版权归属的类别与界定方法

将人工智能生成内容的作者认定为人工智能的设计者，仅仅是在初始权利配置上的安排。但生成式人工智能软件在设计完成后，目标是向普通的网络用户提供服务，相当于给已经带来作品数量井喷的“用户创造内容”加上了生成式人工智能的技术之翼，也由此出现了原作品权利人、人工智能设计者与使用者三方之间的版权配置问题。一方面有原作品权利人认为，人工智能生成的内容中包含了其作品，因此向人工智能的设计者和使用者提起版权侵权诉讼；① 另一方面有人工智能的使用者认为，自己的“提示”才是作品的独创性来源，所以应将其视为权利人。② 由此可见，除了需要明确人工智能生成内容的版权归属外，还需梳理日常使用人工智能来生成内容所形成的复杂权利关系。

针对人工智能生成内容中与作为训练数据的他人作品构成实质性相似的问题，直接涉及原作品权利人、人工智能设计者和使用者三方的法律关系。在实践中，人工智能需要帮助使用者生成具有某种特定风格或者包含某种特定场景的作品，而人工智能之所以有能力生成上述作品，主要是设计者或训练者在训练过程中向其提供了包含海量同类型作品的数据库。在内容生成的过程中，人工智能时常会不可避免地直接使用数据库中的作品片段，其中不乏包含原作品独创性元素的部分，由此产生了原作品权

① Getty Images, Inc. v. Stability AI, Inc., U. S. District Court for the District of Delaware, No. 1: 23-cv-00135.

② “Re: Zarya of the Dawn (Registration # VAu001480196),” United States Copyright Office, accessed May 11, 2023, https://copyright.gov/docs/zarya-of-the-dawn.pdf.

利人与所生成新作品权利人之间的版权争议。现今已有不少权利人通过集体诉讼要求人工智能设计者就内容生成中出现的实质性相似问题承担侵权责任，网络上以“AI 歌手”面目出现的生成式人工智能模型，甚至对音乐作品和录音制品进行大量直接使用。同时，由于内容生成后多数都存在不同形式的公开传播，不符合版权合理使用中个人使用、介绍评论与说明、学习研究或者免费表演等法定情形，所以只有事前获得许可方能合法使用。

然而，由于人工智能训练所需的作品数量众多且权利关系复杂，人工智能设计者根本无法在合理成本内完成包括确权、协商和履行监督在内的所有合同环节。在版权制度史上，一般通过以集体管理模式实现权利集中的方式解决许可成本过高的问题。但传统集体管理模式的实现，需要“权利人、集体管理组织、使用者”之间具有稳定的法律关系，权利人为职业作者，使用者为广播组织和出版社等以相对固定方式和范围传播作品的商业机构。相比之下，现今“用户创造内容”和“人工智能生成内容”结合的商业模式，无论是作为训练数据的作品来源，还是生成后的作品使用方式，都早已超出职业化创作和传播的范畴，不但主体数量过于分散，而且使用目的也更为多元，集体管理所需的那种稳定的继续性合同关系无法形成。在此前提下，为了规避人工智能生成内容可能出现的侵权风险，人工智能设计者采取了在“最终用户服务协议”中纳入格式条款的方式来明确版权归属。

以 ChatGPT 和 Midjourney 两款生成式人工智能软件的“最终用户服务协议”为例，两者都对所生成内容的版权做了明确的归属约定。Midjourney 的协议区分了付费与非付费用户。针对付费用户，Midjourney 在格式条款中规定所生成内容的所有权利归于使用者享有，但排除其中可能存在的他人作品版权。针对免费用户，Midjourney 则规定使用者不享有所生成内容的版权，但 Midjourney 会通过“知识共享协议”以非商业使用为限允许使用者自由使用该内容。ChatGPT 虽然并未区分付费和免费用户，但同样将所生成内容的所有权利让与给了使用者，也同时声明排除他人作品的版权和用户输入类似提示所生成的同质化内容。[①] 上述权利配置的目的主要体现在两个方面：第

① “Midjourney Terms of Service（Version Effective Date：Feb 10，2023），”Midjourney，accessed June 3，2025，https://docs.midjourney.com/docs/terms-of-service；“OpenAI Terms of use，(updated Date：March 14，2023)，” OpenAI，accessed May 11，2023，https://openai.com/policies/terms-of-use.

一，帮助人工智能设计者规避内容生成过程中可能出现的侵权风险。如果将版权让与使用者，使用者在使用作品时如果被发现与已有作品存在实质性相似，责任将由使用者承担。第二，解决人工智能生成内容可能出现的雷同问题。在多数用户共同使用的情况下，人工智能很可能针对类似提示给予相似的回应。设计者在合同条款中事先告知使用者其可能不是唯一输入某种提示并获得结果的用户，并排除该部分版权的让与，可以避免不同使用者之间出现版权争议。

对于以"提示"引导人工智能生成内容的使用者而言，留给使用者的空间仅是在已生成的多个内容中进行选择和调整，或者针对已生成的内容再次提示改动的意见。这种提示其实类似于电脑游戏画面的玩家通过操作形成游戏画面，操作行为仅仅是通过输入指令将已有的代码转化为画面。[①] 由于其并未贡献画面中的独创性元素，该画面的版权仍然属于游戏软件的设计者。在美国版权局驳回 Midjourney 生成漫画版权登记申请的回复中就明确指出，由于人工智能使用者输入的提示语过于抽象，所以更类似于委托创作中的委托，而非真实参与创作。但如果使用者在生成的内容上增加了额外的独创性表达，则构成对作品的改编。但由于无法判定人工智能所生成的内容中是否包含他人作品，众多使用者也难以就改编问题与人工智能设计者或原作品权利人达成合意，所以仍需要回到人工智能设计者格式合同的解决路径上。首先，在使用者仅以提示方式生成作品的情况下，人工智能设计者与使用者之间的关系纳入委托作品的范围，使用者作为委托人，根据"最终用户服务协议"中的格式条款取得所生成作品的版权。其次，人工智能设计者或所有者应该在没有合同约定的前提下被视为已生成内容的作者，但如果所生成内容中包含了他人作品的独创性元素，设计者或使用者在以法定权利项使用该作品前，必须取得原作品权利人的许可。这种版权法定配置与合同安排相结合的模式的优势性体现在：一方面法定配置可以避免无主作品大量涌入市场而损害对创作者的正向激励，另一方面合同安排则可以控制"用户创造内容"和"人工智能创造内容"叠加带来的高额许可成本。

---

① Robert Yu, The Machine Author, 165 U. Penn. L. Rev. 1245, 1262(2017).

五、结论

在大数据、算法和硬件计算能力显著提升的背景下，生成式人工智能已经有能力完全介入人类的所有创作领域。然而著作权法多年来不断沉淀的独创性解释，仍然可以将人工智能生成内容“教义化”地融入既有的权利配置体系中。正如德国马克斯·普朗克创新与竞争研究所在其针对人工智能知识产权问题的“立场声明”中所言，从现阶段看，专门为人工智能生成内容创设新的法律规范既无必要，也不合理。① 无论是作为具体构想来源的算法及其生成步骤，还是在数据库训练中通过监督和标注对生成风格和内容的控制，都意味着人工智能在被设计和训练阶段的安排可以视为与创作行为具有直接关联。著作权法中自摄影技术介入创作时在司法审判中所形成的自然人与创作的关联性判断规则，可以涵摄从机器介入到人工智能介入的历史阶段，人类被认为是创作的唯一来源的论断，在今天也并未因生成式人工智能的到来而被推翻。但由于海量生成内容中尚无法避免出现作为训练数据的作品元素，所以在人工智能软件的“最终用户服务协议”中对权利归属作出合理安排，是现阶段避免侵权风险的必要途径。

（作者系华中科技大学法学院教授、博士生导师）

① Josef Drexl, et. al., “Artificial Intelligence and Intellectual Property Law, Position Statement of the Max Planck Institute for Innovation and Competition of 9 April 2021 on the Current Debate”（paper presented. at Max Planck Institute for Innovation and Competition Research Paper, No. 21-10）.

论人工智能生成内容在著作权法中的定性[①]

李 扬 邢贺通

2023年11月17日，北京互联网法院就李某与刘某侵害作品署名权、信息网络传播权纠纷案作出一审判决，认定涉案人工智能生成图片由原告独立创作，体现出了原告的个性化表达，具备独创性，构成作品。[②] 这是全国首例认定人工智能生成内容构成美术作品的案件，被称为中国“AI文生图第一案”。无独有偶，2024年2月8日，广州互联网法院就上海新创华文化发展有限公司与某人工智能公司网络侵权责任纠纷案作出一审判决，认定涉案人工智能生成图片构成美术作品。[③] 上述两起判决均发生在生成式人工智能飞速发展的新业态背景之下，引发了国内外各界人士的关注和讨论。ChatGPT、“文心一言”等生成式人工智能能够基于大模型和大算力，根据使用者输入的指令自动生成相应内容，以自然语言为媒介实现与人类的高质量对话。[④]

我国著作权法第三条对作品下了定义，规定了作品构成的四要件：(1)文学、艺术和科学领域内的成果；(2)具有独创性；(3)能以一定形式表现；(4)智力成果。而人工智能生成的多为文字、图片、视频等内容，且当然均为能被人们所感知的表达，

---

① 本文系中国博士后科学基金第74批面上资助项目“知识产权法域外适用的学理证成与中国方案”(项目编号：2023M743914)、中国版权保护中心2024年度版权研究课题“我国版权金融发展体系化研究”(项目编号：BQ2024028)、中国法学会2024年度部级法学研究自选课题“生成式人工智能产业发展著作权法保障研究”[项目编号：CLS(2024)D77]的阶段性成果。

② 北京互联网法院(2023)京0491民初11279号民事判决书。

③ 广州互联网法院(2024)粤0192民初113号民事判决书。

④ 刘云开：《人工智能生成内容的著作权侵权风险与侵权责任分配》，《西安交通大学学报(社会科学版)》2024年第6期。

因此人工智能生成内容通常能够满足上述第一和第三个构成要件，这是基本没有争议的。阻碍人工智能生成内容受到著作权法保护的障碍主要是上述第二和第四个要件，理论界和实务界的争议也在于此。本文将对上述争议予以澄清，在肯定人工智能生成内容的可版权性基础上，再对人工智能生成内容版权保护存在疑虑的观点进行回应，以期有效破解人工智能生成内容在著作权法中定性问题的现实迷思。

一、人工智能生成内容是人类的智力成果

（一）应坚持并正确理解"人工智能创作工具论"

笔者一直是"人工智能创作工具论"的提倡者。"人工智能创作工具论"的核心观点是人工智能本质上不过是人用来减轻自己智力劳动的工具。非人工智能时代，作品创作也借助了技术的力量，但主要还是依赖人的智力投入，这种技术条件下的创作是一个非常艰难的过程，也是一种无奈的选择。但人的创作活动不可能永远停留在主要依赖人的自然智力投入的状态。人与其他物种的本质区别之一在于人拥有意识和思维，而且意识和思维在不断进步。人不但可以改造主观世界，而且可以改造客观世界。为了减轻创作的艰辛和投入，人类利用计算机系统发明了人工智能平台用于创作，使创作变得简单和高效，这是技术革命的必然结果和选择，就像人发明机械替代自己从事繁重的生产活动一样，如今人类繁重的智力劳动的负担也将得以减轻。人工智能生成内容是否构成作品，应坚持在"人工智能创作工具论"视角下充分发挥现行著作权法对科技革命所带来的挑战的回应，利用现行著作权法关于作品构成要件的规定进行认定和处理，尚不存在创设新规则进行立法回应的必要性。通过否定或者误读"人工智能创作工具论"以否定人工智能生成内容是人类智力成果的观点是值得商榷的。

美国版权局否定现有的人工智能生成内容具有可版权性的核心依据便是认为人工智能生成内容不是人类的智力成果。根据《美国版权局实施纲要（第 3 版）》第三百零六条和三百一十三点二条的规定，美国版权局将作品限定在必须由人类作者所创作，不为由自然、动物或植物"创作"的作品登记版权，也不为由据称是鬼神或超自然的

存在所“创作”的作品登记版权。同时，美国版权局进一步提出，不为由机器生成的作品登记，也不为仅由机器随机生成或自动生成而无任何独创性或无人类作者介入的作品登记。[①] 为了论证自己观点的合理性，美国版权局还援引了伯罗·贾尔斯平版印刷公司诉沙乐尼案（以下简称沙乐尼案）（Burrow Gilles Lithographic Co. v. Sarony）的观点，认为作品的作者必须是人类。学界有观点支持美国版权局的主张，否定人工智能生成内容具有可版权性，其理由是只有“人”的创作成果才能作为作品，受到著作权法的保护，而人工智能生成内容并非由“人”所完成。该观点还把人工智能生成内容与著名的猕猴自拍照案[②]相类比，认为人工智能生成内容就如猕猴自己按下照相机快门“自拍”而成的照片一样，都是非人类创作的作品，不应当受到著作权法保护。[③] 然而本文认为，上述观点对人工智能存在误解，没有坚持“人工智能创作工具论”，故上述观点值得商榷。

美国版权局援引的1884年的沙乐尼案出现在美国第二次工业革命的中期，这个时期出现了诸如摄影、留声机、电影和电动发电机等技术，该案围绕借助照相机生成的照片的可版权性问题展开了激烈的争论。争议涉及伯罗·贾尔斯平版印刷公司和一位摄影师沙乐尼之间的纠纷，沙乐尼受委托为奥斯卡·王尔德拍摄照片。在安排了如窗帘、灯光、配饰甚至王尔德的服装和姿势等因素之后，沙乐尼完成了照片的拍摄，并将其命名为《奥斯卡·王尔德18号》。但伯罗·贾尔斯平版印刷公司未经许可就将该照片制作成了石版画投放市场进行销售。当沙乐尼提起版权侵权诉讼时，伯罗·贾尔斯平版印刷公司以摄影只是一个机械过程为由进行了抗辩，认为摄影并不符合作品的定义，因为它只是一种机械化的过程。[④] 米勒大法官代表全体法官撰写的判决借鉴了来自1883年Nottage v. Jackson案[⑤]的“作者”定义，并采纳了版权保护确实应该延伸到摄影作品的理由，其指出：“就是说，那个监督安排的人，那个通过安排人物的位

---

① U. S. Copyright Office，Compendium of the U. S. Copyright Office Practices（3rd Edition），§306，313. 2.

② 一只猕猴抢走了摄影师的照相机并模仿摄影师的动作举着相机按快门，其拍出的照片中有一张自拍照。机缘巧合，该照片的拍摄时机与焦距都恰到好处，照片中的猕猴呲牙咧嘴，仿佛是在摆造型。该摄影师在网站上公布了该照片，并将其收入书中出版，称自己和出版社为版权人。美国一家动物保护组织为此起诉摄影师、网站和出版社，要求法院认定猕猴对该自拍照享有版权，而展示该自拍照并将其收入书中出版的行为侵害了猕猴的版权，应返还侵权所得利润。See Naruto v. Slater，888 F. 3d 418（9th Cir. 2018）.

③ 王迁：《再论人工智能生成的内容在著作权法中的定性》，《政法论坛》2023年第4期。

④ Burrow-Giles Lithographic Co. v. Sarony，111 U. S. 53（1884）.

⑤ Nottage v. Jackson，（1883）11 Q. B. D. 627（UK）.

置、安排人物所在的地方而实际形成了画面的人——他是那幅画产生的有效原因……作者作为创作者或主脑，参与了应受保护客体的原创、制作和生产，无论是绘画、油画还是照片……为了实现国会法案的目的，应将摄影作品视为一门艺术，作者是真正表现、创造或实现想法、幻想或想象的人。”①因此，该案法院认定摄影作品可以是独创性的智力成果，其应受到版权保护。

然而，美国版权局断章取义地引用了沙乐尼案的观点，试图为其对版权登记的严格立场辩护。而沙乐尼案的法院意图并不是限制“作者”的定义，甚至不是限制可以受版权保护的客体。相反，该案的判决批评了对字面定义的严格依赖，这种依赖忽视了可以受版权保护的新客体。该案事实上指出：“摄影作品之所以没有被列入 1802 年法案的扩展保护名单中，可能是因为那时摄影这种艺术形式还不存在，摄影所依赖的科学原理以及用于操作的化学物质和机械都是在该法令颁布之后很长一段时间内才被发现的。”②如果忽视对该案意图的思考和剖析，就会犯下一个错误，那就是忽视该案件强调了将新出现的客体与现有法律保护的客体进行比对，以讨论是否对其进行保护。例如，米勒大法官调查了摄影作品是否可以与其他可受版权保护的客体形式区分开来，最终认为摄影作品难以与其他当时受版权法保护的客体形式相区分，进而认为没有理由不保护摄影作品。③ 有鉴于此，美国版权局对该案的理解有失偏颇，想利用该案的判决否定人工智能生成内容是人类智力成果进而否定其可版权性的做法值得商榷。在面对利用新的创作工具创作的内容时，该案法官关注的不是创作工具本身，而是在创作作品时人类是如何选择和安排元素的。④ 换言之，法院关注的是人类的智力投入，且并未因为技术工具的介入而否定和忽视人类的智力投入。法院在该案中列举了沙乐尼对拍摄细节的选择和安排等独创性决策，据此认可了《奥斯卡 · 王尔德 18 号》是一件独创性艺术品，从而对摄影过程中固有的机械过程使摄影师无资格成为作

① Burrow-Giles Lithographic Co. v. Sarony，111 U. S. 53（1884）.

② Burrow-Giles Lithographic Co. v. Sarony，111 U. S. 53（1884）.

③ “因此，除非在这一点的分类中能够将照片与地图、图表、设计、雕刻、蚀刻、切割和其他印刷品区分开来，否则很难理解为什么国会不能将它们与其他作品一样作为版权的主体。这些法规无疑回答了有人提出的反对意见，即只有书籍或写作，在书籍及其作者的有限意义上，才属于宪法规定的范围。这两个词都可以有比这更宽泛的定义。”Burrow-Giles Lithographic Co. v. Sarony，111 U. S. 53（1884）.

④ 法院表示：“在这个意义上，作者是使任何事物起源的人、创作者、制作者、完成科学或文学作品的人。”Burrow-Giles Lithographic Co. v. Sarony，111 U. S. 53（1884）.

者的推定提出了质疑。因此，法院授予了沙乐尼使用、出版和销售他的摄影作品的专有权利。①

以猕猴自拍案为依据否定人工智能生成内容是人类智力成果的观点也值得商榷。该案中猕猴“自拍”的照片之所以不具有可版权性的原因并非与创作工具有关，而是与是否有人类智力投入有关。审理猕猴自拍案的法院在分析案件的过程中并没有纠结于照相机这一工具本身，那么为何分析人工智能生成内容的时候就要纠结于作为创作工具的人工智能呢？该案中，猕猴“自拍”的照片之所以不受著作权法保护，是因为猕猴的拍照过程完全没有人类的介入，没有体现人类在照片形成过程中的选择和安排。该观点还举一例欲加强论证说理，其认为马戏团中的动物可以被训练完成各种任务，但是这些动物无法被著作权法所激励，因此动物当然不可能是著作权法所鼓励的对象。② 然而，借用该观点举的例子，如果猕猴自拍案的猕猴是马戏团中经过训练的猕猴，能够按照训练的要求完成各种任务，那么经过训练的猕猴按照人类的指令站在指定的位置、摆出指定的动作，使取景框中的照片符合下达指令的人类的要求，最后按照人类下达的指令按下快门，这样在符合独创性要求的情况下形成的照片没有理由不受著作权法保护。这与人类拿着自拍杆进行自拍、利用无人机进行航拍的举动没有本质区别，都是人类借助工具进行创作。上述情况下著作权法激励的也不是猕猴、自拍杆和无人机，而是人类。可见，猕猴自拍案只能证明某些包含动物参与的照片不是作品，不能证明所有包含动物参与的照片都不是作品，更不能证明所有包含高自主性工具的生成内容都不构成作品。③

综上所述，目前尚不清楚美国版权局为何将沙乐尼案视为排除非人类作者的权威依据。美国版权局断章取义地引用了该案判决，并错误地引用了“作者的独创性智力构思”这一短语，以支持“如果版权局认定作品不是人类创作的，就会拒绝登记”的主张。事实上，该案恰恰印证了“人工智能创作工具论”的合理性。米勒大法官在该案中对利用先进创作工具创作的内容所持的进步立场，启示人们拥抱技术发展带来的创

① Burrow-Giles Lithographic Co. v. Sarony，111 U. S. 53（1884）.

② 王迁：《再论人工智能生成的内容在著作权法中的定性》，《政法论坛》2023 年第 4 期。

③ 蒋舸：《论人工智能生成内容的可版权性：以用户的独创性表达为视角》，《知识产权》2024 年第 1 期。

作工具的创新所引发的作品创作模式的变革。[①] 本文并不否认著作权法保护的是人类创作的智力成果，但是在考虑利用新技术工具创作的内容是否应当纳入著作权法保护的问题时，关注的重点不应当是创作工具本身，而应当关注人类在利用创作工具创作过程中，投入了多少独创性元素。人工智能是程序员或用户的工具，理解或可解释性并不是作者控制工具的先决条件。以沙乐尼案为例，人类的智慧，即使是在艺术领域，没有物质的帮助也难以产生任何东西，艺术家的思想始终是工具的指挥者，是物质手段的引导者和启发者，始终扮演着至高无上的角色。在摄影中，仪器取代了手工劳动，但并非完全取代了手工劳动，而是取代手工劳动的物质部分，它在最大程度上将智力劳动留给了艺术家。摄影师构思作品，安排配件和光线的作用，根据对照片呈现效果的要求安排仪器的距离、清晰度和大小。[②] 可见，从一开始，案件分析的重点就放在了作者的作用上，摄影师不需要了解其使用的相机是如何将光子转化为图像的，就可以控制相机，从而保持对其照片的版权主张。在利用人工智能作为创作工具进行作品创作过程中，人们可以像沙乐尼一样以独特的方式选择和安排构图元素、作出审美选择，例如，在用人工智能进行美术创作时，人们可以通过提示词将光线、主题构图等元素组合成一幅作品。甚至有学者将人工智能称为人类的“活”的义肢。[③] 上述作品创作过程符合沙乐尼案中关于独创性的大部分标准，[④] 人工智能的使用者与沙乐尼一样是使作品最终能够形成的创作者。正因如此，秘鲁摄影师克里斯蒂安·文斯(Christian Vinces)将人工智能生成图片与摄影作品相类比，在社交媒体平台“脸书”上提出了一个新术语——promptography，该词由人工智能术语——提示词(prompt)和摄影(photography)组合而成。“摄影作品”是用光线创作的，而人工智能生成的图片“promptography”是用提示词来创作的。[⑤] 国内的“AI 文生图第一案”的判决基于对涉案图片生成过程的查明，认为从原告构思涉案图片起，到最终选定涉案图片止，这整

---

① Jo-Anne Yau, “Creation, Commerce, Conflict & Conscience: AI's Disruption on Existing IP Frameworks in the United States and Canada,” *UCLA Journal of Law & Technology* 28, no. 1(2023): 14-21.

② Burrow-Giles Lithographic Co. v. Sarony, 111 U. S. 53 (1884).

③ 李天成：《人工智能艺术的哲学追问》，《社会科学战线》2024 年第 1 期。

④ 至于独创性如何体现和判断，将在后文详细论述。

⑤ 谷雨实验室：《“靠用 AI 作图，我开始盈利了”：大龄被裁员，我发现 AI 才是出路》，https://new.qq.com/rain/a/20230629A00TQ700，访问日期：2024 年 8 月 20 日。

个过程来看，原告进行了一定的智力投入，比如设计人物的呈现方式、选择提示词、安排提示词的顺序、设置相关的参数、选定哪个图片符合预期等。因此，判决认定涉案图片体现了原告的智力投入，具备“智力成果”要件。[①] 欧洲也有司法判决支持本文观点。例如，法国巴黎初审法院认为，在计算机辅助音乐创作的情况下，人工干预会使音乐作品具有独创性。[②] 法国波尔多上诉法院认为，计算机系统创作的智力成果可以受益于保护版权的规则，只要它以最低限度的方式显示了创作者想要带来的独创性。[③] 意大利最高法院明确指出，在图像生成过程中使用软件，这一事实本身并不足以排除作品创作属性，而是需要更严格地去判断是否存在一定程度的独创性，需要法院去评估对工具的使用是否以及在多大程度上反映了使用者的独创性贡献。[④]

然而，有观点否定了人工智能的创作工具属性，提出拍摄者在使用照相机时通过照相机的液晶取景屏可以决定拍出照片的基本内容，即“所见即所得”，并且照相机无法决定照片内容，但人工智能实质性地决定构成作品的表达性要素，因此其与照相机等创作工具存在本质区别。[⑤] 本文认为上述观点值得商榷。首先，该观点论证的对象是数码相机，然而摄影作品受到世界各国著作权法保护的年代使用的还是胶片相机，彼时拍摄者无法第一时间看出自己拍的照片最终呈现效果怎么样，拍摄者只能凭借经验来拍摄，然后将胶片拿到暗房中，经过烦琐的步骤进行冲洗才能看到最终效果，当时也并未因此否定摄影作品的可版权性，反而像米勒大法官等对新技术持进步立场的专家支持了摄影作品的可版权性，推动了版权法保护客体的扩张，因应了技术的进步。其次，如今许多智能手机的照相系统自带美颜等修图功能，拍摄的照片效果可能与拍摄者选择拍摄的所见场景大相径庭，超出拍摄者的想象。然而这也没有剥夺拍摄者的版权人身份，未否定经过修图功能自动处理的相片的可版权性，甚至有法院明确支持其可版权性。例如，2020 年中国台湾地区智慧财产法院审理的一起案件中，涉案照片是作者以“PH-34 电动磨甲机”产品照片为素材并运用了绘图软件后制作而成的。法院认为就商品照片部分，其“固属静态拍摄，惟就拍摄镜位角度、光线、物

---

① 北京互联网法院(2023)京 0491 民初 11279 号民事判决书。

② Paris District Court (France), Case No. 97/24872, July 5, 2000.

③ Bordeaux Court of Appeal (France), Case No. 03/05512, January 31, 2005.

④ Court of Cassation (Italy), Civil Section I, Order No. 1107, January 16, 2023.

⑤ 王迁:《三论人工智能生成的内容在著作权法中的定位》,《法商研究》2024 年第 3 期。

品排列方式等已加入巧思，并非单纯原物之机械式呈现”，并且在“数次成像”后才“挑选最适合照片”；另就后制加工部分，法院指出该作者“以绘图软件进行美工修图”，其利用“符合主题之红色与粉红色几何图块、人之手、足部、花朵等图档素材，透过排布编辑、着色、明暗变化等特效技巧以及美术工序，展现创作人之创作思想、感情及美感”，而该修图之完稿因“足以表现其个性及独特性”而“已表现最低限度之创意”，故“应属受著作权法保护之美术著作”。① 总之，人工智能自身仍未突破人类辅助工具的范畴。② 有学者提出，当一种智能元素屈从于另一种智能元素时，最大的可能是前者依旧只是一种工具性的存在。③

（二）不能因随机性否认人工智能生成内容是人类的智力成果

有观点否定人工智能生成内容是人类的智力成果，其理由是人工智能使用者无论对提示词进行多么精细的选择和安排，都无法凭借其自由意志决定人工智能呈现的内容，人工智能使用者的行为不构成著作权法意义上的“创作”。④ 因为《中华人民共和国著作权法实施条例》对“创作”的定义是“直接产生文学、艺术和科学作品的智力活动”。“直接产生”意味着“民事主体决定构成作品所需表达性要素的自由意志。其与作品之间的联系如此紧密，以至于只能用‘直接’而非‘间接’予以描述。”⑤美国版权局同样主张，使用者并未运用“最终的创造性控制力”来决定人工智能如何理解提示词、如何生成素材。⑥ 本文将上述观点统称为“意志论”。作品的创作过程大致可以划分为“构思”和“执行”两个阶段，而“意志论”事实上是对作品创作的“构思”和“执行”两个阶段均提出了要求：作者在“构思”阶段必须对作品的表达结果有详细而具体的设想；进入“执行”阶段，作者又需要对作品的表达结果具有绝对的控制，使其能够与“构思”阶段的设想一一对应。上述两个阶段均不能存在“随机性”，否则会影响作

---

① 中国台湾地区智慧财产法院（2020）民著上易字第 1 号民事判决书。

② 李扬、李晓宇：《康德哲学视点下人工智能生成物的著作权问题探讨》，《法学杂志》2018 年第 9 期。

③ 吴文瀚：《论人工智能的话语实践与艺术美学反思》，《现代传播（中国传媒大学学报）》2020 年第 4 期。

④ 陈锦川：《用户对人工智能生成内容享有著作权吗?》，https://www.ipeconomy.cn/yuanchuang/8546.html?uid=3816，访问日期：2024 年 7 月 9 日。

⑤ 王迁：《再论人工智能生成的内容在著作权法中的定性》，《政法论坛》2023 年第 4 期。

⑥ “Works Containing Material Generated by Artificial Intelligence，Federal Register，”Copyright Registration Guidance，accessed August 20，2024，https://www.govinfo.gov/content/pkg/FR-2023-03-16/pdf2023-05321.pdf.

品的可版权性。然而，作品的独创性表达的呈现是否以及在多大程度上应该由作者预先设定？创作过程的随机性真的能够否定作品是人类的智力成果吗？

本文认为“意志论”值得商榷。一方面，在作品创作的“构思”和“执行”两个阶段，许多情况下创作者允许他们对作品“执行”甚至是“构思”的控制消失，有意将随机因素纳入作品创作过程。[①] 换言之，人类的很多创作本身就具有随机性或机械性，并不是有意识构思和创作的产物。例如，早在18世纪，莫扎特就根据掷骰子的结果完成了一首名为《音乐骰子游戏》的音乐，这首华尔兹的一部分便是通过上述创作方式随机创作的，不仅“执行”阶段采用的是随机创作方式，而且其中的许多音符都是莫扎特在“构思”阶段都未曾设想的；[②] 美国抽象主义画家杰克逊·波洛克（Jackson Pollock）采用泼溅颜料的方式绘画，他不可能预料到颜料的精确轨迹和落点，尽管他的泼溅绘画过程从表面上看是高度可控的，可见“构思”和“执行”阶段均充满了随机性。[③] 然而，著作权法并没有怀疑上述偶然创作出的内容不是人类的智力成果，也没有质疑其可版权性。[④] 著作权法能够容忍上述作品创作过程中存在一定程度的随机性，这是因为著作权法具有尊重创作自由和减少社会成本两个方面的价值基础。[⑤] 就前者而言，宪法第四十七条赋予了中国公民文学艺术创作的自由，提出鼓励和帮助公民从事有益于人民的创造性工作。[⑥] 同时，我国著作权法第一条规定了促进社会主义文化和科学事业的发展与繁荣的立法目的。宪法赋予公民文学艺术创作的自由，鼓励创作，除了有保障公民人权的立法目的外，其实也有间接促进科学与艺术发展的立法

---

① Alan R. Durham, “The Random Muse: Authorship and Indeterminacy,” *William and Mary Law Review* 44, No. 3 (2002): 596-607.

② 丁晓东：《著作权的解构与重构：人工智能作品法律保护的法理反思》，《法制与社会发展》2023年第5期。

③ 波洛克革新性的创作手法改变了数个世纪以来画家在直立着的画架和画布上用颜料作画的传统。他将巨大的画布平铺在工作室的地面上，用棍棒或刷子将颜料向画布的一部分抛洒、倾泻和滴落。这种被他本人戏称为“开膛手杰克”（Jack the Ripper）的手法最终使画布沾满了有节奏感的滴落和飞溅，这是对创作过程本身，而非客观事物的强调和再现。Fred S. Kleiner, *Gardner's Art through the Ages: A Global History, 15th Edition* (Stamford: Cengage Learning, 2005), pp. 954-955；李扬、涂藤：《论人工智能生成内容的可版权性标准》，《知识产权》2024年第1期。

④ Morgan M. Stoddard, “Mother Nature as Muse: Copyright Protection for Works of Art and Photographs Inspired By, Based On, Or Depicting Nature,” *North Carolina Law Review* 86, No. 2 (2008): 578.

⑤ 刘丁勤：《论AIGC创作中的因果可预见性》，《科技与出版》2024年第7期。

⑥《中华人民共和国宪法》第四十七条规定：中华人民共和国公民有进行科学研究、文学艺术创作和其他文化活动的自由。国家对于从事教育、科学、技术、文学、艺术和其他文化事业的公民的有益于人民的创造性工作，给以鼓励和帮助。

目的，著作权法也正是为了实现上述立法目的而制定的下位法。文学艺术作品的创作过程本就高度个性化，这种个性化不仅体现在创作内容的个性化，还体现在创作方法的个性化，而二者是相辅相成的。如果著作权法限制创作过程的随机性，即限制创作方法的个性化，那很有可能排除大量由个性化创作方法创作的具有个性化创作内容的作品，这是对创作过程乃至创作自由的隐性歧视，不仅不符合著作权法的立法目的，而且可能有使著作权法违宪的嫌疑。因此，只有尊重宪法赋予作者的创作自由，才能创作出更多优秀的作品，进而实现著作权法的立法目的。就后者而言，著作权法区别于专利法，采用的是事后界权模式，允许作品创作过程的随机性是著作权法制度的经济性使然。具言之，从社会成本的角度看，相比于技术方案这类大概率成果，在当今社会生产的海量信息成果中，更多的还是小概率成果，采用事后界权模式更有利于降低社会成本。既然如此，只有适当放宽著作权法作品保护的门槛，才能让海量的小概率成果无需付出昂贵的事前界权成本就能实现合理的利益分配效果。① 有鉴于此，通过所谓的随机性来否定人工智能生成内容是人类的智力成果，事实上是不当地提高了作品保护的门槛，因为随机性本就是一个不确定的概念。

既然著作权法仍然承认上述作品是人类的智力成果乃至具有可版权性，那么可以推论出：在"构思"阶段，作品的创作可能并不要求作者必须在头脑中形成完整而准确的作品形象，② 即使在作品的创作过程中，作者偏离了最初的预期，无论是为了适应意外的、非故意的发展，还是仅仅因为其想法在创作过程中发生了变化，作者仍然是作者；③ 在"执行"阶段，作者不必对其创作作品行为的"执行"保持绝对的控制，而是可以依靠外力——如随机性和自然的力量来完成其作品，即使出现了作者没有详细设想到的外力对作品的表达产生了影响，只要这些外力符合其意愿即可。我国司法实践中也有法院支持上述观点。在"追气球的熊孩子案"中，原告高某、邓某某将相机固定在气球上并设置为录制状态后，将气球放飞，相机自动录制了一段视频。在该录制过程中无法人为操控相机，也无法人为干预气球飞行。视频录制完成后，二人从该

---

① 蒋舸：《论著作权法的"宽进宽出"结构》，《中外法学》2021 年第 2 期。

② Jane C. Ginsburg, "Luke A. Budiardjo, Authors and Machines," *Berkeley Technology Law Journal* 34, No. 2 (2019): 361-367.

③ Nathan Israeli, "Creative Processes in Painting", *Journal of General Psychology* 67, No. 2 (1962): 251-256.

视频中截取了一帧画面，并将该帧画面上的一个竖状阴影去掉，获得了涉案图片。对于涉案图片是否构成作品的问题，二审法院认为，对于即使是自动拍摄的照片，但如果明显体现了人工干预、选择和判断的，可以构成摄影作品。因此，在照片拍摄、形成的过程中，只要有人为因素的参与，使得人以独创性的方式在拍摄过程中发挥了作用，那么就满足了摄影作品所需的独创性要求，构成摄影作品。可见，二审法院没有因为涉案照片创作过程中的随机性便否定其可版权性。①

随着科学技术的发展，作品创作的“执行”阶段本身也在逐渐被工具所介入，人对工具的控制力本身就在逐渐减弱，但人类的“构思”永远是作品能够创作完成的核心。在传统的创作形式中，作者在“执行”阶段对工具的掌控比较绝对。例如，作家用笔、打字机等工具将小说情节写成文字，作曲家用笔、打字机等工具将音乐思想写成音符。然而从 19 世纪开始，机器在创作阶段发挥着越来越重要的辅助作用，人类对其掌控力逐渐减弱。例如，没有照相机就不可能拍摄照片等，人类对照相机的掌握已经有些“力不从心”，再先进的相机也无法保证拍摄的照片绝对符合人类的心理预期。随着人工智能辅助创作的出现，这种趋势越来越明显，机器学习的“黑箱”使人们对创作工具越来越捉摸不透。然而，在文化产品生产中使用高度先进的人工智能系统并不意味着人类已经完全放弃了他们在创作过程中的重要作用。尽管在作品创作的“执行”阶段，人类作者已经部分或大部分被机器所取代，但人类的角色在“构思”阶段仍然至关重要，没有人类千变万化的提示词，人工智能也难以生成具有独创性的、展现具有文艺价值的内容。可见，“执行”阶段的随机性的增加符合科学技术发展的趋势，不能由此限制作品的可版权性的认定。

总而言之，著作权法并不总是要求作品创作过程的绝对无随机性。实际上，正如美国版权法专家简·金斯伯格(Jane C. Ginsburg)教授所言，“构思”阶段要求的是为作品制订一个完整的创作性计划；而“执行”阶段，只要最终的表达元素直接来自作者的创作性计划或构思，作品的关键美学要素——内容、形式或构图结构——与作者的预设构思之间就不需要有绝对直接的联系。② 回到人工智能生成内容问题，上述要

---

① 北京知识产权法院(2017)京 73 民终 797 号民事判决书。

② Jane C. Ginsburg, “Luke A. Budiardjo, Authors and Machines,” *Berkeley Technology Law Journal* 34, no. 2(2019): 409.

求看似可能会对人工智能生成内容的可版权性认定构成障碍：由于人工智能系统的“黑箱”特性，人类作者将无法准确预测或解释人工智能生成的内容。然而，人工智能的作用或者功能类似于人类通过学习、积累具备了一些能力和技能，它可以根据人类输入的文字描述生成相应文字、图片甚至视频，将人类的创作计划、构思进行有形呈现。通过不断地调整提示词，最终生成的内容只要属于作者的创作计划范畴之内，就不能排除其可版权性，因为这一调整、修正过程体现了人工智能使用者的审美选择和个性判断，创作出的内容也符合人工智能使用者的创作计划。正如欧盟法院的判例所指出的，只要作品是自由创作选择的表达就足够了。① 面对新技术革命带来的这种创作形态变化，固守建立在非人工智能时代基础上的概念和逻辑，对“创作”“作品”等进行诠释时，要求思想的表达都必须百分百地与人的自由意志建立起一一对应的必然联系，显然是落后于人工智能时代的、应该被抛弃的过气观点和立场。

有反对观点试图以电子游戏画面的例证来否定人工智能的使用者能凭借其自由意志决定人工智能生成的内容，其指出电子游戏的画面本质是对各种预设的游戏要素根据预定的逻辑与规则组合而成的，因此玩家的操作生成的画面都不可能超出游戏设计者的预设，只是不断对各种要素进行排列组合而已。② 首先，该观点有以偏概全之嫌，因为并非所有类型游戏的玩家均不能主张对游戏画面的版权。2020 年 4 月，广东省高级人民法院发布了《关于网络游戏知识产权民事纠纷案件的审判指引(试行)》，其中第二十条第二款便肯定了玩家拥有在游戏中成为“版权人”的可能性，而相关司法判决也支持了上述司法政策的观点。例如，在广州网易公司、上海网之易公司与深圳迷你玩公司著作权侵权及不正当竞争纠纷案中，广东省高级人民法院认为玩家在沙盒游戏中创造出虚拟的物件、建筑、景观乃至游戏世界可能享有作品权利。③ 美国有司法判决也支持上述观点。④ 此外，在游戏产业的行业实践中也认可了上述观点。在著名沙盒类游戏“我的世界”的用户协议中，也约定了用户对利用第三方软件独立制

---

① P. Bernt Hugenholtz，João Pedro Quintais，“Copyright and Artificial Creation：Does EU Copyright Law Protect AI-Assisted Output?，”*IIC-International Review of Intellectual Property and Competition Law* 52，(2021)：1205-1206.

② 王迁：《再论人工智能生成的内容在著作权法中的定性》，《政法论坛》2023 年第 4 期。

③ 广东省高级人民法院(2021)粤民终 1035 号民事判决书。

④ 在 Micro Star v. Formgen，Inc. 案中，游戏开发者鼓励作为用户的玩家为游戏“Duke Nukem 3D”创作新的过关级别，对于玩家利用游戏开发者既有素材所创作的新内容，法院认定此类创作结果为演绎作品。MicroStar v. Formgen，Inc.，154 F. 3d 1107 (9th Cir. 1998).

作的游戏素材享有一切知识产权。因此，如果电子游戏为玩家留下了高度的自由表达空间，即便玩家利用游戏内的既有素材进行操作，其有可能属于玩家在游戏开发者提供的既有作品素材基础之上进行的再创作，符合独创性的前提下完全有可能构成演绎作品。可见，上述反对理由并不能否定人工智能的使用者能凭借其自由意志决定人工智能生成的内容。人工智能系统在设计时便引入了随机性，为使用者留下了高度的创作空间。① 人工智能使用者即便使用相同的提示词，最终生成的内容也是存在差别的。世间的字词组合乃至文字作品是无穷无尽的，人工智能使用者可以运用这些文字内容、拥有足够的空间创作出反映其总体创作意图、具有独创性的作品。其次，该观点没有认识到操作电子游戏与操作人工智能之间的区别。二者的根本区别在于：游戏玩家的操作是按照游戏设计者设定的命令操作，而不是自己创设命令；而利用人工智能创作，所有的命令都是使用者自己创设的。将二者相类比显然站不住脚。当然还有一些反对观点，由于本文篇幅有限，不一一展开论述。

二、人工智能生成内容能够具有独创性

（一）人工智能生成内容独创性的来源

国内的“AI 文生图第一案”的判决中，北京互联网法院认为人工智能生成内容的独创性主要源自使用者对提示词的选择和安排。② 而 2023 年 2 月的《黎明的扎里亚》案中，美国版权局主张人工智能生成的图片是由“机器或纯粹的机械过程生成，它们是通过随机或自动操作而产生的，没有任何来自人类作者的创造性输入或干预”③。本文赞同北京互联网法院的观点，认为美国版权局的观点值得商榷。在过去，非传统

① 笔者对著名的人工智能软件 ChatGPT 提问：“同一个提示词，你每次给出的答案一样吗？”ChatGPT 给出的答案是：“不，我的答案并不是一样的。尽管对于某些常见的问题，我可能会给出类似的回答，但是我尽力根据提示词和上下文提供多样化的相关回答。我的回答也受到一定程度的随机性影响，以提供更丰富的体验。我的随机性是在模型训练时引入的。在训练过程中，模型会接触到大量不同的语境、问题和答案，从而学习如何生成合适的回答。因此，随机性的程度取决于模型的具体架构和训练数据的多样性。在某些情况下，即使给出相同的提示词，我的回答也可能略有不同，因为模型可能会在选择词汇、语法结构或回答方式上进行微小的随机变化。这种设计是为了提供一个更自然、互动性更强的对话体验。”

② 北京互联网法院（2023）京 0491 民初 11279 号民事判决书。

③ “Re：Zarya of the Dawn（Registration # VAu001480196），”U. S. Copyright Office，accessed August 20，2024，https://www.copyright.gov/docs/zarya-of-the-dawn.pdf.

艺术形式的出现——如概念派艺术家创作的现成品(ready-mades)也曾引发关于作品独创性来源的争议。是什么将预先存在的现成的人工制品(如小便池或自行车轮子)升格为艺术品——即作者的作品?根据瑞士专家库默尔(Kummer)的观点,这里决定性的独创性行为是通过将人工制品作为艺术品呈现,将"现成品"(本身不受版权保护)的概念转化为受著作权法保护的表达。库默尔的"呈现理论"(presentation theory)暗示,仅仅是选择一个预先存在的对象的行为就足以将该对象转化为作品。虽然库默尔的理论存在一些争议,但从该理论可以看出,个人选择无疑有助于在人工智能生成内容中找到独创性。[①] 正如美国斯坦福大学马克·莱姆利(Mark A. Lemley)教授所言,人工智能生成内容的独创性在于产生这些结果的提示词的结构化。提示的措辞或细化方式会从根本上影响人工智能基础模型的输出结果。[②] 北京邮电大学人机交互与认知工程实验室主任刘伟评价大模型绘画工具时也认为:"这些软件(大模型)都有一个共同特点,就是'欺软怕硬'——你的水平越高,它给你的东西越好;你的水平越低,它就泛泛而谈。"[③]例如,在我国"AI 文生图第一案"中,原告通过数十个正向提示词和数百个反向提示词,最终生成了涉案图片。[④]《黎明的扎里亚》案中,克里斯蒂娜·卡什塔诺娃(Kristina Kashtanova)为了得到最终令其满意的图片,她要就最初生成的图片不断向人工智能系统 Midjourney 发出成百上千条的新指令,使 Midjourney 不断生成修改后的图片,也就是通过"试错法"形成完美的结果。[⑤] 无独有偶,美国版权局处理的《太空歌剧院》案中,登记申请人艾伦在申请版权登记时,被美国版权局拒绝,艾伦声称其在 Midjourney 上至少经过了 624 次提示后才得到了初始版本的图像,而后使用 Adobe Photoshop 来删除缺陷并创建了新的视觉内容,最后通过 Gigapixel AI 来提升

---

① P. Bernt Hugenholtz, João Pedro Quintais, "Copyright and Artificial Creation: Does EU Copyright Law Protect AI-Assisted Output?," *IIC-International Review of Intellectual Property and Competition Law* 52, (2021): 1204.

② "How Generative AI Turns Copyright Upside Down,"Mark A. Lemley, accessed November 10, 2023, https://ssrn.com/abstract=4517702.

③ 孟可:《AI,电影,AI 电影及关于未来的探讨》,《当代电影》2024 年第 5 期。

④ 国内"AI 文生图第一案"中,原告下载 Stable Diffusion 模型,随后在正向提示词和反向提示词中分别输入数十个和上百个提示词,设置迭代步数、图片高度、提示词引导系数以及随机种子,生成第一张图片;在上述参数不变的情况下,将其中一个模型的权重进行修改,生成第二张图片;在上述参数不变的情况下,修改随机种子生成第三张图片;在上述参数不变的情况下,增加正向提示词内容生成第四张图片(涉案图片)。北京互联网法院(2023)京 0491 民初 11279 号民事判决书。

⑤ "Re: Zarya of the Dawn (Registration # VAu001480196),"U. S. Copyright Office, accessed August 20, 2024, https://www.copyright.gov/docs/zarya-of-the-dawn.pdf.

图像的分辨率和大小。① 上述内容的生成过程体现了人工智能使用者对提示词的独创性选择和安排。在一定程度上，著作权法中作品的独创性均来源于作者对某些元素的选择和安排，这是适用于所有作品类型的底层结构。② 尽管多数作品中作者对某些元素的选择和安排容易被分辨，进而判断其独创性，但也有作品难以直接辨认其独创性来源。例如前文提到的摄影作品，摄影作品的独创性来源于创作者对摄影作品的景物、构图、拍摄角度、曝光时间、明暗度等不受保护的机械性元素的具有独特个性的选择和安排。③ 然而，上述选择和安排难以在最终拍摄完成的摄影作品中直接分辨，只能通过摄影作品本身的呈现效果来间接判断作者上述独创性选择和安排，但这也没有影响著作权法对摄影作品的保护，法院也未要求当事人提交全程记录摄影师拍摄照片过程的视频资料作为体现摄影作品独创性来源的证据。回到本文问题，人工智能生成图片的过程与用相机创作摄影作品的过程相比，只不过是将拍摄角度、曝光时间、明暗度等元素的选择与安排改为了对提示词的选择与安排，二者本质上都是人类操作技术工具的结果，共同点均在于独创性来源在独创性表达中的不可视性，这是由创作工具本身的技术特性所决定的，不应当成为版权差异化保护的理由。美国国会研究服务部报告亦进行了相似的类比，将人工智能的研发者类比为相机制造商，将促使人工智能生成特定作品的使用者类比为用相机捕捉特定图像的摄影师，使用者由此可以成为作者。④

有反对观点认为，人工智能作画工具的使用者对人工智能绘图的文字提示和描述，即使再具体，也只是文字作品的创作，而不是美术作品的创作。所以，只有“作”画，没有“说”画，“说者”无法成为“画者”。⑤ 本文认为上述观点值得商榷。首先，上述观点没有法律依据。《中华人民共和国著作权法实施条例》第四条第（八）项

---

① “Re: Second Request for Reconsideration for Refusal to Register Théatre D’opéra Spatial (SR # 1-11743923581; Correspondence ID: 1-5T5320R),” U. S. Copyright Office, accessed August 20, 2024, https://www.copyright.gov/rulings-filings/review-board/docs/Theatre-Dopera-Spatial.pdf.

② 李扬、涂藤：《论人工智能生成内容的可版权性标准》，《知识产权》2024 年第 1 期。

③ 李扬：《著作权法基本原理》，知识产权出版社，2019，第 74 页。

④ “Generative Artificial Intelligence and Copyright Law, Congressional Research Service,” Zirpoli, Christopher T, accessed August 8, 2024, https://crsreports.congress.gov/product/pdf/LSB/LSB10922.

⑤ 张伟君教授等学者持上述观点。知识产权与竞争法公众号：《全球首例判决：AI 绘图工具使用者对 AI 生成的图片享有著作权》，https://mp.weixin.qq.com/s/7iMu8c1Snon8BcjApNKMJQ，访问日期：2024 年 8 月21 日。

指出美术作品是以“线条、色彩或者其他方式”构成的艺术作品，从“或者其他方式”也能看出，立法者并没有对美术作品的创作方法和创造过程进行严格限制，有意或无意为新出现的创作方法留下空间。而美术作品的独创性有无是通过对最终呈现的线条、色彩等因素进行判断的，无论是用传统的画笔绘画，还是像波洛克采用泼溅颜料的方式绘画，还是采用拼贴的方式创作“拼贴画”,[①] 甚至像马塞尔·杜尚(Marcel Duchamp)仅仅通过选择将现成品上升为艺术作品，均不影响对其独创性有无的判断，只要最终呈现的美术作品能够体现作者对相关元素的个性化选择和安排即可。既然上述多样的美术作品创作方式创作出的成果都有以美术作品的“身份”获得著作权法保护的可能，那么利用先进的技术手段、通过“说”的方式、基于多回合提示词的精细选择而获得的具有审美意义的整体画面又为何被差异看待呢？随着科学技术的不断发展，甚至“想”画也成为可能。例如，2024 年 1 月，清华大学与宣武医院团队宣布成功进行首例无线微创“脑机接口”临床试验，脊髓损伤的患者经过训练，能够仅凭意念控制电脑屏幕上的光标移动。可见，不能因为对艺术创作的方式和过程缺乏想象，便对创作出的成果加以否定。我国加入的《经济、社会及文化权利国际公约》对文化权利规定了三方面内容,[②] 患有疾病的人们同样享有上述文化权利，而科技进步为患有疾病的人们提供了艺术创作的可能。我国加入的联合国《残疾人权利公约》第三十条第二款也规定了缔约国应当采取适当措施，使残疾人能够有机会为自身利益并为充实社会，发展和利用自己的创造、艺术和智力潜力。艺术创作的壁垒将逐渐消融于人工智能的普及中，实现约瑟夫·博伊斯(Joseph Beuys)“人人都是艺术家”的预言。同时，这种智能高效的创作方式可以对人类手工创作方式形成有效补充，多层次地满足人类的审美需求。[③]

其次，表达有无独创性，不问创作过程，只看创作结果。创作过程虽然可作为诉讼中判断作品是否独立创作、有无独创性的证据，但并非认定作品独创性的决定性因

① “拼贴美学”的创作核心就是复制和挪用现成图像，直到今天这一特征都未改变。既然著作权法保护拼贴画类美术作品，则我们有充分的理由相信，著作权法也会承认这一基于人工智能用户多回合的精细选择而获得的整体画面的独创性。杜峻岷：《图像与质料：中国“八破画”与西方“拼贴画”的美学特征对比》，《西北美术》2022 年第 3 期；崔国斌：《人工智能生成物中用户的独创性贡献》，《中国版权》2023 年第 6 期。

② 《经济、社会及文化权利国际公约》第十五条第一款规定：(甲)参加文化生活；(乙)享受科学进步及应用之惠；(丙)对其本人之任何科学、文学或艺术作品所获得之精神与物质利益，享受保护之惠。

③ 齐卫颖：《人工智能艺术创作基本问题审思》，《中国电视》2023 年第 9 期。

素。对创作过程中的独创性作主观判断产生的最大问题，是这种判断方法原本就不可靠甚至在很多场景下不可行。因为创作的过程经常是带有非理性成分的过程，要用理性方式解释创作过程本身就是一种矛盾。① 通过创作过程判断作品独创性进而确定作品类型的方法并不可靠，可能导致许多具有独创性的创作成果只因为创作过程的非常规性而无法受到著作权法保护。

综上所述，不以法律随意限制文学、艺术和科学作品的创作方式，利用先进的科学技术创新作品的创作方式，不仅有利于我国落实与人权相关的国际条约的义务，也符合宪法第四十七条对创作自由的鼓励以及著作权法保护作者的版权、促进社会主义文化和科学事业的发展与繁荣的立法目的。

（二）人工智能生成内容的独创性与版权侵权的判断

正如前文所述，人工智能生成内容的独创性来源于人们对提示词的选择和安排，而独创性表达与独创性来源是两码事，例如摄影作品和美术作品的独创性表达均为图像，摄影作品的独创性来源于创作者对摄影作品的景物、构图、拍摄角度、曝光时间、明暗度等不受保护的机械性元素的具有独特个性的选择和安排，而美术作品的独创性则来源于创作者对线条、色彩等元素具有独特个性的选择和安排。在对摄影作品和美术作品的独创性进行判断时，美术作品的独创性来源可以在最终表达内容中直观判断，但摄影作品的独创性来源只能通过最终表达内容来间接判断。因为让创作者每次都用另外的工具记录创作过程既不经济也不现实，因此法院只能通过最终表达内容这一创作结果倒推创作过程的独创性。

利用人工智能生成的内容，其独创性来源于作者对提示词的选择和安排，但上述独创性来源却同摄影作品一样，无法在最终呈现的表达内容中直观展现，这是照相机、人工智能等创作工具的特性使然。正因如此，人工智能生成内容的独创性判断可以比照摄影作品的独创性判断方式，只需要对最终的创作结果而非创作过程进行判断即可；提示词的选择和安排作为创作过程，对于人工智能生成内容的独创性判断，虽起证据性作用，但不能替代对创作结果独创性的判断。这样做的原因在于，只有适当

① 林华：《妥协是渐进的艺术——从中美案例与规则看 AI 生成内容的版权逻辑》，https://mp.weixin.qq.com/s/59nOmI36Wo5_5v-KZhqLOg，访问日期：2024 年 8 月 1 日。

放宽作品保护的门槛，才能让海量的小概率成果无需付出昂贵的事前界权成本就能实现合理的利益分配效果。① 如果仅以提示词的选择和安排作为独创性的认定标准，将不当地提高界权成本、挫伤创作热情。创作者在创作过程中难以把握选择和安排多少提示词才能使作品具有独创性；司法机关也难以把握认定标准，且本来对最终创作成果直接进行直观地分析就能解决问题，却让司法机关舍近求远，对各种提示词进行分析，这也变相将文学、艺术领域的问题变成了计算机、数学等领域的问题，偏离了著作权法对文学、艺术等作品保护的初衷。正如前文所述，对利用与人工智能类似的技术工具——照相机创作的摄影作品的独创性判断，并没有让原告提供创作过程的记录，这也是考虑到创作工具的特性以及社会成本问题。总而言之，照相机基本只能创作摄影作品这一种类型的作品。然而，利用人工智能却可以创作出文字作品、美术作品、视听作品、音乐作品等各种类型的作品，在判断其独创性时只需要对上述各种类型作品的最终表达内容进行判断即可：如果生成的是文字作品，就对具体的文字组合进行分析；如果生成的是美术作品，就对线条、色彩等进行分析。当然，也无须担心过于简单的提示词生成的内容会被轻易认定为作品，这是因为，一方面，正如前文所述，提示词的措辞或细化方式会从根本上影响人工智能基础模型的输出结果。原画师铂羽曾指出，人工智能呈现什么样的画面，创作者的美术基本功和审美能力决定了人工智能工具使用的上限。本身不会画画的人，不会依靠人工智能就突然变成高手。因为审美不能光靠看一些漂亮的图，只有手的水平追上眼，才能真正掌握。不可能手停了，审美能力还在不断提高。审美能力和创造美的能力，本身就是一体的，也是相辅相成的。② 可见，过于简单的提示词生成的内容可能本就难以迈过独创性的门槛。另一方面，即便有些简单提示词生成的内容被认定成作品，也不会产生过多负面结果。事实上，以同样利用技术工具创作而成的摄影作品为例，在司法实践中，往往原告在摄影作品的证明上只需展示其与作品间的创作关系即可，至于作品本身是否具备独创性似乎并不是证明的重点。实践中因为照片独创性不足而否定其作品地位的案件，可

① 蒋舸：《论著作权法的“宽进宽出”结构》，《中外法学》2021 年第 2 期。

② 杨博雯：《AI 绘画已渗透七成游戏业，但从业者们却丝毫不慌》，https://mp.weixin.qq.com/s/tbwZv3cAHUhrG330H_wrUQ，访问日期：2024 年 8 月 20 日。

谓凤毛麟角，但也没有由此出现过多的如权利人滥诉等负面结果。[①] 当然，提示词在独创性判断中也并非无用武之地，其可以作为证据性材料来辅助论证人工智能生成的内容具有独创性。美国 Feist 案中，美国联邦最高法院认为，“独创性”满足“独立创作(而非从其他作品复制)”和“最低程度的创作性”即可。[②] 该标准也获得了我国司法实践的认可。可见，对“创”的要求并不需要达到专利法中创造性的高度，对创造高度的要求仅仅是一道极低的门槛，这也符合著作权法追求文化多样性的立法目的。如果原告提示词的选择和安排不是对他人现有作品以及提示词的复制，那么原告利用人工智能工具的创作行为就是独立完成的，可以辅助论证利用人工智能生成的内容满足“独”的要求；而对于“创”的判断，只需要达到“最低程度的创作性”即可，那么如果提示词的选择和安排并不司空见惯，就可以辅助论证利用人工智能生成的内容满足“创”的要求。当然，正如本文反复强调的，提示词在独创性判断过程中发挥的作用也仅仅是辅助性的，不能替代对人工智能生成内容的独创性判断。

独创性的判断通常出现在版权侵权纠纷案件的审理过程中，而涉及人工智能生成内容版权侵权的纠纷可以分为两类：一类是被告的涉案作品是由传统创作工具创作的，一类是被告的涉案作品同样是由人工智能生成的。版权侵权判定的规则为“接触+实质性相似”规则，在这两类纠纷中，提示词发挥的作用又有所不同。在第一类纠纷中，被告通常会从“实质性相似”入手，以原告的涉案人工智能生成内容不具有独创性为由进行抗辩。这是因为第一类侵权纠纷中被告并未使用人工智能创作，而是利用传统工具创作，以美术作品为例，被告是利用传统创作工具一笔一笔创作的，在没有使用提示词创作的情况下又谈何用提示词的独创性来洗脱自己侵权的嫌疑呢？且在互联网时代，原告作品在网络上非常容易被传播，被告也很难证明自己没有“接触”过原告的作品，只能通过“实质性相似”来抗辩。此时如前文所述，司法机关仅仅需要对原告利用人工智能生成的内容本身进行独创性判断即可，提示词仅仅在独创性判断中发挥辅助性作用。换言之，在此类侵权抗辩中提示词发挥的作用是次要的，决定侵权是否成立的仍然是创作结果。

---

① 袁博：《如何判断摄影作品的独创性》，《中国知识产权报》2018 年 11 月 28 日，第 9 版。

② Feist Publications, Inc. v. Rural Telephone Service Co., Inc., 499 U. S. 340 (1991).

而在第二类纠纷中，涉案作品均由人工智能生成。与第一类纠纷不同的是，被告不是用传统工具创作的作品，而是与原告一样以提示词的选择和安排为创作手段进行创作。此时基于人工智能的技术特点，提示词可以在侵权抗辩中发挥核心性作用，被告通常会从“接触”入手，以未曾接触过原告的提示词进行抗辩。这是因为过去法院在认定版权侵权时，由于互联网时代作品传播的便捷性和广泛性，“接触”要件通常被虚置化，法院通常很容易认定被告“接触”过原告的作品，进而直接进入“实质性相似”要件的判断。然而进入人工智能创作时代，尽管前文提到了人工智能系统在设计时被认为加入了随机性，即便双方输入了独立创作的提示词，但是如果提示词类似或者提示词与人工智能训练数据中已经存在的术语存在共性，那么生成的内容仍可能存在实质性相似，[①] 如果因为技术的局限性而从“实质性相似”角度认为被告构成版权侵权，那么对于对提示词的选择和安排具有独创性的被告是不公平的。因为提示词不具有公开性，被告可能根本就没有“接触”过提示词，即便作品构成“实质性相似”，独立创作的情况下也不应被认定为侵权。但如果从“接触”要件入手，判断被告是否抄袭了原告的提示词，即被告是否对原告的独创性来源进行了抄袭，则更符合人工智能的技术特性：因为如果抄袭的提示词细节越多，则生成的内容也越相似，而提示词又不具有公开性，被告抄袭提示词的行为冲击了著作权法创设的稀缺性及其激励机制，理应具有法律上的可责性。在这种情况下，著作权法鼓励这种独创性努力是合理的。著作权法创设的稀缺性及其激励机制并不会因生成式人工智能的出现而消解和失灵，而是转移至人工智能生成内容背后的智力活动中。[②] 正如美国斯坦福大学马克·莱姆利教授所言，在基于提示词的版权体系中，真正的侵权判定标准不是“作品是否相似”，而是“我是否抄袭了你的提示细节”。[③] 正因提示词的重要性，现在很多公司都在招聘善于提出正确提示词的“提示词工程师”。[④]

---

① Feist Publications, Inc. v. Rural Telephone Service Co., Inc., 499 U. S. 340 (1991).

② 李扬、涂藤：《论人工智能生成内容的可版权性标准》，《知识产权》2024 年第 1 期。

③ “How Generative AI Turns Copyright Upside Down,” Mark A. Lemley, accessed November 10, 2023, https://ssrn.com/abstract=4517702.

④ “Mom, Dad, I Want to Be a Prompt Engineer,” Craig S. Smith, accessed August 8, 2024, https:/www.forbes.com/sitescraigsmith/2023/04/05/mom-dad-i-want-to-be-a-prompt-engineer/?sh-30240059c8ef.

三、对人工智能生成内容版权保护疑虑的回应

本文认为，在符合作品构成四要件的情况下，人工智能生成内容能够构成作品并受到著作权法保护。然而，人工智能创作工具的出现将创作的门槛大大降低，因此有观点担心如果现行著作权法仍然适用“最低程度的创作性”的独创性标准给予人工智能生成内容版权保护，将造成反公地悲剧。① 该观点认为，人工智能生成内容的产量将远高于人类作品，假设承认人工智能生成内容的可版权性，将直接导致大量碎片化的版权出现。一方面这会增加交易成本，进而阻碍作品的利用；另一方面，由于大量人工智能生成内容的存在，会使创作者因担心版权侵权而导致其表达的选择范围受限，影响创作活动。② 还有观点担心大量人工智能生成内容获得版权保护，将冲击艺术家的创作市场，限制艺术家生存空间，阻碍艺术创新。③ 本文认为上述观点值得商榷，理由有如下两个方面。

（一）以版权保护人工智能生成内容不会造成反公地悲剧

首先，现阶段对于人工智能生成内容的版权保护，需要担心的是公地悲剧问题而非反公地悲剧问题。纵观全球，目前由于法律的滞后性等原因，鲜有国家对人工智能生成内容提供版权保护。然而，从前文提到的几个国内外具有代表性的人工智能生成内容极为复杂的生成过程可以看出：人工智能生成内容蕴含了人工智能使用者对提示

① 1998 年 Michael A. Heller 发表《反公地悲剧：从马克思到市场化转型中的产权》，提出反公地悲剧理论。他认为，产权不明和零交易成本导致公地被过度使用而退化或者废弃的悲剧现象，产权过多和交易成本过大则导致公地闲置和资源浪费现象即反公地悲剧。之所以也叫悲剧，原因在于每个当事人都知道资源或财产的使用安排能给每个人带来收益，但由于相互阻挠而眼睁睁地看着收益减少或资源浪费。简单地说，所谓反公地悲剧，就是一个客体上私权利过多所导致的资源浪费现象。Michael A. Heller，“The Tragedy of the Anti-commons：Property in the Transition from Marx to Markets，”*Harvard Law Review* 111，no. 3(1998)：621-688.

② 刘影：《人工智能生成物的著作权法保护初探》，《知识产权》2017 年第 9 期。

③ 例如，2024 年 4 月 2 日，比莉・艾利什(Billie Eilish)、妮琪・米娜(Nicki Minaj)等 246 位国际知名音乐人联署公开信，呼吁 AI 开发者、科技公司、平台和数字音乐服务商停止使用人工智能(AI)来侵犯并贬低人类艺术家的权利，具体诉求包括：停止使用 AI 侵犯及贬低人类艺术家的权利，要求他们承诺不开发与之相关的 AI 音乐生成技术等，不能拒绝向艺术家提供合理报酬。上述音乐人在公开信中写道：“不负责任地使用 AI，就会对我们的隐私保护、人格身份、音乐创作和我们的生计构成巨大威胁。一些较大和较强的公司，未经许可，使用我们的作品来训练 AI 模型……对于许多努力维持生计的音乐家、艺术家和词曲作者来说，这将是灾难性的。”祖薇薇：《AI“音乐创作”横行给音乐家带来哪些隐忧》，《北京青年报》2024 年 4 月 5 日第7 版。

词具有独创性的选择和安排；大量人工智能生成内容能够丰富文化市场，为人们带来更多赏心悦目的作品，也为消费者提供了更多样化的选择。可见，人工智能生成内容有助于实现著作权法促进社会主义文化和科学事业的发展与繁荣的立法目的，将其纳入知识产权的制度框架加以保护，强化作品本身的市场价值，不仅符合知识产权制度的演进逻辑，而且对人工智能产业的长远发展具有重要意义。① 如果不将其纳入著作权法保护，将导致人工智能生成内容任意免费使用，依据激励理论，如果过度地允许免费使用人工智能生成内容，后来的模仿者将处于过分有利的地位，人们由于无法通过著作权法保护自己使用人工智能生成的内容，而将怠于使用人工智能，从而可能导致对人工智能这种知识财产创作工具进行投资的先行者数量减少，最终会导致公地悲剧。② 因此，为了防止这种现象，需要在一定程度上禁止免费使用的行为，当务之急是为人工智能生成内容提供版权保护，而非杞人忧天地担心反公地悲剧。其次，如果大量优秀的人工智能生成内容被赋权保护，导致交易成本上升，这也是市场经济使然，证明市场主体愿意付出成本获得优秀作品，这不是反对为人工智能生成内容提供版权保护的理由。最后，正如前文所述，在人工智能创作时代，“接触+实质性相似”的版权侵权判断规则中，“接触”将成为判断版权侵权的关键，即便两个创作者用人工智能生成了实质性相似的内容，只要被告证明自己没有“接触”到原告的提示词，而是独立运用提示词来生成内容，则被告也不构成侵权，其创作活动也不会受到影响。

（二）人工智能生成内容因缺乏真实性而难以取代人类作品

在照相机刚刚出现的 19 世纪，艺术家深感艺术的终结，也曾担心照相机会威胁到其绘制的美术作品的价值：原来需要耗时耗力、运用长期积累的绘画经验才能绘制出一幅优秀的美术作品，而现在人们只需要按下照相机的快门即可拍摄出一张同样场景的照片。如今几百年过去，显然当初画家们担忧的情况并未出现，艺术并未就此停滞，一幅手工绘制精良的美术作品仍然能够创造出良好的市场价值。几百年来，艺术

① 张平：《人工智能生成内容著作权合法性的制度难题及其解决路径》，《法律科学（西北政法大学学报）》2024 年第 3 期。

② 金春阳、邢贺通：《人工智能出版物版权归属及侵权归责原则研究》，《出版发行研究》2021 年第 9 期。

家们主动或被动地探寻艺术的新出路，从模仿和再现现实转向对内在精神价值的表达，从而推动了现代主义艺术的诞生。[①] 工业革命的历史就是一部人类劳动实现自动化的历史。过去人类的手工艺术品被取代后，人们通常会对机器制造的新奇产品产生最初的迷恋。但是，随着这些工艺品的供应变得日常化和固定化，社会开始越来越重视人类手工生产的成果，尽管它们可能并不完美，效率也不高。事实上，人类手工生产的产品的不完美和稀缺性成为了“真实性”(authenticity)的象征，而机器生产的产品的可负担性、可获得性和普遍性则成为了“非真实性”(inauthentic)的象征。机械化可以自动地精确重复生产活动，使产品产出标准化，达到技术上的完美。人类失误造成的不稳定结果可以被自动消除，消费者可以源源不断地获得价格合理、样式统一和丰富的产品。但是，在这种生产规律的影响下，消费者们开始拒绝成本较低的自动化生产，转而追求生产速度较慢、成本较高的手工艺品，从而有效地以稀缺性取代了丰富性。工匠或传统方法被贴上“正宗”或“真实”的标签，而自动化生产则被诋毁为不真实，即使在生产质量等同于人类劳动的情况下，甚至在自动化生产在质量上优于人类劳动的情况下。错位的颜色、锯齿状的边缘、错误的拇指印都变成了人们所期望的个性化特征，手工艺品中的瑕疵甚至可能成为手工艺者人性价值的象征。[②] 因此，正如巴顿·毕比(Barton Beebe)所言，面对技术的丰富性，真实性重新造成了稀缺性。[③] 以著名的人工智能生成内容《下一个伦勃朗》为例，人们已经可以通过应用人工智能生成具有 17 世纪荷兰伟大的画家伦勃朗风格的画作。然而，无论该画作的风格多么接近伦勃朗，只有最初的伦勃朗亲手绘制的画作才带有真实的光环；人工智能生成的复制品，无论其质量如何，都缺乏这种属性。人工智能生成的伦布朗风格的画作可能因其所蕴含的伦勃朗独特风格而在短期内受到某些人的青睐，但长远来看，却因缺乏伦勃朗真迹所具有的历史和文化价值而难以产生与真迹相当的市场价值。瓦尔特·本雅明(Walter Benjamin)就曾提出，没有了历史沧桑感的作品显然不能称之为艺术品。[④] 综上所述，历史经验证明，人类作品可能在短时间内因人类的好奇心理等因素使然被

---

① 齐卫颖：《人工智能艺术创作基本问题审思》，《中国电视》2023 年第 9 期。

② Dan L. Burk, “Cheap Creativity and What It Will Do,” *Georgia Law Review* 57, no. 4(2023): 1682-1685.

③ Barton Beebe, “Intellectual Property Law and the Sumptuary Code,” *Harvard Law Review* 123, no. 4(2010): 870.

④ 【德】瓦尔特·本雅明：《机械复制时代的艺术作品》，王才勇译，江苏人民出版社，2006，第 51 页。

人工智能生成内容所威胁。但长远来看，人类作品因其真实性不会完全被人工智能生成内容所取代，人工智能“类人性”的辅助艺术创作活动注定难以真正达到“属人性”的人类艺术创作所追求的“求真”“致善”“臻美”。①

四、结语

人工智能时代已然来临，面对新技术革命带来的创作形态变化，既不能固守建立在非人工智能时代基础上的著作权法的概念和逻辑，以落后于时代的、应该被抛弃的过气观点和立场解读人工智能生成内容，也不要步入“马法”的误区，不假思索地一味呼唤制定专门规制人工智能的法律。以体系化的思维发掘现有版权法律制度的适应力，以开放、包容的心态积极运用著作权法对人工智能生成内容予以合理保护与规制，才能使著作权法更好地完成人民赋予其的保护创新的时代使命。

（作者李扬系中国政法大学民商经济法学院教授、博士生导师；邢贺通系中国政法大学民商经济法学院2023级博士研究生）

① 王琦：《人工智能艺术是艺术吗？——以艺术生产为视角》，《社会科学辑刊》2024年第2期。

人工智能生成物中用户的独创性贡献

崔国斌

一、引言

日趋成熟的内容生成式人工智能（AI）系统大大降低了文学艺术创作的门槛，使得普通用户输入文字指令或示意图、设置规格参数就能够指引它生成具有市场价值的生成物。人工智能生成物既具有文学艺术作品的外观，也融入了用户的贡献，从表面来看，将它们纳入著作权法的保护范围是顺理成章的事情。不过，事实并非如此简单。AI 协助创作的进入门槛很低，生成作品的过程高度自动化，作品创作的平均成本几乎可以忽略不计，这些事实导致学术界多数意见认为没有必要对 AI 开发者在生成物中的贡献提供版权保护。部分有代表性的 AI 开发者也主动放弃寻求版权保护。①

在 AI 生成物中，除了 AI 开发者还有用户的贡献，因此，在讨论生成物的作品属性时，需要分别考虑 AI 系统开发者与用户的贡献。限于写作目的和篇幅，本文假定 AI 系统开发者不对生成物提出版权保护主张，仅仅关注 AI 用户是否能够对生成物主张版权保护。这一问题在学术界也同样存在广泛的争议。② 实践中，司法判决和行政

---

① 比如，ChatGPT 就不对生成物主张版权，OpenAI Term of Use，https://openai.com/terms；Stable Diffusion 为开源软件，采用 Creative ML OpenRAIL-M license 的第 6 条也持相同立场，https://github.com/Stability-AI/stablediffusion/blob/main/LICENSE-MODEL，访问日期：2023 年 11 月 30 日。

② 与本文立场有明显差异的国内学者意见，王迁：《再论人工智能生成的内容在著作权法中的定性》，《政法论坛》2023 年第 4 期；熊琦：《AI 生成内容受著作权法保护吗?》，http://www.cipnews.com.cn/Index_NewsContent.aspx?newsId=138949.，访问日期：2023 年 12 月 12 日。

决定的立场也不一致。比如，美国版权局在著名的 Zarya 案中就明确否定用户在 AI 生成物中的独创性贡献，[①] 而北京互联网法院在最新案件中则肯定了用户的作者身份。[②] 虽然这些具体个案的事实并不完全相同，结论未必具有可比性，但是从决策者的分析思路看，各方对于著作权法独创性的底层认识还是存在明显的差异。

在上述背景下，对 AI 用户贡献的独创性问题展开深入研究意义重大。接下来，本文首先将 AI 用户的贡献分成两部分，即用户初始指令的输入（初始阶段）和用户对 AI 输出内容的调整（后续阶段），下文第二和第三部分分别探讨用户在这两个阶段的贡献的独创性，认为用户初始阶段作出独创性贡献的可能性较小，而在后续阶段则可能性很大。相反的意见认为，AI 用户无法预见 AI 输出的具体内容，因而不能被视为 AI 生成物的作者。本文第四部分对这一意见作出系统性的反驳，认为 AI 用户在对 AI 输出物的初稿进行多轮修改时，还是能够在多个环节作出个性化的选择，最终确定 AI 生成物的具体内容。这很可能足以保证 AI 用户成为立法意义上的作者。

二、用户在内容输入阶段的独创性贡献

典型的 AI 生成物含有著作权法关注的各种作品内容，包括文字、绘画、音乐、视听作品等。创作不同类型作品的 AI 系统的工作原理相差甚远，同时，用户与 AI 系统的互动方式也千差万别。因此，在具体个案中，AI 生成物体现用户个性化贡献的程度也有很大差异。笼统地肯定或否定 AI 用户作者身份的主张，都是不妥当的。

为了保证后续讨论的准确性和针对性，本文选择仅仅关注目前引发广泛争议的绘画类 AI 工具用户的独创性贡献问题。其实，仅仅在绘画领域，能够应用户请求自动输出绘画作品的 AI 系统，依旧种类繁多。到目前为止，卷入版权争议比较多的是 Stable Diffusion 和 Midjourney 绘画系统。[③] 即便限缩到这类系统，其中用户与 AI 工具

① “Zarya of the Dawn Decision,” The United States Copyright Office，accessed February 21，2023，https://www.copyright.gov/docs/zaryaof-the-dawn.pdf.

② 李某某诉刘某某侵害作品署名权、信息网络传播权纠纷案，北京互联网法院（2023）京 0491 民初 11279 号民事判决书。

③ GitHub 开源社区 Stable Diffusion 网站：https://github.com/Stability-AI/StableDiffusion，访问日期：2023 年 11 月 10 日；Midjourney 网站：https://www.midjourney.com，访问日期：2023 年 11 月 10 日。

的互动模式依旧千变万化，我们不可能逐一介绍这些互动模式并讨论其著作权法定性。接下来，本文将集中关注在典型的“文生图”和“图生图”模式下，用户在输出初始指令阶段作出独创性贡献的可能性。

（一）“文生图”模式

在“文生图”模式下，用户输入文字指令（提示词），描述自己想要的图片内容，然后 AI 系统就可以依据该文本指令输出大致相关的图片。比如，在北京互联网法院处理的李某某案中，用户为绘制女生图片，初始输入一长串英文的正向提示词，中文翻译如下：“（超逼真照片 1∶3），超高品质高细节的原始图像数据处理格式，彩色照片，外景，日本偶像，高度细节对称且迷人的脸，棱角分明的脸，完美的皮肤，皮肤毛孔可见，梦幻般的黑眼睛，红褐色的辫子，身材匀称，长腿，长筒袜，软对焦，（胶片纹理，生动的色彩，胶片仿真，柯达黄金肖像 100. 35mm，佳能 50f1. 2），镜头光晕，黄金时间，高清，电影，美丽的动态灯光。”与此同时，用户还输入了由接近 200 个英文单词组成的反向提示词，指引 AI 系统避免输出的内容，比如“缺失的手指”“多余的数字”“签名”“长脖子”等。①

AI 系统之所以能够依据文本指令绘出图画，是因为开发者在研发阶段收集了海量的图片，对图片要素进行人工或自动的标注，然后对 AI 系统进行训练，让它将特定提示词与具体画面表达建立对应关联。同时，AI 系统能够自动完成具体画面的渲染，实现特定的艺术风格。以 Stable Diffusion 系统为例，在用户使用 AI 系统输出画面之前，AI 系统通常允许用户选择适合绘制不同风格图片的大模型和更具体的限定人物特征和照片风格的 LoRA 小模型插件（满足定制化需求）。大体上，大模型属于具备基础绘画能力的模型，可以应用户请求绘制各种通用类型的图片，而 LoRA 小模型插件能够在大模型基础上实现更具体地定制 AI 绘图内容。比如，大模型可能具备输出一般人像图片的能力，但是并不精于亚洲女性的刻画。有人利用大量亚洲女性图片训练出 LoRA 小模型。将该插件与大模型结合，就能实现更精细地刻画亚洲女性的画面。显然，专业用户可以利用自己收集的图片训练出自己的 LoRA 模型插件，用来绘

① 李某某诉刘某某侵害作品署名权、信息网络传播权纠纷案，北京互联网法院（2023）京 0491 民初 11279 号民事判决书。

制某些专门类型的图片。比如，借助于专门的 LoRA 插件，AI 系统可以专门绘制特定模特的各种造型图片。[①] 因此，在创作前的 LoRA 模型训练和选择阶段，用户其实就有可能作出自己的个性化贡献。不过，多数用户仅仅是在使用 AI 工具时，选择他人提供的不同的大模型和 LoRA 插件，而不是直接动手去训练此类模型或 LoRA 插件。因此，在后文的讨论中，我们忽略普通用户在这一环节作出贡献的可能性，尽管理论上这一贡献有可能影响法院对用户独创性贡献的评估。

在使用 AI 的“文生图”功能进行创作时，用户一般要先选定大模型和 LoRA 模型（如果有的话），并且赋予 LoRA 模型相应的参考权重，然后再按照既定的互动格式输入正向和反向的提示词，进行图片创作。用户对于 AI 基于特定提示词输出的图片不满意时，可以放弃该图片，要求 AI 重新随机输出；或者修改现有提示词中某些提示词的权重，让 AI 重新输出；或者重新输入新的提示词，让 AI 重新输出，审视不满意后继续放弃，重新输入，不满意，再放弃，再重新输入……这一过程可以不断地重复，直到用户获得满意的画作。比如，用户首先输入“外景，偶像”，AI 系统就会随机输出画面。用户对输出画面不满意，可以不断要求重新生成，也可以输入新的限制性的指令，比如“外景，偶像，棱角分明的脸，完美的皮肤，皮肤毛孔可见，梦幻般的黑眼睛，红褐色的辫子，身材匀称，长腿”，从而增加输出图片符合用户预期的可能性。

为了后文的法律分析方便，这里先假定上述每一轮的 AI 输出都是基于该轮输入的提示词而重新随机输出，不建立在对上一轮输出画面进行选择的基础之上。这里将这一看似无聊且效率较低的“输入提示词——随机生成画面”创作模式定义为单回合暗箱模式。之所以将它称作暗箱模式，是因为在每一轮中用户的贡献仅仅在于不断向 AI 暗箱中输入可能很简单也可能非常复杂的提示词，然后被动地等待 AI 系统随机输出的画面，用户无法事先预见 AI 输出的具体内容。而强调“单回合”是因为用户虽然有可能无数次输入提示词，但是每次都只是在等待 AI 暗箱的输出结果。在这一随机过程中，用户并没有初步选定上一次输出画面，然后让 AI 在这一选定画面的基础上作微调或修改，而是直接每次都从零开始重新随机生成。因此，用户在反复试错的过

① 什么是 LoRA 模型，如何使用和训练 LoRA 模型？Zoozoo 官网，https://zhuanlan.zhihu.com/p/624230991，访问日期：2023 年 11 月 10 日。

程中，并没有将先前的选择结果直接固定并累积下来。

在上述互动过程中，用户是否构思出相对具体的作品内容，取决于用户输入的文本提示词内容的具体程度。如果用户仅仅输入非常简单的指令，比如，“外景，偶像”，然后选定AI随机生成的一幅图片。在这一常见情形下，用户指令充其量只是抽象的思想或基本的概念，没有独创性可言，用户的确对于作品的表达没有任何贡献，对于作品的最终表达也没有预见。我们大致可以说用户在这类图片中的独创性贡献度的量化数值接近0%。如果用户走向另一极端，在脑海中事先构思出一幅十分具体的绘画作品，对于线条的走向、色彩的搭配都有具体的概念，然后通过巨细无遗的语言指令让AI系统将它再现出来，用户的独创性贡献度则会与上一情景有较大区别。当然，这里假定AI系统技术设置允许用户输入如此细致的提示词，尽管现实中AI系统大概率不会这么做(倒是没有技术障碍)，因为这一需求可能只存在于理论推理中。为了便于思考，不妨考虑下面这一极端的假想例子：用户在脑海中将画面分成100×100的方格，这大致有1万个方格。然后通过提示词对每个方格内具体的表达要素和颜色填充提出要求，最终形成一幅整体的“外景”绘画。在这一创作过程中，AI系统接近普通画家所直接控制的画笔，已无所谓多少“智能”可以发挥。AI系统为用户节省的只是各种调色和线条描绘的机械工作。这时候，估计很少有人会否认用户在这一创作过程中对实际预见作品细节的表达，以及对于最终输出的作品作出的独创性贡献。这时候，用户对于最终画面的独创性表达的预见程度可能接近100%。

理论上，用户输入的提示词所体现的用户对于AI输出图片、输出内容的预见度，可能会在0%到100%之间连续分布。在具体个案中，这一预见度的数值如何，取决于用户的具体操作。不过，从现有的实践看，在绝大多数情况下，用户在输入提示词时对AI可能输出的画作的预见程度都很低，接近0%。即便用户写出非常复杂的提示词，比如，由几百条甚至更多的提示词组合在一起，看起来是很长的文本，结论也不例外。这是因为这些提示词文本即便很详细，也无法真正让不同人在脑海里将它所描述的场景准确想象出来，并具有视觉上的一致性。不同的AI系统本身基于相同的提示词指令，可以输出完全不同的画面。① 不仅如此，相同的AI基于相同的提示词指

① Baihai IDP：《理解DALL-E 2，Stable Diffusion和Midjourney的工作原理》，https://zhuanlan.zhihu.com/p/589223078，访问日期：2023年11月10日。

令，也可以输出无数不同的画面。这些AI系统实际上在模仿人类的思考方式。这一输出结果差异足以说明，文本所描述的意象与具体画面之间的巨大鸿沟。即，提示词指令通常并不足以导致画面的相对确定性。因此，除了在上述“100×100的方格”类极端情形下，我们通常不能认为，编写提示词的用户对AI输出画面作出了独创性贡献。

即便用户输入的提示词文本体现了一定的创意，构成著作权法意义上的文字作品，上述结论也不会实质改变。① 毕竟，著作权法对于文字作品的独创性要求很低，有时候7~10个汉字的组合就可能构成文字作品。② 不过，文字作品的版权保护通常并不能延伸到反映该文字作品的绘画作品上（反映剧情的连环画可能是个例外），否则会导致文字作品的版权边界过于模糊，对公共领域内容构成严重的威胁。因此，即便AI用户对其创作的提示词文本享有版权，他也不能因此主张对AI输出画面的版权。在这一点上，很多反对AI用户作者身份的意见是有道理的，值得肯定。

（二）“图生图”模式

除了“文生图”功能外，主流的AI作画工具还许可用户直接输入图形初稿，让AI系统以之为基础进行补充或修改。比如，用户直接利用细棍线条勾勒出想要的人物造型（可以想象一下Nike案中的火柴棍的人形造型），③ 然后让AI模仿该造型绘制出符合该造型具体的人物画面；用户可以输入具体的线描图，然后让AI着色做成立体的画面；用户也可以输入照片或画作初稿，然后指挥AI对它的局部进行修改。对于AI系统而言，“图生图”与前文所述的“文生图”，应该没有本质的区别。在“文生图”的作画过程中，在用户选定AI输出的初稿之后，AI后续的改进工作实际上就很接近“图生图”模式了。这里的差别只是后续改进的图的来源，即用户的原始输入或用户选定的由AI系统随机生成的图片。

如果在“图生图”的创作过程中，用户输入原始初稿后，AI按照简单指令自动输出修改后的画作，未获用户的实质干预，则AI输出画作很可能也只是AI对用户输入

---

① 美国版权局在Zarya案中并未肯定也未否定用户提示词文本的文字作品属性。“Zarya of the Dawn Decision,” The United States Copyright Office, accessed February 21, 2023, https://www.copyright.gov/docs/zaryaof-the-dawn.pdf.

② 崔国斌：《著作权法：原理与案例》，北京大学出版社，2014，第94-95页。

③ 崔国斌：《著作权法：原理与案例》，北京大学出版社，2014，第74页。

内容的演绎。用户并不能对AI演绎的“画面”主张作者身份。当然，在用户输入内容构成独创性表达的情况下，AI输出画作类似于用户作品的演绎版本，大概率含有用户原始输入的独创性内容。因此，用户虽然并非演绎版本的作者，但是其依然能够控制该AI生成物的后续利用，因为任何人使用该AI演绎版本时，都要尊重原作作者即用户的原始贡献。

当然，从著作权法的角度看，“图生图”模式与“文生图”模式还是有重要区别，原因是用户原始输入内容具备独创性的可能性不一样。在“图生图”模式下，用户输入的图形更可能包含画面中的表达性细节，很可能体现了用户的独创性。这些细节被AI系统完整吸收后，使得AI输出画面中自然有了用户的独创性贡献。而在“文生图”模式下，AI一开始输出的画面，虽然经用户选定，但其中的表达性细节通常来源于AI系统，而非用户。因此，该输出物未经后续修改，通常并不体现用户的独创性表达。用户只有在后续的线性改进过程中输入自己更具体的独创性构思，才能使得该输出物呈现自己的个性表达。因此，整体而言，“图生图”模式下，AI输出的作品中体现用户独创性贡献的可能性要远远超过“文生图”模式。

三、用户在内容调整阶段的独创性贡献

在上述“用户输入—AI随之输出”的单回合暗箱模式下，AI输出结果具有很大的随机性。AI输出结果令人不满意时，用户只好让AI重新输出，这样可能要经过很多轮尝试才可能得到满意的图片；或者，输出的图片总是存在这样或那样的缺陷，没有一张刚好让用户满意。显然，这一单回合暗箱模式的工作效率很低，可能会浪费用户大量的时间。同时，还要在图片质量上作出妥协。实践中，专业用户很少单纯依靠单回合暗箱模式来创作图片，相反，他们会更积极主动地介入AI的创作过程。在AI系统输出初始图片后，用户可以对AI输出的细节进行反复选择，最终实质影响定稿的内容。具体而言，AI用户在以下三方面作出贡献：选定AI输出的初始内容；指引AI修改初始内容；“直接上手”改变AI输出内容。这些贡献综合起来，很可能体现用户的独创性贡献，以下分别加以说明。

(一)选定 AI 输出的初始内容

如前所述，即便用户输入非常具体的提示词组合，也不会导致用户被视为对 AI 输出画面作出独创性贡献。不过，在 AI 根据上述提示词输出诸多可能的画面后，用户对这些画面进行审查，从中选出较为满意的画面的行为，用户的选择将是个性化的。原因很简单，AI 基于用户输入的提示词，可以输出无穷无尽的初始图形供用户选择。不同用户的选择自然会有所不同，必然会展现其个性。这与摄影作者选择拍摄对象时的贡献类似，只不过这里选择的是 AI 输出的初始图片，而不是物理的拍摄场景。

不过，脱离更具体的场景，选择单一的初始图片这一行为本身，无法直接让公众评估或感知到选择者自己的个性表达。因此，如前所述，这一选择结果很可能并不满足著作权法的独创性要求。不过，当用户的多个单项选择的结果被放在一起，构成一种新的未曾出现过的组合时，公众更容易感知到选择者(用户)的表达性贡献。即，该汇编结果会更有可能被视为立法意义上的新的表达。因此并不奇怪，美国版权局也承认，如果用户从 AI 输出物中挑选出一定数量的图片，将它们汇编在一起，则用户可能因为自己的汇编具有独创性，而成为该图片汇编作品的作者。①

在没有汇编的情况下，强调用户在选定特定图片的过程中有个性化的贡献，还是有一定意义。在用户后续对选定图片进行修改的情况下，这一选择与后续修改一起，能够增加该图片体现用户独创性表达的机会。这就像多个选择结果放在一起，就会增加整体汇编结果独创性的概率一样。

(二)指引 AI 修改初始内容

用户最有可能作出独创性贡献的环节是，用户选定图片后利用文字指令指引 AI 对其中具体的表达元素进行修改。这里特别强调“文字指令”，是为了将它与后面提到的“直接动手”利用软件工具的绘画功能对视图、线条、色彩等表达要素进行的修改相区别。结合必要的参数选择和鼠标操作，用户通过文字指令能够对自己选定的初

① “Zarya of the Dawn Decision,”The United States Copyright Office, accessed February 21, 2023, https://www.copyright.gov/docs/zaryaof-the-dawn.pdf.

始图片作出各种各样的修改：在指定的画面局部位置添加新的表达元素，修正现有的表达元素的线条或色彩特征，选定并放大画面局部内容而放弃其余，改变局部或全局的绘画风格，调整画面色彩、对比度和视角，等等。这里以绘制人物画为例具体说明。在AI根据用户的提示词输出一幅令人满意的人物画初稿后，用户可以记录下该画面对应的随机种子编号，从而确保AI系统在后续创作过程中能够再现相同的画面作为修改的基础，然后逐步对画面人物的眼镜、发型、眼睛、嘴唇、肤色、服装、背景等细节进行修改。比如，对于眼镜，用户可以在“眼镜”指令后面，输入进一步的限缩指令，要求AI系统将该画面人物配戴的眼镜高度缩小到原来的三分之二，也可以对镜框颜色作调整。这一过程可以单纯通过键盘选择和文本指令输入的方式实现，而无需用户亲手绘制线条和色彩。在AI系统修改眼镜局部、输出修改内容后，用户如果不满意，还可以不断替换，直到出现大致符合用户预期的结果。随后，用户可以重新将修改后的画面的随机种子号固定下来，作为后续修改的新的出发点。接下来，用户可以在这一修改的基础上，选择新的表达元素（比如发型），输入新的限缩指令进行修改。显然，只要用户有足够的时间和精力，这一修改过程可以不断地细化和深入，无穷无尽。

如果将用户指引AI不断修改选定初稿的过程与现有著作权法承认的创作过程相类比，最接近的可能并非摄影行为，而是拼贴画创作、[①] 视频剪辑或汇编等创作行为。以上述假设的人物画创作过程为例，用户从原本无数可能的AI输出画面中选定自己满意的一张人物画作为修改的出发点，然后要求AI对选定画面的诸多“特征”，比如，发型、眼镜、配饰、表情、服装、街景等进行修改。为了方便思考，我们可以将用户使用AI创作的过程想象成用户面对电脑屏幕上无数窗口，AI不断输出画面细节，而用户不断选择、细化的过程。具体而言，用户首先是面对一个空白屏幕，只能针对不断输出的全屏画面进行选择。选定之后，画面内容实际上已经高度具体化。然后，该画面理论上可以被任意分割成为诸多局部屏幕画面。这里的“局部屏幕”是形

① “‘拼贴美学’的创作核心就是：‘复制和挪用现成图像’，直到今天这一特征都未改变”。杜峻岷：《图像与质料：中国“八破画”与西方“拼贴画”的美学特征对比》，《西北美术》2022年第3期；关于拼贴画艺术的入门介绍，“你好当代艺术”知乎公号：《“一分钟了解艺术圈术语”拼贴画（Collage）》，https://zhuanlan.zhihu.com/p/66888886，访问日期：2023年11月10日。

象的说法，对应的是初始画面中具象的表达元素，比如发型、眼镜、配饰、服装等等。显然，“局部屏幕”可以划分得很细，也可以划分得很粗略，这取决于用户修改的意愿，也取决于 AI 系统提供的技术可行性。在每一局部屏幕内，用户可以让 AI 调整已有的画面，随机提供可能的画面供选择，然后用户作出最终选择。显然，在任一“局部屏幕”内，AI 的输出选项也几乎是无穷无尽的，用户的每一次选择也都多少会体现其个性。在诸多的“局部屏幕”的选择确定后，用户会得到一幅自己满意的拼贴画。

在整个改进过程中，AI 用户虽然“动口不动手”，但这并不妨碍该整体画面充分体现了用户对具体表达元素特征的个性化选择。因此，通过文本指令修改 AI 生成画面，在观念上很接近传统的拼贴画的创作过程：AI 用户在很多可以自由选择的“局部屏幕”空间选择 AI 提供的自己满意的“拼贴”元素，最终导致整个拼贴画被具体化，呈现出作者想要表达的思想情感。既然著作权法保护拼贴画类美术作品，保护视频剪辑的结果，也保护单纯基于选择和编排的汇编作品，则我们有充分的理由相信，著作权法也会承认这一基于 AI 用户多回合的精细选择而获得的整体画面的独创性。当然，在具体争议中，用户是否作出了独创性贡献，需要进行个案判断，不能一概而论。

（三）“直接上手”改变 AI 输出内容

现在 AI 绘画系统不仅仅支持用户通过文字或图形指令修改 AI 输出的画面内容，还允许用户按照自己的构思“直接上手”修改画面表达效果。在生成式 AI 系统出现之前，帮助用户“直接上手”的绘图软件工具非常普及，已经在很大程度上替代了传统的画笔和画布。其中，用户经常使用的绘图工具应该是 Photoshop 软件。借助这些工具，用户可以直接剪裁画面的尺幅，直接选择视角、对比度、色彩，直接添加和移除特定的表达元素，利用各种个性化的插件以追求不同的画风（漫画、水彩、油画、素描……），等等。现在，此类绘图软件工具可以无缝插入 AI 绘图工具插件或者与 AI 绘图工具相互融合。这使得用户可以随时将 AI 输出内容放到绘图软件下，然后“直接上手”加工，以追求更为满意的效果。[①] 反之，用户也可以随时将 Photoshop 处理过的图片引入 AI 系统中再加工，比如改为矢量图片，增加像素，修正景深，等等。生成式 AI 工具与传统绘图软件相互之间的功能融合、无缝衔接，显然代表了数字绘画工具的发展方向。

在 AI 与传统绘图软件功能融合的模式下，用户在使用此类工具进行创作时，对 AI 生成物作出个性化调整，将是非常自然甚至是不可避免的结果。这也就意味着，使用此类工具进行创作时，在最终成果中融入用户的独创性贡献也是大概率事件。这时候，著作权法默认使用此类创作工具时用户会作出独创性贡献，也不会产生太大的问题。这就像著作权法处理摄影作品的独创性问题一样：虽然的确有用户在使用相机拍摄照片时并未作出独创性贡献，但是，在多数情况下，假定用户在选择拍摄对象、拍摄手法等方面有独创性贡献。

在著作权法倾向于承认 AI 用户的独创性贡献的情况下，有理由相信，真正有价值可能引发著作权侵权争议的作品，大多是专业用户利用 AI 工具反复调试和修改后才获得的高质量作品，这时候，用户作出上述独创性贡献的可能性原本就很大。单纯输入文本指令，静等 AI 输出画面的单回合暗箱创作模式，将只是业余玩家自娱自乐的情形，不再值得著作权法关注。笼统地反对赋予 AI 用户作者身份的意见，眼里只有这类业余玩家的创作模式，明显是不可取的。

四、用户对输出内容的预见性

否定 AI 用户作出独创性贡献的代表性意见，一直强调用户在创作过程中对 AI 输出内容缺乏准确预见（或事前构思），因此 AI 系统并非基于用户的自由意志在创作。比如，在 Zarya 案中，美国版权局肯定 AI 用户在选定初始的图片之后，继续输入新的修改命令，不断修正图片内容，直至最终达到满意的效果。但是，用户每次输入修

① 比如，在全球范围内引发广泛关注的美国《太空歌剧院》案中，AI 用户 Jason Allen 在利用 Midjourney 创作该作品时，就使用 Photoshop 工具对画面进行修改，并利用另一款 AI 工具 Gigapixel AI 来提升画面像素。“AI Won an Art Contest, and Artists are Furious,” Rachel Metz, accessed February 21, 2023, https://edition.cnn.com/2022/09/03/tech/ai-art-fair-winner-controversy/index.html.

改命令后，并不能控制也不能准确预见输出的结果，而是由AI系统自动完成修改后，用户再决定是否符合自己的预期。① 美国版权局在其《版权登记指南》中强调，用户对系统如何阐释指令和生成内容并不具有最终的控制力，而是由系统自己决定如何执行这些指令，并最终决定输出的表达性因素。因此，该输出结果并非用户创作的成果。②

按照美国版权局的逻辑，摄影创作与AI创作的区别在于，在摄影过程中，摄影师虽然对于相机最终输出的确切线条和色彩也缺乏直接的控制，而取决于相机内部的机械设置，但是，他在绝大多数情况下还是能够事先构思照片的具体内容，比如通过取景框圈定拍摄的范围、事先选定焦距、确定曝光的时间和拍摄的角度等，从而使得摄影师对于相机最终输出的照片还是有比较明确的预期。当然，摄影师的控制和预期与传统的绘画创作过程中，画家对于绘画结果的控制和预期，还是有一定程度的差别——摄影师并不能直接控制摄影作品的线条和色彩的具体选择，这些同样取决于相机内部的算法或机械结构。与摄影师相比，AI用户对于最终线条和色彩的控制更为间接。在“输入指令—生成内容”的单回合暗箱周期中，用户“动口不动手”，无法事先预见AI输出的大致内容，而是任由AI系统随机输出符合用户提示词文本要求的具体表达，然后从中挑选可能中意的初稿方案。

其实，上述反对意见只适用于前述“输入指令—生成内容”的单回合创作模式。在该模式下，即便用户输入很具体的文本指令，也无法预见到AI输出的具体内容。反对意见强调用户无法预见AI输出内容而否定其作者身份，如前所述，是合适的。不过，对于更普遍的多回合线性改进的创作模式，上述分析不再适用。在多回合模式下，用户输入提示词后会选定初始的图片，从而有了非常具体的修改对象。用户后续的修正都针对图片中具体位置的具体表达要素，比如在前文提到的人物画的例子中，用户利用指令修改人物的眼镜尺寸和颜色、发型和颜色、服装样式和色彩等，以及在具体位置添加新的表达因素等。这些实际上都属于很具体层面的表达要素选择，用户

---

① “Zarya of the Dawn Decision,”The United States Copyright Office, accessed February 21, 2023, https://www.copyright.gov/docs/zaryaof-the-dawn.pdf.

② “Copyright Registration Guidance: Works Containing Material Generated by Artificial Intelligence,”Copyright Office, accessed Novermber 10, 2023, https://www.federalregister.gov/documents/2023/03/16/2023-05321/copyright-registration-guidance-works-containing-material-generated-by-artificial-intelligence.

在指引 AI 系统作出修正时，对于图片整体效果的改变有相对具体的预期。这与单一回合的创作过程中，用户单纯输入提示词，不知 AI 系统会输出何种图片的处境完全不同。不仅如此，在用户选定 AI 输出的特定表达要素前，用户已经对于呈现在自己眼前、由 AI 输出的表达细节有明确的认知。换言之，用户在前文所说的每个“局部屏幕”(或窗口)前作出选择，都是基于已经呈现在自己眼前的具体画面细节而作出的。在用户按下确定键时，用户其实非常清楚自己寻找的即确定的表达究竟是什么。美国版权局等反对意见强调用户对细节缺乏预见，是因为他们仅仅将目光放在 AI 系统基于提示词的输出过程，而忽略了更为重要的，即随后用户对具体表达的选择和审定的多个环节工作。

因此，在多回合线性改进的创作模式下，AI 用户并非仅仅输入文本指令然后就静等输出结果，而是很有可能在后续改进过程中，对初稿图片的具体位置作出了独创性的选择。在这一意义上，本文认同 Mark Lemley 教授的评论意见：“随着人们越来越习惯于使用生成式 AI，我们应该期待他们写出越来越细致的指令，将 AI 输出物剪裁成他们希望得到的内容。对计算机的指令足够具体时，就像摄影者对相机发出的足够具体的指令一样，可能体现了创造性(creativity)。”①当然，如果他能够强调一下用户多轮选择的特殊性，就更完美了。

否定 AI 用户贡献的意见认为，用户在选定初始图片后，“针对人工智能最初生成的内容所追加的指示又类似于老师批改作业后提出的修改要求。无论学生据此修改了多少次才定稿，都不能说是老师以学生为‘工具’‘创作’了构成文字作品或美术作品的作业。因为并不是老师的自由意志决定了构成作品的表达性要素”②。其实，这一反对意见关于教师批改作业不能成为作者的结论，也是有前提条件的。其一，在批改作业的场景下，教师通常无意成为合作作者，学生也无此预期，因此即使教师作出独创性贡献，也会被视为主动放弃；其二，教师很多时候只是提出原则性的意见，而不对具体的表达内容提出要求，通常也不会反复对学生提出的具体表达进行选择。用户与 AI 互动的情形与此有明显的区别。AI 用户通常并不存在放弃可能的独创性贡献的

① “How Generative AI Turns Copyright Upside Down,” Mark Lemley, accessed November 10, 2023, https://ssrn.com/abstract=4517702.

② 王迁：《再论人工智能生成的内容在著作权法中的定性》，《政法论坛》2023 年第 4 期。

默示意思表示；AI 用户不仅仅提出原则性的批改要求(初始文本指令的输入)，而是很可能提出非常具体的修改意见(后续的线性修改)。不仅如此，用户还会直接从 AI 反馈的无数可能的细节修改方案中选出自己认为最满意的表达。用户针对表达细节的选择直接决定作品最终的表达细节，因此很有可能作出独创性贡献。反对意见将用户利用 AI 创作的过程，类比为教师指导学生，并不总是可靠的，很容易得出错误的结论。

五、结论

在探讨生成式 AI 带来的立法上的挑战时，我们需要充分了解现有 AI 技术提供的可能性以及用户创作过程的复杂性。在 AI 工具与传统绘图软件功能高度融合的情况下，用户在利用 AI 工具创作时，无论是“文生图”还是“图生图”，用户都有一定的自由发挥的空间。虽然用户在“用户输入文字或图形指令—AI 输出内容”的单一回合中的确不太可能对输出画面内容作出独创性贡献，但是，在多数情况下，用户会在单回合输出初稿的基础上，指引 AI 对它反复修改。经过多轮的线性改进后，用户很可能对作品中的诸多表达细节作出个性化的选择和调整，从而作出独创性的贡献。这时候依旧片面地强调，用户不能预见也无法控制 AI 的输出结果，因而不能主张作者身份，就像当年强调摄影者没有直接描绘照片中线条或色彩因而不能成为作者一样，违反著作权法激励创作的立法目的，并不能实现有意义的公共政策目标。

(作者系清华大学法学院教授)

人工智能生成内容可版权性论证
——从激励理论和产业互动过程出发

李 劼 姬 瑜

一、问题的提出

近年来，人工智能生成内容（artificial intelligence generated content，以下简称AIGC）技术的突破性发展彻底改变了视觉内容的创作方式。与过去依赖画家手动绘制或依赖专业绘图软件多步骤数字绘制不同，如今用户仅需输入文字描述，DALL·E、Midjourney、Stable Diffusion 等工具便能在数秒内生成高度专业化的图像。这种“从文本到图像”的创作范式，不仅使创作周期大幅缩短，更彻底重构了创作流程，画笔、颜料，甚至图层、蒙版等不再必需，生成式人工智能（generative artificial intelligence，以下简称生成式 AI）即可完成点、线、面的生成。当创作转变为“提示词+算法”的协作时，这类图像能否构成版权法上的“作品”迅速成为全球版权法领域的热议话题之一，各国的立法、行政和司法机关也在不断应对迭起的纠纷，积极探索解决机制。

2023 年 11 月，我国北京互联网法院针对“AI 文生图第一案”作出判决，认为原告利用 Stable Diffusion 生成的图片体现出了取舍、选择、安排与设计，是具有独创性的智力成果。AI 的参与本质上仍是人利用工具进行创作。[①] 2024 年 12 月，江苏省常熟市人民法院在“AI 文生图第二案”中确认了原告对利用 Midjourney 生成、再利用

① 北京互联网法院（2023）京 0491 民初 11279 号民事判决书。

Photoshop 编辑的图片享有版权。[①] 然而，至今我国仍有不少学者反对我国司法裁判对AI 生成图片可版权性所持的肯定态度。

与我国司法实践相反，美国版权局已经接连在多起版权登记申请中拒绝将 AI 生成的图片注册为作品。[②] 在美国版权局看来，软件使用者仅仅输入提示词，“作者身份的传统要素”由 AI 执行，是 AI 生成图片取得版权难以逾越的障碍。[③] 由于缺乏对生成图片的足够控制，软件使用者很难成为生成图片的作者。[④] 在 2025 年 1 月发布的《版权与人工智能第二部分：可版权性》中，美国版权局几乎重申了过去在版权登记申请程序中的立场。[⑤]

AI 生成图片的可版权性正是本文关注的问题。目前已有很多文献从本体论出发，对 AI 生成的图片是否具有“独创性”、是否属于“人类智力成果”进行论述，成果渐丰。本文尝试从产业实践的需求出发，暂且搁置本体论上的争议，为这一根本问题的解决提供一个新的视角。中美两国目前积累了相对丰富的行政和司法实践经验，也恰好代表两种典型理念，因此，两国的相关案例、有关机构发布的报告是本文的主要讨论对象。

二、底层理论的选择

（一）“控制理论”存在缺陷

美国版权局在《黎明的扎里亚》案中主张，根据先例 *Burrow-Giles*，“作者”应当是“事实上形成了图像的人”，“充当发明或主导思想”。而原告利用 Midjourney 通过提示词生成图像，提示词中的信息只能“影响”生成的图像，并不能决定具体的结果。原告由于无法预测生成的结果，且缺乏对结果的足够控制，其不能被视为“事实上形

① 江苏省常熟市人民法院(2024)苏 0581 民初 6697 号民事判决书。

② 例如，《通往天堂的入口》案、《黎明的扎里亚》案、《太空歌剧院》案。

③ Copyright Office, Re: Second Request for Reconsideration for Refusal to Register Théâtre D'opéra Spatial (SR # 1-11743923581; Correspondence ID: 1-5T5320R), pp. 6-7.

④ Copyright Office, Re: Zarya of the Dawn (Registration # VAu001480196), p. 9.

⑤ U. S. Copyright Office Copyright and Artificial Intelligence, Part 2: Copyrightability, p. iii.

成了图像的人”或背后“主导思想”的主体。[①] 这种“控制理论”以及对 AI 贡献的“过敏”[②]或许源于美国判例法排除非人力贡献的表达的经验，[③] 例如“天启”的内容[④]、“灵界”口述[⑤]、植物的生长[⑥]、猴子的自拍[⑦]。这些案例中，只有人类通过编排、修改、风格化等方式作出独创性贡献，才可能形成受著作权法保护的作品。控制理论也被我国一些学者借鉴，用来论证 AI 生成的图片不能作为著作权法的保护客体。[⑧]

但是，控制理论所谓的“作者的构思与视觉结果之间的一对一映射关系”只是一种空洞且过时的想象，或许只存在于纸笔作画的部分场景。随着技术的发展，创作者越来越难以理解创作工具的运作原理，也很难在使用前就预测出创作的结果。摄影技术只是一个早期的例子——即便摄影师精心设置光圈、焦距和构图，其最终成像效果既受制于感光材料的化学反应和光学镜头的物理特性，也受到拍摄对象的不可控因素影响。因此，相较于绘画等传统美术创作，摄影呈现出更显著的“被动记录”特性。这种创作主体与创作设备、被摄客体间有限的互动性，使摄影师对最终作品的控制程度明显低于持笔作画的艺术家。在摄影这一目前已经司空见惯的“旧技术”和 AI 这一“新技术”之间，分布着很多作者对作品的控制程度介于二者之间的技术。比如，在工业产品制造领域，设计师使用 Solidworks、Rhino、CAD 等软件向客户、上级和合作者表达其构思或展示半成品。没有这些工具的帮助，人脑即使能构思大体形态，也难以精确量化高度复杂的截面形状和位置关系，作者无法在实际使用工具之前准确预测输出结果。再如，“渲染”是建筑、视频游戏、电影和电视以及设计可视化领域的关键步骤。通过渲染，GPU 基于物理的光照模型将 3D 场景的几何与材质数据转化为 2D 图像。面对数亿级的光路交互，实时预测效果已经远超人脑的算力极限。实际上，

---

① Copyright Office, *Re: Zarya of the Dawn*(Registration # VAu001480196), pp. 9-10.

② “Copyright Registration Guidance: Works Containing Material Generated By Artificial Intelligence,”U. S. Copyright Office, Library of Congress, accessed May 25, 2025, https://www.federalregister.gov/documents/2023/03/16/2023-05321/copyright-registration-guidance-works-containing-material-generated-by-artificial-intelligence.

③ “Copyright Registration Guidance: Works Containing Material Generated By Artificial Intelligence,”, U. S. Copyright Office, Library of Congress, accessed May 25, 2025, https://www.federalregister.gov/documents/2023/03/16/2023-05321/copyright-registration-guidance-works-containing-material-generated-by-artificial-intelligence.

④ Urantia Found. v. Kristen Maaherra, 114 F. 3d 955, 958-59 (9th Cir. 1997).

⑤ Oliver v. St. Germain Found., 41 F. Suppp. 296, 297, 299 (S. D. Cal. 1941).

⑥ Kelley v. Chicago Park District, 635 F. 3d 290, 304-06 (7th Cir. 2011).

⑦ Naruto v. Slater, 888 F. 3d 418, 420 (9th Cir. 2018).

⑧ 王迁：《再论人工智能生成的内容在著作权法中的定性》，《政法论坛》2023 年第 4 期。

技术接管创作中机械性环节的事实早已发生，审美判断和意图设定才是现代创作中专属人类的核心领域。

生成式 AI 和上述软件的核心区别在于技术黑箱性,[①] 但就创作过程来说，使用生成式 AI 创作未必和使用非智能的传统创作软件有不可逾越的区别。就输入提示词[②]、输出结果、调整提示词这一迭代过程来说，设计师使用传统创作软件时，亦需要反复试验参数、多次预览效果，用生成式 AI 创作只是把“数值调节”变为“语义描述控制”。就对生成结果的预测来说，资深的生成式 AI 使用者能通过提示词对生成结果进行约束，正如熟练的传统创作软件操作者能预判调整后的效果一样。这种能力来自与工具频繁互动的经验，而非对底层代码和模型工作原理的理解。美国版权局非常介意“文字”到“图像”跳跃造成的“创造性”控制不足,[③] 但有研究表明，AI 生成过程中提示词的文本特征能够可靠预测输出结果的美学质量和内容构成，即使是简单的线性模型也能准确预判不同提示词生成的图像在审美评分、记忆度和构图等维度的表现。这种可预测的输入—输出关系直接证实了提示词对生成结果具有实质性控制；这也说明用户可以通过优化文本指令(提示词)系统性地提升生成结果的质量。这种控制方式虽然不同于传统设计软件的数值调节，但在引导创作结果方面同样具备一定的精确性和可重复性，完全有潜力符合版权法对人类智力投入的要求。

独创性的要求并不高，“最低程度的创造性”即可。或许是出于对 AI 的贡献“掩盖”人类智力投入的担忧，美国版权局将利用生成式 AI 作画场景下的人类独创性贡献抬高到远超传统创作场景的水平,[④] 甚至直接作出“基于当前通用技术的运作方式，仅凭提示词并不能提供足够的控制力”[⑤]的论断。这一立场将包含在模型选取、提示词运用、参数选择、生成结果选择中的用户取舍完全拒之门外，而这部分互动体现出

---

① “The Black Box Problem: Opaque Inner Workings of Large Language Models,”Sunil Ramlochan, accessed May 16, 2025, https://promptengineering.org/the-black-box-problem-opaque-inner-workings-of-large-language-models/.

② 此处所谓的提示词不仅包括文字描述的正向、反向提示词，还包括随机种子等各种参数，例如李某某诉刘某某侵害作品署名权、信息网络传播权纠纷案的“事实认定部分”。参见北京互联网法院(2023)京 0491 民初 11279 号民事判决书。

③ Copyright Office, Re: Second Request for Reconsideration for Refusal to Register Théâtre D'opéra Spatial (SR # 1-11743923581; Correspondence ID: 1-5T5320R), p. 7.

④ 蒋舸：《论人工智能生成内容的可版权性：以用户的独创性表达为视角》，《知识产权》2024 年第 1 期。

⑤ U. S. Copyright Office Copyright and Artificial Intelligence, Part 2: Copyrightability, p. iii.

的独创性贡献，不仅被我国法院所承认，[①] 也被《日本关于 AI 与版权问题的基本认识》所承认。[②] 因此，作者的人格体现和 AI 生成图片可版权性之间的不兼容是美国版权局人为制造和定义的。满足独创性要求在 AI 生成图片的可版权性问题上并不实际存在困难，仍将讨论局限于此可能过于单薄、理论化，反而逃避了触及产业实践痛点的“真问题”。

（二）“激励理论”更贴近实践痛点

欧美国家尤其是欧洲的版权法，受到人格权说和自然权说的显著影响，独创性被广泛定义为一种人格化方法，作品被视为作者人格的表现。因此，没有人类作者就没有人格，当然也就没有独创性。[③] 受到这种人类中心主义观点影响的独创性概念天然排斥 AI 生成的内容。[④] 而我国的版权法发育于截然不同的社会环境。我国立法保护智力成果，并非出于对自然权学说规则的尊重，而更多是出于功利主义的考量。[⑤] 当然，美国也承认“如何激励人类从事创造”才是版权法设立的核心。[⑥]

版权法功利主义理念基本的解释是：知识产品由于天然的非排他性而具有显著的正外部性。如果法律不能给知识产品的生产者以排他性保证，生产者就很难将这些正外部性内部化，从而无法填补其从事创作所付出的成本，缺乏足够的动力来生产更多的知识产品。[⑦] 知识产品的生产不足会进一步在社会层面带来负外部性。[⑧] 为了克服这种负外部性，法律赋予知识产品的生产者以排他控制，最常见的形式就是财产权。而财产权的主要功能之一就是激励产权人将正外部性内部化，这一激励应当在内部化

---

① 北京互联网法院(2023)京 0491 民初 11279 号民事判决书。

② U. S. Copyright Office Copyright and Artificial Intelligence，Part 2：Copyrightability，p. 28.

③ Giancarlo Frosio，Should We Ban Generative AI，Incentivise it or Make it a Medium for Inclusive Creativity?，in Enrico Bonadio and Caterina Sganga (eds).，A Research Agenda for EU Copyright Law (Edward Elgar，Forthcoming)，p. 9.

④ Giancarlo Frosio，Should We Ban Generative AI，Incentivise it or Make it a Medium for Inclusive Creativity?，in Enrico Bonadio and Caterina Sganga (eds).，A Research Agenda for EU Copyright Law (Edward Elgar，Forthcoming)，p. 10.

⑤ 崔国斌：《知识产权法官造法批判》，《中国法学》2006 年第 1 期。

⑥ Thaler v. Perlmutter，No. 1：22-cv-01564 (D. D. C. 2023). p. 10.

⑦ 【美】威廉·M. 兰德斯、【美】理查德·A. 波斯纳：《知识产权法的经济结构(中译本第二版)》，金海军译，北京大学出版社，2016，第 14-18 页。

⑧ John F. Duffy，“Intellectual Property Isolationsim and the Average Cost Thesis，” *Texas Law Review* 83，no. 4(2005).

的成本将超过内部化的收益(对生产的激励)时停止。① 内部化的成本除了制度成本、交易成本和无谓损失,② 还包括"动态效率损失",即过多版权保护对后续作者创作空间的压缩。③

在AIGC领域,上述边界具体化为利用AI生成图片是否需要版权法的激励,以及如果通过版权法来激励,将带来什么成本,这些成本能否被克服等问题。鉴于AI生成的图片和美术作品没有形式和外观上的差异,且人类具有独创性贡献这一要求不难满足,那么,一旦对上述问题的答案和过去面对传统创作得出的答案一致,AI生成的图片就应当被版权法保护。换言之,我们将问题聚焦于:和传统创作相比,AI带来的内容生产效能提升(如图片创作效率大幅提升)、创作成本的转移(如成本从人力创作转移到模型微调)、价格体系重构(如视觉内容市场价格坍塌)、竞争格局改变(如创作壁垒降低导致创作者数量激增)是否已经撼动了激励创作的底层逻辑?

三、AIGC产业需要版权激励吗?

反对AI生成图片获得版权的学者往往以"激励不必要"为理由,但其所谓的"激励不必要"往往是一种非常笼统、模糊的观点。比如,有学者认为,尽管美国版权法拒绝保护AIGC,美国公司Open AI仍然开发出了ChatGPT;同样,在我国尚未出台相关法律规定的情况下,百度还是开发出了文心一言。④ 这种认识存在致命缺陷——它忽视了包括摄影、电影在内的每一项创作技术都是在法律赋予保护之前出现的,因为法律本身就具有滞后性,无法对技术作出预测。从这一意义上讲,作为一部不得不与新技术频繁互动的法律,版权法对客体的界定更应该保持开放,以保留接纳新艺术形式的灵活性。

但是,这一认识误区带来了两个重要的启示。第一,讨论版权激励是否必要的前

① Harold Demsetz, "Toward a Theory of Property Rights," *The American Economic Review* 57, no. 2(1967): 348.

② 【美】威廉·M. 兰德斯、【美】理查德·A. 波斯纳:《知识产权法的经济结构(中译本第二版)》,金海军译,北京大学出版社,2016,第21-24页。

③ William M. Landes & Richard A. Posner, "An Economic Analysis of Copyright Law," *Journal of Legal Studies* 18, no. 2(1989): 325-335.

④ 王迁:《再论人工智能生成的内容在著作权法中的定性》,《政法论坛》2023年第4期。

提是确定需要激励的主体。尽管鲜有人提出将摄影作品的版权赋予相机生产商，但在AIGC问题上，不断有人以生成式AI开发者、训练者、提供AI生成内容服务的平台（以下统称生成式AI开发者）无需激励为由否定激励必要性。因此，本文将分别讨论对生成式AI开发者和用户的激励是否存在必要性。第二，产业发展是一个动态演进的过程，不会静止不变。相应地，激励政策效果的当前状态，也不能代表其长期不变的未来走向。一旦作出AIGC是否可版权的决定，法律和政策的影响会在未来逐渐显现，待行业的互动模式确立、舆论共识形成后再考虑调整法律往往为时已晚。

（一）生成式AI开发者不需要版权激励

从生成式AI开发者的角度来看，其投入了大量资金和技术来开发、训练高水平的AI，考虑到生成式AI在创作中的关键作用，不将版权赋予开发者可能是不公平的。[①] 然而，从激励的角度来看，公平与否在于生成式AI开发者是否需要通过版权保护获得的收益（将生成式AI的正外部性内部化）补偿其研发投入。申言之，如果生成式AI开发者不能排他地控制用户利用AI生成的内容，他们还能否收回开发成本以维持其继续开发、维护、升级AI的热情？

有关数据统计可以揭示生成式AI的商业化路径——生成式AI开发者的收入主要来自用户使用权限付费和企业API调用，而非销售AI生成的图片。截至2024年8月，Midjourney拥有2077万用户，凭借分级订阅模式（10美元—120美元/月）在2023年实现年收入2亿美元，预计2024年收入为3亿美元。[②] Midjourney软件服务条款第4节明确指出，用户根据适用的法律在最大范围内拥有使用该服务创建的所有资产；如果用户是年收入超过100万美元的公司或公司的员工，必须订阅“专业”或“超级”计划才能拥有该资产。[③] 显然，在AIGC的产业链上，生成式AI开发者处于AIGC产业链的上游，用户处于下游。下游用户利用上游开发者开发的工具进行创作，上游开

① 李若一、王林、贾骥业：《剽窃还是创作：ChatGPT背后的知识产权风险》，《中国青年报》2023年2月21日第6版。

② “Midjourney Statistics 2024-Users, & Revenue,” Ahfaz Ahmed, accessed May 16, 2025, https://openaijourney.com/midjourney-statistics/.

③ “Term of Service, Version Effective,” Midjourney, accessed May 16, 2025, https://docs.midjourney.com/hc/en-us/articles/32083055291277-Terms-of-Service.

发者则通过向下游用户提供服务以获得回报。生成式 AI 开发者既没有参与具体内容的创作，也无意通过出售 AIGC 本身来营利。当用户对生成式 AI 进行商业使用并获利时，生成式 AI 开发者并不会通过对作品主张版权的方式来“瓜分”利益，而是通过收取工具使用费(即服务订阅费)来实现利益的在上下游间的分配。

这一产业互动事实完美对应 AI 是创作工具的比喻，或曰定位。生成式 AI 开发者的“作品”并非 AI 生成的内容，而是生成式 AI 本身，其盈利模式不直接与版权交易相关。工具的提供者显然不要求也不会获得利用工具生产的产品的所有权，这是因为产品的所有权对于工具的购买者或付费使用者来说往往是必要的，如果工具的提供者要求获得产品的所有权，购买工具这一交易就很难发生。这种交易范式对于产品在市场上的后续流通是必要的，也是有利的，因为产品的购买者只需要向产品的生产者(同时也是工具的购买者)支付价款即可获得完整的所有权。

因此，从商业逻辑和产业实践来看，生成式 AI 开发者本质上提供的是智能创作工具而非内容产品，其盈利模式与作者通过版权获得收入的盈利模式存在根本性错位。开发者通过收取订阅费、API 调用费等工具使用费已形成完整的商业闭环，这种服务型收入足以覆盖研发投入并实现持续创新。工具提供者与使用者之间形成的是典型的技术服务关系：开发者通过持续优化算法获得市场回报，使用者通过支付工具使用费(可能)获得完整版权，这种权属分配既符合交易预期又保障了市场效率。更重要的是，版权制度存在的意义在于通过法律为原本不具有排他性的知识产品创造排他性，而生成式 AI 具有天然的排他性(通过技术保护措施等实现)，开发者完全能够通过技术授权机制直接获取经济回报，无需借助下游内容的版权进行间接补偿。当生成式 AI 开发者已通过前端收费实现成本回收时，再赋予其终端产品的版权反而会造成权利体系紊乱和重复激励。因此，无论从产业经济学视角还是知识产权法理来看，将版权赋予生成式 AI 开发者既不合理，也无必要。

(二)生成式 AI 用户需要版权激励

当用户仅仅是非专业用户，其使用生成式 AI 的目的仅仅是娱乐，而非商用、营利时，能否获得生成内容的版权似乎不太重要。但这并非 AIGC 的产业实践现状，更不是生成式 AI 潜在的发展方向。

不难想象，生成式AI成倍于人类的生产效率会迅速提高视觉内容生产行业的社会劳动效率、降低社会平均劳动时间。越来越多的视觉内容生产商为了提高生产效率、赢得市场竞争，不得不抛弃传统的创作工具，转向生成式AI。根据《2023中国广告主营销趋势调查》，36%的广告主已经开始在营销活动中使用生成式AI技术。① 2024年8月的统计显示，Midjouney的用户中，68%是为了娱乐，32%抱有实用性目的。② 后者的比重已经相当可观。我国"AI文生图第二案"的原告就是一名"全职AIGC艺术家"。③ 这说明生成式AI已经催生了一批专门从事生成式AI作画的艺术家(或者说提示词工程师)。以上事实均表明，生成式AI已不是单纯的娱乐工具，而关乎实实在在的生产方式。尽管其效率远超传统手绘或使用传统创作工具制图，但这一过程依然凝结着劳动者的专业投入——从深入研究模型特性、精心设计提示词，到反复调整参数、在海量生成结果中筛选最优方案，再到后期加工，无论这一过程由独立工作的自然人设计师完成，还是由企业的雇员完成，对知识产品的创造都需要激励。许多反对者关于"激励不必要"的观点或是着眼于对生成式AI开发者的激励，或是错误想象了用户使用生成式AI进行创作的过程。

如果生成式AI融入创作产业的未来仍然难以想象，我们可以用相对传统的创作软件的发展作为类比。过去，给复杂的动画图像上色需要大量时间，这一直是动画产业发展的瓶颈。而"渲染"技术极大地提高了上色的速度。因此，动画制作人需要向软件或技术持有者购买专利或服务，并支付使用费。这一交易暗含的条件是，动画制作人明确自己会获得动画的版权，并且能通过版权排他地进行或许可他人进行公开放映、网络传播等营利活动，而这些活动赚取的利润将超过包括购买渲染技术的价格在内的所有人力、物力投入。然而，"渲染"这一动作也是由计算机而不是人类完成的。如果动画制作人知道借助计算机完成"渲染"会导致其丧失对动画的版权，他们就很难产生购买渲染技术的意愿，至少没有动力在诉讼中披露自己使用了渲染技术这一事实。如果立法者或司法者采取美国版权局的立场，期待使用生成式AI变革创作方式

① CTR洞察：《2023中国广告主营销趋势调查》，https://www.ctrchina.cn/rich/report/560，访问日期：2025年5月16日。

② "Midjourney Statistics 2024-Users, & Revenue," Ahfaz Ahmed, accessed May 16, 2025, https://openaijourney.com/midjourney-statistics/.

③ 江苏省常熟市人民法院(2024)苏0581民初6697号民事判决书。

的动画制作人就会被置于这种尴尬的境地。

除了电影和动画制作外，生成式 AI 技术还有无数的商业应用场景。例如，ChatGPT 的自然语言处理能力可以被嵌入到 Microsoft Word 等文本编辑软件中。改进后的软件可以根据用户提供的粗略想法形成文本、高质量翻译或自动修改行文风格。这种改进将大大提高文字编辑的效率。但如果采取美国版权局的立场，新闻社和学术机构在使用这种软件时就要非常慎重，以免被竞争对手抓住把柄，主张其文章已经进入公有领域。事实上，这种类型的争议已经在我国的司法实践中出现过。[①] 此外，Midjourney、Stable Diffusion 的核心技术也可以嵌入到工程制图软件中以提高制图效率。这种改进可能导致绘图方法发生革命性的变化。同样，如果设计师利用以生成式 AI 为核心功能的软件制图会导致其丧失对设计作品的版权，无法对盗用者提起版权侵权诉讼，这一前景就会遭到破坏。因此，如果采取美国版权局的立场，生成式 AI 的发展将很可能在主要面向 C 端用户的水平长期停滞，而很难跨入面向 B 端用户的水平。在 AIGC 领域，C 端用户的付费意愿远远低于 B 端用户，因此，如果不转向 B 端，AIGC 平台很难变现、盈利。[②]

可见，生成式 AI 用户的版权预期直接决定了其使用意愿和付费动力。当专业用户无法确保通过 AI 产出的内容获得版权保护时，其投入的对生成式 AI 的个性化微调、对提示词的构思和优化、对结果的筛选和进一步调整等劳动都将失去法律保障，导致商业回报的不确定性。虽然美国版权局在《版权与人工智能第二部分：可版权性》中承认人类作者对体现在 AIGC 中的可感知部分，以及对该 AIGC 进行的具有创造性的选择、协调、安排或创造性修改享有版权，[③] 但在包含 AI 超过“微不足道”的贡献的内容整体无法获得版权注册的情况下，版权法将如何分别地保护这部分贡献并不明确。这种制度风险无疑会显著抑制企业用户采用生成式 AI 的积极性——广告公司可能放弃智能设计软件，影视工作室可能回归传统制作流程，工程团队可能拒绝 AI 驱动的创作软件；或者，其不得不在发生纠纷时隐瞒创作内容出自生成式 AI 和人类作者的合作这一事实。考虑到原告对版权保护所带来的经济利益的追求，美国版权局

① 北京互联网法院(2018)京 0491 民初 239 号民事判决书。

② 于惠如：《2023，AIGC“钱景”如何?》，https://awtmt.com/articles/3680314，访问日期：2025 年 1 月 19 日。

③ U. S. Copyright Office Copyright and Artificial Intelligence，Part 2：Copyrightability，p. iii.

提出的“通过简要说明 AI 生成的内容来披露并排除相关部分的保护”①的设想能否执行仍然存疑。正如渲染技术的普及依赖于动画制作者对成品版权的确信，生成式 AI 在 B 端市场的深入应用同样需要明确的权利归属安排。缺乏版权激励不仅会阻碍专业用户的生产性投入，更将迫使生成式 AI 产业困于低价值的 C 端市场，难以实现向生产工具的转型。因此，确保用户对 AIGC 的版权预期，是推动 AIGC 产业向高附加值领域发展的关键制度基础。

（三）AIGC 产业的版权激励传导模型

经过以上的讨论，大致可以得出以下生成式 AI 产业的版权激励传导模型图：

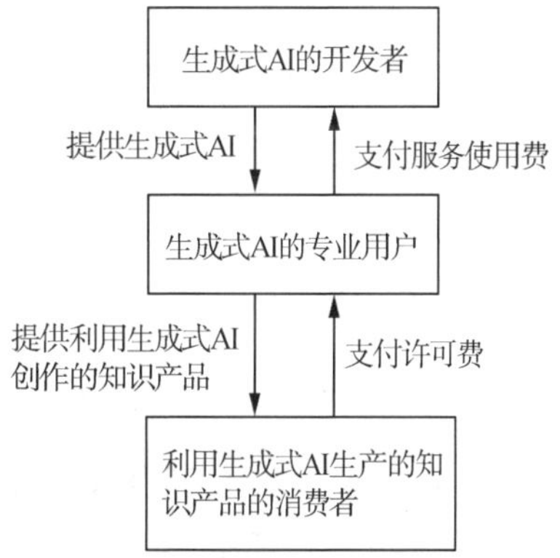

这个传导模型图比较清晰地揭示了 AIGC 产业链的价值传导机制：开发者通过提供生成式 AI 获得服务收益，专业用户通过生产内容获取市场回报，消费者则为优质内容付费，三者形成闭环的经济生态系统。要让这一循环持续运转，法律必须为产业链各环节提供明确的权利保障。具体而言，开发者需要确保其拥有技术服务收费权，而专业用户则需要获得产出内容的版权。这两种保护缺一不可——若专业用户无法确保其对 AIGC 的排他性权利，其对生成式 AI 使用费的支付意愿也会动摇；而开发者若不能预见稳定的收益流，也将丧失根据用户需求持续优化模型的动力。因此，立法者应当建立适配 AI 创作特性的权属规则，确保产业链各主体都能在明确的法律预期下开展商业活动。

四、AIGC 赋权的成本高吗？

前文讨论了内部化 AIGC 的正外部性的收益，即版权激励的必要性。接下来，本

① Copyright Office, Re: Second Request for Reconsideration for Refusal to Register Théâtre D'opéra Spatial (SR # 1-11743923581; Correspondence ID: 1-5T5320R), p. 4.

文将讨论这种内部化的成本。AI 生成的图片等内容具有与人类作品几乎相同的形式和外观，以至于若非借助严密分析，人们往往难以通过肉眼分辨网络上的图片是出自 AI 之手还是摄影师或画家之手。[①] 这使得与传统作品相比，赋予 AI 生成的图片以版权并未导致制度成本(即执法成本，比如监测侵权行为、进行诉讼的成本)、交易成本(作品的潜在付费者与版权人交易的相关成本，比如许可谈判、清算权利等磋商成本)和无谓损失(垄断定价下的福利损失)的显著改变。反对赋权的学者担忧的往往是“动态效率损失”的改变[②]——考虑到 AI 惊人的创作效率，如果赋予 AI 生成的图片以版权，“版权丛林”就会出现，繁复交错的权利保护范围将扼杀后续创作者的表达空间。根据“无限猴子定理”，如果一只猴子在无限长的时间内随机按打字机，那么，理论上它可能输入任何文本，其中也包括莎士比亚的全部作品。在反对赋权的学者看来，生成式 AI 就像那只“无限打字的猴子”一样，正在通过持续且随机地生成文学、艺术领域的内容，将这个假设变为现实。[③]

(一)“独创性”和“实质性相似”是克服“动态效率损失”的屏障

版权法对独创性的要求不仅仅出于对古典、浪漫的作者观的追求，从法经济学上讲，将独创性作为给予版权保护的条件减轻了法院在证明上的负担。由于版权规则容纳“独立创作”，面对先后产生的两份相似作品，法院必须判断后者是否来自对前者的抄袭。[④] 在未来潜在的诉讼中，直接指向“接触”要件的证据并不往往存在，作品符合独创性要求这一事实增加了被告抄袭作品这一推定的可信度。原因是满足独创性要件的作品一般包含大量的、彰显作者个性化选择的“区别特征”，[⑤] 这一结果的出现本身就是一个小概率事件。从这一意义上讲，版权法放松对独创性的要求就会增加后续

① “AI or Not AI：Can You Spot the Real Photos?，”James Martin，accessed May 16，2025，https://www.cnet.com/pictures/ai-or-not-ai-can-you-spot-the-real-photos/.

② Copyright Registration Guidance：Works Containing Material Generated by Artificial Intelligence，p. 16192.

③ Giancarlo Frosio，Should We Ban Generative AI，Incentivise it or Make it a Medium for Inclusive Creativity?，in Enrico Bonadio and Caterina Sganga (eds).，A Research Agenda for EU Copyright Law (Edward Elgar，Forthcoming)，p. 24.

④ 【美】威廉·M. 兰德斯、【美】理查德·A. 波斯纳：《知识产权法的经济结构(中译本第二版)》，金海军译，北京大学出版社，2016，第 107 页。

⑤ 崔国斌：《知识产权确权模式选择理论》，《中外法学》2014 年第 2 期。

创作的成本。[①] 这一方面是因为理论上自由创作空间因为受保护的客体增多而被压缩，即上文提到的“动态效率损失”，另一方面也是因为独创性低的作品导致的“接触”要件推定困难在实际操作中带来了不确定性。

因此，给 AI 生成的图片以版权保护也可能从以下两个方面带来困难。

第一，理论上讲，AI 创作能力带来的作品数量激增是否会过度压缩自由创作空间？通过将 AIGC 与“无限猴子假设”进行比较，拒绝向 AIGC 赋权的学者已经预设了一个前提，即 AIGC 普遍具有较低的独创性和较弱的保护正当性，打出莎士比亚的作品只是无穷多的概率事件中的个别事件。在版权法上，侵权认定和客体成立并不是相互割裂的两个环节，版权控制范围的大小跟作品独创性的高低息息相关。一般来说，作品的独创性越低，版权给予的保护范围就越小。[②] 世界各地的版权司法实践都在通过控制侵权认定来实现最优保护强度的政策目标。这意味着，独创性很低的作品虽然可以满足客体构成要件，但其保护范围非常窄，另一份作品必须几乎完全是复制件才会构成侵权。[③] 因此，如果“AIGC 普遍具有较低的独创性”这一前提成立，后续生成内容必须与 AI 生成的在先作品非常相似，甚至是完全复制在先作品，才能构成侵权。当非专业用户随机选择了一个 AI 平台，不假思索地输入了非常简短或缺乏经验性和专业性的提示词，且既未通过优化提示词继续调整，也未利用传统绘图软件(比如 Photoshop)做进一步修改时，我们接受图片独创性低的假设；此时，除非原样复制，否则不能构成侵权。授予独创性低的 AI 生成图片以版权，留给公众的创作空间仍然非常宽广。[④]

相反，当这一假设不成立，即 AI 生成的图片具有很高的独创性时，受控范围会回归到甚至超过版权保护范围的正常水平。正如本文第三章第(二)节提到的，AIGC 正在向专业化、产业化的方向发展，越来越多的生成内容可能凝结设计师或艺术家对

---

① 【美】威廉·M. 兰德斯、【美】理查德·A. 波斯纳：《知识产权法的经济结构(中译本第二版)》，金海军译，北京大学出版社，2016，第 78-79 页。

② 【美】威廉·M. 兰德斯、【美】理查德·A. 波斯纳：《知识产权法的经济结构(中译本第二版)》，金海军译，北京大学出版社，2016，第 107 页。

③ Elizabeth F. Judge，Daniel J. Gervais，“Of Silos and Constellations：Comparing Notions of Originality in Copyright Law，” *Cardozo Arts & Entertainment Law Journal* 27，(2010)：404.

④ 蒋舸：《AIGC 版权判定的认知经济性分析》，《中国法学》2025 年第 2 期。

提示词和输出结果间关系的经验判断、针对主题和风格所作的审美选择、手动修改调整的结果、企业在用人成本和模型部署调整方面的投资等，这些生成内容具有较高独创性不足为奇。当然，即使是通过低成本的创作偶然得到高独创性的作品（比如小孩随意的涂鸦意外地被认为是天才作品），赋予其高水平的保护也未尝不可，因为与其花费司法成本分辨这种小概率事件，不如接受创作过程投入大小和作品独创性高低之间的偶尔错配。一旦这样的 AIGC 作品进入诉讼，其保护范围就不应当再局限于对作品的原样照抄，而是回归版权法对表达的抽象保护。

因此，无论"无限猴子假设"和"AIGC 普遍具有较低的独创性"是否成立，对 AIGC 赋权都不会在理论上动摇传统版权法过去面对"动态效率损失"找到的平衡。有观点认为，生成式 AI 的创造力本质上只是神经网络对收集到的信息无批判地进行加权平均，并从中学习以创造内容，这些内容仍然在反映源自人类思维的偏见和成见。[①] 因此，AI 不能通过深度学习孵化出全新的观点，人类作者的作品仍将是唯一和永久的燃料。如果接受这一观点，那么等待人类作者发掘的"创新地带"并不会被 AIGC 挤占。当然，AI 的创造力仍在进步，很多科学家相信 AI 能够超过人类的智力水平和创造力。这一前景也不值得担心，促进更多、更好作品的产生本就是知识产权法的目的，当 AI 朝着这一目标前进时，我们为什么又要依靠知识产权法来限制这种进步呢？反对者的担忧本质上反映了对无法估量的创造力和效率的深刻恐慌。然而，人类已经到了一个知识资源足够丰富，以至于不必额外努力创造更多的时候了吗？那一天可能还远未到来。如果 AI 能够生成大量的优质内容，甚至与莎士比亚的作品不相上下，那绝对不会是一场悲剧，反而是我们过去一直渴望的。

第二，承认 AI 生成的图片的可版权性是否会在版权侵权认定中带来操作困难，取决于我们对"实质性相似"、"接触"侵权要件，甚至是合理使用抗辩的把握，沿袭版权法的传统和原理就足以克服这一想象的困难。有学者提出，通过输入提示词进行创作将彻底改变现行的实质性相似测试，以后法院只能通过考虑被告是否复制了原告的提示词来认定侵权。具体而言，首先，不同的提示词可能导致相同的输出，而相同

① Giancarlo Frosio, Should We Ban Generative AI, Incentivise it or Make it a Medium for Inclusive Creativity?, in Enrico Bonadio and Caterina Sganga (eds)., A Research Agenda for EU Copyright Law (Edward Elgar, Forthcoming), pp. 23-24.

的提示词可能导致不同的输出；其次，由于提示词通常不向公众开放，原告将很难证明被告复制了自己的提示词；最后，通过"研究"生成的图像猜测原告使用的提示词来获得相同输出的行为属于"反向工程"，是一种合法行为而非侵权行为。① 这种混乱的假设仍然来自人类中心主义的创作观，倾向于不将 AI 的输出视为用户的表达，而只将操作工具的方法（提示词）视为受保护的表达，本质上仍认可了美国版权局关于"仅仅输出提示词不可能满足人类创造性贡献的要求"的立场。

事实上，AIGC 并不会改变原本的侵权认定框架。在涉及 AIGC 的版权侵权诉讼中，对比的对象仍然应该是图片本身，而不是作为操作方法的提示词。只要两幅画看上去相同或相似，且存在"接触"（比如原告向被告发送过作品或原告的作品已经在主流平台发布），原告的举证责任就已经完成。无论被告是通过猜测提示词利用生成式 AI 生成、使用 Photoshop 合成，还是布置类似的场景并拍摄照片，甚至是用画笔临摹出在后内容，都不会影响侵权（可能侵犯演绎权）成立。版权法允许独立创作但不允许反向工程，这是非常基本且清晰的原则。在过去，故意复刻画作、摄影作品、电影或小说都毫无疑问是侵权行为，那么在使用 AI 进行创作时这些基本原则也不会改变。至于原告对表达的控制能够抽象到什么层次，取决于原告在诉讼中如何证明其在提示词选择、微调和修改中作出的独创性贡献。②

综上，尽管允许 AI 生成的图片进入受版权保护的内容的行列会缩小后续自由创作的空间，但针对这种损失的解决方案本身就内涵在版权法的制度设计之中，AIGC 既没有在理论上改变"动态效率损失"的相对大小，也不会在真实的司法实践中制造意想不到的困难，总体上并没有改变传统版权法的分析框架。因此，授予 AIGC 版权保护并不会比保护传统作品带来更多成本。

（二）与替代方案的成本比较

前文已经论证，承认 AI 生成的图片可版权导致的成本是可以接受的。既然 AIGC 已经成为现实和未来趋势，无论 AIGC 是否成为版权保护的对象，立法和司法都至少

---

① Lemley, Mark A., "How Generative AI Turns Copyright Upside Down," *Sclance and Teohnology Law Review* 25, no. 2(2024): 18-26.

② 蒋舸：《AIGC 版权判定的认知经济性分析》，《中国法学》2025 年第 2 期。

要给出一个方案，而替代方案并非没有成本。下文将考察替代方案的成本。经此，我们才能在认识更完备的状态下考虑是否授予 AI 生成的图片版权。

首先，排除对 AIGC 的保护，让 AIGC 进入公有领域就是一种替代方案。如本文第三部分第(二)(三)点的论证，这一替代方案会导致生成式 AI 的用户得不到排他性权利的激励，这一激励不足也会进一步通过用户付费意愿的降低传导到生成式 AI 的开发者，系统性地降低整个 AIGC 行业的激励水平。但这属于激励收益层面的问题，此处要讨论的是成本问题。这一方案最大的成本就是在司法实践中区别 AIGC 和单纯来自人类作家的作品的制度成本。美国《黎明的扎里亚》案的戏剧性转变就充分说明了这个问题。如果不是美国版权局碰巧在社交媒体上获知《黎明的扎里亚》出自 AI 之手，原注册也不会被撤销。① 控制理论一旦被法院和行政机关所接受，法官和审查员将需要花费高昂的调查成本来确认一部作品是否由 AI 生成。同时，由于成功证明原告内容系 AI 生成则意味着原告丧失权利，任何版权侵权案的被告都会试图利用这一策略。可以进一步推测，即使在原告作品是由人类作者创作的情况下，被告也可能通过主张创作内容系由 AI 生成来干扰诉讼进程。此时，原告还需要花费成本来对被告的主张进行防御。将外观上和传统美术作品、摄影作品几乎没有差别的 AIGC 与美术作品、摄影作品相区别所带来的制度成本可能是超乎想象的。

其次，通过邻接权或其他类知识产权对 AIGC 进行保护也是一种替代方案。但是，现代版权法的模块化构造体现了精妙的制度理性，形成了一套高效的利益平衡框架，仅仅出于对陈旧作者观的抱守转而寻求一套名义上不同的替代方案在制度上很可能是不经济的。② AIGC 与美术作品、摄影作品在性质上的相似性一定会导致以下悖论：针对 AIGC 的邻接权制度和版权法差别越小，其独立于版权法存在的意义就越小、花费司法成本区分 AIGC 和传统作品的意义也越小；反之，针对 AIGC 的邻接权制度和现代版权法差别越大，这套制度就越有可能在司法实践中重新面临过去版权法已经通过若干年的实践修正和化解过的问题。

---

① Naruto v. Slater, 888 F. 3d 418, 420 (9th Cir. 2018).

② 蒋舸：《AIGC 版权判定的认知经济性分析》，《中国法学》2025 年第 2 期。

五、结语

从法经济学视角和激励论出发，在激励必要性方面，尽管生成式 AI 开发者可通过收取工具订阅费实现商业回报，但专业用户的创作投入仍需版权激励以保障其市场收益。鉴于生成式 AI 正在深度融入生产领域，用户通过提示词优化、参数调整等付出的专业劳动若缺乏版权保护，其使用生成式 AI 的积极性将被抑制，进而阻碍产业升级。在激励成本方面，赋予 AIGC 版权并未显著增加传统版权制度的运行成本。"独创性"门槛天然过滤低独创性内容，"实质性相似"判断则限制保护范围；而高独创性 AIGC 与优质的传统作品无异，其保护强度与成本平衡早已被既有版权法规则所涵盖，无需额外设计。相比之下，若拒绝使用版权保护 AIGC，反而需付出高昂的司法成本以区分 AIGC 与人类作品，或被迫构建冗余的邻接权体系，徒增制度复杂性。因此，AIGC 的版权赋权既符合功利主义下"激励创作"的核心目标，又未突破现有制度的成本边界。法律应摒弃形式化争议，将 AIGC 纳入版权框架，以维系产业生态的良性循环。

（作者李劼系中国版权杂志社社长、总编辑；姬瑜系清华大学法学院硕士研究生）

论 AIGC 作品独创性司法认定标准的构建
——基于提示词创作范式下的再思考①

何炼红　谢天艺

一、问题的提出

人工智能技术经历了从小数据到大数据、从小模型到大模型、从专用到通用的发展历程。自 2020 年 GPT-3 与 AlphaFold2 发布以来，计算结构复杂、参数规模庞大的机器学习模型不断涌现，人工智能技术已步入预训练、多模态的大模型时代，新一轮大模型发展热潮已然到来。随着以 ChatGPT 为代表的新一代语言大模型问世，利用 AI 输入相应指令生成的文字、图片等内容的版权问题一直备受关注。作为著作权法中的一个核心问题，作品独创性标准始终是围绕人工智能生成内容（artificial intelligence generated content，以下简称 AIGC）可版权性争议的焦点。

目前，各国司法实践尚未就 AIGC 作品的独创性标准达成共识。美国倾向于采用人类作者“充分控制”标准；② 欧盟以体现作者“创造性选择”为判定核心；③ 英国则沿用传统“劳动、技能与判断”标准，认为缺乏人类作者干预的人工智能生成内容亦具有可版权性；④ 我国法院在“AI 文生图第一案”中提出了体现自然人“智力投入与个性

① 本文系湖南省社会科学基金重点项目“数字环境下开放存取版权问题研究”（项目编号：23ZDB001）的阶段性成果。

② 吴汉东：《论人工智能生成内容的可版权性：实务、法理与制度》，《中国法律评论》2024 年第 3 期。

③ Funke Medien NRW GmbH v. Bundesrepublik Deutschland，CJEU（2019）.

④ Article 178 of the Copyright，Designs and Patents Act 1988，“‘Computer-generated’，in Relation to a Work，Means that the Work is Generated by Computer in Circumstances such that there is no Human Author of the Work”.

表达”的独创性标准。[①] 可见，AIGC 作品独创性司法判断缺乏统一标准和审查逻辑，一方面难以确保类案同判，影响司法公平正义的实现；另一方面，不同国家和地区的司法判断存在较大差异，不利于 AIGC 作品版权保护的国际协调，甚至将引发国际贸易摩擦。大模型时代，AIGC 的版权问题关乎人工智能产业健康发展，而由来已久且愈演愈烈的独创性标准之争已成为一个亟待正视并作出回应的核心议题。当前有必要形成 AIGC 作品独创性司法认定标准共识，为 AIGC 版权保护的司法适用提供清晰指引，以期更好地推动人工智能产业有序竞争和创新发展。

二、AIGC 作品独创性司法认定标准构建的可行性分析

在探讨构建 AIGC 作品独创性司法认定标准时，我们不得不正视各国基于不同的版权理论基础所形成的独创性标准的差异。这些差异植根于各国对版权法理论的独特理解与历史发展轨迹，使得在传统作品领域实现独创性司法认定标准的统一尤为困难。然而，随着人工智能技术的进步和应用，人类创作范式发生了深刻变化，我们或许能够找到一条突破传统束缚、实现司法认定标准统一的新路径。

（一）逻辑起点：AIGC 具备数据驱动特征

AIGC 的核心要素是数据，以数据驱动为特征，决定了其可量化、可分析的数字特性。传统的独创性标准之争围绕文字作品、美术作品及计算机软件等法定客体展开。这些作品主要源自人类直接劳动，因不同国家和地区劳动财产等理论存在差异，对独创性的判断天然具有分歧。例如，黑格尔在其人格理论中将财产权与人之本质相关联，为作者中心主义体系的形成奠定了基础。[②] 受结构主义哲学思潮的影响，作品中心主义侧重于保护作者财产性权利，从作品本身客观特征出发来界定独创性。[③] 两

① 北京互联网法院(2023)京 0491 民初 11279 号民事判决书。

② 林秀芹、刘文献：《作者中心主义及其合法性危机——基于作者权体系的哲学考察》，《云南师范大学学报(哲学社会科学版)》2015 年第 2 期。

③ 李晓宇：《元宇宙下赛博人创作数字产品的可版权性》，《知识产权》2022 年第 7 期。

种思潮逐渐发展为独创性主观标准与客观标准的理论基础，也成为独创性标准主客观之争的重要根源。

作为具有独特生产方式的一类新兴事物，AIGC 不再源于人类直接参与，而是在人类输入一定提示词、参数、符号后，由大模型、算法、生成规则等要素共同组成的人工智能系统生成。在文本、图像及音频生成等领域，大模型皆以数据作为输入和训练的基础，这为构建统一的司法认定标准提供了前提。AIGC 以数据为驱动，又以数据为载体。这些数据一方面具有可量化的特征，为相关数据规模化收集提供了便利；另一方面具有可分析特征，有利于对相关数据进行标签化分类，并可通过数学计算，为发掘数据之间的关联和规律乃至最终作出决策提供支持。尽管当前不同国家与地区之间对人工智能大模型的开发程度存在差异，但上述数据驱动特征为司法实践中界定 AIGC 的作品独创性提供了客观化的前提。

（二）创作过程：数智技术客观化程度不断增强

数智技术即“数字化+智能化”，是在数字化基础上融合智能技术的过程。当前人工智能创作数智技术客观化程度越来越高，表现出创作角色转变、创作流程标准化与生成内容可量化等特点。创作角色转变即在人工智能参与创作的过程中，人工智能的算法、模型和数据等客观因素的作用日益增强，而人类直接参与创作的显性行为（如构思、写作、绘画等）则逐渐减少。这种角色转变体现在创作过程中的各个环节。从初步构思到最终成果的生成，人类创作者的角色逐渐从直接创作者转变为指导者、监督者或编辑者，人工智能的“无形之手”则越来越深地介入其中。创作流程标准化表现为人工智能的设计原理、算法逻辑和数据处理方式的标准存在统一性。例如，通过定义一致的输入输出格式，并设置相同的算法参数，可推动创作流程化运行，使最终生成内容具有一致性。生成内容可量化是以 AIGC 所具备的数据特征为前提的。AIGC 的创作过程、数据输入、算法选择、输出结果等多个环节无不涉及数据挖掘、处理和分析，一方面可以通过技术手段对 AIGC 的最初形式、变化过程进行记录和追踪，分析其产出的逻辑和变化规律；另一方面对最终生成内容也可以进行横向比较，发现不同生成内容在独创性方面的差异，从而推动独创性标准的细化与完善。例如，可通过计算生成内容与已有作品的差异度、生成内容中新颖元素的占比等指标来评估其独创性，这种量化评估方法客观、准确，具有可操作性，为司法实践中认定作品独创性提供了科学思路。

(三)实践认同：各国独创性标准存在公约数

尽管在各国司法实践中，对于AIGC作品独创性的判断标准存在着显著差异，但深入考察各国法律规范及其司法案例时，不难发现各国在AIGC的可版权性态度上存在共识。这些法律实践层面的“公约数”为构建独创性司法认定标准提供了可能性和空间。

第一，人类作者的独创性贡献获得普遍认同。在“《天堂的最近入口》版权注册案”中，美国版权局认为进行版权登记的作品必须具备人类作者的独创性贡献，[①] 并在2023年的《版权登记指南》中将人类作者的贡献细化为“创造性控制”。[②] 欧盟在《数据库法律保护指令》中规定作者智力上的独创性是确定数据库能否适用版权保护的唯一标准，[③] 并将人类作者的独创性要求延续到了其他作品的司法裁判中。[④] 德国在其著作权法开篇中规定“本法所称作品仅指个人的智力创作”，[⑤] 著名学者雷炳德也指出，在德国著作权法中作品创作要求比一般的智力劳动多一点独创性的内容，[⑥] 既强调人类作者的干预因素，也要求作品具备足够的智力创造内容。对于英国而言，尽管其沿用了1988年《版权、外观设计和专利法》中对计算机生成作品的相关规定，认为

① Thaler v. Perlmutter, WL5333236, D. D. C(2023).

② U. S. Copyright Office, “Copyright Registration Guidance: Works Containing Material Generated by Artificial Intelligence,” *Federal Register* 88, (2023): 16190-16192.

③ “Directive on the Legal Protection of Datebases,” European Commission, accessed February 2, 2025, https://cordis.europa.eu/article/id/5845-directive-on-the-legal-protection-of-databases.

④ Infopaq International A/S v. Danske Dagblades Forening, ECR I-06569(2009).

⑤ Section 2 of the Act on Copyright and Related Rights(Urheberrechtsgesetz-UrhG).

⑥ 【德】M. 雷炳德:《著作权法》，张恩民译，法律出版社，2005，第10页。

缺乏人类作者干预、由人工智能生成的作品也可以获得版权保护,① 但这一观点在其国内实践中仍面临诸多争议，尚未形成共识。

第二，AIGC 独创性主观标准受到广泛认可。“独创性主观标准说”指的是界定独创性主要考虑创作过程中是否体现了作者人格因素的学说,② 作品基于作者具有独特风格和特色的独立创作产生，被打上了主体的烙印。③ 以作品为中心，只从客观创作结果出发来判断创作结果是否具有独创性的学说称为“独创性客观标准说”，即从形式上判断其是否与现有的作品表达不一致，并是否能够解读出具有“最低限度的创造性”。④ 目前，除英国坚持客观标准之外，大多数国家都强调以作者人格因素与人类干预来界定 AIGC 的作品资格。国际保护知识产权协会(International Association for the Protection of Intellectual Property，以下简称 AIPPI)于 2019 年通过了一项 AIPPI 决议，决议第 3 条将独创性主观标准以条文的形式明确表述，AIGC 所具备的独创性产生于生成内容形成过程中的人类干预，该独创性应是受版权保护的条件之一。⑤ 这表明独创性主观标准不仅在众多地域广泛适用，而且顺应全球发展趋势，正日益凝聚成为国际社会的一项共识。

第三，强调人类作者独创性贡献、坚持独创性主观标准是我国司法实践的发展趋势。从 2018 年“菲林诉百度案”中认为分析报告并未传递软件研发者或用户的思想、感情的独创性表达⑥，到 2019 年“腾讯诉盈讯案”中指出文章的特定表现形式及其源于创作者个性化的选择与安排，构成法人作品⑦，再到 2023 年“AI 文生图第一案”中

① 英国在《版权、外观设计和专利法》第 178 条规定了计算机作品属于缺少人类干预而生成的，似乎未明确涉及生成式大模型的作品版权保护问题。但在 2022 年 6 月，英国知识产权局在 AI 版权和专利的咨询中针对 AIGC 进行了专门回应，认为没有证据表明现有法律对计算机生成作品的保护有害。据此推断，由 AI 生成的作品也可获得版权保护。

② 王迁：《论人工智能生成的内容在著作权法中的定性》，《法律科学(西北政法大学学报)》2017 年第 5 期。

③ 杨利华、王诗童：《人工智能生成内容的著作权客体性思考——兼论作品判定的独创性标准选择》，《北京航空航天大学学报(社会科学版)》2024 年第 2 期。

④ 易继明：《人工智能创作物是作品吗?》，《法律科学(西北政法大学学报)》2017 年第 5 期。

⑤ AIPPI 中国分会官方网站：《AIPPI 伦敦大会发布〈人工智能生成物的版权问题〉决议》，https://www.ciplawyer.cn/articles/143578.html?prid=108，访问日期：2025 年 1 月 20 日。

⑥ 北京互联网法院(2018)京 0491 民初 239 号民事判决书。

⑦ 广东省深圳市南山区人民法院(2019)粤 0305 民初 14010 号民事判决书。

"生成图片体现了作者独创性智力投入与个性化表达，应被认定为作品[①]，我国法院对 AIGC 的可版权性问题进行了持续探索，始终从人类作者的独创性贡献角度出发，依据人类作者智力创造的具体程度来认定 AIGC 是否满足独创性要件，坚持以作者人格因素为核心的独创性主观判断标准。

可以说，在数据驱动特征的逻辑起点下，基于 AIGC 创作过程中创作角色转变、创作流程标准化、生成内容可量化的特征，结合司法实践中独创性判断强调人类因素的共识，从人工智能系统本身特性出发，构建 AIGC 作品独创性司法认定标准具有可行性。

三、AIGC 作品独创性司法认定标准构建的基本前提

在探讨构建 AIGC 作品独创性司法认定标准时，基本前提是坚持"人类干预原则"。这一原则以独创性主观标准为基础，以分析人类作者智力投入和创造性干预的具体程度为内容，贯穿于 AIGC 创作的全过程。它强调 AIGC 背后人类作者的不可或缺性，即便是通过算法和模型，人类的思想创意与指导仍然是推动创作进程的关键。人类干预原则有助于在版权保护框架下，围绕人类作者的独创性贡献这一要素构建统一的司法认定标准。

（一）人类干预原则的内涵

"干预"的本义为过问别人的事。在心理学上指有计划地对特定对象的心理活动、个性特征施加影响，使之发生向预期目标的变化。[②] 在医学上，干预研究是指通过观察改变环境条件、消除某种因子产生的影响，进行的具有前瞻性的实验研究。[③] 在 AIGC 创作过程中，人类干预指的是人类在 AIGC 的产出过程中实质性介入，并实施

① 北京互联网法院(2023)京 0491 民初 11279 号民事判决书。

② 何伋、路英智、李浒、孟广彦、吴琼等主编《神经精神病学辞典》，南海出版公司，2008，第 626 页。

③ 武广华、臧益秀、刘运祥、杨庆华、李慎廉主编《中国卫生管理辞典》，中国科学技术出版社，2001，第 144 页。

了非辅助的、体现一定智力投入的行为。[①] 就 AIGC 领域而言，人类干预原则是指在 AI 数据挖掘训练、系统运行及内容生成等环节，需系统考量人类因素实质性介入具体程度的一项准则。人类干预原则强调在人工智能创作的过程中，人类的智慧和创造力仍然是不可或缺的要素，是确保生成内容具有独创性的关键。人类可以通过选择介入干预的时间与程度，对 AIGC 的最终形态产生决定性影响。在作品独创性判断中坚持人类干预原则，就是在评估 AIGC 是否具备独创性、能否被认定为作品时，必须强调并考察人类在整个创作过程中的实质性参与和智力投入。

（二）AIGC 创作过程中人类干预的特点

第一，AIGC 创作过程中人类干预具有主观性。在 AIGC 的产出过程中，人类可以主观选择介入干预的时间节点与程度等因素，这些介入因素受人类主观意志的影响，不会因数智技术的客观化特征而受到异化。“异化”指的是人类无法控制塑造日常生活的结构、关系与系统。[②] 英国著名批判传播学者克里斯蒂安·福克斯在其数字劳动理论体系中提出了一个鲜明的论点：揭示客观数字异化并不会自发导致主观数字异化。[③] 例如，将数字技术作为牟利的工具，通过控制产品的使用寿命实现周期性换代以获取稳定利润，体现了人的主观意识并未脱离自身控制，而是以一种非道德的方式施加干预。从 AIGC 的创作视角来看，技术的客观化特征表现为创作脱离人的直接力量，但人类干预的主观性可以制约这一客观数字异化的趋势。

第二，AIGC 创作过程中人类干预具有不确定性。人类可在 AIGC 创作前、创作中以及创作后等任意时间节点进行人类干预，既可以进行充分干预，也可以进行较少干预，这种选择不仅体现在对创作过程的管理和调控上，还体现在对生成内容的把控上。人类可以根据自身的需求和喜好，调整人工智能的创作方向，使其生成的作品更符合人类的审美和价值观。但人类干预的边界比较模糊，干预程度本身难以通过具体

---

① 何炼红、邓韬：《人工智能生成物独创性标准再探讨——兼论人类干预之司法判断模型的构建》，《重庆邮电大学学报（社会科学版）》2021 年第 5 期。

② Christian Fuchs, *Foundations of Critical Theory* (Routledge, 2022), pp. 251-252.

③ Christian Fuchs, *Digital Capitalism* (Routledge, 2022), p. 208.

指标实现量化。不同的AIGC涉及的人类干预程度不同，难以通过客观标准加以类型化。当前司法实践中的AIGC独创性判断难以形成统一标准，很大程度源于人类干预本身的不确定性。

第三，AIGC创作过程中人类干预具有非直观性。针对传统的作品创作，观众可以看到作者是如何参与并发挥作用的，比如画家用画笔一步步勾勒出最终的线条，摄影师调整角度与光线拍摄照片，软件开发人员编写代码形成最后的计算机程序，等等。但在人工智能时代，作者输入一定参数与符号，生成式AI随后产出相应内容，这一过程具有“黑箱”特性，算法本身并不透明。拿出一幅AI生成图片置于眼前，大众可能无法得知人类是如何发挥作用的，人类干预在AIGC创作过程中的作用变得难以直观感知。然而，这并不意味着人类干预不存在或不重要。相反，正是通过这种无形干预，人类才能在不改变人工智能创作机制的前提下，对其生成的作品进行引导和优化。基于此，对人类干预在各个创作环节进行分类讨论与细化，制定出一套符合司法实践需要的认定标准显得尤为重要。

（三）人类干预原则的逻辑基础

独创性主观判断标准是人类干预原则的逻辑基础。独创性主观标准侧重于从创作主体的角度出发，重点关注作品是否体现了作者的个性、意图和创造性努力等人格因素。这一标准以作者为中心，强调作品不仅是客观存在的表达形式，也是作者主观情感和思想的体现。本文认为在判断AIGC独创性时，应采取独创性主观标准，以人类创作者在创作过程中的实际干预程度为依据，这是人类干预原则的逻辑起点。

第一，独创性主观标准存在深厚的理论基础。黑格尔在其人格财产权理论中认为，人格是自由意志的第一个环节，具有权利能力。因此，人格可通过权利占有自己视域下的物，即黑格尔所谓“人于物内体现自由意志，此即所有权”①。此外，洛克在《政府论》中提出的劳动财产权理论认为财产产生的依据是劳动，“谁使任何东西从大自然所提供的状态中脱离，谁就掺杂了自己的劳动，在劳动中加入了自己的东西，从

---

① 【德】黑格尔：《法哲学原理》，范扬、张企泰译，商务印书馆，1961，第59页。

而使其成为自己的财产”①。在 AIGC 的创作过程中，人类将自己的独特人格意志体现到最终创作的成果之中，此过程人类付出了特定劳动，将自己的智力成果或思想掺杂在最终的生成内容中，最终基于此要求主张相应权利。无论是“体现人格意志”还是“人类劳动”，二者都以人为中心，这正是创作过程中蕴含人格因素即独创性主观标准说的理论根基。

第二，独创性主观标准具有广泛的实践基础。美国版权局在《美国版权局实务指南》中规定“仅为机器生成”而没有人类干预的作品将不予登记，并以“猕猴自拍案”为示例，否定了非人类主体作为作品作者的资格，② 其发布的《版权登记指南》规定版权登记人有义务说明人类作者对 AIGC 作品的贡献；③ 德国著作权法开篇规定本法所称作品仅指个人的智力创作；④ 欧盟法院在司法判例中明确作品应源于作者自身智力创作。⑤ 这些法律实践体现出独创性主观判断标准在理论制度层面存在充分的法律认同，在司法实践、版权登记审查方面具备广泛的应用实践。2019 年通过的 AIPPI 决议也意味着这一标准符合世界发展潮流，逐渐成为国际共识。

第三，坚持人类干预原则是独创性主观标准的直接应用。独创性主观标准强调作品应体现作者的个性、意图和创造性努力等人格因素。在 AIGC 创作场景中，这些人格因素的实现离不开人类在创作过程中的实际干预。人类干预有利于使作品融入人类的思考、判断和创造，而不仅仅是机器或技术的产物。这种干预体现在人工智能模型的训练、对生成内容的筛选和修改等方面。人类通过选择介入干预的时间与程度，对 AIGC 的最终形态产生决定性影响，这正是独创性主观标准所强调的“作者中心”和“人格因素”的体现，与人类干预原则中强调人类创作者在创作过程中的主导地位和创造性贡献相呼应。

---

① 【英】洛克:《政府论》，叶启芳、瞿菊农译，商务印书馆，1964，第 19 页。

② “Library of Congress, Compendium of U. S. Copyright Office Practices,” U. S. Copyright Office, accessed February 2, 2025, https://www.copyright.gov/comp3/.

③ U. S. Copyright Office, “Copyright Registration Guidance: Works Containing Material Generated by Artificial Intelligence,” *Federal Register* 80, (2023): 16190-16192.

④ Section 2 of the Act on Copyright and Related Rights(Urheberrechtsgesetz-UrhG).

⑤ Infopaq International A/S v. Danske Dagblades Forening, ECR I-06569(2009).

（四）人类干预原则的意义

坚持人类干预原则是化解伦理风险、阻止科技之“恶”的必要前提。人工智能大模型的广泛应用可能带来多种伦理风险，包括算法层面的虚假性、不确定性、技术偏见①和数据层面的隐私侵权、数据安全威胁，以及社会层面的漠视人类道德秩序、政治腐化等风险。② 在人工智能的设计、开发和部署阶段通过人类干预与积极介入，有利于减少技术被用于不正当目的的行为，推动 AIGC 符合社会道德、伦理和法律规范。对人类干预的程度和效果进行定期评估，并以技术手段(如算法透明度提升、数据隐私保护等)增强干预的有效性和安全性，有助于减少技术滥用导致的价值伦理危机，保障伦理安全。具体到 AIGC 独创性判断层面，通过设立一定标准考量人类实质介入的具体程度，明确人类干预因素在认定作品构成中的作用，比如人类是否提供了关键性的创意、指导或修改建议，以及在构思、设计与修改等方面是否投入充分的智力劳动等，通过紧紧把握作者这一核心，维护人类的主体地位。

坚持人类干预原则是引领科技向善、服务人类福祉的必要途径。科技向善具有以人为本的内涵，人是唯一目的。“向”意指朝某个方向达到某种程度，而“善”在哲学上可定义为“具体事物完好圆满，有利于社会和绝大多数人生存发展的特殊性质和能力”③。科技向善的哲学本质即科技朝人类生活更美好方向发展，人是科技向善的目的。2022 年，我国《关于加强科技伦理治理的意见》明确指出要“不断推动科技向善、造福人类，实现高水平科技自立自强”④。2023 年 11 月，首届全球 AI 安全峰会达成了首份国际性 AI 声明《布莱切利宣言》，发出了加强技术风险防控、坚持以人为本、推动智能向善的倡议。⑤ 坚持人类干预原则，不仅符合我国加强科技伦理治理的政策导向，也与我国政府和国际社会推动科技向善的潮流相契合，助力推动科技应用服务

---

① 滕妍、王国豫、王迎春：《通用模型的伦理与治理：挑战及对策》，《中国科学院院刊》2022 年第 9 期。

② 肖红军、张丽丽：《大模型伦理失范的理论解构与治理创新》，《财经问题研究》2024 年第 5 期；高奇琦：《大模型时代的劳动与行动：以阿伦特为中心的思考》，《人文杂志》2024 年第 3 期。

③ 任继愈主编《中国哲学史(四)》，人民出版社，2010，第 108 页。

④ 新华社：《中共中央办公厅 国务院办公厅印发〈关于加强科技伦理治理的意见〉》，https://www.gov.cn/zhengce/2022-03/20/content_5680105.htm，访问日期：2024 年 11 月 4 日。

⑤ 方晓：《首个全球性 AI 声明：中国等 28 国、欧盟签署〈布莱切利宣言〉》，https://www.thepaper.cn/newsDetail_forward_25153617，访问日期：2024 年 11 月 23 日。

于人类福祉。“向善”不仅是人类干预原则的核心价值之一，更是推动科技与人文和谐共生的关键所在。坚持人类干预原则，意味着在科技发展的每一个环节都应秉持着提升人类福祉、促进社会进步的初衷，确保科技应用能够真正服务人类，实现科技与人文的深度融合与共同发展。

四、AIGC 作品独创性司法认定标准构建的路径

如上所述，坚持人类干预原则对维护作者主体地位以及推动 AIGC 符合道德伦理规范具有重要意义。但因 AIGC 创作过程中人类干预具有主观性、不确定性、非直观性的特点，司法实践中进行实际的 AIGC 独创性判断往往存在较大困难。在独创性主观标准下，这一困难表现为如何将标准客观化、清晰化、范式化。一方面，创作过程中具体体现哪些人格因素，此“人格因素”是否可以通过列举或定义等方式加以释明？此为人格因素客观化问题。另一方面，如果认为 AIGC 创作中涉及人格因素不止一种，创作体现了 a 人格因素却未体现出 b 因素，人格因素究竟达到何种程度可继续适用独创性主观标准？此为人格因素门槛问题。

（一）人类干预司法判断模型：人格因素客观化与门槛问题之解答

笔者曾提出构建 AIGC 人类干预司法判断模型，作为上述问题的解答路径。[①] 通过将 AIGC 常规生成流程划分为“系统创建”“数据选择”“生成内容制造”三个环节，以解答人格因素客观化问题。通过将“特定目标由人类选择（1a）”“输入的数据由人类选择或分类（2a）”“人类发出指令或直接修改得到最终生成内容（3c）”三种情形，作为判断三个环节分别具有人类干预的依据，并对不同情况排列组合，以解答人格因素门槛化问题。AIGC 创作涉及环节和相应的人类干预情形以流程图的形式可归纳如下。[②]

① 何炼红、邓韬：《人工智能生成物独创性标准再探讨——兼论人类干预之司法判断模型的构建》，《重庆邮电大学学报（社会科学版）》2021 年第 5 期。

② 结合 AIPPI 决议的步骤示例与学习指南中所提出的“人类干预总结图表的”，笔者在结合决议范例中情形 2a、2b、3a、3b 和 AIPPI 学习指南中情形 3c 之外，还依据系统创建环节中特定目标是否由人类选择创造性增加了情形 1a 与 1b。

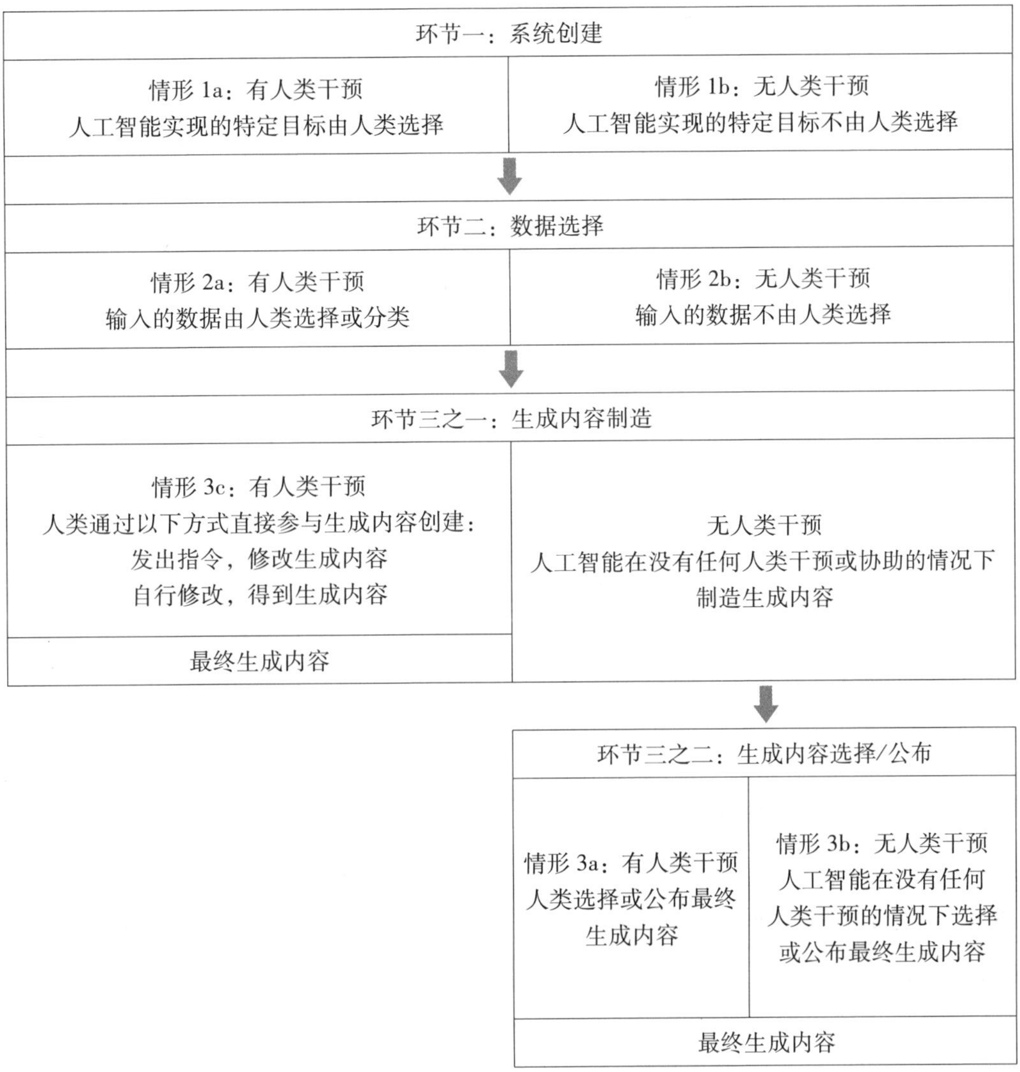

AIGC 产出环节与有无人类干预情形图

认定 AIGC 可以通过独创性主观标准“考验”的具体条件是：在系统创建环节，人工智能系统实现的特定目标须由人类选择；在数据选择环节，输入至人工智能系统的数据由人类选择或分类（确定筛选标准），此时要求构成“关键数据处理”。[①] 或者，在生成内容制造环节，人类发出指令修改生成内容或人类自行对生成内容进行修改，上述情形可概括为“1a+2a”或者“1a+3c”。为便于读者直观理解，所有可能情形和对应

① 何炼红、邓韬：《人工智能生成物独创性标准再探讨——兼论人类干预之司法判断模型的构建》，《重庆邮电大学学报（社会科学版）》2021 年第 5 期。

结论置于下表。

AIGC 干预条件模型可能情形组合与结论对应表

组合情形	是否满足独创性主观标准的条件
1a+2a+3a	是
1a+2a+3b	是
1a+2a+3c	是
1a+2b+3a	否
1a+2b+3b	否
1a+2b+3c	是
1b+2a+3a	否
1b+2a+3b	否
1b+2a+3c	否
1b+2b+3a	否
1b+2b+3b	否
1b+2b+3c	否

通过 AIGC 人类干预司法判断模型将人类主观介入时间与程度等因素类型化呈现，可为独创性主观标准提供一条模式化、流程化的技术判断路径，为司法裁判中判定 AIGC 是否具有独创性提供更明确的指引。当前，鉴于 AIGC 具有的独特创作特点，有必要对环节三中的"3c"情形即"人类发出指令修改以得到最终生成内容"作进一步解释，以期在司法实践中更好应用此模型并作出独创性判断。

（二）提示词：AIGC 的创作核心

提示词指的是对大型语言模型发出的指令，也是一种编程形式，允许用户自定义大型语言模型的输出内容和交互方式。它是人与大型语言模型交流的中介，是依据数据库进行计算、匹配以及协调的关键要素，[①] 其目的在于引导模型生成特定的内容。有学者甚至将提示词称之为"咒语"，就在于提示词的输入以一种惊奇的效果实现了

① 林颖、魏梦婷：《作为后勤媒介的 AI 提示词：大语言模型何以形塑人类语言实践》，《新闻与写作》2024 年第 12 期。

AIGC 的产出。[①] 在 AIGC 的创作过程中，提示词的核心作用体现在以下三方面。

第一，引导创作方向。通过输入特定的提示词，用户可明确告知模型所希望生成的内容类型、风格或主题，从而引导模型朝既定方向进行创作。在文本生成中，用户可以使用描述性、情感性或指令性的提示词来引导模型生成特定风格的文本，或严肃，或幽默，或抒情。在图像生成中，用户可以通过输入色彩、形状、构图等提示词来影响生成图像的风格和主题。在上述方向的初步引导后，用户还可利用提示词进一步细化创作方向。

第二，决定内容质量。提示词的准确性和丰富性直接影响到生成内容的质量和独特性。精心构思的提示词能够激发模型的创造力，生成更加生动、有趣且富有深度的内容。而单一、笼统且缺乏细节的提示词引导创作的内容则可能显得平淡无奇，缺乏吸引力和独特性。用户输入的提示词不仅包含了用户对于创作内容的主题、风格、情感等基本要求，还可能涉及画面的细节、色彩、构图等高级要求。通过精准地运用 AIGC 提示词，用户可以引导 AI 系统生成符合自己预期的高质量内容。

第三，影响最终生成内容的独创性。在环节三的 3c 情形"人类发出指令修改得到最终生成内容"中，此"指令"即人类输入的提示词，其是否体现了人类的个性化思考和创造性努力，是此环节是否存在足够的人类干预的关键，也直接影响对最终生成内容的独创性判断。有学者指出 AIGC 的独创性源自作者对提示词的选择和安排，正是考虑到多回合提示词的精细选择与传统美术作品利用不同线条与色彩体现出作品独创性在底层结构上是相似的。[②] 在"AI 文生图第一案"中，法院认为作品的独创性来源于原告通过对提示词的安排设计，对人物及其呈现方式作出了审美选择与个性判断。可以说，当提示词以一种结构化的形式被输入系统，这一行为本身就暗示着人类对最终产出内容的输出方向和范围进行了划定，即该数据"源自人类"，与独创性之"独"中独立创作源于劳动者本人之义相通。由于人工智能系统的响应与最终输出内容高度依赖于输入提示词的关联性与准确性，因此在环节三讨论用户的干预是否对最终生成

① 屠玥、薛轶丹：《现代"巫术"：人工智能生成内容中的符号和控制系统》，《北京电影学院学报》2024 年第 11 期。

② 李扬、邢贺通：《论人工智能生成内容在著作权法中的定性》，《中国版权》2024 年第 5 期。

内容产生了如环节二中的指导性影响,[①] 可以考虑用户对提示词的选择是否体现了人类的独创性思考。所以，若输入提示词的选择与安排经过了使用者的独特构思和创造，那么可以推断最终生成内容受到了这一输入行为的指导性作用，影响对最终生成内容的独创性判断。

（三）3c情形下人类干预成立判断路径：创造性提示词、个性化体现与“理解”

在环节三的3c情形下，人类向人工智能发出指令（提示词）以便修改生成最终生成内容，或直接修改人工智能制造后的内容以得到最终生成内容，这两种方式都属于“直接参与了生成内容的创建”。在第二种方式下，最典型的表现情形即用户直接在最终生成内容上进行改编，加入了作者的独创性思考，从而达到本环节要求的人类干预程度，依此方式可以较为清晰地作出认定。而在第一种方式中，用户发出指令（提示词）修改生成内容以得到最终生成内容，该情形要认定人类干预完全成立，还需进一步对提示词这一核心要素进行“三步法”再判断。

第一，提示词的类别应属于创造性提示词而非其他类提示词（如搜索性、解释性等）。当前学界对提示词的分类尚未完全形成共识，因不同学者采取不同分类标准而有所差异。本文根据创作的使用目的，将提示词分为以下几类：搜索式提示词，即以搜集整理现有科学、文化知识并回答用户问题为目的，如“世界上最大的鸟是什么?”；思维链提示词，即依据特定思维或逻辑生成内容，如解答出一道复杂的数学题；创造性提示词，即根据人类的个性化思考，指令AI生成特定内容，如创作一幅画、一首诗；解释性提示词，即对特定概念或现象进行解释，如阐释“何为惯性原理?”。创造性提示词与其他类别提示词的本质区别在于，其反映了人类具有生成创造新事物的强烈意愿。这一意愿通过提示词这个关键媒介，历经AI复杂而精巧的运算作用于生成内容中，并可以通过多次增改提示词，使AI系统最终给出用户所满意的、最贴近心中设想的答案。在AIGC独创性判断模型中，环节三3c情形中人类干

① 何炼红、邓韬：《人工智能生成物独创性标准再探讨——兼论人类干预之司法判断模型的构建》，《重庆邮电大学学报（社会科学版）》2021年第5期。

预的成立要求人类发出“指令”修改并生成最终内容。此时人类输入的提示词如果属于搜索性、思维链等提示词，此类生成内容本质上属于内容的提取与组合，是凭借AI系统创建之初的已经设立的框架，发挥其在海量数据中搜索整合并结构化呈现的功能，更类似于某种组织式、咨询式回答。正如我国著作权法实施条例所规定的，“为他人创作进行组织工作，提供咨询意见、物质条件，或者进行其他辅助工作，均不视为创作。”人类此时输入的指令要想符合人类干预的要求，须体现为创造性提示词而非其他类提示词，否则对提示词的选择与安排难以体现出人类的个性化思考，也就难以推断最终生成内容受到了提示词的指导性影响。如“请写一首五言诗”与“请列举一首著名的唐诗”，两者的差距就在于此。

第二，提示词的内容应体现人类的个性选择与独特思考。所输入的提示词如果属于创造性提示词，也仅能说明用户具有令AI生成创造的意愿。如果要求达到人类干预的程度，则该提示词在内容上应有别于机械式的“主题”，也不是对已有提示词的简单复制或模仿。例如，如果提示词仅为“创作一首杜甫风格的诗歌”，则该提示词较为宽泛，缺乏详细的元素或其他细节，无法体现出人类在此有任何智力上的独创投入；如果有这种投入也仅限于对这个主题的选择，难以体现出人类个性化的选择与安排。相反，如果以杜甫35至44岁十年间创作的诗歌作为输入数据，并输入特定的主题、情感、意向、结构等提示词，指令某人工智能诗歌生成系统（假定该模型已足够复杂）生成一首反映该时期特定情感表达的诗作，则该提示词可视为体现了作者个性化的选择与安排，输入的提示词也就更可能对生成内容产生独创性影响。当然，这里的提示词输入也应该区分于非创作的准备活动，即在正式创作之前进行的各种前期准备工作，如构思框架、前期模型调试、背景布局等。① 这些活动虽然对于创作过程至关重要，但它们本身并不构成创作行为的核心部分，尽管这些提示词可能具有足够的细节，但无法通过它们将人类的创作意愿“作用于”最终生成内容。

第三，AI对提示词实现了基本“理解”与响应。这里的“理解”指的是最终生成内容没有脱离人类所欲表达的大致范围，没有错误生成与提示词产生巨大偏差的内容。目前的人工智能还无法像自然人一样理解图形或语义，其生成内容的范围是由设计者

① 何炼红、邓韬：《人工智能生成物独创性标准再探讨——兼论人类干预之司法判断模型的构建》，《重庆邮电大学学报（社会科学版）》2021年第5期。

和训练者对数据样本的标注所决定的。[①] 在实际操作中人工智能有可能因为对输入指令产生了算法上的错误识别或 AI 系统本身的设计调试仍待优化，生成了完全与人类预期不符的内容，此种情形下难以认定最终生成内容的各要素充分体现了人类干预。2024 年 2 月，OpenAI 发布文生视频模型 Sora，有评测用户发布了相关使用体验。用户在输入提示词“A dog flying to a pig”（一只狗飞向一只猪）后，在模型自带的提示词扩展功能下，生成了两个视频片段。第一段展示出了“猪跑向狗”的画面，而第二段中除了奔跑的狗之外，猪的元素直接消失，竟被一张不知名的人脸照片所替代。[②] 当然，出现此种情形可能是提示词过于简单、缺乏必要细节，或是模型调试不足、数据调取错误等原因所致。但不论如何，对比人类输入提示词的基本语义与最终生成内容，显然生成内容与人类输入提示词的预期效果产生了巨大偏差，人类的个性化思考并未经提示词作用至最终生成内容上。此类情形还有很多，例如，要求 AI 画一幅“车水马龙”的街道时，有的 AI 可能会真的画出有车、有水、有马、有龙的画面，而不是理解这一成语所表达的繁忙街道的意象。因而，只有当 AI 基本“理解”了人类个性化选择的提示词，所生成的内容没有脱离人类大脑中所设想的那张蓝图的范围时，才可认定人类个性化的思考实际作用于 AIGC 的创作过程之中。

总之，在环节三“生成内容制造”环节，认定“人类发出指令（提示词）参与生成内容创建”构成人类干预，还需从提示词的类别、内容以及是否被 AI 正确“理解”三方面作出进一步判断。如果提示词属于创造性提示词，体现了人类个性化思考并且生成内容没有与人类预期产生巨大偏差，此时 3c 情形中的人类干预才有可能成立。

（四）提示词视角下人类干预模型的个案检验

构建 AIGC 人类干预模型的目的在于为实际司法裁判中的个案判断提供统一化指引。接下来，本文将结合 AIGC 相关版权典型案例分析验证此司法判断模型的可操作性，以期在提示词创作模式下，为如何更好适用这一司法判断模型提供思考。

以“AI 文生图第一案”为例。第一，原告李某所利用的人工智能系统是 AI 文生图

① 熊琦：《人工智能与版权——法律涵摄技术的路径选择》，《中国版权》2023 年第 3 期。
② 寿步：《再论为什么中国首例人工智能文生图案应当再审？——基于 Sora Turbo 的用户体验过程的视角》，https://mp.weixin.qq.com/s/RTnbq3ki7PY58tI4_7iWKw，访问日期：2024 年 12 月 29 日。

模型 Stable Diffusion,[①] 用于实现文本分类与摘要、文本对话、生成算法等任务。在系统创建时人类已设定了其所实现的特定目标，因此满足环节一中的 1a 情形，即系统创建存在人类干预。第二，根据法院认定事实，原告李某在下载好 Stable Diffusion 文生图模型后，将专用于制作中国风少女人像的模型包移动到“Stable-diffusion”的文件夹，这一行为可视为人类根据特定标准选择了特定数据，属于关键数据处理并对最终生成内容有指导控制影响，符合环节二中的 2a 情形。第三，原告在 AI 文生图模型中输入了诸如“彩色照片”“红褐色辫子”“动态灯光”等正向提示词与“模糊”“突变”“畸形”等反向提示词，在调整参数后按下生成按键，并根据初步生成结果反复调整、增改，最终选出一张图片。[②] 在此过程中，这些提示词服务于文生图功能，包含了大量具体细节，本身具备创造性特征。原告依据“艺术类型+主体+环境+构图+风格”的提示词框架，共计输入 29 个正向提示词、122 个反向提示词得到最终图片，这体现了作者的个性化选择与安排，也说明 AI 对提示词实现了基本“理解”与响应，因此符合 3c 情形的人类干预要求。[③] 所以本案满足“1a+2a+3c”情形，根据人类干预司法判断模型，最终生成内容可以通过独创性主观标准的考验。

以“菲林诉百度案”为例，原告菲林律师事务所利用人工智能系统“威科先行库”自动生成了一份分析报告，并主张对该报告享有版权。[④] 第一，涉案 AI 系统从功能上属于法律统计数据分析软件，其最初设定目标即包括生成数据分析报告，因此符合人类干预模型中环节一“系统创建特定目标由人类选择”的 1a 情形。第二，在数据选择环节，没有证据证明研发者选择了用于生成分析报告的数据或数据筛选标准，所以也不存在进行“关键数据处理”的情况，不符合 2a 情形。第三，为验证涉案 AI 系统的生成创作过程，法院组织了现场勘验，在该系统中仅输入“电影”这一关键词，并限制案件范围与时间后即可得到一份可视化报告，该报告包括了整体情况分析、案由行业分布、裁判结果等详细内容。这意味着对于使用该系统的用户，不用对提示词进行深入考量与个性化选择，就可以生成与案涉报告大致相似的内容。3c 情形下提示词

---

① Stable Diffusion 文生图模型的主要工作原理是利用 Clip 模型将文本转换为表征形式，然后引导扩散模型 u-net 在低维表征上进行扩散，然后将扩散之后的低维表征送入 VAE 中的编码器，实现图像生成。

② 北京互联网法院(2023)京 0491 民初 11279 号民事判决书。

③ 北京互联网法院(2023)京 0491 民初 11279 号民事判决书。

④ 北京互联网法院(2018)京 0491 民初 239 号民事判决书。

“三步法”判断中第二步要求提示词的内容应具有一定具体的个性化细节，而本案单一的关键词更类似于机械式的“主题”，没有体现出人类的独特思考。原告也未提交相应证据证明对最终生成内容进行了直接修改或指令其修改，因此在生成内容制造环节没有达到人类干预要求，不符合3c情形。所以，本案属于“1a+2b+3b”情形(人类未干预生成内容的选择或公布)，难以认为涉案报告满足独创性主观标准的条件，这与法院裁判认为“应用可视化功能自动生成的分析报告不属于传递软件用户思想或感情的独创性表达，该分析报告不是著作权法意义上的作品”的结论相一致。

以2024年10月判决的“AI文生图第二案”为例。法院最终认定案涉图片“在场景、色彩、光影、角度及排列组合等方面体现了作者独特的选择与安排，具有独创性，构成美术作品”[①]。就AIGC的独创性判断过程而言，可继续运用本司法判断模型对法院的说理进行一定的逻辑补充。第一，原告所使用的人工智能系统是Midjourney绘画软件，可根据用户的文本提示生成具有视觉效果的图像，该软件系统实现的特定绘画目标属于由人类选择并设计创建，符合1a情形。第二，在输入指令修改产出最终生成内容前，没有证据表明原告依据任何分类标准输入了相关数据，因此不满足2a情形，即在数据选择环节不存在人类干预。第三，原告在软件中输入“黄浦江边”“漂浮于水面”“大小不一的心形图案”等12个提示词，并在获得初始图片后利用Photoshop软件自行编辑，随后再次导入AI软件，经过多次迭代最终得到了案涉图片。一方面，这些提示词包含了诸多客观细节，体现了作者的创造性及个性化选择与安排，AI生成的内容也未产生较大偏差与误读，符合环节三情形3c中的“人类发出指令修改得到生成内容”的人类干预要求；另一方面，作者在AI生成的基础上利用软件自行调整编辑，也体现了3c情形的第二种方式“自行修改得到生成内容”。这些事实表明了这一环节具有充分的人类干预，因此整个创作过程符合“1a+2b+3c”的要求，通过独创性主观标准的考验。

以2024年最新判决的影响较大的涉平台侵权责任案——“奥特曼案”为例，原告主张被告在经营的Tab网站中，通过AI绘画模块生成了与奥特曼形象构成实质性相似的图片，涉嫌侵犯其复制权、改编权等相关权益。[②] 法院认为，被告未经许可利用

① 江苏省常熟市人民法院(2024)苏0581民初6697号民事判决书。
② 广州互联网法院(2024)粤0192民初113号民事判决书。

网站生成的案涉图片，部分或完全复制了“奥特曼”美术形象的独创性表达，并在此基础上形成了新的特征，侵犯了原告的复制权与改编权。本案中法院未对 AIGC 是否构成作品进行回应，而是直接指出该生成内容侵犯了相关著作权权益。根据法院认定事实，在案涉网站的 AI 绘画模块中输入“生成奥特曼”的提示语，网站即生成了一张保留案涉奥特曼相关形象的图片。如果运用人类干预司法判断模型对本案中 AI 所生成的内容进行独创性判断，本文认为案涉生成内容可能难以符合独创性标准。第一，该模块实现的特定绘画目标属于由人类选择，符合 1a 情形；第二，输入“生成奥特曼”的提示词并不能反映出用户对输入的数据进行了选择或分类，用户对数据的选择并没有对生成结果产生指导或控制作用，因为不同的用户输入相同提示词都可以生成相似的内容，该生成图片不符合 2a 情形中关键数据处理的要素，属于 2b 情形；第三，该提示词虽然属于创造性提示词，但没有体现人类独特的选择与安排，属于单一性的机械“主题”，也没有相关事实表明用户对最终生成内容直接进行了修改，因此不满足 3c 情形。案涉创作过程属于“1a+2b+3a”(用户挑选出了相应图片，对生成内容的选择或公布进行了人类干预，属于 3a)。因此，经过司法判断模型的适用过程，可以认定案涉图片创作缺乏人类干预，尚未满足作品独创性主观标准。

总之，通过以上 AIGC 案例分析可以得出结论，人类干预司法判断模型可为司法裁判补充更完善、更充分的说理论证，也能够帮助在实务中判断 AIGC 是否满足独创性主观标准以及是否构成作品，提供更客观、更有效的司法检验思路。以“AI 文生图第一案”为例，法院依据“涉案图片由原告独立完成，对输入提示词的选择与安排，体现了原告的智力投入与个性化表达”认为 AIGC 构成作品。应用人类干预司法判断模型的思路相对比可知，认为法院是仅从 3c 情形“人类通过指令或者直接修改最终生成内容实现人类干预”出发得出最终结论的。然而，认定人类干预的成立，人类在数据选择环节作出的关键性数据处理也应当得到考量。在图像生成领域，输入的数据集可能包含了某种特定的艺术风格或主题。在音频生成领域，输入数据也可能包含人类的语音语速与情感表达等信息。这些输入数据直接影响了最终生成内容的特点与风格，在界定 AIGC 的独创性过程中，它们与最终生成内容之间的关系也需要加以充分论证和考虑。当然，人类大脑中的想法变为 AIGC 现实产物呈现在人们面前，使用的就是提示词这个神奇的“咒语”。在当下以提示词创作为导向的大模型时代，也应该注重考量提示词本身的分类、蕴含的人类个性化思考以及是否产生较大偏差等因素，在提示词输入所在的生成内容制造环节，缺少任何一个关键要素都可能导致人类的创意并不能完整“作用”于最终的 AIGC 之中。因此，在运用司法判断模型进行检验时，我们应当更加全面地考虑包括数据选择、提示词输入以及修改最终生成内容在内的各个环节，因为这些环节涉及的诸多要素共同构成了 AIGC 作品独创性的判断基础。

五、结语

人类干预司法判断模型为构建 AIGC 作品独创性的司法认定标准提供了一种方案，司法工作者可借助此模型通过多环节逐步检验，对人类干预的程度进行具体化、客观化判定，有助于实现类案同判，化解冲突。当前 AIGC 的创作范式离不开提示词的核心作用，提示词本身的类别、内容等要素不仅引导 AIGC 的创作方向，也直接关乎人类干预是否成立以及 AIGC 最终的独创性认定。因此司法实践中不可忽视对输入提示词的复杂性、准确性与独特性的充分把握，它们是人类创意与意图的直接体现，也是界定 AIGC 作品独创性的关键一环。

在当前人工智能产业竞争日趋激烈的智能化时代，对其伦理考量已“迫在眉睫”，从人类干预这一原则出发，构建 AIGC 作品独创性司法认定标准具有重要意义。2023 年 10 月，我国发布的《全球人工智能治理倡议》指出“发展人工智能应坚持‘以人为本’理念，以增进人类共同福祉为目标，以保障社会安全、尊重人类权益为前提，确保人工智能始终朝着有利于人类文明进步的方向发展”①。大模型时代下，实现科技向善，不能期待技术“自发”产生保护人类的效果，唯有靠人类在设计、使用时“主动”限定技术目的、运行方式，将技术受保护的标尺定在促进人类福祉上，才能有效防范科技发展可能带来的不确定风险，才能在智能时代共享科技发展成果，共谋人类幸福。

（作者何炼红系中南大学知识产权研究院教授、博士生导师；谢天艺系中南大学法学院硕士研究生）

① 中国网信网：《全球人工智能治理倡议》，https://www.cac.gov.cn/2023-10/18/c_1699291032884978.htm，访问日期：2024 年 11 月 18 日。

人工智能生成内容的可版权性国际比较[①]

崔 波 刘舒予

人工智能生成内容(artificial intelligence generated content，以下简称 AIGC)的技术革命正以“成本塌陷”的方式颠覆传统创作生态。以中国 DeepSeek 模型为代表的创新成果大幅降低了推理成本，将其推动到每百万 tokens 1 元，推理成本大幅下探。[②] 根据数据检索平台 Statista 统计，全球 AIGC 市场规模预计在 2032 年达到 3561 亿美元，年度复合增长率达到 46.5%。[③] 然而，当 AI 以近乎零成本生成海量文本、图像、音视频时，现行版权制度的核心逻辑却遭遇挑战：在“人类作者”身份模糊化(如 Stability AI 生成图像中人类仅设定提示词)、独创性判定失焦(如 Midjourney 输出具有不可预测的算法随机性)、创作过程黑箱化(如深度学习模型的决策链不可溯)的三重冲击下，如何重构 AIGC 的可版权性规则，已成为全球版权数字治理的紧迫课题。

当前国际实践呈现“制度性分裂”：美国《通向天堂的近路》案固守“人类创造力不可替代”原则，欧盟《人工智能法案》以“数字水印溯源”构建技术透明标准，中国则通过系列司法判决进行保护模式探索。这种规则碎片化在 DeepSeek 等跨国模型普及的背景下加剧了系统性风险——一个经中国用户微调的 AI 生成广告文案，若在欧盟标

① 本文系国家社科基金重大项目“‘双循环’新格局下中国版权贸易国际竞争力研究”(项目编号：21&ZD322)的阶段性成果。

② 陈昊、于新彦等：《DeepSeek 横空出世，各行业智能化发展展望》，https://www.hstong.com/news/detail/25031714302653326，访问日期：2025 年 4 月 1 日。

③ 创业帮：《北京地区获投遥遥领先；营销、办公及教育场景应用最广丨创业邦 2024 年 AIGC 创新应用洞察报告重磅发布》，https://www.ictdedu.cn/html/special/2024/1218/5292.html，访问日期：2025 年 4 月 1 日。

注水印后发布于美国平台，可能触发三地法律体系的管辖权冲突。

既有研究存在双重局限：其一，多聚焦单一法域分析，缺乏对美、欧、中、日等的系统性比较，难以揭示制度博弈的深层机理；其二，未能充分回应“技术—经济—法律”的联动逻辑，特别是AIGC边际成本趋零对“激励—共享”平衡公式的瓦解效应。为此，本文构建“技术经济学+比较法学”的双维分析框架，提出核心研究问题：当AIGC创作成本突破制度承载阈值时，如何通过国际比较视角重构可版权性规则，以实现技术创新与权利保护的动态平衡？本文运用比较法学方法，系统解构主要国家对AIGC可版权性的态度、可版权性标准的判定、可版权性主体及可版权性目标的演进，梳理全球在人工智能相关版权问题上的做法和思路，为我国推出相关法律法规提供借鉴。

一、AIGC可版权性态度的比较

随着AIGC在全球范围内的广泛应用，各国对AIGC的可版权性态度呈现出显著差异。这些差异不仅反映了各国法律体系和文化背景的不同，也体现了在平衡创作者权益与公众利益方面的不同考量。一方面，一些国家倾向于保护AIGC的版权，以激励技术创新和内容创作；另一方面，也有国家对AIGC的版权保护持谨慎态度，担心过度保护会阻碍信息自由流通和知识共享。这种多样性为国际的比较研究提供了丰富的素材，并促使各国在制定相关政策时借鉴他国经验，寻求更加合理的解决方案。通过深入分析各国的法律框架和实际案例，可以更好地理解这一新兴领域的复杂性和挑战，从而为未来制定统一标准提供参考依据。

（一）审慎保守的态度

在早期版权法历史上，英美法系采取“额头出汗标准”，认为“独立的技能与努力”与“独创性”等同，即“创作过程中有付出且值得复制，就可以获得版权保护”。① 随着经济社会的发展，美国的版权法制度也不断完善，到了20世纪中后期，逐渐形

① Michael Schwartz, “Copyright in Compilations of Facts: Feist Publications, Inc., v. Rural Telephone Service Co., Inc.,” *European Intellectual Property Review* 5, (1991): 178-180.

成了从抽象到具体的独创性认定思路，即当作品具备了一般意义上的“独创性”时，可被认定具有“创造性”。典型案例是1991年美国的Feist案，在这一案例中，美国最高法院确立了美国法现行的独创性标准，即将“最低限度的创造性”视为构成作品的独创性要求。[①] 具体而言，判断一项作品是否具有独创性，必须以作品具有最低限度的创造性为前提，即与现有其他作品相比存在可被区分的变化，就在一定程度上证明了其具备独创性。[②]

然而，根据美国版权局在2023年3月16日发布的《版权登记指南：包含人工智能生成材料的作品》(以下简称《版权登记指南》)，受版权保护的作品的作者必须是人类。[③] 如果作品完全由人工智能生成，且没有人类作者的创造性投入或干预，那么这个作品将不会被美国版权局注册。因此，不能仅依据作品是否具备“最低限度的创造性”这一要素来认定AIGC的独创性。

《版权登记指南》是美国对AIGC可版权性问题的回应，进一步澄清了实践中美国版权局对AIGC进行审查和注册的基本政策。《版权登记指南》明确指出，缺乏人类作者身份的作品将不会被准予注册，主要原因在于美国宪法和版权法使用的“Author”一词，排除了非人类作者，并且根据在先司法案例，美国版权局长期以来一直要求作品必须是人类作者的产物。此外，即使人类作者使用了人工智能工具来创作内容，但只要生成内容中的传统作品要素(如文学、艺术、音乐表达或内容的选择、编排等)是由人类完成的，这部分内容仍然可以获得版权保护。这意味着，如果AIGC是在人类作者的指导下创作的，并且人类作者对内容进行了创造性地选择、编排或修改，那么这部分由人类创作的内容是可以获得版权保护的。正如美国版权局在回复《黎明的扎里娅》的注册申请时的说明，版权保护不适用于由人工智能绘画工具Midjourney生成的部分，而针对这部人工智能辅助完成的漫画中人类完成的部分给予了版权保护。[④] 由此可见，美国对于AIGC的可版权性是持谨慎态度的，并没有“一刀切”式地否定

① Michael Schwartz, “Copyright in Compilations of Facts: Feist Publications, Inc., v. Rural Telephone Service Co., Inc.,” *European Intellectual Property Review* 5, (1991): 178-180.

② 杨利华：《人工智能生成物著作权问题探究》，《现代法学》2021年第4期。

③ “Copyright Registration Guidance: Works Containing Material Generated by Artificial Intelligence,” U. S. Copyright Office & Library of Congress, accessed February 21, 2025, https://www.copyright.gov/ai/ai_policy_guidance.pdf.

④ “Re: Zarya of the Dawn (Registration#VAu001480196),” U. S. Copyright Office, accessed February 21, 2025, https://www.copyright.gov/docs/zarya-of-the-dawn.pdf.

AIGC 的可版权性，而是考察、对比人工智能工具的运用与人类创作的关系，进而判断人类是否在内容生成中进行了具有独创性的创造，从而使得 AIGC 存在受到版权法保护的可能。

（二）积极探索的态度

我国著作权法以要件的方式规定了考察作品构成的制度标准，核心内容包括智力成果、表现形式、可复制性以及独创性。其中，独创性的构成要件是判断任何形式的智力成果是否具有可版权性的关键标准。[①] 由于我国现行法律体系中独创性要件的规范表述存在不确定性，这在版权法理与司法实务领域诱发了解释论层面的二元分化，主要表现为以创作意图为核心的主观论解释进路与以客观论为基准的客观主义解释进路之间的学理分野。

主观论从作者与作品的关系出发，认为作品的独创性来源于作者的思想投入和创造性智力劳动。比如 2019 年 4 月 25 日，在菲林与百度网讯案中，法院认为受版权保护的作品应由自然人创作，因此对计算机软件智能生成的内容，不予版权保护。[②] 主观论基于“作品源于作者独立的、富有个性的创作，打上了其聪明才智的独特烙印，是作者精神与意识的产物”，认为 AIGC 是人工智能模型自动生成的，并未体现创作者的个性特征和创作意图，因而不具有独创性。[③]

客观论则从作品客体而非创作主体出发，认为只要 AIGC 本身“具备区别于其他创作的独有表达”，不具有抄袭等嫌疑，便符合独创性的要求。在腾讯与盈讯科技案中，法院认定，借助 Dreamwriter 软件生成的内容构成作品，可以给予版权保护。在本案中，法院的判决强调了人类智力活动在 AIGC 过程中的参与。虽然内容是在人工智能的帮助下生成的，但它并非单纯由人工智能独自创造。法院强调，深圳腾讯公司创意团队所进行的编排、选择和具体表达等活动，均属于人类智力活动范畴。因此，法院认定该作品具有一定的独创性，受著作权法保护。

---

① 蔡琳、杨广军：《人工智能生成内容（AIGC）的作品认定困境与可版权性标准构建》，《出版发行研究》2024 年第 1 期。

② 郝明英：《论人工智能生成内容的版权认定及法律规制》，《法大研究生》2019 年第 2 期。

③ 王迁：《论人工智能生成的内容在著作权法中的定性》，《法律科学（西北政法大学学报）》2017 年第 5 期。

从上述两个案例可以明显看出，我国在处理 AIGC 的法律属性方面存在模糊性，目前对于这些内容是否享有版权，尚缺乏明确且可操作的法律和行业标准。但与此同时，我国也认识到这一领域的复杂性和挑战性，正在寻求合适的法律和政策框架来解决这些问题，并表现出了积极探索和讨论的态度。在 2024 年全国两会期间，中国作家协会副主席、全国政协常委邱华栋提交了一份关于增强人工智能领域版权保护的提案：完善相关立法，充分发挥行业政策、国标、行标等“软法”的作用，建立人工智能开发者与权利人组织良性对话机制，加快落实人工智能领域版权保护多方主体责任，多方联手共建充分尊重和保护版权的网络清朗空间，推动数字经济高质量发展。① 此外，中国信息通信研究院知识产权与创新发展中心主任李文宇也表示，并非所有的 AIGC 都属于版权的保护范畴，应当遵循中国现行版权相关的法律规则，对 AIGC 是否属于作品进行客观判断。同时，实践中也应从促进创新和平衡产业的发展角度出发，去考量权利归属的最佳方案。②

（三）灵活务实的态度

欧盟在处理 AIGC 的版权问题上显示出了一定的灵活性和适应性。尽管目前尚未有专门针对 AIGC 的版权保护规则，但欧盟议会法律事务委员会在 2017 年就提出了关于机器人技术和人工智能技术的议案，这表明欧盟早已关注人工智能相关的法律和伦理问题，并寻求适时的干预。在该议案中提及了关乎 AIGC 可版权性的内容——要求为计算机或机器人制作的受版权保护的作品制定“自主智力创作”（own intellectual creation）的标准。③

面对人工智能迅速发展的趋势，2020 年，欧盟委员会接续发布了名为《人工智能领域的趋势与发展——知识产权框架所面临的挑战》的报告。该报告的整体结论认为人工智能当前的技术发展水平不需要欧洲的版权法和专利法立即发生实质性的变化，版权法和专利法的现有概念、规则足够抽象和灵活，可以应对人工智能当前的挑战，

① 张君成、李婧璇：《从全国两会看 2024 年版权热点话题——紧扣发展之“要”，唱响版权“好声音”》，《中国新闻出版广电报》2024 年 3 月 14 日，第 A5 版。

② 张聪聪：《出版人都用上 AI 了吗？体验如何?》，《中国出版传媒商报》2024 年 5 月 24 日，第 13 版。

③ “REPORT with recommendations to the Commission on Civil Law Rules on Robotics,” Committee on Legal Affairs, accessed February 21, 2025, https://www.europarl.europa.eu/doceo/document/A-8-2017-0005_EN.pdf.

邻接权制度可能会扩展到各个领域“未经授权”的 AIGC。① 2024 年，欧洲议会通过的《人工智能法案》首次将生成式 AI 纳入全面的系统性监管，围绕版权透明度、风险分类和内容标识构建了具体规则。尽管欧盟早期认为现有法律可应对 AI 挑战，但《人工智能法案》的出台显示其转向更积极的监管干预。例如，法案将 AI 系统按风险等级划分为四类(不可接受的风险、高风险、有限风险、轻微风险)，其中生成式 AI 因可能影响选举、传播虚假信息等被归类为高风险或有限风险，需履行额外义务。这种分级管理机制结合了风险预防与技术创新的平衡，体现了欧盟“以透明度控风险”的核心逻辑。② 由此可见，欧盟在 AIGC 版权治理上实现了从原则性框架到操作性规则的跨越，既延续了早期对法律灵活性的依赖，又通过新的法案填补了监管空白。同时，欧盟也在不断探讨和评估人工智能技术在知识产权保护方面的应用和影响，以期建立更加完善的法律和道德框架。

(四)持续推进的态度

英国在 AIGC 的版权制度构建上呈现出持续探索的渐进式立法特征，其法律演进可分为制度奠基期、政策调试期、动态平衡期三个阶段。在制度奠基期，英国早在 1973 年便前瞻性成立版权法修正委员会，专项研究计算机创作物的版权归属。这一机制创新催生了《1988 年版权、外观设计和专利法》第 9 条，将“计算机生成的文学、戏剧、音乐或艺术作品”纳入版权客体，明确规定其权利归属于“对作品创作进行必要安排的主体”。③ 这为以后 AIGC 版权保护奠定了法理基础。在政策调试期间，面对生成式 AI 的技术突破，英国知识产权局于 2021 年 10 月启动为期 10 周的公众咨询，重点探讨两大议题：人工智能和知识产权互动与人工智能对知识产权制度的影响。虽然英国最终没有修订相关的法律，但是从知识产权局的网站，可以看出该局表明了对

---

① “Trends and Developments in Artificial Intelligence: Challenges to the Intellectual Property Rights Framework: Final Report,”Christian Hartmann, Jacqueline E. M. Allan, P. Bernt Hugenholtz, João P. Quintais and Daniel Gervais, accessed April 8, 2025, https://digital-strategy.ec.europa.eu/en/library/trends-and-developments-artificial-intelligence-challenges-intellectual-property-rights-framework#: ~ : text = This% 20Report% 20examines% 20the% 20state% 20of% 20the% 20art.

② “Artificial Intelligence Act,” European Parliament and the Council of the European Union, accessed April 8, 2025, https://eur-lex.europa.eu/eli/reg/2024/1689/oj/eng.

③ 杨利华：《人工智能生成物著作权问题探究》,《现代法学》2021 年第 4 期。

AIGC 的态度："目前没有证据表明对计算机生成的作品的保护是有害的，AI 的使用仍处于早期阶段。因此，无法对任何一个（征求意见中所提供的）选项进行适当评估，任何更改都可能产生意想不到的后果。我们将不断审查法律，如果有证据支持，我们可能会在未来修改、替换或取消对计算机生成物的保护；对于 AI 设计的发明，我们现在不打算修改英国专利法……但我们将继续审查这一领域的法律，以确保英国专利制度支持人工智能创新和人工智能在英国的使用。我们将寻求在国际上推进 AI 发明讨论，以支持英国的经济利益。"①这表明，英国也在持续推动探索如何区分人类创作和 AI 创作。英国这种分层递进的制度安排，既继承了英国"判例法+渐进立法"的传统智慧，也凸显出在 AI 技术发展时代，版权制度从"人类中心主义"向"人机协同"范式转型的复杂张力。

日本对 AIGC 的版权探讨已有相当长的历史。早在 1982 年，该国的著作权审议小委员会就首次着手研究这一议题。随后，在 2016 年 5 月，日本知识产权战略本部发布了《知识产权推进计划 2016》，进一步推动了这一领域的研究和发展，专门探讨 AIGC 的法律保护问题，重新评估日本现有的知识产权法律框架，并考察在现有法律体系内为 AIGC 提供版权保护的可能性。这一分析旨在深入理解现行法规对人工智能创作的支持程度，并探索可能的改进路径。其中指出，人工智能自动生成的内容不属于版权的客体，这主要是因为 AIGC 不属于日本著作权法所规定的"表达思想感情的作品"。② 此外，日本政府还认为对于人工智能自动生成的内容，其著作权归属应依据"人类创作性贡献"和"指令的具体性"的原则确定。③ 基于以上原因，日本将不会对人工智能自动生成的内容实施著作权保护。换言之，在日本现行法律体系下，AIGC 并不构成著作权法上意义上的作品。但日本政府公开表明除极少数限制外，不会对人工智能训练中使用的数据实施版权保护，这意味着人工智能可以自由使用任何数据进

---

① "Artificial Intelligence and Intellectual Property: copyright and patents: Government response to consultation," GOV. UK, accessed February 21, 2025, https://www.gov.uk/government/consultations/artificial-intelligence-and-ip-copyright-and-patents/outcome/artificial-intelligence-and-intellectual-property-copyright-and-patents-government-response-to-consultation.

② 日本知识产权战略本部：《知识产权推进计划 2016》，https://www.moj.go.jp/housei/shihouseido/housei10_00064.html，访问日期：2025 年 2 月 20 日。

③ 珠海网：《AI 生成内容著作权归谁？这场研讨会讲明白了》，https://pub-zhtb.hizh.cn/a/202503/25/AP67e269f7e4b08edfa75f6 a2c.html，访问日期：2025 年 4 月 1 日。

行创作，无论是出于非营利还是商业目的。

二、AIGC 可版权性标准的比较

在世界范围内，对于 AIGC 是否具有可版权性的认定，独创性是一个绕不开的标准。汇集各国版权法或者著作权法律表述，独创性一般是指“作品在创作过程中，智力劳动所达到的程度”。学界普遍认为，独创性是判断 AIGC 是否具有版权性的关键标准。[①]《伯尔尼公约》第二条将独创性定义为“作品在创作过程中，智力劳动所达到的程度”。然而，“独创性”并非固有的评判标准，而是一个随着技术与社会发展而动态演变的概念。[②] 这一动态性在人工智能时代被推向新的争议焦点。

（一）独创性的历史溯源

独创性概念的哲学基础可追溯至古希腊时期。亚里士多德在《诗学》中提出“艺术即模仿”的经典论断，强调艺术是对自然与人类行为的再现。这种“模仿论”主导了西方艺术观近两千年，直至 18 世纪启蒙运动时期，康德在《判断力批判》中提出“天才论”，将独创性定义为“自然通过天才为艺术立法”的能力。这一转变标志着独创性从客观再现转向主观创造的评价体系。

在 19 世纪著作权法的形成过程中，独创性被正式纳入法律框架。英国 1842 年的版权法首次将“独创性劳动”（original intellectual creation）作为保护要件；美国联邦法院在 1903 年布莱斯坦诉唐纳森案中强调“个性印记”；大陆法系国家如德国，则通过“个性理论”强化作者与作品的“精神联系”。这些制度演变显示，独创性标准始终与技术引发的创作方式变革紧密相关。

（二）独创性判定的分化

在 AI 技术迅速发展的背景下，国际社会对独创性判断标准如同主体资格认定一样存在分歧。在主体资格认定方面，不同法系的国家的做法不同，即便是相同的法

① 王迁：《再论人工智能生成的内容在著作权法中的定性》，《政法论坛》2023 年第 4 期。
② 韩江枫：《生成与消解：论艺术观念史中的独创性原则》，《文艺争鸣》2021 年第 10 期。

系，由于对 AIGC 的态度不同，对主体资格的认定也不尽然相同。同是普通法系的英美国家，虽然都采用实用主义路径，但是对主体资格的认定的做法却是有较大的分野。尽管目前不同法系对权利主体资格认定有分歧，但是从全球发展趋势来看，对独创性的判定标准正在从“人类中心”向“技术包容”方向过渡。

对于独创性的度量，一直是一个难题，由于大陆法系的国家具有强调“个性表达”的传统，因此提出创作过程的可解释性的度量方法，要求权利人证明算法决策链中存在人类设定的创造性参数，要求 AI 工具使用者证明其“主动引导了作品的独特表达方向”。对于一些提倡创新的发展中国家，则强调以人工智能输出内容的创新性程度为标尺进行独创性度量。尽管各国对独创性的认定传统存在差异，但随着 AIGC 的大量涌现，各国对独创性阈值的判断都或多或少加入类似“算法创新”的考量。然而，由于算法创新的多样性，在实际操作中对其评估仍有较高难度。

（三）独创性等法理重构

当前各国在版权法理重构、合理使用扩张等方面形成突破性观点。就法理重构，部分学者主张“技术中性”原则，提出以“输出独创性”替代“过程人类性”的新标准，①而部分学者则站在对立面，认为这将动摇版权制度的人本根基。② 针对 AI 训练数据使用，美国虽然通过“转化性使用”理论扩展了合理使用边界，但对训练数据使用的法律定性尚未明确表态；欧盟《人工智能法案》增设训练数据透明义务，加剧了规则冲突。但是部分国家已经意识到规范分析不足以找到解决独创性法理重构的路径，认为缺乏对 AIGC 创作链的实证考察，比如对类似 DeepSeek 开源社区的协作模式的实证考察，可能导致理论预设与产业实践脱节。未来研究全球形成独创性的标准，需要以国际比较视角，构建“技术适配型”版权框架：一方面通过案例库建设，比如汇编中美欧典型判例，提炼规则趋同路径；另一方面探索区块链确权、智能合约分账等制度创新，以回应 AIGC 低成本、高产出、跨境流通的技术特征。

---

① 史永竞：《人工智能的著作权主体性探析》，《吉林大学社会科学学报》2019 年第 4 期。
② 王迁：《ChatGPT 生成的内容受著作权法保护吗?》，《探索与争鸣》2023 年第 3 期。

三、AIGC 主体的认定与比较

在 AIGC 颠覆传统创作范式的背景下，版权制度中“人类中心主义”的主体性框架正经历结构性解构。这一过程既体现为法律拟制主体的理论突破，更折射出不同法域应对技术冲击的制度博弈。本部分通过国际比较视角，揭示作者身份认定规则的分野与重构路径。

（一）传统作者的消解

传统著作权法以“人类智力活动”为作者身份认定的核心要件，但 AIGC 引发的主体性框架的全球性解构，迫使各国探索新型主体架构。英国《1988 年版权、外观设计和专利法》第 9(3)条将计算机生成作品的作者定义为“必要安排者”，这一动作其实是拟定作者，试图通过法律拟制消解主体性危机；欧盟《人工智能法案》明确否定的 AI 法律主体资格，坚持“可追溯人类责任链”原则。在部分国家，人工智能创作内容因为缺少自然人的介入而侵入公共领域，如 Midjourney 生成图像在美国因缺乏人类作者而进入公有领域，但在另一些国家，如德国，可能因使用者输入指令的创造性而被认定为合作作品，这种差异导致跨国诉讼激增。①

（二）人工智能创作者的确权

在 AIGC 创作生态中，技术研发者、内容生产者与用户等多元主体的权利归属呈现模糊化特征。创作流程中主体角色的交叉性与权责边界的流动性，导致传统版权法以单一创作主体为核心的确权模式遭遇制度困境。

当前，国际社会对 AIGC 主体确权问题的法律应对呈现差异化探索态势。2016 年欧洲议会法律事务委员会《机器人民法规则草案》尝试通过创设“电子人格”制度，将

① 【美】米卡埃拉·曼特格纳、侯慧如、江东：《ARTificial：为何版权并非规制生成式人工智能之良策（下）》，《法治现代化研究》2024 年第 6 期。

AI 纳入著作权适格主体范畴。[①] 日本《下一代知识产权制度审议委员会报告 2016》采取二元区分策略，将 AIGC 划分为 AI 辅助创作型与 AI 自主创作型，但均否认 AI 的主体资格。美国则延续“人类中心主义”传统，仅承认自然人创作的版权主体性。与此形成对比的是，印度与加拿大率先突破制度惯性：印度版权局于 2020 年 11 月批准人工智能“Raghav”作为美术作品《日落》的共同作者登记；[②] 2021 年 12 月加拿大知识产权局亦通过 AI 作为美术作品共同作者的版权注册申请。[③]

从比较法维度观察，当前制度演进呈现两条路径：一是通过“创作贡献度”标准扩展传统作者权体系；二是构建新型邻接权制度实施有限保护。这两种模式共同指向数字时代的确权原则重构——在平衡创作激励与技术创新的目标下，建立基于创作过程追溯的权利分配机制。

（三）人机合作的实验性方案

在人机协同创作成为主流的趋势下，将技术因素从版权中清除存在极大难度，因此应当考虑是否能够以 AI 的参与程度为标尺，界定技术要素在版权中的贡献。基于此，有学者提出将 AIGC 按照一定的“人—机”参与比率或参与环节进行划分，保护 AIGC 中的人类智力投入或根据人类参与程度保护整体成果，从而实现将“人—机”共创整体置于版权保护的视角之下。[④] 若技术参与达到特定阈值，则可以启动贡献度量化评估机制，将技术主体视为重要参与主体，分配部分版权收益。在此过程中，应贯彻“受益者担责”原则，通过完善技术伦理的可追溯机制与可问责机制，构建新型“委托—代理”制度框架，实现人工智能研发、应用与社会需求的良性互动。

---

① “Draft Report with recommendations to the Commission on Civil Law Rules on Robotics,” European Parliament, accessed April 2, 2025, https://www.europarl.europa.eu/doceo/document/JURI-PR-582443_EN.pdf.

② 中国保护知识产权网：《印度承认人工智能可作为艺术品版权的合作作者》，http://ipr.mofcom.gov.cn/article/gjxw/gbhj/yzqt/yd/202108/1963986.html，访问日期：2025 年 4 月 1 日。

③ “AI And IP: Who Or What Can Be An Author Or Inventor In Canada?,” Jordana Sanft, Jenene Roberts, accessed April 2, 2025, https://www.mondaq.com/canada/patent/1163414/ai-and-ip-who-%20or-what-can-be-an-author-or-inventor-in-canada.

④ 刘斌、杨志鹏：《“人—机”关系视角下 AIGC 的可版权性与版权分配路径刍议》，《中国编辑》2024 年第 2 期。

四、AIGC 可版权性目标的比较

版权制度的建立初衷是为了在保护创作者权益的同时，促进文化的繁荣发展，平衡个人利益与公共利益，以及推动整个社会的知识积累和技术进步。这一制度的设计既考虑到了创作者的经济回报需求，也兼顾了公众获取和利用知识的权利。推进版权权利人、使用者、公共利益的平衡，推动版权产业与人工智能产业的平衡发展，是讨论 AIGC 可版权性的重要出发点。

（一）平衡公式的失灵

AIGC 的大规模市场渗透正在颠覆传统版权法的利益平衡架构。当每日数亿级的 AIGC 涌入数字生态时，既有制度中作者权益与公共利益的精妙均衡面临结构性危机。例如，2024 年国际音乐人联合声明揭露了 AI 生成音乐对原创者的替代风险，仅一款 AI 音乐工具每月可生产 2000 首“原创”歌曲，直接威胁传统创作者的生存空间；而中国首例 AI 声音侵权案被判赔 25 万元，暴露出 AI 技术对人格权与版权的双重冲击。[①] 这种失衡直接动摇了 AIGC 可版权性的法理基础与保护路径的正当性。

现行版权法的利益平衡机制基于“有限作品供给”假设，而 AIGC 的无限生成能力使该前提彻底瓦解，带来了法律原则的适应性危机。米卡埃拉 · 曼特格纳通过计算模型证明，当 AIGC 占比超过 38% 时，传统“激励—共享”平衡公式将失效。[②]

（二）平衡范式的转移

为了建立“激励—共享”平衡公式，目前可见两类应对范式。其中动态调整范式主张建立与 AIGC 市场占有率联动的版权保护强度调节机制；功能替代补偿范式建议对 AIGC 征收数字版权税，用于补贴人类创作者。

---

① 大众新闻：《AIGC 又起争议！律师：投入独创性智力创作的 AI 作品，作者享有著作权》，https://static.nfnews.com/content /202407/24/c9105967.html，访问日期：2025 年 4 月 1 日。

② 【美】米卡埃拉 · 曼特格纳、侯慧如、江东：《ARTificial：为何版权并非规制生成式人工智能之良策（下）》，《法治现代化研究》2024 年第 6 期。

AIGC 技术冲击着版权制度，使得权利主体结构方面的既有范式面临突破。传统“创作者—公众”二元框架难以适配 AIGC 产业链中数据抓取、模型训练、内容生成的多维交互，我国学者因此提出“开发者—使用者—公众”三元结构模型。该模型将 AI 系统开发者纳入权利分配体系，要求其通过技术手段实现训练数据溯源、生成内容确权等义务，形成兼顾技术创新与利益平衡的新型生态。

此外，AI 大规模抓取既有作品导致权利人利益受损，国际社会正形成相应的治理范式。美国法院在汤森路透诉罗斯公司案中强调，未经许可利用受版权保护作品训练 AI 需满足版权法规定合理使用的“四要素”原则，若不满足原则，则构成版权侵权。[①] 欧盟《人工智能法案》拟要求训练数据来源透明化，要求 AI 模型公开所使用的训练数据，以及确保训练数据符合版权法的要求。我国则在 2025 年“清朗”行动中要求 AIGC 标注 AI 生成相关标识，防止混淆人类创作边界，打击虚假信息传播，并尝试在政务领域采用区块链和隐私计算技术，平衡数据流通与安全。

当前全球对 AIGC 可版权性目标的探索，呈现出理想愿景与现实挑战的深层矛盾。尽管各国均宣称以“平衡创作者权益与公共利益”为核心目标，但在现实维度仍然暴露出结构性问题。其一，实证基础薄弱化，版权保护与公众利益的动态平衡机制多依赖理论推演，缺乏基于真实场景如 DeepSeek 平台数据的实证支撑；其二，文化多样性消解，现有研究过度聚焦经济效率导向，未解决 AIGC 导致的小语种内容衰退问题，例如南美土著语言 AI 内容占比不足 1%，小语种文化面临数字化消亡风险；其三，规则碎片化加剧，各国自救式立法使国际协调成本倍增。此类目标失衡的全球图景揭示，传统版权制度的目标框架已难以适配 AIGC 的新创作生态，亟需探索动态平衡新范式。

五、AIGC 可版权性争议的本土解决路径

AIGC 的可版权性争议本质上是技术革命与制度习惯的矛盾冲突。面对人机协作创作对传统版权法“作者中心主义”的颠覆，国际社会既不能因技术保守主义而对

① 王兴：《关于使用版权作品训练 AI 侵权认定及合理使用问题分析》，https://www.zhichanli.com/p/1918741391，访问日期：2025 年 4 月 1 日。

AIGC 新创作形态视若无睹，亦不能以激进立法来解构原有版权法“作者—作品”这一根基性规范框架。我国的具体实践虽然可以参考各国对 AIGC 版权的应对态度，但版权制度发展的可行性始终需要回归本土化的技术生态与法律传统。当前我国既面临人工智能产业高速发展带来的制度适配压力，也肩负着构建新型数字文明秩序的历史使命。面对生成式 AI 引发的版权秩序冲击，我国的本土化路径必须突破简单的域外制度移植逻辑，转而建构起独创性判定、主体规范建构与协同治理的三重对话框架，以期在保护创作本质与拥抱技术变革之间实现动态平衡，为全球人工智能版权治理贡献中国方案。

（一）独创性判定标准调试

传统版权法以“人类智力劳动”为核心判定独创性，但在 AIGC 的创作过程中，人类与机器的协作模糊了创作边界。近年来，围绕 AIGC 的独创性标准，理论与实践中存在两种不同的判定标准，即客观性标准与主观性标准。然而，在我国的具体法律实践中，法院尤其注重衡量人类用户利用 AI 创作过程中的审美与个性化表达，更强调客观性标准的创新，以此来判定涉案内容是否具备版权法所要求的作品属性。由此可见，独创性判定标准的调试，应从主观的“创作意图”转向客观的“创新阈值”，构建起主客观要素融合的复合型判定框架。一方面在客体维度，需要保留“独立创作”与“最低限度创造性”的客观底线，要求 AIGC 与既有作品存在可辨识的差异性；另一方面在主体维度，可采用“人类因素介入强度”替代“创作意图”的主观标准，将人工智能开发者、所有者和使用者等主体的协同贡献纳入考量。

（二）作者身份规范建构

生成式 AI 对创作主体性的技术解构，实质上构成了对传统著作权法人类中心主义范式的双重挑战：既表现为算法自主性对自然人格要素的侵蚀，又体现为技术工具理性对创作主体单一性的突破。面对这一范式危机，应当采取法律拟制与利益衡平相结合的复合型规制进路，构建适应人机协同创作的新型权利配置机制。基于技术哲学视角，AI 系统的算法自主性并未突破“人类意志延伸”的本质属性。可引入法律拟制技术，将具备创作功能的人工智能拟制为“工具型创作主体”，形成“创作行为”与“权利主体"的二元分离结构。在此框架下，根据人机交互程度实施分级治理。承认 AI 的工具性作者地位，赋予其"过程性署名权"，保留人类的法定著作权人资格，但须履行"算法透明度声明"义务。同时，建立"创作贡献声明制度"，要求权利人在登记时披露人机协同的具体参数（如提示词版本、训练数据来源等）。

（三）利益平衡范式升级

利益平衡范式的升级要求版权制度从"单一激励"转向"多元协同"。应对 AIGC 版权困境的关键出路在于构建"政府引导—企业自律—社会参与"的协同治理模式，该模式的建立旨在从源头到终端，全方位、多层次地应对 AIGC 带来的版权风险冲击。在政策层面，需推动设定 AIGC 专有法定类型，通过制度明确 AIGC 的具体构成要件和可版权性路径。在产业实践层面，可由头部科技企业联合成立"AIGC 版权协会"，制定行业通用的权利归属协议与收益分配标准，探索"创作贡献度量化评估"与"动态收益池分配"的新型商业模式。此外，应激活公众参与机制，依托区块链技术搭建"AIGC 开放授权平台"，允许创作者通过智能合约实现作品的确权、授权与维权。整体来看，协同治理模式是 AIGC 版权可持续发展的保障。

六、结语

人工智能技术的颠覆性创新，正在全球范围内引发版权制度的结构性震荡。本文通过四维比较框架的建构与分析，梳理了这场变革中各国应对策略的深层逻辑与演进规律。在制度解构与法理重构的交织进程中，传统版权理论的"人类中心主义"范式已遭遇根本性挑战，而新的"人机共生"秩序尚未完全成形。

在制度实践层面，各国对 AIGC 可版权性的差异化态度，实质反映了技术哲学与法律文化的历史惯性。英美法系的实用主义传统与大陆法系的人格权坚守，在应对 AI 创作时展现出截然不同的制度弹性。大陆法系以成文法为基础，法律体系严谨、逻辑性强，法官的自由裁量权相对较小，对新出现的 AIGC 等法律问题，倾向于依据明确的法律条文和既有的法律原则进行判断。英美法系以判例法为主，法官在具体案件中有较大的自由裁量权，可以根据个案的具体情况进行灵活处理。在面对 AIGC

时，法官可以结合具体案件中的情况，来认定其是否具有可版权性。

在理论重构层面，独创性判定标准的分化与趋同并存，折射出全球版权治理的深层矛盾。美国“转化性使用”理论的扩张适用，与欧盟“透明度义务”的刚性约束，共同指向权利边界的流动性特征；中国则在技术决定论与人文价值论之间建立动态平衡。这些探索虽未形成统一范式，但已显现出三个关键转向：判定标准从“主观创作意图”转向“客观创新阈值”，权利归属从“静态所有权”转向“动态收益权”，价值目标从“激励创作”转向“促进知识流动”。

这场范式革命对传统平衡公式的冲击，本质上源于“人类智慧”与“机器智能”在生产效率上的非对称性。当AI可以日均生成百万级文本时，传统“创作—保护—激励”的线性逻辑已显失灵。各国实践表明，未来的制度设计必须建立新的三元平衡：在保护维度上，需区分“人类精神表达”与“算法优化输出”；在激励维度上，应从保护创作者转向培育创新生态；在伦理维度上，须防范“算法殖民主义”对文化多样性的侵蚀。

有关AIGC的版权制度建构，应当超越“人类VS机器”的二元对立，在技术哲学与法律伦理的融合中，孕育出既能包容硅基智慧创造，又能守护人类文化基因的“第三范式”。这需要全球法律共同体以更大的智识和勇气，在解构与重构的张力中，书写版权制度的新篇章。

（作者崔波系浙江传媒学院国际传播智能计算实验室方向负责人，出版学院教授；刘舒予系浙江传媒学院出版学院硕士研究生）

第四编

细分领域人工智能版权问题治理

数字贸易中生成式人工智能的版权运营模式研究

薛 虹

随着ChatGPT横空出世，生成式人工智能引发全球强烈关注，相关版权问题引发很大的争议。但是相关的讨论大多局限于用假设的场景分析其中的版权法律关系，脱离快速发展的经济活动和社会实践，闭门造车，就法论法。更令人忧虑的是，不论相关从业者还是消费者，都鲜有考虑生成式人工智能服务具有国际数字贸易的性质①，服务面对的是全球性的市场，消费者很可能接受的是来自境外的服务，其版权运营模式远比单纯的国内法律问题更加复杂。

一、数字贸易中的生成式人工智能服务

生成式人工智能技术，比较通用的定义是具有文本、图片、音频、视频等内容生成能力的模型及相关技术。② 该定义强调技术生成内容的能力，但并未限定技术“智能”的水平。以此衡量，生成式人工智能技术在数字贸易中早已普遍应用，基本上等同于贸易活动中极为常用的自动信息系统。自动信息系统是按照事先设定的算法、程序指令、运行参数与条件，在无自然人确认或者干预的情况下，为交易双方订立或者

① 经济合作与发展组织（OECD）、世界贸易组织（WTO）、国际货币基金组织（IMF）于2020年发布《数字贸易计量手册》（Handbook on Measuring Digital Trade）第一版，将数字贸易定义为数字网络订立交易和通过数字网络交付或者履行的国际贸易。

② 该定义源自我国七部委于2023年7月10日发布、于2023年8月15日生效的《生成式人工智能服务管理暂行办法》。

履行合同进行信息互动的计算机系统。[①] 这些系统能够识别缔约对方所在的国家和地区、提交订单的内容，结合适用的法律，自动生成含有具体交易内容和条件的合同文本。通过数字网络订立的国际贸易合同基本上是通过自动信息系统完成的。虽然订约的自动信息系统"智能"水平参差不齐，但"生成"的国际贸易合同文本确有构成受版权保护的作品的可能。只不过国际贸易合同文本属于交易文件，其版权作品的属性通常被交易方所忽视。

生成式人工智能（即自动信息系统）在数字商品贸易或知识产权贸易合同履行中发挥的作用，即系统"生成"文本、图片、音频、视频等数字内容以完成合同标的物的交付和合同义务的履行，才是数字贸易中版权问题的焦点。在特定的贸易领域和交易模式中，此类自动生成内容早已屡见不鲜。2023 年生成式人工智能系统突然火爆，主要是因为其从特定领域的专业服务转向直接面向全球普通消费者的通用服务。数字贸易使中小微企业、消费者等得以进入国际贸易市场，成为数字服务贸易和知识产权贸易的活跃主体。

在消费者贸易的众声喧哗中，新进入场的生成式人工智能服务企业显然对其所处的数字贸易环境与模式还很懵懂，各国家和地区不断增长的法律要求更使之承受合规压力。相当部分的面向多国消费者的生成式人工智能服务，还（自称）处于测试阶段，其版权规则和版权约定尚不完善。即便已经投入市场运营的服务，其版权约定也存在一定缺陷。这些缺乏经验的初创科技企业尚未意识到其所面临的国际版权风险和复杂法律问题。仅以贸易合同的法律适用为例，不同国家和地区对于生成式人工智能的合法性要求就有很大的不同。例如，我国法规对相关服务遵守法律和行政法规、尊重社会公德和伦理道德规定了具体的要求和标准，[②] 欧盟的人工智能法则对人工智能服务按照危险等级进行监管。合法性要求直接影响生成式人工智能服务合同的有效性、版权安排和贸易模式。这些企业能否在激烈的竞争中胜出，很大程度上取决于是否构建了合法、有效且适应其商业模式的版权系统。

---

① 薛虹：《论电子商务合同自动信息系统的法律效力》，《苏州大学学报（哲学社会科学版）》2019 年第 1 期。

② 《生成式人工智能服务管理暂行办法》规定，生成式人工智能服务的价值观、算法、权利保护、透明度等方面必须达到法定要求；对来源于中华人民共和国境外向境内提供生成式人工智能服务不符合法律、行政法规和本办法规定的，国家网信部门应当通知有关机构采取技术措施和其他必要措施予以处置。

虽然面向全球消费者的数字服务使生成式人工智能技术和系统焕发了生机，但这部分服务仅占数字贸易市场的很小份额。真正占据价值链上游的特定领域专用化和专业化的生成式人工智能服务，已经在数字服务贸易和版权贸易中形成了比较成熟的版权管理和运营体系，有了比较成功的市场化实践，完全可以供新入局者参考和借鉴。

通过生成式人工智能系统生成数字内容提供国际服务贸易，或者生成数字商品进行国际版权贸易，都离不开贸易合同关于“生成内容”的版权安排。当然，版权约定的前提条件是生成的数字内容具有原创性和可版权性，符合合同所适用法律关于版权保护的要求。在此前提下，关于系统生成的数字内容的版权运营模式可分为委托开发与使用许可两大类。在实际的商业运营中，这两类均可以进一步细分，或者两者综合运用。

二、生成内容的委托开发模式

不同于轰动一时的面向消费者的通用生成式系统，企业从国际市场购买专业化和专用性的生成式人工智能服务用于自身计算机软件、广告设计等数字内容的开发，已经是数字服务贸易和版权贸易的常见形式。其中，以软件外包服务最为典型。软件外包服务合同实质上是一方委托另一方开发软件、系统等计算机代码的委托合同。生成式人工智能的应用取代了受托方企业程序员（员工）的位置，按照委托方的指令进行技术开发、代码编写，并生成最终成果，委托企业按约定获得成果的完整版权。在此数字内容的创造过程中，委托企业并不介意完成成果开发的是受托企业的自然人程序员还是生成式人工智能，其关注的焦点是受托企业交付的成果本身是否达到约定的要求和标准，是否质价相当、物有所值。

部分投入商业运营的通用生成式系统已在学习和采用数字贸易领域的成熟经验。例如，人工智能图片生成系统 Midjourney 公布的服务条款明示了如下的版权规则，即年营业额 100 万美元的企业的员工为其雇主使用本系统，必须购买“专业版”会员服务才能拥有系统生成内容；非付费会员并不拥有所生成的内容，仅获得 Midjourney 授予的国际性非商业性使用的许可。作为初创人工智能企业，Midjourney 的版权贸易模式虽然还很粗糙，但明确区分了向付费企业用户提供的专业版服务和向非付费用户提供的其他服务，在版权归属上明显不同。专业版服务的用户“拥有”生成的内容，实质上是指企业用户付费后享有系统生成的数字图片的版权。这与典型的国际技术开发贸易服务的版权安排的原则是一致的。

很多人主张，人工智能生成的数字内容必须进行标记，且标记义务应当普遍化。此种观点既脱离数字贸易的实践，又不符合我国法律的相关规定。我国《生成式人工智能服务管理暂行办法》虽然规定，生成式人工智能服务应采取有效措施，提升生成式人工智能服务的透明度，但同时强调这些措施应基于服务类型的特点；而且，该办法并未将人工智能生成内容的标记规定为一项普遍适用的义务，仅规定提供者应当对图片、视频等生成内容采取技术措施添加不影响用户使用的标识，可能导致公众混淆或误认的，则应在合理位置、区域进行显著标识。① 因此，在利用人工智能委托开发数字内容（特别是计算机软件）的数字贸易中，受托人获得开发成果的版权，版权的行使不应受任何影响，并无标记计算机代码等文字作品系人工智能生成的法定义务。

委托开发模式中，受托企业虽然利用生成式人工智能代替自然人程序员完成成果开发，但仍应对成果的质量和效力承担保证义务。人工智能之所以能生成数字内容关键在于经历了数量庞大的训练材料的洗礼，能够模拟人脑思考进行机器学习，并非对训练材料的简单复制。因此，生成内容与训练内容相同或实质性近似的可能性很小。但小概率的情形也可能发生，通用性内容的生成尤其如此。故此，生成式人工智能服务企业应向委托方保证系统生成内容的合法性和版权的有效性，如同技术转让合同的让与人应当保证自己是所提供的技术的合法拥有者。

我国民法典规定的买卖合同的卖方对买方承担的权利瑕疵担保义务有一定的参考价值。出卖人就交付的标的物，应向买方保证第三方对该标的物不享有任何权利，② 但是买方订立合同时知道或者应当知道第三方对标的物享有权利的除外。但与买卖合

① 根据《生成式人工智能服务管理暂行办法》和《互联网信息服务深度合成管理规定》的规定，智能对话、智能写作等模拟自然人进行文本的生成或者编辑服务，合成人声、仿声等语音生成或者显著改变个人身份特征的编辑服务，人脸生成、人脸替换、人脸操控、姿态操控等人物图像、视频生成或者显著改变个人身份特征的编辑服务，沉浸式拟真场景等生成或者编辑服务，以及其他具有生成或者显著改变信息内容功能的服务，可能导致公众混淆或者误认的，应当在生成或者编辑的信息内容的合理位置、区域进行显著标识，向公众提示深度合成情况。

② 根据我国民法典的规定，买受人有确切证据证明第三人对标的物享有权利的，可以中止支付相应的价款，但是出卖人提供适当担保的除外。

同不同的是，生成式人工智能服务合同订约时，约定的内容尚未生成，用户(买方)无法得知第三方是否对该内容享有权利。而且，除非合同有特殊约定，用户也无从得知服务提供方训练人工智能的材料来源和构成，难以预先判断生成的内容是否可能存在第三方权利主张的风险。总之，提供人工智能国际服务的企业在委托开发模式下为客户生成数字内容，应当尽到合理版权保证义务，保证内容不侵犯第三方版权，而且基本上无法以用户订约时知情为由而主张免除该保证义务。

由于国际上尚无关于数字服务贸易和知识产权贸易的通用规则，联合国国际贸易法委员会的《联合国国际货物销售合同公约》关于出口方知识产权保证义务的规定，可以作为人工智能服务相关义务的参照。① 公约关于出口方的知识产权保证义务的范围与我国民法典关于买卖合同卖方的权利瑕疵担保基本相当，如进口方在订立合同时已知道或不可能不知道第三方关于标的物享有权利或权利主张，出口方可以免除保证义务。值得注意的是，公约还规定了免除出口方知识产权保证义务的特殊情形，即出口方由于遵照进口方所提供的技术图样、图案、程式或其他规格导致第三方权利或权利主张发生的，出口方不承担保证义务。与货物贸易相比，此条规定对于委托开发模式下的生成式人工智能服务更为重要。依据此项规定，人工智能服务提供方对委托方承担的版权保证义务，仅限于其缔约时已知道或不可能不知道的范围内，如果是因委托方自行输入的技术图样、图案、程式或其他要求，导致生成的数字内容侵犯第三方的版权的，人工智能服务提供方不承担版权保证义务。

除了版权保证义务，人工智能服务提供方还应视合同约定，向委托方保证所生成的数字内容的质量，包括生成内容的原创性及合理避免与其他客户生成内容相同或实质性近似。

三、生成内容的使用许可模式

在使用许可模式下，人工智能服务提供方许可用户在约定范围内使用系统生成的数字内容。通用式人工智能服务通常采用此模式，并采用数字版权管理措施保障生成

① 《联合国国际货物销售合同公约》仅适用于货物贸易合同，对服务贸易合同和知识产权贸易合同仅有参考意义。

的数字内容在授权范围内使用。

使用许可的范围可分为三个不同层次：(1)许可用户为个人目的学习、研究、欣赏；(2)许可用户按照约定方式面向公众使用；(3)许可用户再许可第三方使用。

第一层次常常被忽视。在数字贸易环境下，即便用户并不“发表”系统生成的内容，仅限个人使用，数字内容被用户复制(包括暂时复制)也是难以避免的。因此，提供测试性服务的系统，也应与用户订立个人使用的许可协议。

第二层次是最为常见的关于生成内容的使用许可。例如，ChatGPT 及 GPT-3 服务协议约定，用户必须遵守分享与发表系统生成内容的规则，在社交媒体、网络直播和公开展示中使用生成的内容，或者与人工智能共同创造的有关内容，① 都必须明确披露内容由人工智能生成或参与生成，避免公众产生误解。在此情况下，数字内容的人工智能合规性标记同时服务于数字版权管理的目的。

第三层次常常被第二层次所遮蔽，并由此造成版权争议。实质上，版权使用许可的范围都是特定的，未经版权人特别授权，被许可人不享有再许可第三方的权利。② 因此，人工智能服务协议许可用户在社交媒体发表系统生成的数字内容，并不等于用户有权再许可出版社或影视制片人使用该内容。

在使用许可模式下，不论用户是否付出费用，人工智能服务提供方均应对数字内容承担合法性保证义务，保证所生成的内容不违反强制性法律规定。某些测试性的生成式人工智能系统，用户使用无须付费，但这不等于人工智能服务提供方就因此被免除了版权保证义务。而且，提供这些“免费”服务都以收集用户大量个人数据为条件。③ 根据欧盟关于提供数字内容和数字服务合同若干方面的指令，消费者有权提供个人数据作为支付数字内容和数字服务合同对价的权利。可见，用户是以其个人数据“支付”了生成内容的使用许可的，人工智能服务提供方应相应地承担版权保证义务。

---

① 所谓用户与人工智能共同创造有关内容主要是指用户利用人工智能深度合成某些数字内容。根据我国《互联网信息服务深度合成管理规定》，深度合成技术，是指利用深度学习、虚拟现实等生成合成类算法制作文本、图像、音频、视频、虚拟场景等网络信息的技术。

② 我国著作权法明确规定，未经著作权人同意，另一方当事人不得行使著作权人未明确许可的权利。

③ 例如，百度生成式人工智能“文心一言”用户协议约定，用户应提供及时、详尽及准确的个人资料，并不断更新注册资料，符合及时、详尽准确的要求。阿里巴巴“通义千问”服务条款约定，用户应准确提供并及时更新账户信息，以使之真实、及时、完整和准确。

四、结论

与数字贸易中成熟的版权运营模式相比，新近出现的面向消费者的通用性内容生成系统的版权管理和运营还处于起步阶段。ChatGPT、Midjourney 等的版权规则与服务条款都较为粗糙，缺乏对国际数字贸易的深入理解。国内一些平台推出的生成式人工智能产品的服务协议回避了生成内容的版权归属这一关键问题，尚缺乏运用版权从事数字贸易的自觉。本文深入有关的商业模式与经营业态，并综合考虑贸易、法律与合规等各方面的因素，研究生成式人工智能服务在委托开发和使用许可的不同版权运营模式下出现的问题，并试图找到相应的解决方案和法律对策。

（作者系北京师范大学法学院教授、博士生导师）

Sora 影视创作模式引发的版权变革与应对

杨延超

一、问题的提出

（一）Sora 等大模型变革了影视创作模式

随着人工智能技术的突破，AIGC（人工智能生成内容）正成为推动创新的新动力。特别是 Sora 的出现，为影视行业带来了前所未有的变革。[①] 与传统影视创作模式相比，Sora 能够提供从剧本编写到场景渲染、角色设计直至完整制作的全链条自动生成服务，极大缩短创作周期，同时开辟无限创意空间。[②] 传统影视创作依赖于从原创故事到剧本，再到演员和拍摄的长过程，这种方法虽然能够产出富有人文情感的艺术作品，但成本高、效率低。[③] 相较之下，Sora 创作利用 AI 根据简单的提示词直接生成电影，这不仅大幅降低了成本，还显著提高了制作效率，体现了技术革新对传统创作模式的挑战和补充。Sora 创作的优势在于其高效的自动化流程，能够快速实现从概念到成品，减少了人力物力的投入。[④] 此外，它的创新性还体现在 AI 的能力上，能够

① 李豪悦：《Sora 开启文生视频新纪元 影视游戏产业加速变局求突破》，《证券日报》2024 年 3 月 28 日，第 A04 版。

② "Video generation models as world simulators," OpenAI, accessed April 3, 2024, https://openai.com/research/video-generation-models-as-world-simulators.

③ 罗祥：《影视解说视频合理使用的困境与出路——由首例"图解电影"案引发的思考》，《科技与法律（中英文）》2021 年第 4 期。

④ 陈文泰、孙仲伯：《重回镜像之维：生成式 AI 浪潮下 Sora 的技术逻辑与媒介生态迭代》，《新闻爱好者》2024 年第 3 期。

产生独特的创意和内容，推动影视作品的多样化发展。Sora 还能根据观众反馈进行自我学习，优化内容生产，从而提供更加个性化和具有互动性的观影体验。[①]

（二）本文的研究重点以及对重要概念的解释

1. 研究重点

随着人工智能技术特别是 Sora 大模型在影视创作领域的广泛应用，影视产业正经历一场前所未有的变革。Sora 大模型不仅极大拓宽了创作的可能性，为创作者提供了无限灵感，也对现有版权法体系提出了重大挑战。[②] 本文致力于深入探讨 Sora 大模型对影视创作和版权体系的影响，旨在为法律体系的完善提供理论支持和政策建议。Sora 大模型的使用使得影视作品的创作过程更加复杂，算法生成的作品和人类直接创作的作品之间的界限变得模糊，这迫切需要我们对版权法中有关版权的主体、版权的客体及版权的内容重新审视和调整。[③]

与此同时，当一个由 Sora 大模型参与创作的作品获得成功时，如何合理分配经济利益成为一个亟待解决的问题。是否应考虑到技术提供方的权益，或是应当赋予创造 Sora 大模型的团队一定的权利？这些问题指向了一个更广泛的讨论：在人工智能时代，如何在促进技术创新与保护版权之间找到一个平衡点？[④] 本文亦通过对 Sora 大模型在影视创作中应用的分析，以及对现行版权法规的审视，探索在技术迅猛发展的背景下，版权法如何适应新的创作实践，为法律体系的更新和发展提出可行建议。

2. 重要概念的解释

探索数字时代下创作模式的演进与定义，我们需要首先对关键概念进行精准界定。传统创作模式强调的是作者个人的才华和手工工具的应用，如利用文字处理软件或绘画工具进行创作，体现了创作过程中人的主观能动性和个人智慧的完全展现。[⑤] 而以 Sora 创作模式为代表的大模型式创作模式则代表了一种新兴的趋势，即依靠大

---

① Wang F，Miao Q，Li L，et al.，"When Does Sora Show：The Beginning of TAO to Imaginative Intelligence and Scenarios Engineering，" *IEEE/CAA Journal of Automatica Sinica* 11，no. 4(2024)：809-815.

② 吴冠军：《从 Midjourney 到 Sora：生成式 AI 与美学革命》，《阅江学刊》2024 年第 3 期。

③ 朱阁：《"AI 文生图"的法律属性与权利归属研究》，《知识产权》2024 年第 1 期。

④ 李扬、涂藤：《论人工智能生成内容的可版权性标准》，《知识产权》2024 年第 1 期。

⑤ 吴午东：《人工智能生成内容与传统版权制度的分歧》，《山东社会科学》2020 年第 7 期。

模型技术，通过人机交互将初步的创意念头转化为具体作品，这包括了文生文、文生图、文生音乐甚至文生视频的全方位创作。① Sora 创作模式作为大模型创作的一种，通过自然语言的输入来生成影视作品等，体现了技术和艺术的融合。②

进一步地，我们将创作成果和创作者分为传统与新型两大类。传统作品完全体现了人的创作意志和个人风格，而新型作品则是在大模型创作模式下，人机共同努力的成果。类似地，传统作者与新型作者的界定也反映了创作模式的变化，一个作者可以根据其所采用的创作手段，在传统与新型之间转换，展现出多样的身份和创作力量。

二、文生视频影视创作引发的版权挑战

（一）创作主体的变革

1. 多元主体向一元主体的变迁引发的版权法挑战

在传统电影创作中，小说作者、编剧、演员和制片人等角色各有其独特的价值和作用。小说作者提供故事原型，编剧负责将故事转化为剧本，演员通过表演赋予角色生命，而制片人则是整个制作过程的组织者和推动者。然而，在大模型的助力下，一个单一的创作实体可以整合这些不同的功能，使用技术工具来创造故事、模拟表演，并管理整个制作过程。③

这种技术驱动的转变并不意味着传统创作角色的价值完全消失，而是要求这些角色寻找新的价值定位。④ 例如，小说作者和编剧可以深化故事内容和角色的复杂性，利用他们的创造力来探索 AI 难以触及的深层次人文和情感层面。⑤ 同时，演员可以通过与数字角色的互动，探索新的表演艺术形式，将人类演员无法替代的真实情感表达融入虚拟制作中。制片人则可以成为技术与艺术之间的桥梁，不仅要管理项目的日

---

① 车万翔、窦志成、冯岩松等：《大模型时代的自然语言处理：挑战、机遇与发展》，《中国科学：信息科学》2023 年第 9 期。

② Betker J，et al.，“Improving image generation with better captions，” *Computer Science* 2，no. 3（2023）：8.

③ 曾白凌：《大模型、大数据、新精英：数字技术对知识生产的征服与全球性重构》，《现代出版》2023 年第 6 期。

④ 徐小奔：《论人工智能生成内容的著作权法平等保护》，《中国法学》2024 年第 1 期。

⑤ 雷丽莉、朱硕：《人工智能生成稿件权利保护问题初探——基于 Dreamwriter 著作权案的分析》，《传媒观察》2022 年第 5 期。

常运作，还需要理解和指导技术的创新应用以优化创作和制作过程。①

从多元主体向单一创作实体的转变，对现有版权法体系构成了严峻的挑战。传统版权法是建立在明确的角色分工和相对固定的创作过程基础上，每个创作角色根据其贡献获得相应的版权保护。然而，当一个创作实体能够独立完成从故事构思到最终制作的整个过程时，如何界定版权归属、如何确保合理分配创作产出的利益成为亟待解决的问题。

版权法需要重新考虑作品创作归属的标准。② 在AI技术深度参与的创作过程中，判断作品的创造性贡献变得复杂，传统的人类创作活动与机器算法的贡献如何界定和评价成为关键问题。③ 此外，版权法还需面对如何在保护技术创新的同时又不阻碍创新应用的挑战。例如，如何平衡保护AI生成内容的版权与鼓励开放创新的需要，确保法律既保护创作者和技术开发者的权益，又不抑制创新和文化的多样性发展。

2. 影视作者主体变迁引发的版权法挑战

随着人工智能技术的飞速发展，诸如Sora等大型AI模型的出现，极大地降低了电影和其他艺术作品创作的门槛。这不仅使得传统艺术家和电影制作人的工作变得更加高效，而且为业余爱好者、独立艺术家乃至完全没有艺术背景的人提供了参与创作的机会。这种变化无疑增加了创作者的多样性，为艺术创作带来了新的视角和创意。然而，这也给现有的版权法体系带来了前所未有的挑战。

首先，随着AI辅助创作成为常态，识别和归属问题日益复杂。④ Sora等大型AI模型在创作过程中引发了一系列根本问题：作品的版权归属是仅仅属于操作AI的个体，还是也应该部分或全部归属于AI模型的开发者？多人协作完成的作品如何确保每个参与者的贡献得到公正的认定和奖励？其次，版权保护与技术发展的步调不一致性愈加明显。技术的进步远远超出法律法规的更新速度，导致当前的版权法难以涵盖

---

① 朱光辉、王喜文：《人工智能文生视频大模型Sora的核心技术、运行机理及未来场景》，《新疆师范大学学报（哲学社会科学版）》2024年3月20日。

② 易玲、王静：《论人工智能生成内容著作权法保护》，《湘潭大学学报（哲学社会科学版）》2019年第6期。

③ 杨延超：《大模型时代我国人工智能法学理论体系的构建》，《江汉学术》2024年第1期。

④ 黄云平：《人工智能生成内容的可版权性问题辨析》，《浙江大学学报（人文社会科学版）》2024年第2期。

所有由新技术带来的创作形式。① 对于 AI 创作的作品是否应当享有与人类创作的作品相同的版权保护，法律体系如何调整以保护创作者权益，同时又不阻碍技术的进步和创作自由，成为亟须解答的问题。再次，随着创作工具的普及和创作形式的多样化，合理使用的界定变得模糊。如何在保护创作者权益、避免未经授权的复制和发行行为与保障社会公众利益、促进知识分享和进一步的创新之间找到平衡点，是版权法需要解决的难题。② 版权法需寻找一个新的平衡点，既不抑制创新，也不削弱对创作者的保护。

（二）版权客体的变革

1. 文生视频是否属于作品

随着互联网技术和人工智能的快速发展，Sora 文生视频作为一种创新的数字内容创作方式，不仅吸引了众多创作者和用户的关注，也对传统的版权法提出了前所未有的挑战。相较于传统视频需依赖人的创意、拍摄与编辑，Sora 文生视频主要通过算法生成，展现了内容创新、形式多样及创作效率高的独特优势。然而，这种依赖机器学习和大数据分析的创作过程也引发了学界对其版权属性的激烈争论。一方面，有观点认为 Sora 文生视频因涉及人的决策和参与，应认定为作品；另一方面，也有声音认为其创作中人的创意介入程度较低，难以符合著作权法对作品原创性的要求。

针对 Sora 文生视频的版权属性问题，学界的分歧显现了对传统作品概念和版权归属的深层次挑战。首先，作品原创性的传统定义在面对算法和数据驱动的内容生成时显得解释效力不足，③ 需要对原创性的理解进行扩展和更新。其次，作者身份的确定也随之变得复杂，算法和数据在创作过程中的作用不容忽视，这直接挑战了现有的作者概念。④ 因此，对于 Sora 文生视频等新兴创作形式，法律界需要在现有版权法框

① 陈晨：《论人工智能生成内容的可版权性问题——以 ChatGPT 生成内容为例》，《科技与出版》2023 年第 6 期。

② 邓建鹏、赵治松：《文生视频类人工智能的风险与三维规制：以 Sora 为视角》，《新疆师范大学学报（哲学社会科学版）》2024 年第 6 期。

③ 张新宝、卞龙：《人工智能生成内容的著作权保护研究》，《比较法研究》2024 年第 2 期。

④ 蔡琳、杨广军：《人工智能生成内容（AIGC）的作品认定困境与可版权性标准构建》，《出版发行研究》2024 年第 1 期。

架内进行创新，适当调整作品的定义，明确算法生成内容的版权归属问题，以适应数字技术发展带来的新要求。

综上所述，Sora 文生视频作为新型的内容创作形式，其是否构成作品以及如何界定其版权属性，不仅是一个法律技术问题，更是对现行法律体系适应性和前瞻性的考验。立法和司法实践需要不断探索和创新，加强对人工智能创作领域的研究，提供明确的法律指导，从而推动版权保护体系的完善和发展。通过深入理解 Sora 文生视频与传统视频的差异，明确学界分歧，并探讨版权法面临的挑战，可为法律体系对新兴数字技术的适应提供理论支持和实践指南。

2. prompt（提示语）是否属于作品

（1）prompt 的独特价值及其对作品属性的影响

首先，prompt 的独特价值在于其作为人工智能大模型创作过程的“启动器”或“指令”，其质量直接影响最终生成作品的创造性和新颖性。这种独特的作用，使得 prompt 本身具备了一种创造性的价值，尽管它不同于传统的直接由人创作的艺术作品。从法学角度来看，作品的保护依据在于其原创性和表达方式的独特性，而 prompt 正是基于这种独特的创作模式，为创作最终作品提供了基础。

其次，若不将 prompt 视为作品，则意味着使用相同或类似 prompt 生成的作品不构成侵权，这将对原创内容的保护产生重大影响。在数字时代，创作的边界和权益的界定变得更加复杂，prompt 作为一种新型的创作方法，对其作品属性的认定直接关系到创作者和使用者的利益保护。

（2）prompt 对于现有作品概念的挑战

从现有作品的定义来看，无论是文学作品还是艺术作品，都强调直接由人的创造活动产生的成果。然而，prompt 的出现挑战了这一传统定义。

首先，prompt 本身并非用于直接欣赏或使用，它的价值在于能够驱动大模型生成最终的艺术成果。这种间接性和工具性的特点，使其与传统作品的定义产生了差异。[①] 其次，prompt 与传统作品（如小说）在创作方法和表达形式上存在本质的不同。以战争场面为例，传统小说创作侧重于文字的直接表达和情感的渲染，而 prompt 的

① 陈秋心、邱泽奇：《“人机互生”时代可供性理论的契机与危机——基于“提示词”现象的考察》，《苏州大学学报（哲学社会科学版）》2023 年第 5 期。

创作则侧重于如何通过简练而精确的语言指令，驱动大模型进行创作。这种创作模式不仅体现了艺术与科技的融合，也反映了在数字化时代下作品创作方式的革新。[①]

总之，prompt 作为新型创作方法的核心，其对作品属性的挑战和影响引发了对法律保护范围和标准的重新思考。一方面，prompt 的创新性和独特价值使其具备成为作品的潜质，应当受到相应的法律保护；[②] 另一方面，prompt 的出现也促使我们反思现有的作品定义和保护机制，是否能够适应数字时代的创作实践和技术发展。未来，随着人工智能和大数据技术的进一步发展，类似 prompt 的创作模式可能会更加普遍。因此，法律界需要不断适应这些变化，探索更加灵活和具有前瞻性的保护机制，既要保障创作者和使用者的合法权益，又要促进科技与艺术的创新和发展。

（三）版权内容的挑战

在 AI 时代，影视创作相关版权的法益特征也发生重大变化，主要聚焦在以下几个方面：

1. 新型作者与使用者之间的纷争

（1）侵权行为将主要聚焦在少数极为优秀的作品上

随着人工智能技术的迅猛发展，大模型技术如 Sora 等已经变成了创新的创作工具，它们能够生成具有一定原创性的文本、图像及音乐等作品。[③] 这种技术进步不仅促进了创意产业的变革，也对传统版权法体系提出了前所未有的挑战。传统上，版权侵权问题主要围绕着直接复制和分发他人原创作品的行为。然而，在大模型创作时代，由于作品的生成依赖于算法的原创性处理，直接的复制行为有所减少，这似乎在一定程度上降低了传统意义上侵权行为的发生率。同时，大模型生成的内容在版权归属上存在较大的模糊区域，因为它们既非传统意义上的人类直接创作，也不完全是机器的独立产出，这种情况使得界定版权归属变得更加困难，从而影响了侵权判定的

---

① 吴昊天：《人工智能创作物的独创性与保护策略——以“ChatGPT”为例》，《科技与法律（中英文）》2023 年第 3 期。

② 杨敏然、张新兴、陶荣湘：《现状与趋势：国内人工智能生成内容（AIGC）研究透视》，《图书馆理论与实践》2024 年第 2 期。

③ 唐一力、牛思晗：《论人工智能生成作品的权利主体及其著作权归属》，《福建论坛（人文社会科学版）》2023 年第 11 期。

标准。

此外，随着大模型技术的普及和应用门槛的降低，越来越多的个人和机构开始使用这些工具进行创作，这种趋势在一定程度上减少了对现有作品的直接依赖，间接降低了传统的版权侵犯行为。然而，这种变革并非没有问题，尤其是对于那些市场价值较高的优秀作品，其版权保护面临着新的挑战。这些作品因其独特性和商业价值而成为侵权行为的目标，尤其是在数字化复制和分发变得极为便捷的今天，如何有效保护这些作品的版权成为一个亟待解决的问题。这种情况下，尽管大模型技术在减少直接的侵权行为方面发挥了积极作用，但在保护高价值作品方面的挑战依然存在，这需要法律实践和理论的进一步发展来应对。①

（2）prompt 将成为新的侵权争议点

在探索基于生成式人工智能技术（如 Sora）辅助下的影视创作及其法律纷争中，简短的 prompt 输入不仅能够启动一个复杂的创作过程，还能够生成独一无二的作品，使得 prompt 本身的创意价值得到了前所未有的关注。这种创意性的保护，成了法律领域中一个紧迫而新颖的问题，要求我们重新审视版权法律体系，以适应这种新兴的创作方式。因此，对于如何合理界定 prompt 的法律地位，构建有效的法律保护机制，以及在保护原创 prompt 的同时促进影视创作创新，成为学术界与法律实务界需要共同探讨的重要课题。

面对基于 Sora 技术的影视创作引发的 prompt 侵权纷争，我们不仅需要考量 prompt 创作的独特性和原创性，② 还需面对如何在实践中有效证明某一 prompt 的原创性，处理因保密而可能引发的法律纷争等一系列挑战。这些挑战要求法律专家在评估 prompt 文本创意的同时，深入分析其在实际创作中的应用价值，明确其作为新型智力成果的保护范围。③ 因此，既需要从法理上确立 prompt 的保护标准，也需要在法制层面上修订或制定专门法规，为 prompt 的原创性保护提供明确的指引，同时构建有效的纷争解决机制。这不仅能够促进生成式 AI 技术与影视创作领域的健康发展，还能

---

① 曹博：《人工智能辅助生成内容的著作权法规制》，《比较法研究》2024 年第 1 期。

② 陈秋心、邱泽奇：《“人机互生”时代可供性理论的契机与危机——基于“提示词”现象的考察》，《苏州大学学报（哲学社会科学版）》2023 年第 5 期。

③ 刘少军、聂琳峰：《人工智能生成内容的著作权法之辩》，《南昌大学学报（人文社会科学版）》2024 年第 1 期。

够保障创作者的合法权益，推动文化产业的创新与繁荣。

2. **传统作者与大模型企业之间的纠纷**

传统作者与大模型企业之间的权益纠纷成为一个显著的问题。这种纠纷的核心在于：大型机器学习模型的训练数据往往来源于公开可获取的传统作品，而这些作品是传统作者通过长时间的努力创作出来的。① 首先，需要明确机器学习与传统的复制存在本质的区别。② 机器学习，尤其是深度学习，通过分析和学习大量的数据样本来生成全新的内容。这与简单的复制粘贴或是直接抄袭他人作品的行为有着根本的不同。机器学习的目的并不是再现原有作品，而是通过对这些作品的深入分析，创造出独立且具有创造性的新内容。然而，尽管机器学习在技术上与直接复制不同，现行的著作权法律体系并未对此作出明确的规定。这导致了一个法律上的灰色地带：使用传统作品作为训练数据的机器学习活动是否构成对传统作者版权的侵犯？从技术角度来看，机器学习需要大量数据作为输入，以提高模型的准确性和创造性。③ 然而，从法律角度来看，未经许可使用他人的版权作品作为训练数据，可能会违反著作权法的规定。

3. **传统作者与新型作者之间的纷争**

随着人工智能技术的迅猛发展，尤其是大数据模型如 Sora 在影视创作领域的广泛应用，不仅极大地推动了内容创作的革新，也带来了前所未有的法律和伦理挑战。这种挑战主要表现在传统作者与新型作者之间权益的冲突上。传统作者主张其基于原创作品的权益，而新型作者则利用人工智能技术，创作出与传统作品相似或类似的新作品，并基于这种技术进步提出权益主张。这一过程中，法律对于“生成”与“复制”概念的区分显得模糊不清，从而使得大模型生成的新型作品是否构成对传统版权的侵犯成为一个亟待解决的问题。

这里需要明确“生成”与“复制”的区别。复制指的是对已有作品的直接复现，这一过程中不涉及新的创造性劳动。而生成则涉及使用人工智能等技术工具，是基于人工智能对大量数据的分析和学习，从而创造出全新的作品。这种生成不是简单的复

---

① 在美国，Getty Images 起诉 Stability AI，指控其未经授权使用超过 1200 万张图片训练 Stable Diffusion AI 模型，引发版权争议。无独有偶，在中国，广州互联网法院针对 AI 生成的奥特曼图像版权问题对 AI 公司作出裁决，该公司因侵犯版权被判赔偿经济损失，这成为全球首个针对 AI 生成内容版权问题的法律裁决。

② 胡宏涛：《论生成式人工智能服务提供者的个人信息合理使用》，《江苏社会科学》2024 年第 2 期。

③ 顾男飞：《生成式人工智能的智能涌现、风险规制与产业调控》，《荆楚法学》2023 年第 3 期。

制，而是在原有数据基础上进行创新和再创造，从而产生与原作不同的新作品。因此，从根本上讲，基于大模型生成的作品与传统意义上的复制存在本质区别。由于这种区别，基于大模型生成的作品也就不能简单地与传统的复制行为等同起来。这带来了是否构成侵权的复杂讨论。在现行的版权法框架下，对原创作品的保护主要依据作品的原创性和创作性。然而，当人工智能生成的内容与现有作品相似时，如何界定这种相似性是否达到了侵犯版权的程度，以及是否能够认定人工智能生成作品具有独立的创作性和原创性，成为需要深入探讨的问题。

这种情况下，法律适用性的挑战显而易见。传统的版权法律框架是在人类作者创作的背景下建立的，而人工智能的介入，特别是其作为创作主体的可能性，对现有法律框架提出了挑战。例如，版权法往往要求作品必须体现人类的创造性劳动，那么面对人工智能生成作品时，如何认定其创作性成为一个问题。此外，对于新旧作品相似性的判断标准也需要重新考量。在人工智能的帮助下，可能生成大量与现有作品在某种程度上相似，但又不完全相同的作品，这就要求法律制定更为精细化的标准，以判断何种程度的相似性构成侵权。

由此，人工智能在影视创作领域的应用引发的权益冲突，不仅是技术与传统创作之间的碰撞，更是对现有版权法框架的一大考验。要解决这一问题，需要加强跨学科研究，结合法律、伦理、技术等多个领域的知识，共同探索在保护传统作者权益的同时，也能公正对待基于人工智能技术的新型作者的途径。

（四）作为版权核心权利的“复制权”面临的重大变革

机器学习作为一种新兴的信息利用方式，其对信息的处理方式远远超出了传统的复制概念，涉及对信息的深层理解和再创造。① 如果将机器学习视为一种复制行为，任何使用机器学习技术处理受版权保护的作品都需获得作者许可，这可能限制 AI 技术的应用和发展；如果机器学习不被视为复制行为，现有版权法则难以提供足够保护，作者权益可能受损。

学术界对于机器学习是否应纳入版权法保护范畴的观点分歧显著。一种观点认

① 孙志军、薛磊、许阳明、王正：《深度学习研究综述》，《计算机应用研究》2012 年第 8 期。

为，将机器学习纳入版权法保护范畴可以更好地保护作者权益，确保其对作品的控制权不被无偿剥夺；另一种观点则认为，这种做法会阻碍人工智能产业发展。① 这两种立场反映了一种困境，即如何在保护作者权益与促进技术发展之间找到平衡。因此，重新考量复制权的定义，以及机器学习与复制权的关系，成为迫切需要解决的问题。法律框架的调整必须既保护作者权益，又不阻碍科技进步和社会发展，以寻求一种新的平衡点。②

在AI时代，版权法的复制权概念和保护范围面临必须进行调整的现实，这不仅是版权法自身的挑战，也是整个法律体系需要解决的问题。未来的法律实践和理论研究需要深入探讨机器学习技术如何适应当前的版权法框架，以及这一框架应如何演变以适应技术发展的需要。通过对机器学习与复制权的冲突和联系的深入分析，法律制定者需要寻求一种既能保护作者权益，又能促进技术创新和知识共享的法律机制。③ 这将是版权法在AI时代发展的重要方向，旨在为技术创新提供法律保障，同时确保作者和公众利益得到妥善平衡。

三、文生视频影视创作条件下的版权应对

（一）新型创作模式对版权主体挑战的法律应对

1. 对"作者"概念的重新诠释

在数字化时代的浪潮下，创作领域面临着前所未有的转变。特别是随着人工智能技术，如Sora影视创作模式的兴起，对传统"作者"概念提出了根本性的挑战。在传统创作模式中，作者是创作过程的中心和直接创造者，其权利通过版权法等相关法律得到明确保护。然而，新型创作模式的出现，尤其是那些依赖于大模型进行创作的方式，要求我们重新审视创作活动的本质以及"作者"身份的定义。这些新型作者，不

① Jenny Quang, "Does Training AI Violate Copyright Law?" *Berkeley Technology Law Journal* 36, no.4 (2021): 1407-1422.

② 李宗辉：《智能时代〈著作权法〉规定诚信原则之必要与展开——由ChatGPT引发的思考》，《北京联合大学学报（人文社会科学版）》2024年第1期。

③ 李安：《机器学习的版权规则：历史启示与当代方案》，《环球法律评论》2023年第6期。

仅是创作指令的提供者，还涉及算法选择、调整及作品审核等多重角色，从而增加了对作者概念定义的复杂性。

新型创作方式带来的法律挑战亟须解决，尤其是如何在保护传统作者权利的同时，为基于技术的新型创作提供合法地位。这不仅包括重新定义“创作”和“作者”的法律概念，还涉及评估算法与人类在创作过程中的贡献比例，以及确保新型创作活动不侵犯已有作品的版权。这要求法律制度做出灵活调整，以适应技术发展带来的新情况。

确立新型作者的合法地位，对于促进创新和保护创作人的权益至关重要。这不仅有助于避免潜在的法律争议，也是推动创作实践发展的关键。因此，对现有法律框架进行深入地分析和修订，以适应新型创作模式的出现，成为一个迫切的任务。这包括考虑算法在创作过程中的作用，以及如何界定算法与人类作者之间的合作关系。

2. 版权哲学基础的不断巩固

版权的哲学基础建立在对创作者通过其智力劳动创造独特作品的认可上。版权法保护的核心是创造性劳动，这种保护旨在激励创作，推动社会文化的发展。

在 AI 和大模型技术的应用背景下，新型创作的概念正在被重新定义。使用大模型进行创作的作者，虽然在创作过程中依赖于技术平台，但他们通过设定提示、选择模型、进行迭代等方式展现出个人的创造性劳动。这种劳动体现在三个方面：一是 prompt 的质量和想象力，决定了作品的原创性和创新性；二是迭代的次数，体现作者对作品不断打磨和完善的努力；三是在不同模型之间的选择和使用技巧，展现了作者对技术的掌握和运用能力。

对于新型创作，尽管其创作过程涉及 AI 技术的辅助，但核心还是作者的创造性劳动。从这个角度看，新型创作的版权哲学基础并未发生根本性变化。传统版权法律体系中对创造性劳动的保护理念仍然适用于新型创作活动，这表明在技术革新的背景下，法律的连续性和稳定性。

传统版权法建立在物理介质创作的基础上，而大模型技术的应用打破了这一前提。新型创作活动的特性要求版权法律体系对创造性劳动的认定、作品的原创性标准以及权利归属等进行重新审视和适应性调整。① 在分析问题的过程中，我们可以看

---

① 丁文杰：《通用人工智能视野下著作权法的逻辑回归——从“工具论”到“贡献论”》，《东方法学》2023 年第 5 期。

到，新型创作活动虽然在形式上与传统创作有所不同，但其核心——创造性劳动的价值和保护，与传统观念是一脉相承的。[①] 无论技术如何进步，创造性劳动作为版权保护的哲学基础是恒定不变的。因此，调整和完善版权法律体系，以适应新型创作活动的特点，是确保创作活动得到有效激励和保护的关键。

（二）新型创作模式对版权客体挑战的法律应对

1. 作品概念的重新定义

随着大模型技术和人工智能的迅猛发展，传统的作品定义正被重新诠释和拓展。传统上，作品被视为个人创造性劳动的直接产物，体现在文学、艺术和科学等领域。然而，基于大模型生成的新型作品，虽然其创作过程与传统方式有所不同，却同样体现了人类智慧和创造性的火花。这种变化要求我们重新思考和定义何为作品，以及如何在保护传统创作成果的同时，也将新型创作纳入保护的范畴。[②]

新型作品，如通过人工智能技术生成的创作内容，不仅仅是技术的展现，它们背后蕴含的是人类对技术的精心设计、对创意的指导以及对结果的精细筛选。从大模型的训练到作品生成的指令设计，每一步都不可避免地涉及创作者的选择和创新。这一过程展示了人类与机器之间独特的协同创作模式，其中创作指令的设计尤为关键，它不仅反映了创作者的原创意图，也体现了其对作品形式和内容的控制。

因此，新型作品的产生既是技术进步的标志，也是创造性思维的证明。这一点，无论是在法律层面还是在文化层面上，都值得被认可和保护。版权法应对这一变革作出响应，通过拓展作品定义，包容基于大模型等新技术生成的创作。这不仅是对技术发展和创新活动的支持，也是对创造性表达多样性的肯定。

在这个过程中，将新型作品纳入版权保护的范畴，并不意味着对传统创作价值的忽视或削弱。相反，这是对作品概念的必要演进，是对传统作品和新型作品共同价值的肯定。通过对作品定义的重新诠释，我们既保护了传统创作者的劳动成果，也为新

---

① 郑飞、夏晨斌：《生成式人工智能的著作权困境与制度应对——以 ChatGPT 和文心一言为例》，《科技与法律（中英文）》2023 年第 5 期。

② 杨利华、王诗童：《人工智能生成内容的著作权客体性思考——兼论作品判定的独创性标准选择》，《北京航空航天大学学报（社会科学版）》2024 年第 2 期。

型创作者提供了成长和发展的空间。这种包容性和前瞻性的法律理解，将有助于构建一个更加丰富和多元的文化创新生态，促进社会文化的整体进步。①

2. **双重独创性标准的建构**

在讨论影视作品独创性标准的过程中，我们必须认识到这是一个跨越法律、艺术与科技多个领域的复杂议题。版权法中的独创性标准要求作品必须源自作者的独立创作并能够反映其个性，这一标准在评判传统影视作品时相对直观，主要考察其表达形式的原创性与创新性。然而，随着人工智能等新技术的应用，新型影视作品的出现对现有独创性标准提出了挑战，这类作品的独创性不仅体现在技术创新上，更在于背后人类的想象力、批判精神以及社会价值的体现。

随着科技进步和艺术形式的演变，单一的独创性标准已难以全面覆盖所有类型的影视作品，尤其是在评价新型影视作品时，例如，一个由大数据分析生成的影视剧本，其创新性可能不在于剧本的表达形式，而在于通过算法揭示的新故事线和角色创造过程中展现的创新性和想象力。这要求法律界在评价这类作品时，不仅要关注其形式上的独创性，还要深入理解作品的创作背景、技术应用以及其所传达的深层次文化和社会意义。

在这一背景下，传统影视作品与新型影视作品的独创性标准应当并向而行，相互补充，形成一个更为灵活和包容的评价体系。这种双轨制的独创性评价标准不仅体现了版权法对艺术创作多样性的支持，也促进了艺术与科技的融合，进而推动了文化创新与社会进步。这一过程中，法律实践者需不断调整和优化评价标准，确保能够兼顾作品的艺术性、技术性以及其对社会的影响，从而更好地平衡创作者的权益与公众的利益。

（三）新型创作模式对版权权利内容挑战的应对

在数字化时代的背景下，传统作品与新型作品在版权保护体系上呈现出明显的差异化设计，这一现象引发了关于如何在尊重作者权利与促进文化创新之间寻找平衡点的深入讨论。在精神权利方面，传统作品侧重于保护作者与作品之间的非物质联系，

① 文远竹、沈颖仪：《人机共存的困惑：机器人新闻的著作权归属与侵权危机探析》，《现代传播（中国传媒大学学报）》2023 年第 9 期。

包括署名权、发表权、修改权等，[①] 而对于新型作品，考虑到其创作与分享模式的变化，除了署名权外，对其他精神权利的保护显得不那么必要。这种区分不仅体现了对作者个人价值的不同尊重程度，也反映了对作品性质认识的转变。

在财产权利的保护上，复制权曾是传统版权保护的核心，但随着个性化创作时代的到来，prompt 的概念变得至关重要。对 prompt 的保护不仅是对创作灵感的保障，也是对个性化创作模式的认可，其保护机制涵盖了基于技术秘密和版权的多元化策略。此外，保护期限的设计在传统作品与新型作品间也有所不同，新型作品考虑到创作与流转速度的加快，倾向于缩短保护期限，这一调整体现了版权法适应时代变迁的灵活性。

合理使用制度的创新设计则是版权法中用以平衡公共利益与私人权利的重要机制。对于传统作品，已有的法律框架通过版权与合理使用制度的建立来实现利益的平衡；而对于新型作品，鉴于其创作与使用的特殊性，合理使用的范围应更加宽泛，旨在促进更广泛的文化创新和知识共享。这种对合理使用制度的重新思考和设计，不仅是对传统版权保护理念的创新发展，也是对未来创新生态系统构建的重要贡献。

随着技术进步和创作模式的演变，版权保护体系面临着不断调整和优化的需求。通过深入分析传统作品与新型作品在版权保护上的区分原则，我们不仅能更好地理解当下的法律实践和挑战，也能为未来的法律改革提供理论依据和实践指导，进一步推动文化创新与版权保护的和谐发展。

四、结语

Sora 大模型的兴起不仅标志着人类与机器智能合作创作新篇章的开启，也深刻地触动了版权法的根基，迫使我们重新审视“作者是谁”“何为作品”以及“如何保护作品”这三个核心问题。随着机器智能在创作过程中的角色日益显著，传统版权法对“作者”概念的界定受到挑战，促使我们考虑是否需要引入新的法律规范来承认和保护人机合作的创作成果。同时，由于机器生成的内容与人类创意的结合产生了传统意

---

① 何怀文：《我国著作人身权与著作财产权协调的法律原则》，《知识产权》2015 年第 9 期。

义上难以归类的作品，版权法中对“作品”的定义亦需扩展和调整以包括这些新型创作实体。此外，在人机合作的复杂环境下，确定作品版权归属和维护创作者权益变得更加困难，版权法需要适应这种变化，通过修订和创新来为这类作品提供适当的保护。因此，Sora 大模型引发的变革，要求我们全面重塑传统版权法的框架和原则，以适应人类与机器智能合作的新创作实践。

传统版权法的构建重点在于解决文学艺术领域的原创性、创作者权益保护等问题，其核心理念和应用范畴主要聚焦于人类的创造活动和文化产出。然而，随着 Sora 大模型及类似技术在文学艺术创作中的广泛应用，科技与文学艺术之间的界限变得愈加模糊，两者的关系再难以分割。这种融合不仅推动了创新和创作方式的多样化，也使得版权法面临着前所未有的挑战。科技的介入不再仅仅是创作工具的变革，而是深刻影响到创作行为本身，以及作品的性质和归属，迫使我们对版权法的基本框架和适用原则进行重新思考。

面对这一变革，版权法未来的发展将不可避免地需要在科技创新与文学艺术保护之间找到一个新的平衡点。这意味着版权法的视野将不得不进一步扩大，不仅要兼顾文学艺术的原创性和创作者的权益保护，也需考虑到科技创新对创作实践和版权观念带来的影响。这种兼顾将促使版权法从传统的以人为中心的保护机制，向更加包容和适应性强的法律框架转变。在这一过程中，版权法的理论基础、实践应用乃至相关政策制定都需要不断地适应科技发展和社会变革的需求，确保在保护创作者权益的同时不阻碍科技和文化的进步。这种辩证关系的处理，将是版权法未来发展中关键和具有挑战性的任务之一，要求法律学者、政策制定者以及创作实践者共同参与，探索出一条既能促进科技与文化创新，又能保障创作者权益的发展之路。

本文深入探讨了 Sora 等大模型对版权法带来的潜在变革，强调了面对人工智能技术的快速发展，版权法体系需要积极应对这些挑战，同时也指出应对并非意味着立刻进行法律修订。法律修订过程不仅涉及深入的成本—效益分析，而且需要在立法之前有一个充分的观察期来深入了解人工智能的发展规律及其对创作实践的影响。本文的核心意义在于强调进行深入的理论准备的重要性，这种理论准备不仅为版权法的未来发展提供坚实基础，确保法律变革能够精准应对技术挑战，同时，理论准备的过程本身具有极高的价值，能够为理论建构、立法实践以及司法裁决提供重要参考和指导。这种前瞻性的理论探讨和准备工作，有助于形成更全面和灵活的法律框架，不仅能保护创作者权益，还能促进科技和文化发展，为应对人工智能带来的版权法挑战做好理论准备，具有深远的学术和实践意义。

（作者系中国社会科学院法学研究所研究员、教授、博士生导师，科技与法研究中心主任）

人工智能学习中的出版者权益保护路径探究①

罗明东　周安平

一、问题的提出

2023 年 6 月，世界经济论坛发布《2023 年十大新兴技术报告》，生成式人工智能（以下简称生成式 AI）被评为具有潜力且能对世界产生积极影响的十大新兴技术之一，该报告指出，生成式 AI 是一种通过学习大规模数据集生成新的原创内容的新型 AI。生成式 AI 在工具式 AI 的基础上迈进了一大步。当前，生成式 AI 学习中的版权问题以及 AIGC 的版权保护理论研究已经初具规模，但对于生成式 AI 学习中出版者权利的保护关注不足。事实上，生成式 AI 的发展必须以对海量数据的学习为前提和基础，而在国内大出版格局下，市场上掌控海量数据的主体并非作者群体，而是各种类型的出版机构。同时，生成式 AI 的内容生成、传播功能直接挑战的也是出版者的利益，当前应用最为广泛的人工智能大语言模型（large language model）即是典型。因此，生成式 AI 给出版者带来的影响和挑战并不亚于作者群体，且市场影响更加直接，生成式 AI 研发者与出版者之间的利益关系也是生成式 AI 学习过程中较为重要的一对利益关系。

生成式 AI 的典型代表 ChatGPT，是一个由 45TB 字节的文本、共计 450 亿个单词

① 本文系 2019 年教育部人文社会科学研究青年基金西部和边疆地区项目“义务教育国家统编教材中权利行使问题研究”（项目编号：19XJC880005）、2023 年重庆市文旅社科规划项目“文化数字化视域下数字藏品监管研究”（项目编号：2023WL09）的阶段性成果。

和数以百万计的作品训练而成的大型的语言模型，其训练的过程不可避免地要复制这些文本，并在使用之前进行预处理以供机器学习和处理。据ChatGPT表示，这些文本来自各种渠道，包括书本、文章、网页等。① 而这些书本、文章、网页大多来自出版行业，出自首发或转载出版机构或平台之手。尤其是在数字出版深度普及的今天，经出版者处理而生成的作品甚至构成AI学习训练的主要来源。ChatGPT目前已经发展至GPT-4o版本，其信息源仍处于不断更新之中。AI对第三方内容的复制和预处理，若未经授权，则可能构成侵权。2024年2月8日，广州互联网法院作出全球首个AIGC平台侵权案判决，认定AIGC生成的部分内容与其学习作品构成实质性相似，且平台并未采取必要的措施预防侵权，最终判令该平台承担侵权责任。生成式AI的出现还使得AI技术在出版的内容生产、编辑加工、复制印刷、营销传播四个关键环节的应用上均成为可能。② 综上，生成式AI从出版物中来，又可以生成出版物，在依赖并利用出版者的同时，又与出版者形成直接竞争，给出版者带来了巨大的挑战。因此，关注AI学习训练过程中的出版者权益保护，具有重要的现实意义。

二、人工智能学习中的出版者数据权益解析

在大多数国家的法律中，数据都能够被"拥有"，只是"拥有"的方式有别，但通常都基于对创造或收集数据的投入的保护，并且允许对访问或使用这些数据进行阻止或收费。③ 出版者就出版物数据享有的权益，可以从出版物数据本身和出版物数据集两个层次来分析。就出版物数据本身而言，既可能是作品性数据，可以享有版权或邻接权，也可能是出版者在非作品类数据之上的数据利益，这些非作品数据既包括本身不构成作品的数据、材料、信息等，也包括不受版权保护的作品，如单纯事实性消息、行政性文件及已过著作财产权保护期的作品等。而就出版物数据集而言，同样有版权和数据权益存在。我国著作权法第十五条就对在内容的选择和编排上具备独创性

① Kathy Berry, Paul Joseph, "Navigating the IP Complexities of ChatGPT," *Managing Intellectual Property*, no. 4 (2023): 11-13.

② 张新新、丁靖佳：《生成式智能出版的技术原理与流程革新》，《图书情报知识》2023年第5期。

③ Joren De Wachter, "IP Strategy in the Age of Big Data," *International In-House Counsel Journal*, no. 7(2014): 1-13.

的数据集提供汇编作品版权保护，而这类选择与编排即体现为数据集的结构，恰好对应AI学习中所使用的结构化数据集。在结构化数据集上，出版者根据其结构是否具备独创性而享有不同的权利或利益，而在非结构化和半结构化数据集之上，出版者也可享有一定的利益。

（一）作品类出版物数据版权

根据法律的规定，出版者权益分为原始取得和继受取得两种取得方式。出版者就出版物数据享有的原始权益包括基于编辑出版而享有的版式设计权以及基于创作而享有的版权，包括基于独创性设计而享有的装帧设计、封面设计版权，以及出版者作为作品汇编者、合作作者等所享有的版权。此外，依据著作权法的规定，若出版者为了保护作品版权而采取了一定的技术措施或权利管理信息，则还应享有保障其不被破坏或规避的权益。除部分"公共作品"的专有出版资格来自行政授权之外，出版者继受取得的权利主要来自著作权人的出版授权，[①] 其权利大小依授权的范围而定，出版者无论是自己使用作品还是授权第三方使用，抑或是维权，均需要以著作权人的明确授权为前提，否则不仅无权转授权或维权，反而还可能构成侵权。出版者未获著作权人充分、明确授权的现象在电子化、网络化、数字化出版初期均较为突出，出版者如何获取作品的海量合法授权仍是当前亟须解决的难题。总之，不同出版者在作品面世过程中所起作用的程度和方式有所不同，可能享有的权益范围也会有较大差别。[②] 我国传媒环境进入数字时代以来，无论是在出版产业界还是在行政管理上，数字出版均是"大出版"体系，囊括了极其丰富的数字传播形态。当前，出版行业已经部分迈进智慧出版的高级阶段，[③] 使得出版者从内容加工者、传播者向兼具内容创作者、运营者的多重角色转变，其对于内容可享有的权益将赶超传统作者群体。

（二）非作品类出版物数据权益

非作品类出版物数据本身不能享有版权，也尚未成为新型财产权或其他类型财产

① 刘宇琼：《专有出版权相关法律的几个基石问题》，《出版发行研究》2014年第2期。
② 于文：《出版者智力成果的邻接权保护与立法完善》，《中国出版》2022年第24期。
③ 覃周亚、杨海平：《智慧出版内涵及相关概念辨析》，《中国出版》2023年第8期。

权的对象。出版机构一般是经营性的企业，企业对于数据集所享有的权益，是当前理论和实务界探讨的核心论题，而数据集内的非作品类数据本身，并非版权和数据财产权关注的范畴。尽管如此，在数字时代，市场主体在经营过程中掌握和产生的非作品性数据的市场价值已经毋庸置疑，在现有制度框架下，出版者仍可以在一些特定情形下就这些未形成数据集的非作品类数据享有利益。例如，若控制主体在数据上采用了保密措施，则可作为商业秘密受到保护。即使不将其作为商业秘密，而是作为一般的信息，若控制人对该信息的访问、传播、使用等采取了技术措施，对该技术措施的破坏和规避仍可能构成不正当竞争。换言之，在竞争法领域，所有因违背诚实守信的商业道德而导致市场竞争秩序被破坏的行为均具有可责性，尽管竞争法是行为规制法，但其适用结果等同于其控制人在其掌握的数据上均可能享有利益，而不论该对象是何形态以及是否采取了必要的保护措施，只是这种利益保护有限定的适用场景，且保护力度不如权利明确和强烈。

（三）结构化的出版物数据集权益

很多情况下结构化数据集的保护可以直接适用数据库保护制度。但是，各国对于数据库进行保护的路径各不相同。我国对于数据库的保护，适用的是著作权法中关于汇编作品的规定，要求该汇编作品对数据的选择和编排必须能够体现独创性，而不论数据集内的数据本身是否享有版权，有学者将这种保护形容为只保护装水的空瓶子，而不保护瓶子里的水。① 美国法律对于数据库的保护，依据其 1976 年版权法第 101 条的规定，以及著名的费斯特案确定下来的规则，也须判断对数据选择、整理、安排上的最低原创性。② 欧盟对数据库的保护则近乎于直接保护，1996 年出台的《关于数据库法律保护的指令》明确，在对数据库的保护中无须考察其对材料的选择、编排是否具备独创性，而专门创设了一种独立于传统版权的数据库“特别权利”保护。

当然，结构化只是数据集获得版权保护的必要条件，但并非充分条件，还需要该结构满足著作权法上的独创性要求，需要在个案中去考察。然而，由于舒适、高效的用户体验是数据库的核心竞争力之一，因此，就同类型的数据库而言，不同建设者往

① 李扬：《试论数据库的法律保护》，《法商研究（中南政法学院学报）》2002 年第 1 期。
② 李扬：《试论数据库的法律保护》，《法商研究（中南政法学院学报）》2002 年第 1 期。

往也会形成在结构、编排上高度相似的数据库，以致难以达到著作权法上的独创性要求，[①] 因此，结构化数据库版权保护的司法适用结果仍存在一定的不确定性。为此，欧盟不区分数据库独创性而统一提供“特别权利”保护；德国则将非独创性的数据库作为邻接权对象予以保护；日本著作权法保护的数据库作品仅要求内容系经过选择或系统构建而成即可，不需要特别的创造；[②] 美国也曾意图推进类似于欧盟的“特别权利”立法，但未能在国会通过。[③] 因此，在包括中美在内的大多数国家和地区，均依靠竞争法的规则来规制不当使用他人非独创性的结构化数据集的行为。

（四）非结构化的出版物数据集权益

数据库往往是根据先预定好的关系模型来对数据进行收集、存储和应用，而 AI 学习的数据集不仅包括了经过结构化处理的数据库，还涵盖了数据库无法处理的“用户浏览痕迹、设备信息、分享资料等半结构化、非结构化数据”[④]，这也是 AI 学习所依赖的数据集与传统数据库的主要区别。如何保护非结构化数据集是当前各国共同面临的难题。中共中央、国务院 2022 年 12 月印发的《关于构建数据基础制度更好发挥数据要素作用的意见》中明确提出，要建立数据资源持有权、数据加工使用权、数据产品经营权分置的数据产权运行机制，但在法律制度上落地仍需时日。非结构化数据集之上的权益性质，在权利法定主义原则之下，要被定性为独立的数据财产权还为时尚早，但其需要较大的投入且具有较大的市场交易价值已是不争的事实，出版者也现实地享有竞争性利益。实际上，我国司法依托诚信原则、商业道德、劳动理论等，已经广泛认可了市场主体对数据资源的竞争性权益。[⑤] 因此，在 AI 所获取的数据集之上，出版者兼享有广泛的权利和利益。

---

① 龚佳：《试论对非独创性数据库的法律保护》，《当代法学》2002 年第 3 期。

② 马忠法、胡玲：《论数据使用保护的国际知识产权制度》，《电子知识产权》2021 年第 1 期。

③ 管洪博：《大数据时代企业数据权的构建》，《社会科学战线》2019 年第 12 期。

④ 张浩然：《由传统数据库保护反思新型“数据财产权”》，《法学杂志》2022 年第 6 期。

⑤ 姬蕾蕾：《企业数据财产权益的归属判定及实现程序》，《苏州大学学报（哲学社会科学版）》2023 年第 4 期。

三、人工智能学习获取出版物的技术逻辑

（一）人工智能学习中的数据获取原理

在《人工智能：一种现代的方法》一书中认为，能够通过图灵测试而被称为AI的计算机应满足自然语言处理、知识表示、自动推理和机器学习四大能力，① 可见，机器学习实际是AI的一个重要能力，甚至是最核心的能力，是为AI系统提供无需程序指令而自动学习并根据经验改进的能力和过程。② 机器学习至今没有比较统一的定义，业界广泛引用的美国学者汤姆·米切尔（Tom Mitchell）的《机器学习》一书对机器学习的定义是：就某类任务T和性能P而言，计算机程序通过从经验E中学习，提升了在任务T上的性能P，则称其从经验E中学习。③ 机器学习的一般流程是：定义问题、收集数据、比较算法与模型、应用模型，数据收集阶段则包括数据采集、数据预处理和数据转换三个步骤。④

从表面看，AI是让机器人模仿人，但其实质是对数据的采集与利用，可以说AI最重要的是数据，而非程序。⑤ 生成式AI是已进入"深度学习+"阶段的应用，必须要花大量的时间、利用大量的数据来进行训练。例如，ChatGPT的学习用数据达45TB的规模，与其同开发者的Codex，也是由数十亿行开源软件代码训练而成的。Stability AI开发的Stable Diffusion，基础是一个包含58.5亿个图片及文字描述的超链接的数据集。收集数据是机器学习的第一步，而数据的收集方式，则因任务的不同而有所区别。

收集到数据后，要对数据进行预处理。理论上常以数据可用信息为标准将机器学

① 【美】斯图尔特·罗素、【美】彼得·诺维格：《人工智能：一种现代的方法（第3版）》，殷建平等译，清华大学出版社，2013，第4页。

② "What is Machine Learning? A Definition," Expert. ai Team, accessed March 14, 2024, https://content.expert.ai/blog/machine-learning-definition/.

③ 【美】汤姆·米切尔：《机器学习》，曾华军等译，机械工业出版社，2003，第3页。

④ 刘长龙：《从机器学习到深度学习：基于scikit-learn与TensorFlow的高效开发实战》，电子工业出版社，2019，第7-9页。

⑤ 佘来文、林晓伟、刘梦菲、刘修财：《智能时代：人工智能、超级计算与网络安全》，化学工业出版社，2018，第76页。

习分为有监督学习、无监督学习和弱监督学习三大类。有监督学习需要对收集的数据进行预处理，规范数据结构、删除不合格数据等，然后对数据样本做标注，机器再通过这些带标注的样本集学习建立一个模型，在模型确定后，该模型就可以对新的输入进行结果预测。① 这种数据标注包括了人工标注。无监督学习数据的标注，就需要机器自身从数据中发现一些现象或模式，常用的方法是聚类、降维与可视化、密度估计、稳变量因子分析等。而半监督学习则是针对只有部分有标注的样本的学习，综合了有监督学习和无监督学习的方法。② 理论上，生成式 AI 是以这些学习方式为基础，并发展到多层次的深度学习阶段的产物。

（二）人工智能学习中的出版物抓取

AI 学习的数据来源多元，就出版物而言，总体有数字化与非数字化之分。对于尚未数字化的出版物，AI 数据收集的第一步即通过传感器等技术手段将其数字化，该过程成本巨大。就已经数字化的出版物数据而言，又有在线数据与离线数据之分。离线数据无法自行获取，往往需要持有方来提供。在线数据则以诸如数据库、数据仓库、数据文件、流数据、多媒体、网页等形式集中存储或分布在网络服务器上。③ 除通过授权获取之外，基于一定的技术手段，在线数据均有被自行获取的可能性，这就需要依靠一种文本与数据挖掘(text and data mining，以下简称 TDM)的技术。以 ChatGPT 为例，其数据来源包括从各种网站上获取的无标注文本数据、经人工标注的训练数据以及与用户对话产生的交互数据三大类。其训练数据主要是依靠人类专家提供和已经过训练的现成数据，如 SQuAD、CoSAT、GloVe 等，而无标注文本数据的获取则主要依赖 TDM，从社交网站 Reddit、程序员问答社区 StackOverflow 和推特等网站中抓取而来。④

事实上，AI 学习或训练用的数据，绝大多数是从网络上抓取存储在硬盘、云存

① 张旭东：《机器学习导论》，清华大学出版社，2022，第 1-2 页。

② 张旭东：《机器学习导论》，清华大学出版社，2022，第 3-5 页。

③ 袁梅宇：《机器学习基础——原理、算法与实践》，清华大学出版社，2018，第 7 页。

④ "Stack Overflow Will Charge AI Giants for Training Data," accessed June 2, 2024, https://www.wired.com/story/stack-overflow-will-charge-ai-giants-for-training-data/.

储或数据仓库的数据并下载而来，下载和存储的过程就涉嫌侵犯版权。[①] 我国 AI 建设的系统标准仍在建构之中，但是，2020 年 7 月 27 日五部门联合发布的《国家新一代人工智能标准体系建设指南》(国标委联〔2020〕35 号)已经明确了我国 AI 的五大支撑技术，其中大数据、智能传感器和数据存储技术均与机器学习中的数据获取密切相关。在国内行业实践中，AI 开发者训练数据的获取主要来自自行采集、从公开数据集获取、模拟产生、用数据挖掘或爬取技术抓取、第三方购买等五种途径。[②] 其中，前三类渠道整体上较为尊重有关数据主体的授权，而使用数据挖掘或爬取技术的情形由于未保障数据主体的知情权和授权范围而面临着较大的伦理与法律隐患。[③] 通过第三方购买渠道获取的数据，在该第三方获取数据阶段也面临同样的法律问题，并且，这种风险实际不会因 AI 研发者所使用的数据系合法购买而完全转嫁至第三方。

(三)人工智能学习中的出版物预处理

复制、存储仅仅是 AI 数据获取的第一步，随后还要经历复杂的数据预处理过程。不同类型的机器学习对数据的预处理不甚一致。有监督学习的前提是数据标注和分类，数据标注是将非结构化数据转化为机器可识别、可做训练之用的数据集。数据分类则是将数据集划分为训练集和测试集两部分，首先用训练集对算法进行训练，得到模型，然后利用模型对测试数据进行预测，计算预测误差再反馈至机器算法。[④] 无监督学习主要方法是聚类和关联分析，聚类即将数据集划分为若干个相似实例组成的簇，使得同一个簇中的实例间相似度最大化，而关联分析法则用于发现隐藏在大型数据集中有意义的联系，这种联系可以用关联规则进行表示。[⑤] AI 学习本身也常运用 AI 技术，基于深度学习对数据进行自动标注，大大提高了数据标注的效率。

数据的质量直接影响 AI 学习的效果，而由于人的错误、测量设备的限制以及数

---

① Jenny Quang, "Does Training AI Violate Copyright Law?," *Berkeley Technology Law Journal* 36, no. 4 (2021): 1407-1436.

② 高泽晋:《潘多拉的魔盒:人工智能训练数据的来源、使用与治理——面向 100 位 AI 开发者的扎根研究》,《新闻记者》2022 年第 1 期。

③ 高泽晋:《潘多拉的魔盒:人工智能训练数据的来源、使用与治理——面向 100 位 AI 开发者的扎根研究》,《新闻记者》2022 年第 1 期。

④ 袁梅宇:《机器学习基础——原理、算法与实践》，清华大学出版社，2018，第 6 页。

⑤ 袁梅宇:《机器学习基础——原理、算法与实践》，清华大学出版社，2018，第 7 页。

据收集过程的漏洞等种种原因，数据质量往往参差不齐。因此，在数据标注前有必要先做“数据清洗”，以删除重复信息、纠正存在的错误并提高数据一致性。该过程由机器依据算法自动进行，主要任务在于标注出残缺、错误或重复的数据，以供后续处理。除数据补正等往往需要人工完成之外，后续的数据清理仍可广泛借助算法工具，主要技术是属性选择技术、主成分分析技术与离散化技术。属性选择指从数据集中选择最具代表性的属性子集，删除冗余或不相关属性。主成分分析则是将数据降维，把给定的一组相关属性通过线性变换转换成另一组不相关的属性，将复杂问题简单化，便于分析和处理。① 离散化即将连续的数值型数据切分为若干个分箱的小段。② 从前述数据的清洗、转化、标注、删除、切分等预处理的原理来看，其过程既可能构成对具体数据的修改，也可能构成对数据集在体量、逻辑、关联、结构等方面的变更。

四、人工智能学习侵犯出版者权益的风险

（一）人工智能学习侵犯出版者权益的入责逻辑

基于出版物的AI学习，前提是对出版物的复制，这也是AI学习过程中最大的版权障碍或侵权风险所在。AI学习尚未进入内容输出的阶段，无成果的生成和传播，因此，尚不涉及演绎权、传播权等侵权问题。不同于出版物的数字网络转载、传播，AI学习过程中的复制不具有开放性，其侵权事实的认定相对复杂。在司法实践中，复制权侵权的判定往往被演绎权、传播权等侵权所吸收，或需要以之为目的，少有单独认定复制权侵权的判例。并且，基于海量出版物学习而来的“成果”也无法确定任何一个作品作为演绎来源，著作权法意义上的演绎、传播的目的难以证成。但是，复制权自始以来便是版权中的首要内容，制度上认可复制权独立保护的价值。在一些特定的情形下，如对出版物未经授权的翻拍、扫描、在线浏览等，复制权被独立侵犯的可能性仍然存在。并且，正是这种中间复制使得机器学习区别于人类的学习，美国第九巡回法院在世嘉公司诉誉嘉公司版权侵权案（Sega Enterprises v. Accolade）中认为，

① 袁梅宇：《机器学习基础——原理、算法与实践》，清华大学出版社，2018，第9页。
② 袁梅宇：《机器学习基础——原理、算法与实践》，清华大学出版社，2018，第10页。

软件逆向工程中对软件作品的中间复制本身就侵犯了版权，而不论其最终状态是否侵权。当然，该案法院最终认定誉嘉公司对世嘉公司 Genesis 游戏程序的逆向工程构成“合理使用”。[①] 实际上，我国著作权法第十条所规定的内容均无目的性要求，均是对特定利用方式的独立控制，相应的目的性要求则是出现在“合理使用”“法定许可”等权利限制条款，二者的适用在逻辑上有先后，即落入版权保护范畴是前提，权利限制是抗辩。因此，在考量特定行为是否落入版权控制范畴时，不能直接“一步到位”将目的性要素带入。

就数据的存储而言，实际也是复制。美国现有的司法判例已经确认，不论是在硬盘还是在随机存储器上的存储，都满足版权法的固定性要求，因为硬盘远比用以暂时存储程序、数据和中间结果的随机存储器稳定，即使数据没有被永久存储在硬盘中，而是在完成训练之后就被删除。[②] 如果训练数据被存储在云端，那也同样是由物理硬盘来存储的，只是需要通过互联网或局域网来访问。在《世界知识产权组织版权条约》制定过程中，欧美曾主张将中间复制纳入复制权控制范围，因遭到包括中国在内的一些国家的坚决反对而未成功，但在美国的坚持下，仍然增加了一条含义模糊的规定，授权各国法律自行解释以数字形式对作品的“存储”是否包含临时复制。[③] 可见，我国著作权法上的复制权原则上并不包含临时复制的内容。但是，我国《信息网络传播权保护条例》为用于防止、限制未经权利人许可“浏览”“欣赏”作品的技术措施也提供了保护，实际上也部分承认了临时复制利益，因“浏览”“欣赏”背后的技术即临时复制。因此，在出版者对出版物采取了技术措施的情况下，AI 通过破坏或规避技术措施而采取的复制和临时存储也可能构成侵权。

就出版物的预处理而言，对于数据的清理、过滤、去除偏差、格式化以及数据转化、划分等预处理操作，在涉及出版者时，既可能侵犯其就具体出版物享有的权利，也可能侵犯其就数据集整体所享有的权利。就前者而言，数据的标注、补正、删减等，均有可能构成对具体出版物的修改、演绎，落入修改权、演绎权的范畴。而对于

① Jenny Quang, “Does Training AI Violate Copyright Law?,” *Berkeley Technology Law Journal* 36, no. 4 (2021): 1407-1436.

② Stern Electronics, Inc. v. Kaufman, 669 F. 2d 856.

③ 刘春田：《知识产权法（第五版）》，高等教育出版社，2015，第 79 页。

数据集的变更，也可能落入出版者就数据集享有的权益之中。因为，AI 学习对数据集的预处理，即将非结构化数据集处理为结构化数据集，或将本身已经被出版者结构化了的数据集重构为 AI 所需的数据集，该过程即数据集结构的变化。一直以来，我国著作权法始终将对数据、材料的选择、编排的独创性作为数据库版权保护的实质要件，其权利保护的范畴也仅及于对数据材料的选择和编排，而对数据集结构的修改，恰好落入了这一控制范围。

（二）人工智能学习侵犯出版者权益的出责事由

要将 AI 学习中的 TDM 认定为侵权面临一定的困难。有观点认为，如果人类从书本中学习并不侵权，那么机器类似的学习也不侵权，尽管学习过程中会不可避免地制作复制件。一般而言，AI 学习开发者对于复制作品的表达毫无兴趣，其真正需要的是作品事实形态中的功能性要素。① AI 对表达的挖掘是功能性的或非表达性的，提取的是不受版权保护的思想和方法，不符合著作权法所保护的作品性复制，因而不能诉请版权侵权。② 也就是说，AI 学习对作品的复制，并非表达性复制，而是对作品事实形态的复制，不将其认定为侵权符合“思想/表达二分法”之意。AI 开发者也并未向公众传输或提供这些作品，而仅用于 AI 模型的训练，最后训练而成的 AI 模型中并不会原样出现这些作品。在生成式 AI 的应用中，后续会生产出与其所学习的出版物类似形式的“成果”，但由于难以确定特定的来源出版物，以致其目的性判定同样有较大的不确定性。也有观点主张结合训练作品来源与输出内容而将机器学习（machine learning，以下简称 ML）划分为不同的类型，从而分别适用非作品性使用、合理使用和侵权性使用的规则。③ 以上认识的共同特征在于将 ML 与其目的、后续活动相联系，而非独立认定 ML 活动，此类认识实际也反映了司法实践中普遍存在的难以脱离复制目的或后续传播行为而独立认定复制权侵权的问题。

即使确认 AI 学习过程中对出版物的挖掘已经落入出版者数据权益的范围，但是

① Jenny Quang，“Does Training AI Violate Copyright Law?，” *Berkeley Technology Law Journal* 36，no. 4（2021）：1407-1436.

② Abraham Drassinower，*What's Wrong with Copying*?（Cambridge：Harvard University Press，2015），p. 94.

③ 李安：《机器学习作品的著作权法分析——非作品性使用、合理使用与侵权使用》，《电子知识产权》2020 年第 6 期。

AI开发者的抗辩事由仍相对丰富，该权益可能受到的限制仍然广泛。尽管广州互联网法院率先作出了AI平台侵权的判决，但该判决依据的基本事实是AI输出实质性相似作品且平台未采取预防侵权措施，对占据AIGC主流的非表达性输出指导作用有限。美国正在进行的三大生成式AI侵权诉讼①则直指对作品、数据的转换性使用，是相对典型的分析样本。在尚无专门的TDM版权例外规定的背景下，合理使用便是被诉方必然会选择的抗辩事由。在美国版权法上，合理使用须关注四个方面的标准：作品使用的目的、作品的性质、作品使用的数量和内容、对作品市场和价值的影响。就AI学习而言，教学、研究和学术目的是最有利的要素，而市场影响要素的权重最重，作品性质要素的重要性最低。② 就作品使用目的而言，很多观点认为AI为了学习训练的目的而挖掘作品并不构成侵权，因其并未向外传播作品。同样，转换性使用是判断目的要件的重要事由，早在美国谷歌图书馆案（Authors Guild v. Google）中，一审纽约南区联邦地方法院和二审联邦第二巡回法院一致认为，谷歌为了研究目的对数以百万计的图书进行的数字化是一种高度转换性的合理使用。③ 由此可见，转换性使用的事由对数量要件有明显的外溢效应，即使是对数百万图书的数字化也可能被法院认定为是转换性使用的必然，转换性使用甚至事实上一度形成对"四标准"的替代。④就市场影响而言，美国联邦法院并非只考虑数据授权市场的损失，还会着重考量对社会公众的影响，尤其是当新技术的发展显著对公众有益时，更有利于合理使用的认定。总体上看，前述三个案件中的AI开发者在合理使用认定中占有显著优势。⑤

但是，美国法律合理使用的适用结果是不可预知的，相较而言，部分国家或地区在此问题上有更加明确的态度。日本是最早为TDM提供侵权例外规定的，早在2009年，日本著作权法第47(7)条就允许所有目的的TDM。为了进一步促进AI和大数据

---

① 相关案件为Getty Images公司诉Stability AI公司案、视觉艺术家集体诉Stability AI公司案以及Doe诉Github公司案。其中，前两个案件针对Stable Diffusion对图片使用的版权侵权，后一个案件针对Codex和Copilot对开源软件代码的使用侵权。

② "Generative AI Meets Copyright Ongoing Lawsuits Could Affect Everyone Who Uses Generative AI," Pamela Samuelson, accessed July 13, 2023, https://www.science.org/doi/10.1126/science.adi0656.

③ Authors Guild, Inc. v. Google Inc., 804 F. 3d 202.

④ 金海军：《合理使用认定中"转换性使用"的重新界定——基于"戈德史密斯案"的思考》，《中国版权》2024年第2期。

⑤ "Generative AI Meets Copyright Ongoing Lawsuits Could Affect Everyone Who Uses Generative AI," Pamela Samuelson, accessed July 13, 2023, https://www.science.org/doi/10.1126/science.adi0656.

技术发展，2018年修订的日本著作权法，又从三个方面进一步移除了AI发展的障碍：一是允许为了ML目的的作品分析和推理(第30-4条)；二是允许附带性的作品复制(第47-4条)；三是允许为了数据核验的目的的作品使用(第47-5条)。《欧盟数据库版权指令》将对数据库实质部分的提取和对非实质部分的重复、系统提取和使用均认定为侵权，[①] 目的是维系权利人与公众的利益平衡。此后，欧盟《数字化单一市场版权指令》又要求成员国为研究机构和遗产保护机构设置以研究为目的的TDM例外(第3条)以及商业性的TDM例外(第4条)，但为权利人预留了选择退出的权利。该规定广受批评，因为其实际上赋予了权利人授权或禁止TDM的权利，对AI开发者不利。自2014年起，英国便规定了非商业性TDM例外，2022年6月，英国政府又公布了一项关于商业性质TDM例外的提案，且没有规定选择退出机制，但是，该提案在创意产业的强烈反对下被撤销。以色列司法部在2023年发布的一份意见书中明确，AI的ML显然属于以色列版权法中合理使用的范畴。[②]

是否构成“合理使用”在我国需要遵从“三步检验法”来认定，而属于著作权法第二十四条所明确规定的特殊情形是其首要要件，但AI学习中对作品的使用并未被规定在其中。国内理论界长期坚持对“三步检验法”中的特殊情形作严格的、封闭的解释，但也有研究认为《伯尔尼公约》所确定的特殊情形本身具备开放性，且各成员国国内立法机关和司法机关均能够予以适用。[③] 在尚无条件推动将TDM写入“合理使用”特殊情形的情况下，也可通过解释论将非营利性的AI学习解释进“个人学习研究”及“学校课堂教学或者科学研究”中，再通过对“科学研究”作扩大解释来涵盖营利性的AI学习。[④] 也有观点主张通过概括性解释“合理使用”一般条款来将AI学习纳入进来。[⑤] 在我国著作权法第三次修改过程中，“合理使用”特殊情形的兜底条款曾使用“其他情形”的表述，但正式稿将其限定为了“法律、行政法规规定的其他情形”，一

---

① 任寰、魏衍亮：《国外数据库立法与案例之评析》，《知识产权》2003年第2期。

② 中国保护知识产权网：《以色列司法部发布意见书　支持将版权作品用于机器学习》，http://ipr.mofcom.gov.cn/article/gjxw/gfgd/202302/1976280.html，访问日期：2023年2月10日。

③ 万勇：《著作权法三步检验标准的误解澄清与本土重塑》，《上海政法学院学报(法治论丛)》2022年第4期。

④ 万勇、李亚兰：《因应人工智能产业发展的合理使用条款解释论研究》，《数字法治》2023年第3期。

⑤ 张明：《文本与数据挖掘适用著作权合理使用的解释论》，《出版发行研究》2023年第2期。

定程度上表明立法者无意向司法机关开放自主解释适用该条款的权力。[①] 此前，司法机关有不少扩张解释适用“合理使用”情形的案例，且专门出台过允许在确有必要时适用“四标准法”的意见，而今后能否继续扩张适用还有待进一步观察和研究。

五、人工智能学习中出版者权益维护的有效路径

（一）人工智能学习中出版者权益保护的必要

为了支持 AI 技术的发展，世界各国均在诉诸推进 AI 学习的合理使用例外，但是其支持程度不一，尤其在商用性质的 AI 学习政策上，前景并不明朗。国内也有大量研究探讨将我国“合理使用”制度适用于 AI 学习的可能性问题。然而，极力推进合理使用制度适用的后果，是 0 或 1 的区别，没有折中状态，是对 AI 研发者抑或出版者利益的完全支持，容易走向利益的失衡。当前，生成式 AI 已经走出科研机构和实验室进入企业和市场，数据拥有者主张利益的意愿也愈发强烈。在美国三维成像公司诉元平台公司和普林斯顿大学案中，原告主张被告在场景识别 AI 开发中下载其数据的行为非法，据其估算，相关的场景识别软件的市场规模到 2025 年可达 600 亿美元，但数据收集成本仅百万美元。[②] AI 免费获取数据的模式也激起了美国创作者群体的强烈反对，2023 年 7 月，美国 8500 名作家联名要求 OpenAI、微软、Meta 等 AI 公司赔偿因使用其受版权保护的书籍、文章、诗歌等作品的损失，在他们看来，这些作品实际成为了 AI 的免费养料，而 AI 动辄数十亿美元的开发资金中，理应包含对作品使用的补偿。美国作家协会也认为，AI 对作品的免费使用将使作家无力继续创作。AI 研发者合理使用的抗辩也常被批评为一种窃取版权的方法。2024 年 2 月 2 日，英国上议院通信和数字委员会发布了《大型语言模型和生成式人工智能》，呼吁英国政府抓住技术发展机遇，建议让权利人有权检查数据是否被擅自使用，鼓励科技公司为内容

① 罗明东：《课堂教学著作权“合理使用”限制的功能释放——兼评〈著作权法〉第三次修正》，《判解研究》2021 年第 3 期。

② Jenny Quang, “Does Training AI Violate Copyright Law?,” *Berkeley Technology Law Journal* 36, no. 4 (2021): 1407-1436.

授权付费。[①] 2024 年 2 月 9 日，日本报刊出版协会向文化厅提交一份意见书，将 AI 从版权作品中的学习称作不可接受的“搭便车”行为，并呼吁从根本上修订日本著作权法。[②] 同月 28 日，在继美国《纽约时报》之后，又有多家媒体对 OpenAI 未经许可、付费而“搭便车”式利用其新闻内容训练 AI 的行为发起了版权侵权之诉。[③] 2024 年 3 月，三名作家以版权侵权为由起诉英伟达利用其书籍训练 AI 平台 NeMo 的行为，而该平台利用的数据库包含了近 20 万本书籍。[④]

当前，我国出版物数据库已经具备了较大的体量，如大型报刊数据库、古籍数据库、数字图书馆、融媒体平台等。开发者直接购买的出版物数据已经是我国 AI 开发中的重要数据来源之一，而未经允许对出版物数据的抓取则可能对其交易价值的实现构成实质损害。总体上，AI 学习中的 TDM 路径多元，不同路径所需付出的挖掘成本不同，若直接从现成的大型数据库或数据集复制而来，AI 开发者无疑将显著节省数据挖掘和后续处理的成本，但对于出版者而言，则将因此丧失收益或交易潜力。在 VHT 公司诉 Zillow 集团（VHT v. Zillow Grp.）案中，因原告正在积极开发数据库授权业务，所以美国第九巡回上诉法院在合理使用的市场影响要素判断中便显著倾向于原告。[⑤] 国内已有不少经营者以数据交易为业，专为 AI 开发提供有偿数据服务，依照数据类型、数据量或是否需要标注等为标准来获取对价，甚至还能提供定制化的有偿服务。[⑥] 除此之外，数据库开发本身往往是漫长的一环，是纯投入阶段，需要花费巨额的成本，后续的数据处理和应用才是收益期。因此，即使出版物数据库所有者尚未开发相应市场，未经许可的 TDM 也可能抢占先机，减少其基于出版物资源做相同或

---

① 武大知竞：《英国发布〈大型语言模型和生成式人工智能〉报告》，https://mp.weixin.qq.com/s/npnQ8xCQb1zRukGG4qfUzg，访问日期：2024 年 2 月 9 日。

② 新浪 IT 之家：《因无法接受 AI 学习版权作品，日本报刊出版协会呼吁修改版权法》，https://t.cj.sina.com.cn/articles/view/1826017320/6cd6d02802001a686，访问日期：2024 年 2 月 11 日。

③ “OpenAI Hit with New Lawsuits from News Outlets over AI Training,” Blake Brittain, accessed February 28, 2024, https://www.reuters.com/legal/litigation/openai-hit-with-new-lawsuits-news-outlets-over-ai-training-2024-02-28/.

④ “Nvidia has Joined OpenAI in Facing Lawsuits for Allegedly Training AI on Copyrighted Work,” William Gavin, accessed March 11, 2024, https://qz.com/nvidia-ai-copyright-lawsuit-1851324908.

⑤ Jenny Quang, “Does Training AI Violate Copyright Law?,” *Berkeley Technology Law Journal* 36, no.4 (2021): 1407-1436.

⑥ 高泽晋：《潘多拉的魔盒：人工智能训练数据的来源、使用与治理——面向 100 位 AI 开发者的扎根研究》，《新闻记者》2022 年第 1 期。

类似运用的潜力和可能。例如，在福克斯新闻网有限公司诉电视之眼公司(Fox News Network v. TVEyes)案中，美国第二巡回上诉法院就基于被告对福克斯公司作品授权可能性的侵犯而否认了合理使用。[①] 尽管VHT案与Fox News Network案的被告都构成转换性使用，但法院同样会重点考量该使用对授权市场的潜在影响。2023年8月，“中国知网”发布了“大模型+AIGC”的大数据知识管理系列产品，开启智能化知识服务时代，在此之前，其还仅仅是国内最大的论文提供平台。因此，若法律不及时提供保护，AI学习对出版物数据集开发者未来的盈利能力或构成“釜底抽薪”式的损害。

此外，现阶段的AI模型，仍存在对作品的表达性使用。尽管AI技术发展迅猛，但是，若要断言其都已达到强人工智能阶段还为时尚早，即使是被公认为最先进的GPT-4o模型，对来源数据的使用也并不完全是非表达性使用，因此，部分AI学习对版权的侵犯是较容易判定的。在《纽约时报》对OpenAI、微软等公司发起的侵权诉讼中，其举证表明在一些情况下GPT模型输出的内容与《纽约时报》原文内容构成实质性相似，甚至还可能直接输出其原文。无独有偶，当前被用户尊为AI制图“神器”的Midjourney V6模型，也存在大量输出现有作品的原样复制品的情况。[②] 在我国AIGC平台侵权第一案中，法院认定涉诉AIGC平台Tab网站所生成的绘画作品，与原告享有版权的作品构成实质性相似，这并不符合AI学习是对作品的转换性使用的预设。同样，在此前的AI文生图著作权案中，法院也认定原告在利用Stable Diffusion的AI模型生成人物图片时，对于人物及其呈现方式等画面元素以及画面布局、构图等均进行了设计，在AI根据其设计的参数生成第一张图片之后，又继续增加、修改参数并不断调整，才最终得到了涉案的图片，该过程体现了原告独特的选择、判断和审美，[③] 表明该AI模型也是强人工参与和控制之下的AI模型。在此大背景下推动AI对数据的合理使用，显然过于激进。

---

① Jenny Quang, “Does Training AI Violate Copyright Law?,” *Berkeley Technology Law Journal* 36, no.4(2021): 1407-1436.

② 新智元:《ChatGPT面临销毁？GPT-4被曝逐字照抄原文，OpenAI或将赔偿数十亿美元》，https://mp.weixin.qq.com/s/XekIQj35Y7ox4A_c7H4fBw，访问日期：2024年3月28日。

③ 北京互联网法院：《“AI文生图”著作权案一审生效》，https://mp.weixin.qq.com/s/AzhPYHqLCCXiWwL2AuKjnw，访问日期：2024年5月27日。

（二）人工智能学习中出版物的海量许可

如上所述，合理使用制度在出版者数据权益的保障上有天然的缺陷，但是，过高的数据成本，同样不利于AI技术及其应用的发展。法律是利益之器。AI技术的发展和应用，牵涉的不仅仅是AI开发与出版两个产业之间的博弈和平衡，还有广泛的国际科技竞争、国家安全等问题。AI研发者完全可以选择一个对TDM技术最友好的国家进行AI学习训练，因此，各国制度对AI产业的支持力度将直接影响本国AI产业的发展，为此，某些国家甚至不惜在TDM监管政策上展开“竞底竞争”。[①] 当前，发达国家均将AI技术的发展作为提升国际竞争力的重要手段之一。美国制订了联邦AI研发战略计划，明确了AI研究中的7个优先事项以及实现这些事项的两点建议；加拿大制订了“泛加拿大AI战略”的五年计划；法国制定了国家“AI领导”战略，意在成为欧洲国家AI战略的代表；德国重点投入AI人才教育；澳大利亚政府直接投资支持AI技术的发展；韩国制定了国家AI发展战略，立志到2030年成为全球AI四大强国之一；日本更是在多个方面制定引领世界的AI战略；[②] 印度政府用千亿卢比预算推进“IndiaAI使命”项目，该项目将开发一个统一的数据集平台，为AI研究者提供一站式解决方案，简化AI学习获取非个人数据集的流程。[③]

在激烈的国际竞争中，我国也在大力推动AI产业的发展，商汤、旷视、云从、依图等AI独角兽企业已经成长起来，清华大学等顶尖高校陆续成立AI研究院。2017年7月，国务院印发《新一代人工智能发展规划》，提出“三步走”的战略目标。国家先后推动建立了数十个“国家新一代人工智能创新发展试验区”和“国家人工智能创新应用先导区”。2023年7月，七部门联合发布《生成式人工智能服务管理暂行办法》，确定对生成式AI服务实行包容审慎和分类分级监管，在鼓励发展的同时要求尊重知

---

① Kathy Berry, Paul Joseph, “Navigating the IP Complexities of ChatGPT,” *Managing Intellectual Property*, no. 4 (2023): 11-13.

② 腾讯研究院：《深度梳理这10个国家的人工智能发展战略》，https://baijiahao.baidu.com/s?id=1717797150029587077&wfr=spider&for=pc，访问日期：2024年3月18日。

③ IT之家：《印度宣布向AI领域投资1037亿卢比，强化对大语言模型的开发》，https://t.cj.sina.com.cn/articles/view/1826017320/6cd6d02802001aap1，访问日期：2024年3月8日。

识产权且不得利用 AI 优势实施不正当竞争，整体上对 AI 持积极拥抱并尽力消除可能的不当影响的态度。①

AI 学习需要大规模的数据，AI 开发者也并非完全不考量出版物数据使用许可和付费的问题，OpenAI 于 2023 年底及 2024 年 5 月分别与美联社（Associated Press）、阿克塞尔・斯普林格（Axel Springer）以及新闻集团（News Corp）达成了使用其出版物训练 AI 模型的协议，这种授权被认为很有可能成为 AI 开发者与新闻机构之间的未来合作模式。② 但是，如果完全依靠版权单独许可或版权侵权赔偿规则，则 AI 学习的出版物利用必定是低效率、高风险且高成本的，开发者无力承担数据成本，也就无从发展 AI 技术。并且，市场上也不乏高估自己持有数据集的价值甚至"敲竹杠"的持有者，以致私人协商合作难以达成。③ 同时，只有更大更多元的数据集才能训练出更好的 AI 模型，如果只允许 AI 基于有限的"合法""安全"的数据库进行学习训练，则可能因数据来源的不全面而导致 AI 算法偏见，甚至产生伦理、安全等方面的消极后果。因此，在尊重出版者数据权益的前提下，仍需要探索消除 TDM 障碍的合理路径。事实上，消除 TDM 的障碍，便利 AI 技术的发展和应用，并非只有"合理使用"一个选项。在数据库保护的现有研究中，已有观点主张通过创新法定许可制度、完善版权集体管理制度等方式来解决数据库多重权利的产生和行使方面的利益冲突问题。同样，也有部分观点主张通过法定许可、集体管理等方式来解决 TDM 中的利益平衡问题。

本文主张通过集体管理方式解决 AI 学习出版物海量许可的难题。一方面，我国法定许可制度整体上没有很好起到平衡权利人与使用人利益关系的效果，④ 且该制度在网络环境下的适用几经争论和反复终被否定。总体上，法定许可制度是对权利人许可自主权的剥夺，应当慎重，没有充分且必要的事由不应该适用。另一方面，集体管理本质上仍是一种许可方式，基本可以实现法定许可的效果，适宜管理网络环境下的

① 文轩：《生成式人工智能的风险规制困境及其化解：以 ChatGPT 的规制为视角》，《比较法研究》2023 年第 3 期。

② "OpenAI and Axel Springer Announce Deal That Will Bring News Content to ChatGPT," James Farrell, accessed December 23, 2023, https://www.forbes.com/sites/jamesfarrell/2023/12/13/openai-and-axel-springer-announce-deal-that-will-bring-news-content-to-chatgpt/?sh=b79d78a2b108.

③ 胡凌：《生成式人工智能知识产权侵权的司法考量》，《数字法治》2023 年第 5 期。

④ 管育鹰：《我国著作权法定许可制度的反思与重构》，《华东政法大学学报》2015 年第 2 期。

授权，且制度建构成本较低，集体管理组织还可统筹建立交易平台、数据库，确定付费机制或采用更为严厉的技术保护措施。[①] 但是，就大规模出版物数据集而言，仍应以自主授权为主，集体管理组织的定价则可以作为交易及纠纷解决的参照标准。

（三）人工智能学习中出版者的技术维权

客观上，ML并非总是善意或无害的，因此伴生了对抗性机器学习（adversarial machine learning，以下简称AML）技术。AML专注于提取ML的训练集并计算其运算程序，据此确定如何回应ML的攻击，然后制作一个可以规避攻击的措施。[②] 当前，数据商可以采取IP封禁、动态密钥、账号封禁等反采集措施阻断机器人的自动采集。[③] 我国出版者也已经开始普遍采用数字底纹加密、绑定硬盘等技术保护措施。但是，仅就技术而言，以上技术措施被更先进的TDM技术破解也只是时间问题，并且客观上也不存在一种通用且永久有效的技术来全面保护各种出版物。在保护技术、破解技术、改进的保护技术之间，是一种相互作用的动态循环发展过程。

但是，制度的干预为出版者摆脱这种纯技术对抗而获取先机提供了一定的保障。著作权法对权利人为保护其权利所采取的技术措施和权利管理信息提供了额外的保护，破坏和规避该技术措施和权利管理信息的行为可被认定为侵权。民法典也明确要求信息处理者采取必要的技术措施防止其收集、存储的信息泄露、篡改、丢失。在数据价值受到广泛认可的背景下，在数据之上采用了保密管理技术措施时，对该技术措施的规避便可能构成对商业秘密的侵犯。同样，即使数据的财产地位尚不明晰，对其合法控制者所采取的技术措施的破坏和规避，仍有可能因构成不正当竞争而具备可责性。例如，在北京微某网络技术有限公司与广州简某信息科技有限公司等不正当竞争纠纷案中，[④] 法院确认原告对依法持有的微博数据享有自主管控、合法利用并获取经济利益的权益，同时认定被告采用欺骗性技术方式非法抓取原告大量后台数据予以存

---

① 马忠法、肖宇露：《人工智能学习创作的侵权困境与出路》，《武陵学刊》2019年第5期。

② Stephenson, P. R., "Adversarial Machine Learning: the Coming Legal Storm," *Legal Issues Journal*, no. 2 (2020): 75-98.

③ 禹卫华：《生成式人工智能数据原生风险与媒介体系性规范》，《中国出版》2023年第10期。

④ 广东省高级人民法院(2022)粤民终4541号民事判决书。

储并售卖获利的行为，构成不正当竞争。

为进一步明确数据持有方的权益，我国《反不正当竞争法(修订草案征求意见稿)》在总结司法经验的基础上，增加了数据专条，拟规定“破坏技术管理措施获取商业数据”和“实质性替代”使用商业数据两种类型的不正当竞争行为。① 因此，在就 AI 学习对出版物利用的立法、司法及政策的确定性和指引性尚未明晰之时，出版者自主的技术措施便是一种最值得依赖的维权手段。例如，2023 年 4 月，环球音乐集团要求苹果和 Spotify 切断平台与其音乐目录的链接，防止 AI 从其受版权保护的作品中抓取歌词和旋律；社交媒体网站 Reddit 也正在关闭 AI 对其数据流的访问并准备推出专门的付费应用程序编程接口；② 推特将其应用程序编程接口从免费改为付费，从低价变为高价；为防止大规模爬虫数据采集，腾讯进行了多轮反采集的技术升级，采用短时效的 URL 动态密钥等技术来拒绝机器人的采集请求。③ AI 学习中出版者权益的维护与普通创作者群体版权的维护之间，最本质的区别也正是在于前者往往更有能力应用技术措施来自主维护和管理权利。因此，就出版物数据及出版物服务数据而言，技术维权切实可行。

六、结语

历史上曾多次出现过因新技术的发展和应用导致利益冲突不断，并最终推动法律变革的实例，如印刷机、有线电视、录像机、数字技术等。但是生成式 AI 是更加颠覆性的技术，在给市场和社会带来巨大机遇的同时，也给先天带有滞后属性的法律制度带来了严峻的挑战。我国出版行业正在经历从传统出版向数字出版、融合出版、智慧出版的转变，智能技术赋能高质量知识服务是大势所趋。但是，在出版行业真正拥抱智慧技术之前，保障作为智慧技术主要“养料”的出版产业在智慧技术冲击下的生

① 邱福恩：《商业数据的反不正当竞争保护规则构建》，《知识产权》2023 年第 3 期。

② 《人红是非多：大模型“犯法”，OpenAI 大模型再遭起诉》，https://baijiahao.baidu.com/s?id=1770021010411884899&wfr=spider&for=pc，访问日期：2024 年 3 月 29 日。

③ 禹卫华：《生成式人工智能数据原生风险与媒介体系性规范》，《中国出版》2023 年第 10 期。

存和发展更为紧迫，因此，AI 学习训练过程中出版者权益的合理保障应是重中之重。为此，学界应继续加强理论研究，探索构建一个利益平衡的制度环境，力图促成 AI 产业与出版产业的和谐共生、相互成就。

（作者罗明东系西南大学法学院讲师、西南大学出版与传播科学研究中心研究员；周安平系西南大学新闻传媒学院教授、西南大学出版与传播科学研究中心主任）

AIGC 赋能学术出版的时代机遇与版权合规之道

孜里米拉·艾尼瓦尔

从 2022 年底的 ChatGPT 到 2024 年初的 Sora，全球出版行业都深刻感受到了人工智能生成内容(artificial intelligence generated content，以下简称 AIGC)对行业的强烈冲击，出版业的应用场景、运营管理、底层逻辑都可能产生革命性的变化。2022 年 11 月 30 日，美国人工智能研究实验室 OpenAI 发布基于第三代大模型 GPT-3 的 AI 聊天工具 ChatGPT，引起全球各界关注和热议。2023 年则更是被誉为“生成式人工智能元年”，2023 年 3 月 14 日，基于 GPT-4 的 ChatGPT 诞生，各行各业纷纷跨入生成式人工智能的大门。从技术原理来看，依靠深度学习和自然语言处理技术的 ChatGPT 是属于 AIGC 的一种新型商业化应用方式。以 ChatGPT 为代表的生成式人工智能(generative artificial intelligence)新版本被用于学术生产中，进一步优化了智能算法，解锁了更高的专业学术基准以及识别能力，刺激数字出版市场加速更新迭代。一些学者已经在使用 ChatGPT 作为研究助手，帮助其组织思维，协助其编写文章并总结研究文献。

AIGC 的涌现让出版企业既欣喜又困惑，欣喜的是 AIGC 能够为出版工作全方位赋能，困惑的是 AIGC 可能对传统出版的未来发展产生重大影响。其中，AIGC 涉及的相关版权问题引发了学术界的关注，关注的焦点集中在三个方面：一是 AIGC 的“作者”身份问题，有学者认为现有法律框架未能充分适应 AI 生成作品的特殊性，也有学者建议，应考虑将 AI 视为“辅助作者”，而非完全排除在著作权法之外；二是 AIGC 生成内容的原创性问题，分析如何利用文本相似度检测工具来识别潜在的抄袭，并建议出版机构加强内容审核机制；三是在 AIGC 训练过程中，所使用数据集的合法性问题，建议建立明确的许可和使用政策，以保障数据使用的合规性。可以说，国内学术界对 AIGC 应用于学术出版业的研究尚处于起步阶段，现有的大多数文献侧重于在理论层面分析 AIGC 在学术出版中的应用场景、带来的机遇、风险及其应对措施等，但未形成体系化的研究成果。大数据和人工智能是新质生产力的重要因素，为充分发挥人工智能在出版业中的作用，推动学术出版高质量发展，对 AIGC 与学术出版相关问题的研究，具有理论和现实价值。鉴于此，本文将从 AIGC 的概念、工作原理以及在学术出版中的具体应用场景及可能面临的版权问题进行分析，同时为学术出版机构提供相应的解决之道，以期在理论上丰富 AIGC 赋能学术出版发展的研究内容，在实践上助力学术出版业更加适应数字化、时代化大势，尝试在 AIGC 赋能背景下为我国学术出版业的良性发展提供适宜的路径。

一、AIGC 在学术出版中的应用

学术出版是学术活动与出版活动的有机融合，指通过选题策划与组织、作品评审与选择、稿件编辑与加工、产品印刷与复制等专业出版活动，将学术作品传播给同行和公众的行为。① AIGC 在学术出版中的应用已经深入到学术出版链全生命周期中，为从学术选题策划、组稿、文章同行评议、审查校对，到编辑加工、排版、印刷，再到出版和学术传播等多个维度提供行业增长动能。AIGC 在学术出版中的广泛应用改变了学术论文的写作、出版、传播方式，不仅提高了学术出版效率，还激发了学术生产和学术创新，同时使传统出版向智能出版加速跃升，为出版业带来新的发展机遇。

(一) AIGC 技术原理

AIGC 即采用人工智能技术来自动生产内容。目前，对 AIGC 这一概念的界定，尚无统一的规范定义。学术界对于 AIGC 的理解是指继专业生成内容(professional-generated content，以下简称 PGC)和用户生成内容(user-generated content，以下简称

① 谢曙光等：《学术出版研究：中国学术图书质量与学术出版能力评价》，社会科学文献出版社，2017，第 1 页。

UGC)之后，基于预训练大模型，通过已有的数据模型自动生成相关内容的技术。例如，如今热门的聊天对话模型ChatGPT，是基于自然语言处理(natural language processing)预训练大模型发展而来的。中国信息通信研究院与京东探索研究院共同发布的《人工智能生成内容(AIGC)白皮书(2022年)》中对AIGC是这样定义的：AIGC既是从内容生产者视角进行分类的一类内容，又是一种内容生产方式，还是用于内容自动化生产的一类技术集合。① 在Web1.0时代，PGC是内容制作的一种主要方式；在Web2.0时代，UGC的重要地位开始凸显；在Web3.0时代，面对元宇宙场景下的海量高质量内容需求，AIGC将扮演更为重要的角色。从生成主体来看，与早期出现的PGC和UGC不同的是，AIGC作为一种自动生成内容的新型生产模式，其生成内容的主体是人工智能。从生成内容来看，AIGC的具体生成内容可划分为文本生成、图像生成、音频生成、视频生成、多模态生成等。AIGC在学术出版中的应用，基于自然语言处理、变换器模型、深度学习等技术原理，实现了高效的内容生成和文献处理。这些技术的结合不仅提高了学术出版的效率，也为研究人员提供了新的工具和资源。随着技术的不断进步，AIGC在学术出版中的应用前景日益广阔。

(二)AIGC赋能学术出版的应用场景

出版行业作为内容产业，天生就有适合AIGC应用的土壤，在内容供给、编辑审校、产品营销等环节，AIGC将为学术出版带来新的机遇。进入Web3.0时代，对数字内容的需求急剧上升，尤其是出版行业，需要更快地生产出更新、更差异化的内容，AIGC可以提高生产效率、降低生产成本、赋能用户群体。作为当前新型的内容生产方式，AIGC已渗透到学术出版的选题策划、组稿、审核、传播等各个环节，深刻地改变了学术出版的内容生产模式，为学术出版全面赋能，成为推动学术出版融合发展的重要力量。当前AIGC主要应用于学术出版业的以下几种场景中。

1. 知识聚合

在传统的学术研究中，研究人员获得专业化的创造性突破需要耗费大量时间和精力。生成式人工智能在学术研究工作中可以对海量的文献进行知识图谱化，进而对学

① 中国信息通信研究院、京东探索研究院：《人工智能生成内容(AIGC)白皮书(2022年)》，http://www.caict.ac.cn/english/research/whitepapers/202211/P020221111501862950279.pdf，访问日期：2024年3月28日。

术知识图谱进行深度挖掘、分析、检索和融合。学术知识图谱的出现将大大缩减研究人员筛选、整合以及组织知识数据的时间，帮助研究者更好地理解学术领域的知识结构，从而进一步提高研究人员知识萃取的能力。此外，生成式人工智能基于算法技术，为科研人员提供一站式科研协作平台，使不同领域的科研人员可以无障碍地共享学术资源和数据。① 例如 ChatGPT 基于云计算和大数据技术，将大量的学术文献进行整合，将其提供给科研服务平台，实现交互式体验，帮助学术研究者深度并快速了解特定领域的最新研究动态和相关研究成果，进而起到整合学术资源、提高科学研究效率的作用。

2. 智能选题

在出版过程中，AIGC 的出现可以代替一部分编辑的工作，实现人机协同。生成式人工智能在学术出版的选题策划、组稿过程中，能够依据编辑的意图和目标受众，分析大量数据，多维度地动态挖掘，结合当下热点智能推荐有研究价值的选题，进而显著提升选题策划的适时性与针对性。传统的人工编辑很难捕捉到内容市场上的全部热点，且很难在短时期内基于数据做出一份客观准确的可行性分析报告，而 AIGC 则很好地弥补了传统学术出版中的这一缺陷，为选题策划带来显著的改进和优化。

3. 智能生成

生成式人工智能通过辅助创新技术能够自主产出众多内容，使学术论文创造过程更加高效和智能化。生成式人工智能作为辅助创新工具，能够基于强大的自然语言处理能力，从大量的数据中获得有用信息来完成基础性工作，甚至是协助完成创造性工作，进而节省科研人员为知识创新所花费的人力成本。生成式人工智能的辅助创新方式贯穿于整个创作环节中，它可能完成的辅助性内容包括：自动摘要、关键词提取、文献综述、文本生成、提炼核心观点、整合文献、专业翻译、数据分析和统计等。② 例如 ChatGPT 可以根据特定的研究选题为科研人员生成学术论文的整体思路、摘要及关键词，甚至可以为学术审稿人归纳学术文章的核心观点，以便提高审稿效率。

---

① 赵泓维：《借大模型东风，中康科技撬动临床科研大数据价值》，https://www.vbdata.cn/1518901407，访问日期：2024 年 3 月 30 日。

② 张萌、朱鸿军：《知识暗流的合规实践：ChatGPT 在学术出版中的应用与挑战》，《科技与出版》2023 年第 5 期。

AIGC 不仅具有内容转换的能力，还有高效地自动化生产、批量生产数字内容，以及扩大 AI 内容衍生品类的能力。

4. **智能编校**

在学术出版物的编辑、校对过程中，生成式人工智能通过其先进的交互式学习、自然语言处理以及内容生成技巧，优化了传统人工智能技术对固定数据集的依赖，使其生成的内容更接近于人工编辑的效果；而且能迅速地浏览、检索和标记文档，自动完成大部分内容的规范调整，包括识别错别字、敏感词语，纠正标点符号、格式错误，以及实现排版自动化，保证版面的准确性。在学术文章审稿过程中，生成式人工智能不仅能够快速进行文章原创性检查，还可以辅助同行评议，做到快速匹配相关领域专家，实现审稿阶段高效分发文章，以及快速将专家笔记转化为规范的审稿意见，实现同行评议的自动化，进而优化同行评议过程。

5. **个性化营销**

在传统营销中，往往需要出版机构搜集用户的大量资料，寻找目标用户群体，但是基于 ChatGPT 的模拟情境对话，出版机构可以深入挖掘和分析用户反馈的大数据，为数字出版行业在个性化营销、目标用户锁定、用户行为洞察、用户特质描述及付费机制设计等方面提供有力的策略支持。通过这种方式，出版机构有望推动数字出版走向更为定制、细分与智能的盈利模式，为不同的用户提供个性化的推荐和营销。

总之，生成式人工智能技术应用在学术出版领域能够帮助人们更快速、更低成本地获取密集知识，进而提升学术出版的效率，实现学术知识更广泛的传播，为传统出版业赋予新的生机和活力。

二、AIGC 涉及的学术出版版权问题

纵观人类技术发展史，新技术的广泛应用必将带来新的法律问题。AIGC 技术的应用为学术出版业的智能化实践与革新带来了福音，进一步提高了学术出版物的传播力和影响力，但其中涉及的版权问题也不容忽视。

（一）AIGC 训练数据引发的版权问题

AIGC 的技术原理主要包括了模型训练与应用两个阶段，其输出的结果主要源于模型训练中的数据采集。以 ChatGPT 为代表的生成式人工智能基于强大的数据挖掘和搜集功能，在获取某一个特定目标的操作指令后，在算法程序指引下，对现有的有用数据进行挖掘、筛选、分析和加工，执行“搜索—整合—生成”指令来生成文字或者图片。AIGC 的技术模型训练阶段所采集的数据来源但不限于公共数据集、公共网站、自有数据、众包数据、合成数据等数据源，在这一过程中还涉及生成式人工智能“数据挖掘”中是否存在未经授权使用他人作品的问题。

我国现行著作权法对人工智能数据挖掘、数据爬取等行为是否属于合理使用，尚未作出明确规定，业界学者对此探讨热烈，主张合理使用或法定许可者兼有。在司法实践中，随着 AIGC 平台的兴起和迅速风靡，与之相关的版权案件，在国内外均已出现。例如 StabilityAI 公司推出的人工智能绘画工具 Stable Diffusion 依赖于人类创造的巨量图像来获取训练数据，而这些数据通常是在未经创作者知情或同意的情况下从网络上抓取的。对此，2023 年 1 月，美国盖帝图像有限公司起诉人工智能绘画工具 Stable Diffusion 的开发者 StabilityAI 公司，称 StabilityAI 在训练文生图工具 Stable Diffusion 时，未经授权使用了包含在 LAION 数据集中的 1200 万多个图像作为其训练数据。此外，还有三位艺术家对另一人工智能绘画工具 Midjourney，以及艺术家作品集平台 DeviantArt 提起诉讼，称这些组织在“未经原作者同意的情况下”通过从网络上获取的 50 亿张图像来训练其人工智能，侵犯了“数百万艺术家”的权利。又如 2023 年 12 月 27 日美国报业巨头《纽约时报》向美国最知名的人工智能平台 OpenAI 及其投资人微软公司提起侵犯版权诉讼，指控这两家公司未经许可就采集该报数百万篇文章来训练人工智能产品——OpenAI 的 ChatGPT 和微软的 Copilot。[①]《纽约时报》表示，OpenAI 和微软的非法知识数据采集和传播行为，损害了该报获得订阅、广告和其他附带收入的能力，威胁了该报为读者和用户提供新闻信息的行业领先地位，造成的损失高达数十亿美元。这是全世界首个 AI 平台被大型媒体起诉侵犯版权的案例，目前尚未结案，

① 新黄河：《纽约时报打响反 AI 侵权第一枪：起诉 OpenAI 和微软侵权，声称损失高达数十亿美元》，http://news.sohu.com/a/748289265_121347613，访问日期：2024 年 2 月 4 日。

其结果将对出版业的未来产生深远影响。开发生成式人工智能产品的科技公司辩称，可以根据合理使用的法律规定，使用开放互联网上的内容来训练其人工智能产品，这一规定允许在某些情况下使用受版权保护的材料而无需许可。如前所述，我国现行著作权法尚未对此问题作出明确规定，因此提醒学术出版机构在选题策划、组稿、出版的过程中利用 AIGC 技术时要注意版权问题，未经许可使用作品的行为可能会因为侵犯被使用作品的复制权、改编权、信息网络传播权等权利而陷入侵权困境当中。

（二）AIGC 应用中可能面临的版权问题

如果 AIGC 生成的内容包含创作者的个性化筛选和创作，那么该内容就有可能被认定为受著作权法保护的作品。因此将 ChatGPT 应用于学术写作场景中就有可能构成版权侵权。一方面由于 ChatGPT 可以将现有的文章作为“学习”的对象，在生成内容上，即使不是直接复制数据库中他人享有版权的作品，也可能会产生与他人作品构成实质性相似的生成内容，会导致侵犯他人版权。另一方面，即使应用 ChatGPT 的用户并非有意抄袭，但根据著作权法的有关规定，创作在结构或表达上与他人作品实质性相似的内容，也可能会构成版权侵权。

（三）AIGC 的版权归属问题

AIGC 技术介入学术出版领域，其争议焦点之一是 AIGC 的版权归属不清。其中主要涉及以下两个问题。

第一，AIGC 的法律属性问题。AIGC 是否构成作品，主要取决于其是否满足著作权法对作品的定义，关于这一点当前学术界和实务界仍无定论。在我国司法实践中，AIGC 是否在著作权法意义上构成作品的判断结果并不一致，法院对于 AIGC 的版权问题，依然延续“自然人+独创性”的思路，并将其作为判断作品资格的关键因素。例如威科数据库报告案被称为中国 AIGC 版权侵权第一案，该案争议焦点之一为“利用威科数据库自动生成的分析报告是否构成文字作品”。法院尽管认可了该报告具有独创性，但受制于现行著作权法规定作品应由自然人创作，因此认定该分析报告不是著作权法意义上的作品。而腾讯公司与上海盈讯公司著作权侵权案作为我国第一个认定借助人工智能创作的文本内容可以构成作品的生效案件，该案的核心问题在于判断

“利用 Dreamwriter 软件生成的财经综述文章是否构成文字作品”。法院认为，腾讯机器人 Dreamwriter 自动撰写的这篇文章属于文学领域表达，其特定表现形式体现了创作者的个性化选择与安排，且其表现的内容具备可复制性，故认为该文章是著作权法意义上的作品。① 根据当前我国司法裁判精神，多数司法裁判趋向于将 AIGC 视为著作权法意义上的作品，即将 AI 视为一种类似于照相机的工具，只要能体现出人的独创性智力投入，AIGC 就应被认定为作品。对此笔者认为，此观点在当下时代发展的背景下具有一定的合理性。针对 AIGC 挤占人类创作空间等问题，或许可以参考威科数据库报告案中法院的判决，尽管 AIGC 凝结了软件使用者的投入，但其保护并非必须通过赋予知识产权的方式，可以考虑从其他角度赋予一定的权益保护，以促进其使用和传播。

第二，AIGC 的版权归属问题。现阶段，对 AIGC 的版权归属，法律亦没有明确规定。理论和实践中存在以下几种可能性：(1) AI；(2) AI 开发者；(3) AI 使用者；(4) AI 开发者和使用者共享；(5) 不授予版权而采用其他方式保护。② OpenAI 网站的“使用条款”中将使用公司产品生成 AIGC 的所有权利、所有权和权益都转让给用户，侵权责任由用户自负。百度“文心一格”的“免责声明”则要求“基于本服务产生的知识产权与相关权益，均归我方或我方关联公司所有”。在海外多起关于人工智能版权的诉讼案中，原告的主诉对象是 AI 生产商而非用户。AIGC 技术应用于学术出版实践使人机创作的临界值发生改变，如何界定生成式人工智能在学术出版中的辅助作用成为棘手的问题。对于以 ChatGPT 为代表的生成式人工智能直接参与学术研究和学术出版，多数学术出版机构的态度较为审慎。国内外多家出版机构以及一些著名国际期刊均明确表示，以 ChatGPT 为代表的生成式人工智能将不被视为文章作者。例如 *Nature*、*Science*、*Journal of Oncology* 等期刊发表声明，明确否定以 ChatGPT 为代表的生成式人工智能的作者资格，并且指出不接受与 ChatGPT 合著的学术文章。目前，学术界主要存在两种观点：一种认为以 ChatGPT 为代表的生成式人工智能可以被视为作者，享有版权；另一种则认为其不具备享有版权的资格。然而更多的观点倾向于认为

① 中国知识产权报：《腾讯诉上海盈讯公司著作权侵权案一审胜诉——AI 独创亦有版权》，http://www.iprchn.com/cipnews/news_content.aspx?newsId=120713，访问日期：2024 年 2 月 4 日。

② 种晓明：《AIGC 赋能出版业背景下版权监管新路径研究》，《科技与出版》2023 年第 8 期。

ChatGPT 成为著作权人仍无法完全成立。在国内，相关领域亦对 AI 参与创作的文章发布了不认可声明。《暨南学报(哲学社会科学版)》发布了三则关于使用 AI 写作工具的说明，表示暂不接受任何大型语言模型工具单独或联合署名的文章。2023 年 12 月 21 日，我国科技部监督司发布的《负责任研究行为规范指引(2023)》中指出，不得使用生成式人工智能直接生成申报材料，不得将生成式人工智能列为成果共同完成人，不得直接使用未经核实的由生成式人工智能生成的参考文献，等等。对于 AIGC 版权归属的问题，笔者亦持保留态度，理由是：一方面，现阶段 AIGC 生成尚未完全摆脱人类的控制和管理，传统的著作权法基本规则和法律逻辑不应被颠覆；另一方面，目前生成式人工智能还不具备独立承担相应法律责任的条件。未来随着强人工智能时代的到来，生成式人工智能或许可以完全脱离人类的介入而进行广泛应用，从而能够满足版权主体资格，成为独立的民事责任主体。

对 AIGC 涉及的以上版权问题，我国法律尚未作出明确规定。期待即将修订的著作权法实施条例对此作出相关解释和规定，以推动人工智能产业的发展及其在千行百业的应用，进而推动版权强国建设。

三、AIGC 版权合规治理的域外经验

考察 AIGC 版权合规治理的域外经验，对推动我国人工智能产业和学术出版高质量发展具有重要意义。自 2017 年加拿大成为第一个采取人工智能战略的国家以来，截至 2023 年底，至少有 60 个国家发布了某种形式的人工智能政策。随着由 AIGC 引发的人工智能应用热潮席卷全球，各国政府监管部门逐渐提高对人工智能的风险防范意识，陆续推出法规政策来规制 AIGC 应用带来的版权风险。各国在治理 AIGC 版权风险方面的路径多样，反映了各自的法律传统、技术发展和社会需求，特别是以下三种治理模式值得关注。

(一)美国的动态治理探索

2023 年 1 月 26 日，美国国家标准与技术研究院正式公布《人工智能风险管理框架》(Artificial Intelligence Risk Management Framework)。该文件作为一份非强制性的指

导性文件，没有法律效力，仅供设计、开发、部署或使用AI系统的组织自愿使用，以便社会能够从人工智能技术中受益，同时避免其潜在危害。《人工智能风险管理框架》提供了一个灵活、结构化、可衡量的流程，提出了循序渐进的分布式风险管理方法，使各组织能够应对人工智能风险。遵循这一流程来管理人工智能风险可以最大限度地发挥人工智能技术的效益，同时降低人工智能对个人、群体、社区、组织和社会产生负面影响的可能性。[①] 其中针对生成式人工智能训练数据集要求AI公司公开训练数据来源，报告模型风险和局限性，防止不准确或有害信息。

（二）英国的软治理探索

2023年3月29日，英国政府发布了新的人工智能监管框架的提案《一种支持创新的人工智能监管方法》（A Pro-innovation Approach to AI Regulation）。它的目标是"提供一个清晰的、有利于创新的监管环境"，使英国成为"世界上建立基础人工智能公司的最佳地点"之一。英国政府提出了一种"常识性、以结果为导向的方法"——在2030年成为"人工智能超级大国的目标"与"按比例监管"人工智能带来的严重风险之间取得平衡。显而易见，英国政府对人工智能风险治理实行"软治理"，旨在新监管框架的提案中促进人工智能创新，同时解决其带来的风险。《一种支持创新的人工智能监管方法》提出人工智能监管的5项原则，包括安全性、透明度和可解释性、公平性、问责制和监督治理、可竞争性与后果补救。其中针对生成式人工智能训练数据集要求做到"透明度和可解释性"，部署人工智能的组织应该明确在何时以及如何使用人工智能进行沟通，且能够解释一个系统的决策过程。[②] 另外引入问责制和监督治理等措施，确保对人工智能进行适当的监督。显而易见，上述文件和内容体现了英国政府在推动人工智能技术创新和确保技术安全、公平、透明等方面的综合考虑。

（三）欧盟的强治理探索

2024年3月13日，欧洲议会通过欧盟《人工智能法案》（Artificial Intelligence

① 曹建峰：《"硬"监管与"软"治理——美欧最新人工智能监管政策分析》，https://m.gmw.cn/baijia/2020-05/14/33828043.html，访问日期：2024年2月4日。

② "A pro-innovation approach to AI regulation," UK Government, accessed February 4, 2024, https://www.gov.uk/government/publications/ai-regulation-a-pro-innovation-approach/white-paper.

Act)，作为世界上第一部全面监管人工智能的法律，该法案标志着欧盟扫清了立法监管人工智能的重要障碍。《人工智能法案》的一个突出特点是注重基于风险来制定监管制度，以平衡人工智能的创新发展与安全规范。在人工智能发展和治理的全球博弈中，针对人工智能技术带来的风险，不同于美国的“动态治理”以及英国的“软治理”，欧盟一如既往地奉行“强治理”基调，相较于鼓励创新而言，更注重防控风险，不仅突出强调了要防止高风险人工智能对个人基础权利、社会民主法治、环境可持续性的侵犯，还为人工智能的功能性应用划定了明确的禁区，并按照使用场所规定了相应的应用规范。① 此外，法案中还包括对生成式人工智能工具(如 OpenAI 的 ChatGPT 和谷歌的 Bard)实施的一系列控制措施。针对生成式人工智能训练数据集，法案强制生成式人工智能公司披露任何用于训练数据的材料，包括使用受版权保护的作品的情况等。这些措施旨在确保人工智能系统的安全性、可靠性和透明度，同时保护用户的隐私和数据安全。

总体来看，无论是欧盟的“强治理”、美国的“动态治理”还是英国的“软治理”，各国政府和社会都刚刚开始理解人工智能，其治理仍然处于探索阶段，未来还有很长的一段路要走。随着 AI 技术的不断进步，国际交流与合作将变得愈加重要，世界各国需共同应对这些挑战并推动全球范围内的法律和政策的协调。

四、AIGC 应用与学术出版共赢的发展之道

AIGC 广泛而大规模地应用到学术出版的各个方面已经成为必然发展趋势。② 在我国，《生成式人工智能服务管理暂行办法》于 2023 年 8 月 15 日起正式施行，在国家安全和风险防范上，该办法规定了新闻出版等部门要依据各自职责依法加强对生成式人工智能技术的管理。在新的技术革命大潮中，面对未来内容产业发展，学术出版机构应当全面贯彻《生成式人工智能服务管理暂行办法》的要求，加快 AIGC 与学术出版

---

① 梁桐：《欧盟人工智能法案注重风险防控》，https://baijiahao.baidu.com/s?id=1794756876271676206&wfr=spider&for=pc，访问日期：2024 年 2 月 4 日。

② Jun Wen，Wei Wang，“The Future of ChatGPT in Academic Reaserch and Publishing：A Commentary for Clinical and Translational Medicine，” *Clin Transl Med*，no. 3(2023)：1207.

的深度融合，同时充分认识 AIGC 的局限性，积极应对可能产生的版权风险，以促进学术出版蓬勃健康发展。

（一）发展促进角度：学术出版机构通过规范标准引导 AIGC 合法合规应用

中国是较早对人工智能技术进行监管的国家之一，采取了发展与治理并重的管理思路，通过一系列的政策法规，积极实现安全、可控的治理目标。《生成式人工智能服务管理暂行办法》第三条规定："国家坚持发展和安全并重、促进创新和依法治理相结合的原则，采取有效措施鼓励生成式人工智能创新发展，对生成式人工智能服务实行包容审慎和分类分级监管。"目前，一些国家科技管理机构、期刊等已针对 AIGC 在学术出版中的使用进行了研讨，并提供了一些相关的准则、指南等（见下表）。2023 年 9 月 20 日，在科技部科技监督与诚信建设司的指导和支持下，中国科学技术信息研究所牵头联合施普林格·自然（Springer Nature）等三家国际出版集团，共同编制了《学术出版中 AIGC 使用边界指南》（以下简称《指南》）。[①]《指南》规定了学术出版中 AIGC 的使用边界、标注、责任划分等问题，同时就学术出版流程中的各个环节可否使用 AIGC 给出了建议，且明晰了相关利益主体在学术期刊论文准备、写作、投稿、评审、出版、传播各环节应该履行的最佳行为实践。学术出版机构应参考上述《指南》，结合自身资源和发展需求，围绕 AIGC 的合法合规应用和健康有序发展，进一步细化学术出版各个环节中应用 AIGC 的规范标准，明确界定使用边界、适用范围及方式，以及防范版权风险的措施等，支持 AIGC 赋能学术出版。

国内外期刊及相关机构的 AIGC 使用规范

期刊及相关机构	AIGC 使用规范内容
Nature	ChatGPT 不能被列为作者； 作者应该在论文的方法部分或合适部分正确描述 GenAI 的使用情况，不允许将由 AI 生成的图像用于出版
Science	未经编辑明确许可，AIGC 不能被用于论文中，包括 AI 生成的图形等； GenAI 不能被列为作者； 审稿人有责任撰写自己的审稿意见，不允许使用 GenAI

① 张茜：《学术出版 AIGC 边界指南发布：使用 AIGC 需声明，否则将构成学术不端》，https://t.m.youth.cn/transfer/index/url/news.youth.cn/kj/202309/t20230920_14802614.htm，访问日期：2024 年 10 月 23 日。

续表

期刊及相关机构	AIGC 使用规范内容
Wiley	GenAI(如 ChatGPT)不能被列为作者； 如作者使用这类工具则必须在方法或致谢部分进行透明而详细的描述； 作者对 AIGC 负有完全责任； 在论文撰写过程中使用 AIGC 是否适当或被允许的最终决定权归由期刊的编辑或其他负责出版政策的一方决定
Elsevier	作者仅能使用 AIGC 和 AI 辅助技术来提高可读性和语言，作者应仔细审查 AIGC 的正确性； 不应将 AI 工具列为作者或合著者； 作者必须在稿件末尾添加声明并披露 AIGC 和 AI 辅助技术在写作过程中的使用情况，并对相关内容负责
《中国科技期刊研究》	原则上不接受作者署名中包含 AI 工具的稿件； 参考文献中也不应包含将 AI 列为作者的论文； 一旦发现论文主要内容是利用 AIGC 生成的，将以学术不端行为处理； 论文写作中如果使用了 AI 工具和 AIGC，须在论文的数据来源、方法设计或结语部分明确说明使用了何种 AI 工具、使用过程及其作用和贡献
《暨南学报(哲学社会科学版)》	暂不接受任何 GenAI(如 ChatGPT)单独或联合署名的文章； 即使仅在论文创作过程中使用过相关工具，也需要单独列出并做解释说明，如有隐瞒将退稿或撤稿； 对于引用 AIGC 的文章作为参考文献的，需提供详细的引用论证
《天津师范大学学报(基础教育版)》	倡导合理使用新工具、新技术； 建议作者在参考文献、致谢等文字中对使用 GenAI 如 ChatGPT 的情况予以说明； 强调会加强对学术论文的审稿工作，坚决抵制学术不端行为，追求基础教育研究的科学性、准确性、完整性和创新性

(二)风险防范角度：学术出版机构应强化技术监管与内容治理

透明度和问责制是学术出版中使用 AIGC 最基本的原则。从学术研究到出版发行阶段的全部过程中，所有使用 AIGC 应用功能的使用者，包括研究人员、作者、同行评议人，都应了解并明确披露 AIGC 在其工作中的使用情况，应用程序提供者、技术开发者应该明确披露说明该应用程序接受过的数据训练及其内容来源。《生成式人工智能服务管理暂行办法》第七条中规定了学术出版机构使用 AIGC 训练数据的要求，即生成式人工智能服务提供者应当依法使用具有合法来源的数据和基础模型。因此在选题策划阶段，为了保证数据来源的合法性，学术出版机构使用 AIGC 服务时应严格审查 AIGC 训练数据，保证使用合法的生成式人工智能服务和合规的数据集，同时以合理的方式为使用的数据支付相应的版权费。在编辑审稿阶段，为了防范 AIGC 引发的版权风险，学术出版机构应当深化对 AIGC 滥用带来的风险和危害的认知，提升对不良 AIGC 的防范意识，提高对 AIGC 的识别和检测能力，维护学术出版机构的学术品质。相较于以往的人工智能技术，以 ChatGPT 为代表的生成式人工智能技术在语言组织的逻辑性和系统性方面都有明显的优势，因此使生成的文本与人类作者所创造的文本之间的边界并非很清晰，这给审稿工作带来了很大困难。因此学术出版机构需要优化审稿流程，借助各类检测工具进行学术论文的原创性审查。目前，国内外已经有十余种检测 ChatGPT 学术抄袭的工具。例如，斯坦福大学推出了 AI 检测工具 Detect-GPT 与 OpenAI，并专门针对 ChatGPT 发布了 AI Classifier；网易推出了 LOFTER 创作平台“反 AI 盗用”系统，用以检测文章是否由 ChatGPT 生成。① 学术出版机构应当严控编辑初审环节，优化初审模式，在初审阶段重点关注文章原创性审查，提高审稿质量，做到从源头消灭学术抄袭，保证学术论文不侵犯版权。对此，国内期刊也做了一些新尝试，在采编系统中加入写作检测功能是进行学术诚信与风险管控的重要实践。中华医学会杂志社与南京智齿数汇信息科技有限公司合作，实现了在采编系统中集成 AI 写作检测工具，成为世界上第一个把 AIGC 检测内嵌至采编系统的刊群出版单位。② 在出版传播阶段，为了避免 AIGC 引发的版权归属争议，要利用区块链、数字水印等技术对生成的 AIGC 出版物进行版权确权，明确归属问题。

（三）合作发展角度：学术出版机构建立版权协同治理机制

《生成式人工智能服务管理暂行办法》第五条规定：“支持行业组织、企业、教育和科研机构、公共文化机构、有关专业机构等在生成式人工智能技术创新、数据资源建设、转化应用、风险防范等方面开展协作。”在未来的出版实践中，AIGC 版权风险的治理思路是通过保持著作权法的基本逻辑，积极开展全方位合作，共促发展，共护

---

① 蒋雪颖、刘欣、许静：《基于 ChatGPT 在学术期刊出版中的应用分析》，《出版广角》2023 年第 11 期；周青：《ChatGPT 给学术出版带来的机遇与挑战及应对思路》，《传播与版权》2023 年第 10 期。

② 杜一娜：《AIGC 技术在学术出版应用的学术诚信与风险管控研讨会在京举行　应对 AIGC 对科技期刊出版伦理挑战》，http://www.zgjx.cn/2024-01/24/c_1310761765.htm，访问日期：2024 年 3 月 4 日。

安全，共享成果。学术出版机构可以充分发挥政府、企业和第三方机构的作用，积极探索联合多方力量，包括作者、行业协会、政府相关部门以及其他学术出版机构等，建立版权协同治理模式，构建创新的商业模式和交易规则，实现长效的人机协作机制。[①] 该机制的建立可以统一 AIGC 在学术出版应用场景中的使用规范和标准，实现 AIGC 训练数据一键调取，从而搭建更加可信的数字版权生态。

五、结语

当前，全球人工智能发展进入新一轮跃升期，AIGC 技术及其应用有望成为出版创新发展的新引擎，为数字出版发展注入全新动能。人工智能的身份由先前的人类发明物发展到协助人类创作的辅助工具，重塑了传统的学术出版模式。AIGC 技术作为一种人类共同面对的新技术，对学术出版实践的影响日益凸显。尽管 AIGC 技术的便捷性、高效性、智能性大幅提升了学术出版效率，但其可能衍生的版权侵权风险不容忽视。人工智能技术的快速发展正呼吁全球治理体系的相应完善。对此，许多国家和地区已经在探索立法规制。2024 年 3 月 16 日，《中华人民共和国人工智能法(学者建议稿)》公开发布。

未来，AIGC 对学术出版业的影响和促进是值得期待的，人工智能产业和学术出版机构应当将“技术向善”理念融入实践之中，秉持开放性探索与合理规制并重的态度。一方面，要积极面对学术出版业的迭代升级，加快推进 AIGC 技术在学术出版各个环节中的开放性应用；另一方面，要合理规制 AIGC 在学术出版领域的应用，提出前瞻性的措施尝试解决其带来的问题，使得 AIGC 与学术出版业互相赋能、互为助力，实现高质量发展。

（作者系新疆社会科学院法学研究所助理研究员）

① 种晓明：《AIGC 赋能出版业背景下版权监管新路径研究》，《科技与出版》2023 年第 8 期。

生成式人工智能视域下文化遗产保护的版权挑战与应对[①]

易 玲 纪孟汝

一、问题的提出

文化遗产是中华优秀传统文化的瑰宝，承载着丰富的历史记忆、文化底蕴和民族精神，其保护与传承不仅关乎中华文化的延续和发展，也直接关系国家文化软实力和中华文化影响力的提升。习近平总书记指出，“我们要积极推进文物保护利用和文化遗产保护传承，挖掘文物和文化遗产的多重价值，传播更多承载中华文化、中国精神的价值符号和文化产品”。然而，在现代化浪潮的冲击下，我国文化遗产保护面临着诸多挑战，包括城市化进程中的建设性破坏、资金短缺、环境污染等。如何更好地保护与传承文化遗产，使其在新时代焕发新活力，成为文化建设的重要任务。

在此背景下，数字技术的迅速发展为文化遗产的保护与传承提供了新的机遇。党的二十大报告也明确提出“加大文物和文化遗产保护力度”“实施国家文化数字化战略”，为文化遗产保护传承指明了方向。当前，生成式人工智能技术正快速发展，并逐渐应用到包括文化遗产在内的各个领域，为文化遗产数字化保护传承提供了新的可能。该技术利用神经网络、扩散模型等先进算法，通过综合各种来源的数据，可以数

① 本文系 2024 年度国家社会科学基金重大项目“文化遗产保护法律体系建设研究”（项目编号：24&ZD219）的阶段性成果。

字化修复受损文物，重现丢失的元素，并为教育和旅游提供沉浸式体验。[①] 与此同时，随着其在文化遗产领域的应用日益广泛，训练数据的合法性、人工智能生成内容的版权归属以及潜在的侵权风险等问题也逐步凸显。鉴于此，本文将探讨生成式人工智能在文化遗产保护中的具体应用，分析其赋能过程中的版权挑战，并提出相应的对策建议，以推动文化与科技的深度融合，促进文化遗产的可持续发展。

二、生成式人工智能在文化遗产保护中的应用

生成式人工智能作为人工智能的一个重要分支，能够使用生成模型形成文本、图像以及其他各种形式的内容，这些模型通过学习训练数据中的底层模式和结构，从而生成具有相似特征和特性的新数据。[②] 相比传统人工智能，其具备更强大的数据处理、分析以及内容生成能力，在文化遗产保存、展示、传播和利用各个环节展现出广泛的应用前景，有助于提高数据采集、保存、管理、使用效率，推动文化遗产的数字化转型。

首先，在文化遗产修复与保存方面，生成式人工智能技术的应用不仅显著提升了文化遗产修复的效率和准确性，还拓展了文化遗产修复的可能性。生成式人工智能基于现有数据可以生成高度详细和精确的数字文化遗产模型以支持虚拟重建、研究、记录，以及未来的修复工作。这不仅有助于物质文化遗产的保护，也可以应用于非物质文化遗产的数字化保存、再现和传播。[③] 即使在文化遗产遭受严重损害或完全消失的情况下，生成式人工智能也可以辅助完整重建。例如，生成式对抗网络作为一种新的深度学习方法，由生成器和判别器组成，前者目标是生成与真实数据相似的数据，后者目标是区分生成器生成的数据和真实数据，通过反馈循环不断提高性能，最终生成

---

① "Generative AI for Cultural Heritage Preservation," Britney Johnson Mary, accessed March 1, 2025, https://www.researchgate.net/publication/387668842_Generative_AI_for_Cultural_Heritage_Preservation.

② "Generative Artificial Intelligence: A Systematic Review and Applications," Sandeep Singh Sengar, Affan Bin Hasan, Sanjay Kumar and Fiona Carroll, accessed March 1, 2025, https://doi.org/10.1007/s11042-024-20016-1.

③ "Generative AI for Cultural Heritage Preservation," Britney Johnson Mary, accessed March 1, 2025, https://www.researchgate.net/publication/387668842_Generative_AI_for_Cultural_Heritage_Preservation.

具有高度真实性的数据样本,① 目前已经广泛应用于文化遗产保护中。在楚国墓葬纺织品图像复原项目中，研究人员采用生成式对抗网络模型对纺织品文物的残缺、瑕疵等问题进行图像层面的补全修复，实现了较好的复原效果，同时有效避免了直接接触文物可能带来的二次损毁风险。②

其次，在文化遗产展示与传播方面，生成式人工智能技术的应用为文化遗产提供了更好的展示方式和传播途径，极大地丰富了公众的文化体验，进一步提升了文化遗产传播的广度和深度。如上所述，生成式人工智能通过分析和学习大量数据可以生成高度精确的数字文化遗产模型，结合虚拟现实、增强现实等技术，可以打破传统展示方式的时空局限，打造身临其境的沉浸式体验，使文化遗产得以更加生动、直观地展示，提升公众的文化认同感与参与感。此外，生成式人工智能凭借其强大的理解和响应能力，为个性化导览系统提供了更为有力的技术支撑。有学者运用 OpenAI 开发的大型语言模型——生成式预训练变换器(generative pre-trained transformer，以下简称 GPT)作为数字叙事的工具，通过训练和引导，GPT 能够作为博物馆指南和文化空间的推荐系统，不仅可以为观众提供有关艺术品、历史背景的个性化信息和讲解，而且能够根据用户的偏好和历史互动记录提供定制化建议，提升访客体验并激发探索兴趣。③ GPT 通过创建可针对不同类型访客定制的内容与互动活动，能够精准满足观众的多元化需求，增强文化遗产的吸引力。与此同时，生成式人工智能由单模态发展到多模态，能够同时处理并融合视频、音频、图像、文本等多模态信息。多模态 AI 通过社交媒体等平台进行传播，不仅可以提高信息的曝光度，还能够增强信息的口碑效应。④ 此外，已有研究显示 GPT4 等大语言模型驱动的生成式人工智能在中文、英文等高资源语言的文本翻译方面，已经能与传统的神经网络机器媲美，并能够借助语境学习能力，通过优化提示提升翻译效果，进而推动文化遗产的跨文化传播与交流。⑤

---

① 程显毅、谢璐、朱建新、胡彬、施佺：《生成对抗网络 GAN 综述》，《计算机科学》2019 年第 3 期。

② 沙莎、魏宛彤、李强、李斌、陶辉、江学为：《基于深度学习的楚国墓葬纺织品图像复原》，《丝绸》2023 年第 5 期。

③ Georgios Trichopoulos, "Large Language Models for Cultural Heritage," CHIGREECE'23: Proceedings of the 2nd International Conference of the ACM Greek SIGCHI Chapter, pp. 1-5, 2023.

④ 丁颖、喻国明：《多模态 AI 引领国际文化传播模式创新》，《中国出版》2025 年第 3 期。

⑤ 周葆华、吴雨晴：《生成式人工智能影响下的国际传播：实践进展与影响路径》，《对外传播》2024 年第 6 期。

最后，在文化遗产的活化利用方面，生成式人工智能技术的应用能够推动文化遗产的创造性转化和创新性发展，助力实现文化传承和经济发展的双赢。当前，生成式人工智能基于深度学习、生成式对抗网络、预训练模式等技术的进步，已经成为赋能文化创意产业发展的重要力量。在内容创作环节，生成式人工智能极大地提升了内容创作效率与质量。一方面，其既能有效降低内容创作门槛，又能协助创作者处理部分重复性或烦琐性任务，进而激发文化创新创造活力；另一方面，其根据用户输入的提示能够生成文本、图像、音频等内容，为创作者提供灵感与思路。在产品生成环节，生成式人工智能不仅可以提高生产效率，也为文创产品的个性化、创新性发展注入了新的动力。例如，生成式人工智能可通过分析大量用户数据，推断用户的审美偏好，并生成定制化设计方案，满足用户的个性需求。在销售与消费环节，生成式人工智能可通过实时监测和分析社交媒体、电商平台等多渠道数据，准确预测市场趋势，优化产品的营销和推广策略，并通过个性化推荐优化用户的消费体验，从而提升市场竞争力。除文化创意产业外，生成式人工智能在文化遗产研究领域同样发挥着重要作用。文化遗产活化利用应当坚持价值导向、重视价值挖掘，[①] 生成式人工智能通过快速准确地分析大量历史数据，可以识别出人类可能忽略的隐藏模式和联系，从而有助于更深入地进行研究，提升对文化遗产价值的认知。

总体而言，生成式人工智能已经融入文化遗产保护全过程，能够增强修复与保存能力、提高展示传播和研究阐释水平，从而助力活化利用的创新发展，为文化遗产的可持续发展提供了新路径。

三、文化遗产保护中生成式人工智能应用的版权挑战

尽管生成式人工智能在赋能文化遗产保护传承的过程中展现出诸多技术优势，但是在实际应用中面临着一系列复杂挑战，其中版权问题不可忽视。

---

① 宋晓龙：《坚持守正创新　推进城乡历史文化遗产活化利用》，https://mp.weixin.qq.com/s/o0MPao-7O5TSTGNVTTfT2g，访问日期：2025 年 3 月 7 日。

（一）生成式人工智能训练数据的合法性困境

生成式人工智能的运行主要分为数据收集与处理、模型训练和内容生成三个阶段，其中大规模高质量训练数据的收集与处理，是实现人工智能高水平发展的前提。① 换言之，如果训练数据缺乏多样性和平衡性，生成式人工智能模型有可能延续和加剧训练数据中的固有偏见。在文化遗产领域，这种情况下生成式人工智能不仅可能对文化遗产产生不准确、误导或扭曲的表述，进而损害原始资料的完整性和可信度，而且可能根据其在数据中的表述或可见性而偏袒或排除某些文化或群体，并传播有害的叙述或对文化意义的误解。② 因此，为了构建和优化适用于文化遗产领域的生成式人工智能模型，需要对具有相当规模、质量和多样性的数据进行训练。在训练过程中，在初始阶段要将受版权保护的作品复制到存储介质中，以便进行进一步的数字化处理。然而，许多文化遗产相关数据都在版权保护的范围内，诸如文物、遗址等文化遗产的摄影、摄像、三维建模、文献资料等，未经许可用于模型训练可能构成复制权侵权。即使文化遗产机构对其所收藏的作品及其数字资源也并不必然拥有版权。甚至对已经进入公共领域或获得许可的作品，如果其数字化工作是由第三方机构或与第三方机构合作进行的，那么数字化成果的使用也有可能受到合同的限制。此外，还有可能受到捐赠者、继承人、借贷机构、研究人员的协议和网站政策的限制。虽然根据我国著作权法的规定，图书馆、档案馆、纪念馆等单位为陈列或者保存版本的需要，复制本馆收藏的作品属于合理使用的范畴。但该条款的适用范围较为有限，在使用主体、对象、目的和方式上有着严格限制。与此同时，面对模型训练需要的海量数据，要求文化遗产机构逐一获得许可显然无法实现。因此，如何合法获取和使用高质量的训练数据成为生成式人工智能在文化遗产领域应用的一大挑战。

目前，学界对生成式人工智能未经许可使用他人作品进行模型训练是否构成侵权展开了热烈探讨，但远未达成共识。有学者认为，生成式人工智能数据训练中的作品

① 黄绍坤：《人工智能训练数据收集的合法性困境与制度建构》，《荆楚法学》2024 年第 3 期。

② Dirk H. R. Spennemann, "Will Artificial Intelligence Affect How Cultural Heritage Will Be Managed in the Future? Responses Generate7d by Four genAI Models? Responses Generated by Four genAl Models," *Heritage* 7, no. 3 (2024): 1453-1471.

使用属于“非作品性使用”，应排除在版权权利范围外；[①] 也有学者认为，生成式人工智能训练对作品的使用具有转换性，应建立机器学习合理使用规则，以平衡版权保护与技术创新；[②] 还有学者提出应对机器学习的复制行为增设一项法定许可。[③] 潜在的版权侵权风险使得文化遗产机构在技术创新和版权保护之间难以权衡，尤其是考虑到文化遗产机构作为文化和知识的守护者，为避免人工智能应用可能导致的道德、准确性和可靠性问题，其对训练数据质量有着更高的要求。

（二）人工智能生成内容的版权归属及侵权风险

生成式人工智能通过从海量数据中学习模式和结构，以应用其根据用户指令生成文本、图像、视频等新内容，这一过程也带来了复杂的版权问题。首先，人工智能生成内容是否具有可版权性取决于创作中自然人的贡献。正如我国首例“AI 文生图”版权纠纷案中法院所指出的，利用人工智能模型生成内容本质上仍是人利用工具进行创作，只要人工智能生成内容体现了人的独创性智力投入，就应当被认定为作品，从而推动作品创作和人工智能技术的发展。[④] 在此基础上，对于人工智能生成内容的权利归属，学界仍存有较大分歧。有学者认为人工智能生成内容的版权应归属于使用者，因其通过输入指令、选择参数等方式实际控制着创作过程，对最终生成的内容具有直接的贡献。[⑤] 有学者则主张人工智能生成内容的版权应归属于开发者，因为生成内容的过程依赖于算法和编程设计，由人工智能的创造者或所有者主导。[⑥]

由此可见，上述分歧的核心在于对创作过程中不同主体贡献的认知差异，即如何衡量使用者对人工智能生成内容的控制程度和智力投入，以及开发者在算法设计和模型训练中的作用是否构成创作性贡献。因此，人工智能生成内容的权利归属不能一概而论，需根据具体情况进行个案判断。为避免权利归属的不确定性，通过合同约定生成内容的权利归属是当前实践中较为通行的做法。

---

① 刘晓春：《生成式人工智能数据训练中的“非作品性使用”及其合法性证成》，《法学论坛》2024 年第 3 期。

② 张吉豫、汪赛飞：《大模型数据训练中的著作权合理使用研究》，《华东政法大学学报》2024 年第 4 期。

③ 蔡元臻：《机器学习著作权法定许可的适用基础与规则构建》，《知识产权》2024 年第 11 期。

④ 北京互联网法院（2023）京 0491 民初 11279 号民事判决书。

⑤ 张平：《生成式人工智能著作权问题的制度回应》，《南方传媒研究》2024 年第 5 期。

⑥ 尹卫民：《论人工智能作品的权利主体——兼评人工智能的法律人格》，《科技与出版》2018 年第 10 期。

在文化遗产领域，人工智能生成内容的版权归属界定更加复杂，不仅关乎文化遗产资源的开放共享，而且涉及道德、伦理问题，通过合同约定明确生成内容的版权归属及使用范围，可以确保文化遗产的合理利用。其次，实证研究表明，大型语言模型可能会记忆训练数据，甚至可能会逐字逐句地输出训练数据中的大段文本。在文化遗产领域，由于生成式人工智能依赖通常受版权保护的文化遗产相关数据进行训练，并且可能生成与其相同或高度相似的内容，由此引发了复制权、改编权等一系列版权侵权风险。

四、文化遗产保护中生成式人工智能应用的版权对策

随着生成式人工智能逐渐融入文化遗产保护的全过程，如何应对其所引发的一系列版权挑战，推动技术创新与文化遗产保护的协调发展，已成为亟待解决的现实问题。

（一）我国合理使用制度的完善

版权法具有版权保护和维护公共利益的双重目的，而合理使用制度正是平衡权利人和社会公众利益的重要机制，以促进文化和信息传播、教育和科研等，因而在文化遗产领域发挥着重要作用。生成式人工智能通过学习海量作品的“表达”以提升创作能力，进而智能生成特定内容，显然属于作品性使用。为避免版权侵权，人工智能开发者需事先获得授权或依法获得豁免，但传统许可模式难以支撑大规模训练数据需求，法定许可交易成本高昂、管理复杂，又难以有效实施。[①]

因此，从制度灵活性、交易成本、利益平衡等角度来看，将训练数据纳入合理使用范畴是更为可行的选择，这也顺应了国际立法趋势。目前已经有许多国家和地区将人工智能文本与数据挖掘行为纳入合理使用制度。欧盟于 2019 年通过了《数字化单一市场版权指令》，其中第 3 条规定，允许研究组织和文化遗产机构为科学研究目的对其合法获取的作品或其他内容进行复制与提取；第 4(3) 条规定，允许在权利人没有

① 曹新明、范晔：《生成式人工智能数据训练的合理使用规则研究》，《中国版权》2024 年第 4 期。

以适当方式明确保留对上述作品或其他内容的使用的情况下，以文本和数据挖掘为目的，对合法获取的作品或其他内容进行复制与提取。2024 年欧洲议会通过了《人工智能法案》，明确指出《数字化单一市场版权指令》中的文本与数据挖掘例外规则适用于人工智能模型训练。日本于 2018 年修订著作权法时，在第 30 条之 4 确立了非享受目的使用版权例外，规定当对作品的利用并非为了自己或他人享受作品所表达的思想或情感时，则在必要范围内可以以任何方式利用作品，为生成式人工智能的发展提供了充分的支持。美国则主要通过合理使用四要素标准进行灵活判断，亦为人工智能训练数据保留了适用空间。

而就我国现有合理使用制度来看，其适用空间较为有限。对于如何构建人工智能训练数据的合理使用规则，学界存在诸多不同观点。有学者主张增设非营利性生成式人工智能机器学习的合理使用情形，并引入开放、灵活的兜底条款；[①] 也有学者建议借鉴日本规定，以非欣赏性使用目的作为生成式人工智能合理使用作品的判断依据。[②] 尽管对整体规则构建尚未形成共识，但至少就文化遗产领域而言，考虑到文化遗产的公共利益属性及其保护传承的紧迫需求，有必要为人工智能训练数据提供一个较为宽松的环境，以促进人工智能技术的应用，提高文化遗产保护和传承水平。

具体而言，在使用主体方面，不应过度限制，例如欧盟的《数字化单一市场版权指令》中将文化遗产机构定义为向公众开放的图书馆、博物馆、档案馆、电影或音频遗产机构，较为宽泛，值得借鉴。此外，应允许文化遗产机构委托或与其他专业机构合作，以减轻技术和资金压力。在使用目的方面，不应拘泥于科学研究目的，正如学者所言，无论训练数据中的作品使用是为了科学研究还是商业性应用，都承载着极大的公共利益。[③] 尤其在文化遗产保护面临较大资金压力的背景下，合理的商业化应用有助于推动文化遗产的可持续发展。在使用对象方面，应以合法访问的数据为限。在使用方式方面，亦无须过多限制，以适应人工智能技术开发需求，但以不损害权利人

---

① 胡开忠、江璐迪：《生成式人工智能机器学习的版权争议及应对》，《版权理论与实务》2024 年第 10 期。

② 李可心、肖冬梅：《日本生成式人工智能训练数据合理使用规则及其启示》，《图书馆论坛》2025 年 2 月 24 日网络首发。

③ 包赛君、肖冬梅：《生成式人工智能训练数据的著作权法因应：欧盟版权例外规则及其对我国的启示分析》，《图书馆论坛》2025 年 1 月 15 日网络首发。

的合法利益为必要。①

（二）文化遗产数字资源版权授权机制的优化

训练数据的供给直接影响生成模型的性能，然而具有相当规模、质量和多样性，并且可以自由重复使用的数据集仍然稀缺，特别是在历史和文化领域。② 为了推动生成式人工智能在文化遗产领域的深入应用，文化遗产数字资源版权授权机制至少有以下两点可以优化。

首先，对于已经超过版权保护期限的文化遗产及其数字资源，可以引入“知识共享许可协议”。学界对已经进入公共领域的文化遗产及其数字资源的使用是否需要取得文化遗产机构的授权，一直存有分歧。有学者认为，文化遗产机构向公众提供公有领域作品的高清数字版本完全可行，也符合版权法的要求。③ 有学者则提出相反意见，以博物馆为例，其认为博物馆文化资源开发的实质就在于博物馆产权授权，即使文物藏品历史久远，作品版权中的财产权益不再受保护，但其相关的署名权、修改权、保护作品完整权等人身权益依然应得到维护。④ 知识共享许可协议为促进文化共享与保障创作者和消费者合法权益提供了平衡方案，能够在为作者提供灵活性的同时，保护使用或重新分发作品的人免受版权侵权风险，有助于推动文化遗产数字资源开放共享，进而促进生成式人工智能的应用。

其次，在授权方式上，可以充分依托数字版权服务平台，为相关方提供便捷的磋商渠道，同时提高文化遗产传播力和影响力，推动版权授权流程的高效化和规范化。例如，敦煌研究院打造的数据资源共享平台“数字敦煌·开放素材库”，利用区块链、数字水印等版权保护技术，创新了文物数据资源开放、共享、共创模式。⑤

① 吴汉东：《数据信息分析合理性认定的版权规则》，《中国版权》2024 年第 3 期。

② “Cultural Heritage as Data：Digital Curation and Artificial Intelligence in Libraries，” Clemens Neudecker，accessed March 7，2025，https：//ceur-ws.org/Vol-3234/paper2.pdf.

③ 张慧春、付强：《文化遗产数字传承模式下版权开放存取规则构建》，《中国版权》2024 年第 3 期。

④ 胡卫萍、刘靓夏、赵志刚：《博物馆文化资源开发的产权确认与授权思考》，《重庆大学学报（社会科学版）》2017 年第 4 期。

⑤ 国家数据局：《第二批“数据要素×”典型案例之十七丨数据资源共享 助力文物保护、艺术传承、文化推广》，https：//www.nda.gov.cn/sjj/zhuanti/ztsjysx/sjysal/0929/20240929130402260358952_pc.html，访问日期：2025 年 3 月 8 日。

（三）建立内容审核和标识机制

面对人工智能生成内容的版权侵权及伦理风险，文化遗产机构必须建立严格的内容审核和标识机制，以确保生成内容的真实性与合法性。首先，需要建立内容审核体系。一方面，整合已有的版权数据库，运用内容识别与过滤技术，对最终输出内容进行对比，从而识别并及时阻止版权侵权内容的传播。仅依赖技术手段可能存在“误伤”问题，因此需要设立人工审核环节，对不确定或存在争议的内容进行复核，尤其对于关键任务或敏感场景，需设立专家审核团队，确保生成内容符合法律和伦理规范。另一方面，基于自然语言处理、知识图谱等技术，结合智能识别和自动化事实验证技术，对人工智能生成内容进行实时审核，确保其真实性与准确性。其次，建立完善的内容标识机制。通过区块链、数字水印等技术为人工智能生成内容提供明确的来源、版权归属等标识，为内容溯源和版权保护提供有力支撑。

五、结语

当前，生成式人工智能技术与文化遗产领域的融合不断深入，赋能作用日益凸显，为文化遗产的保存、展示、传播与利用提供了全新思路和方式，使文化遗产保护传承中的诸多难题得以破解。然而，随之而来的版权挑战也不容忽视。为平衡版权保护与技术赋能的关系，亟须进一步完善合理使用制度，优化文化遗产数字资源的版权授权机制，并建立健全内容审核与标识机制，以更好地推动生成式人工智能技术在文化遗产领域的创新应用，助力中国式现代化建设，促进中华民族现代文明的发展与繁荣。

（作者易玲系中南大学法学院教授、博士生导师，中南大学文化遗产研究院执行院长；纪孟汝系中南大学文化遗产研究院助理）

后记

党的十八大以来，习近平总书记就人工智能的发展与治理作出了一系列重要指示，为我国人工智能的蓬勃发展提供了根本遵循和行动指南。2025年的政府工作报告也明确提出要持续推进“人工智能+”行动，充分彰显了党中央对新技术发展的前瞻性布局和战略性考量。版权作为技术之子，始终与技术紧密相连，尤其在人工智能时代，版权更需充分发挥其在激励创新活力、规范市场秩序、平衡各方利益等方面的核心作用。面对当前蓬勃发展的人工智能，我们推出了《全球人工智能版权困境解析》一书。本书聚焦人工智能版权议题，通过从版权创造、运用、保护、管理、服务等多个维度进行深入剖析，全面探讨人工智能版权特性、权利归属、侵权认定及权利保护等系列关键问题，旨在寻求技术创新与制度规范之间的动态平衡，为人工智能的合规应用与可持续发展提供坚实的理论依据和实践路径，也为数字时代人工智能全球合作与有效治理贡献智慧和经验。

本书秉承严谨的学术传统，汇聚了学界权威典范之作。书中收录了吴汉东、易继明、崔国斌、冯晓青、曹新明等专家学者关于人工智能版权研究的18篇代表作。这些作品经过选题策划、作者修订以及编辑加工等环节，最终在湖南大学出版社得以顺利出版。尽管各篇体例有所不同，但都充分展现了作者的治学风范与对时代的深刻思考。书中的每篇文章都彰显了对人工智能选题的深刻洞见与方法创新。作者们归纳了核心问题，阐发了最新的研究见解，既传达了独到的学术判断，又呼应了鲜明的时代语境。这些研究成果代表了《中国版权》杂志在人工智能领域多年耕耘的最新成果，提出了切实可行的版权治理“中国方案”。

本书得以顺利出版离不开各方的鼎力支持与通力协作。众多专家学者基于各自研究领域的深厚积累与实践经验，积极参与相关章节的论证与完善，充分体现了对我国版权事业的持续关注与深入思考。在出版过程中，《中国版权》杂志社、湖南大学出版社等单位高度重视、宏观统筹、全程参与、精益求精，为本书的出版工作提供了有力的组织支持和技术保障，高效、有序、圆满地完成出版工作。在此，谨向所有参与本书编撰与出版的专家学者、相关单位及工作人员致以诚挚谢意。

尽管在编撰过程中力求做到严谨细致，但鉴于人工智能技术的快速迭代以及版权问题的天然复杂性，书中难免存在一些不足之处。我们诚挚地期待业界同人及广大读者不吝赐教，共同推动人工智能时代的版权治理体系向更加完善、更加公平的方向演进。我们相信，随着技术伦理共识的进一步凝聚以及版权制度的不断创新，人工智能终将突破版权困境，成为文化创新与技术革命的共生引擎。在数字经济时代，我们将携手为全球版权保护提供中国智慧与全球方案，共同书写版权事业的新篇章。

编　者

2025 年 5 月